Nachhaltige Energiepolitik

IMPRESSUM

Das Buch „Nachhaltige Energiepolitik –
Herausforderungen der Zukunft"
erscheint bei der

Honnefer Verlagsgesellschaft mbH,
Hauptstraße 38f, 53604 Bad Honnef
Tel.: 0 22 24/90 14 8-0, Fax: 90 14 8-48;
E-Mail: buch@honnefer.de,
www.honnefer.de

Druck:
Heider Druck GmbH,
Paffrather Str. 102-116,
51465 Bergisch Gladbach

Gedruckt auf 115 g/m², holzfrei, matt,
Bilderdruck

Layout/Satz:
TASK Agentur für Kommunikation GmbH,
Hauptstraße 25a,
53604 Bad Honnef

Alle Rechte vorbehalten. Vervielfältigung,
auch auszugsweise, nur mit schriftlicher
Genehmigung des Verlages.

Fotos Schutzumschlag: photocase.com

Copyright © 2006,
Honnefer Verlagsgesellschaft mbH,
Bad Honnef

ISBN-10: 3-9810935-0-x
ISBN-13: 978-3-9810935-0-6

ERNST SCHWANHOLD · DR. BEATE KUMMER (HRSG.)

Nachhaltige Energiepolitik

Herausforderungen der Zukunft

VERSORGUNGSSICHERHEIT
UMWELTVERTRÄGLICHKEIT
WIRTSCHAFTLICHKEIT

INHALT | Nachhaltige Energiepolitik – Herausforderungen der Zukunft

	VORWORT (BUNDESUMWELTMINISTER SIGMAR GABRIEL)	**11**
1.	**EINLEITUNG (E. SCHWANHOLD, DR. B. KUMMER)**	**21**
2.	**DIE AKTUELLE POLITISCHE DISKUSSION UM EINE NACHHALTIGE ENERGIEPOLITIK**	**29**
2.1	Neue Entwicklungen der europäischen Energiepolitik (K.-H. Florenz, MdEP, Brüssel)	30
2.2	Die Perspektiven für eine nachhaltige Energiepolitik in Europa (M. Rothe, MdEP, Forum Zukunftsenergien)	40
3.	**DIE FOSSILEN/NICHT ERNEUERBAREN ENERGIETRÄGER – WIRTSCHAFTLICHKEIT, UMWELT- UND SOZIALVERTRÄGLICHKEIT**	**49**
3.1	Die Reichweite fossiler Energieträger (Dr. M. Kosinowski & Dr. J.P. Gerling, BGR, Hannover)	50
3.2	Die Zukunft des Energieträgers Erdöl (Dr. K. Picard, MWV, Hamburg)	68
3.3	Die Zukunft des Energieträgers Steinkohle (Prof. Dr. F.-J. Wodopia, GVST, Essen)	82
3.4	Die Zukunft des Energieträgers Braunkohle (J. Zilius, RWE PowerAG, Essen)	94
3.5	Die Zukunft des Energieträgers Erdgas (Dr. H. Riemer, E.ON Ruhrgas AG, Essen)	110
3.6	Die Zukunft des Energieträgers Kernenergie (Dr. W. Hohlefelder, E-ON AG, München)	116
4.	**DIE ERNEUERBAREN ENERGIETRÄGER – WIRTSCHAFTLICHKEIT, UMWELT- UND SOZIALVERTRÄGLICHKEIT**	**123**
4.1	Die Zukunft der Windenergie (Prof. Dr. F. Vahrenholt, REpower Systems AG, Hamburg)	124
4.2	Die Zukunft der Sonnenergie (F. Asbeck, Solarworld AG, Bonn)	136
4.3	Die Zukunft der Biomasse (Dr.-Ing. F. Wollny, REMONDIS GmbH & Co. KG, Lünen)	144
4.4	Die Zukunft biogener Kraftstoffe (P. Schrum und M. Tauschke, Bundesverband Biogene Kraftstoffe)	152
5.	**RECHTSGRUNDLAGEN, FÖRDERINSTRUMENTE UND POLITISCHE BEWERTUNG**	**165**
5.1	Europäische Vorgaben und Richtlinien zur Förderung Erneuerbarer Energien (J. Lackmann B. und Piepryzk B., BEE, Paderborn)	166
5.2	Das Erneuerbare Energien-Gesetz	
5.2.1	Praxiserfahrungen und Änderungsvorschläge (Dr. W. Brinker, VDEW, Berlin)	182
5.2.2	Das Erneuerbare Energiengesetz im europäischen Kontext (Dr. H. Lehmann und W. Niederle, Umweltbundesamt, Dessau)	192
5.3	Von der ökologischen Steuerreform zur ökologischen Finanzreform (Dr. R. Loske, und F. Steffe, Dt. Bundestag, Berlin)	218
5.4	Die KWK-Regelung – Sichtweise eines kommunalen Betreibers (Dr. H. Friege und M. Gessner, Stadtwerke Düsseldorf, Düsseldorf)	230

INHALT Nachhaltige Energiepolitik – Herausforderungen der Zukunft

5.5	Der Emissionshandel – Fortschritt oder Rückschritt? (Prof. Dr. D. Ameling, WV Stahl, Düsseldorf)	244
6.	**ERFAHRUNGEN MIT FÖRDERINSTRUMENTEN FÜR DIE REGENERATIVE STROMERZEUGUNG IN DEN EU-MITGLIEDSSTAATEN (PROF. M. HÄDER, BOCHUM)**	**253**
7.	**ENERGIEPOLITIK AUS DER SICHT VERSCHIEDENER STROMINTENSIVER BRANCHEN**	**279**
7.1	Die Stahlindustrie (Prof. Dr. D. Ameling, WV Stahl, Düsseldorf)	280
7.2	Die Kupferindustrie (W. Marnette, Norddeutsche Affinerie AG, Hambrug)	292
7.3	Die Aluminiumindustrie (H.P.Schlüter, TRIMET ALUMINIUM AG, Düsseldorf)	304
8.	**DIE CHANCEN DER ENERGIEEFFIZIENZSTEIGERUNG**	**313**
8.1	Energieeffizienz als politisches Instrument (S. Kohler, Deutsche-Energie-Agentur, Berlin)	314
8.2	Förderbeispiele der Deutschen Bundesstiftung Umwelt (Dr. F. Brickwedde, DBU, Osnabrück)	326
8.3	Beispiele für Endverbraucher aus Privathaushalten (R. Brinkmann, Energieimpuls, Detmold)	334
9.	**ANFORDERUNGEN AN EINE UMWELTVERTRÄGLICHE, WIRTSCHAFTLICHE, SOZIALVERTRÄGLICHE UND ZUKUNFTSFÄHIGE ENERGIEERZEUGUNG**	**342**
9.1	Eckpunkte einer europäisch orientierten Energiepolitik (G. von der Groeben, E-ON AG, Düsseldorf)	344
9.2	Die Sichtweise des VIK – Verband der Industriellen Energie- und Kraftwirtschaft e.V. (Dr. A. Richmann, VIK, Berlin)	354
9.3	Die Sichtweise eines Umweltverbandes (O. Tschimpke, NABU, Berlin)	360
9.4	Nachhaltigkeit aus der Sicht der Industrie (A. Moritz, BASF AG, Ludwigshafen)	368
9.5	Die Sichtweise der Wissenschaft (Prof. Dr. W. Blum, Dt. Phys. Gesellschaft, Bad Honnef)	374
10.	**INNOVATIONEN DER ENERGIEWIRTSCHAFT UND HERAUSFORDERUNGEN DER ZUKUNFT**	**389**
10.1	Brennstoffzellen: Entschlossenes Handeln notwendig (A. Ballhausen und N. Zipplies, EWE, Oldenburg)	390
10.2	Energieversorgung der Zukunft braucht intelligente Vernetzung (W. Hube, EWE, Oldenburg)	400
11.	**IST WETTBEWERB MÖGLICH UND WIE ? (M. KURTH, BUNDESNETZAGENTUR)**	**411**
12.	**ZUSAMMENFASSUNG UND AUSBLICK (E. SCHWANHOLD UND DR. B. KUMMER)**	**425**

VORWORT

Vorwort

Sigmar Gabriel

- Besuch der Realschule und des Gymnasiums (Abitur) in Goslar;
- zweijähriger Wehrdienst;
- Studium an der Universität Göttingen für das Lehramt an Gymnasien in den Fächern Deutsch, Politik und Soziologie.

1976 – 1989	Kinder- und Jugendarbeit in der SPD-nahen Jugendorganisation „Sozialistische Jugend Deutschlands - Die Falken"
1977	Eintritt in die Sozialdemokratische Partei Deutschlands
seit 1979	Mitglied der Gewerkschaft ÖTV, später der IG Metall und der Arbeiterwohlfahrt
1983 – 1988	Dozent in der politischen Erwachsenenbildung bei der Bildungsvereinigung Arbeit und Leben und für die Gewerkschaften ÖTV und IG Metall
1987	1. Staatsexamen für das Lehramt an Gymnasien
1987 – 1998	Kreistagsabgeordneter des Landkreises Goslar
1988	2. Staatsexamen für das Lehramt an Gymnasien
1989 – 1990	Lehrer in der beruflichen Erwachsenenbildung im Bildungswerk der Niedersächsischen Volkshochschulen
seit 1990	Mitglied des Niedersächsischen Landtages
1990 – 1994	Mitglied im Umweltausschuss des Niedersächsischen Landtages
1991 – 1999	Ratsherr der Stadt Goslar, in dieser Zeit Vorsitzender des Umweltausschusses
1994 – 1997	Innenpolitischer Sprecher der SPD-Landtagsfraktion
1997 – 1998	Stellvertretender Fraktionsvorsitzender der SPD-Landtagsfraktion
1998 – 1999	Vorsitzender der SPD-Landtagsfraktion
1999 – 2005	Mitglied des SPD-Parteivorstandes
12|1999 – 03|2003	Ministerpräsident des Landes Niedersachsen
2003 – 2005	Vorsitzender der SPD-Landtagsfraktion
seit 11|2005	Bundesminister für Umwelt, Naturschutz und Reaktorsicherheit

Herausforderungen für eine neue Energiepolitik

I. DIE ENERGIEVERSORGUNG AM SCHEIDEWEG

Den Herausgebern ist zu danken, dass sie die wichtige Debatte um die künftige Energiepolitik mit interessanten Beiträgen bereichern. Die Modernisierung der Energieversorgung ist eine Schüsselfrage für die Zukunft unseres Landes - und weit darüber hinaus. Von daher ist diese Diskussion notwendig und muss in aller Breite geführt werden. Anlässe gibt es genug.

Hohe Kraftstoffpreise ärgern die Autofahrer, die Heizkosten werden immer mehr zur zweiten Miete, trotz hoher Gewinne der Energiekonzerne steigen die Stromkosten. Und der Streit zwischen Russland und der Ukraine über Gaspreis und Gaslieferungen hat schlagartig deutlich gemacht, wie groß auch unsere Abhängigkeit von billigem Gas - und Öl - ist. Doch es geht um mehr, die Energiefrage stellt sich grundsätzlich, denn viel spricht dafür, dass ein Umsteuern in ein Zeitalter der Energie- und Rohstoffintelligenz noch nie wichtiger und dringender war.

Wir sind an einer Verzweigungssituation. Der Klimawandel ist „sichtbar, fühlbar, messbar", so die Schweizer Rück, und er wird sich weiter verstärken. Die damit verbundenen Gefahren und Risiken werden in der Technologiepolitik und in den Unternehmensstrategien noch zu wenig berücksichtigt. Auch die Konflikte um die Verteilung und Nutzung der Rohstoffe werden durch die nachholende Industrialisierung bevölkerungsreicher Erdregionen zunehmen. Der „Energiehunger" im Süden kann nur dann klima- und ressourcenverträglich gestillt werden, wenn im Norden ein robuster Technologiekorridor für die rationelle Energieversorgung, die Kraft-Wärme/Kälte-Kopplung und die Erneuerbaren Energien wirtschaftlich verfügbar ist. Der Steigerung der Energie- und Materialeffizienz muss höchste Priorität eingeräumt werden.

Für eine gute Zukunft ist die Menschheit in der zusammenwachsenden Welt auf Fairness und Gegenseitigkeit angewiesen. An einem Scheideweg ist sowohl ein nachhaltiges Energiesystem, das von den Industriestaaten ausgeht und weltweit umgesetzt wird, möglich als auch eine dramatische Zuspitzung der Energierisiken, wenn die derzeitigen Trends anhalten: Wir emittieren viel zu viel Treibhausgase, die das Klima schädigen; wir nutzen noch immer die Atomenergie, ohne zu wissen, wohin mit dem radioaktiven Abfall und wie der Missbrauch durch Proliferation oder Terrorismus verhindert werden kann; wir verbrennen Gas und Öl und erhöhen die Gefahr künftiger Ressourcenkriege.

Eine Neuordnung der Energieversorgung in Richtung auf eine Effizienz- und Solarwirtschaft ist von daher ein Gebot unserer Zeit. Sie erfordert eine große Gemeinschaftsanstrengung, für die kein anderes Land so gut gerüstet ist wie Deutschland: Durch eine hohe Zustimmung in der Bevölkerung zu diesen Zielen, durch eine Vielzahl von Szenarien, Untersuchungen und Machbarkeitsstudien, durch technologische Innovationen und - nicht zuletzt - durch viele überzeugende Beispiele, wie es geht. Diese Chancen wollen wir gemeinsam nutzen durch den Vorrang für die rationelle Energienutzung, durch mehr Kraft-Wärme/Kälte-Kopplung, durch die weiter rasch vorangetriebene Markteinführung der erneuerbaren Energien – nicht nur für Strom, sondern auch für Wärme – und schrittweise durch ein System nachhaltiger Mobilität.

Eine solche Neuordnung rechnet sich, weil schon mittelfristig die Energierechnung deutlich sinken wird. Sie reduziert die externen Kosten der Importabhängigkeit, sie begrenzt die Schadenskosten fossiler und nuklearer Energien, sie erzielt einen Innovationsvorsprung auf den gewaltig wachsenden Zukunftsmärkten und sie schafft bei einer deutlichen Absenkung des Energieverbrauchs beträchtliche Nettogewinne in der Wettbewerbsfähigkeit der Wirtschaft und bei der Beschäftigung.

Die Logik dieser Strategie heißt, überflüssigen Energieeinsatz durch Arbeit und Technik zu reduzieren. Das ist der Weg, den die Klima-Enquete-Kommission des Deutschen Bundestages zum Schutz der Erdatmosphäre einstimmig empfohlen hat: Den Energieeinsatz über die gesamte Prozesskette sowohl auf der Angebots- als auch auf der Nachfrageseite auf das notwendige Maß zu verringern, um die gewünschte Leistung zu erbringen. Eine moderne Energiepolitik wird hier im Sinne der Energiedienstleistung definiert, die Effizienz und Einsparen systematisch nutzt.

Wer dagegen ausgerechnet bei einer Debatte um die Versorgungssicherheit und Importabhängigkeit Deutschlands mehr Atomstrom fordert, versucht den Teufel mit dem Beelzebub auszutreiben. Denn bei keinem anderen Energieträger ist Deutschland so sehr - nämlich zu 100 % – abhängig vom Import wie beim Uran.

Dies ist zudem ein Brennstoff, der nur eine zeitlich sehr begrenzte Verfügbarkeit besitzt: Nach Berechnung der Internationalen Atomenergieorganisation in Zusammenarbeit mit der OECD aus dem Jahre 2004 gibt es wirtschaftlich abbaubare Vorkommen weltweit zwischen 1,25 und 4 Millionen Tonnen. Je nach Größenordnung des Verbrauchs reichen diese Vorräte also zwischen 20 und 65 Jahren. Angesichts der aktuellen Nutzungspläne geht eine realistische Reichweitenprognose von 30 bis 40 Jahren aus. Niemand, der eine zukunftsorientierte Energiepolitik betreiben will, kann ernsthaft vorhaben, Milliarden-Investitionen in einen Energieträger zu stekken, der aufgrund seiner zunehmenden Knappheit sehr schnell sehr teuer werden würde.

Manchmal wird die Atomenergie auch als Hilfsargument für den Klimaschutz herangezogen. Dabei wird vergessen, dass Atomkraftwerke nur Strom und keine Wärme liefern. Die wird überwiegend aus fossilen Brennstoffen erzeugt, die sehr wohl Treibhausgase emittieren. Eine ernsthafte Betrachtung der Kohlendioxid- (CO_2-) Emissionen müsste die Atomenergie plus Wärmeerzeugung vergleichen mit modernen KWK-Anlagen - ganz abgesehen von der bereits begonnenen technologischen Entwicklung für CO2-freie Gas- und Steinkohlekraftwerke.

Unter den Stichworten „Versorgungssicherheit" und „Unabhängigkeit" kann niemand auf die Atomenergie setzen. Es sei denn, der geheime Lehrplan sieht den Einstieg in die Brütertechnologie und die Plutoniumwirtschaft vor. Abgesehen von den Milliarden EUR, die in der Vergangenheit hier schon "in den Sand gesetzt" wurden, ist dies sicherheitspolitisch – auch vor dem Hintergrund der gewachsenen terroristischen Bedrohungslage – nicht vertretbar.

Die neu entflammte Diskussion um die Atomenergie ist von daher eine eher ideologisch motivierte Diskussion, die nur einen realen Gehalt hat: Die betroffenen Energieversorgungsunternehmen wollen ihre Kraftwerke möglichst lange laufen lassen, um damit viel Geld zu verdienen. Dies ist ein absolut legitimes Interesse, aber noch keine nachhaltige Wirtschafts- und Energiepolitik.

II. ENERGIEPOLITISCHE STRATEGIE

Die Ablehnung des Ausbaus der Atomenergie reicht nicht aus. Notwendig ist eine ökonomisch und ökologisch nachhaltige energiepolitische Strategie. Im Kern stehen wir vor einer grundsätzlichen und langfristigen Änderung unserer Energiepolitik. Die Ziele sind:

1. Sicherheit in der Versorgung;
2. Stabilisierung der Strompreise;
3. Erfolge im Klimaschutz.

Diese Ziele sind grundsätzlich nicht strittig. Die politische Aufgabe besteht darin, sie im Rahmen internationaler Wettbewerbsfähigkeit gemeinsam umzusetzen und sich nicht je nach aktueller Debattenlage auf nur eines der Ziele zu konzentrieren. Klar ist allerdings auch, dass eine importunabhängige Energieversorgung für Deutschland auf absehbare Zeit eine Illusion bleiben wird. Es geht darum, die Importabhängigkeit drastisch zu senken und die verbleibende Abhängigkeit durch langfristige Verträge und Diversifizierung bei den Brennstoffen und Importeuren kalkulierbar zu halten. Die strategischen Maßnahmen zur Erreichung dieser Ziele sind:

- Diversifizierung im Bereich der Lieferanten (40 % der Gasimporte kommen aus Russland) z.B. durch Flüssiggasimporte und den entsprechenden Infrastrukturausbau (z.B. in den Häfen).
- Öffnung der Stromnetze und Ausbau der Schnittstellen zu den an deren europäischen Stromnetzen, um den Wettbewerb der Energieanbieter zu intensivieren und zu fördern. Neben europäischen Initiativen ist die Umsetzung der Anreizregulierung zu mehr Wettbe

werb im deutschen Stromnetz erforderlich. Dies ist eine der dringendsten Aufgaben. Eine nur 20-prozentige Senkung der Netznutzungsgebühren, die in Deutschland mit fast 40 Prozent fast doppelt so hoch sind wie in anderen europäischen Ländern, brächte eine Senkung der Stromkosten von 5 Mrd. EUR.
- Ausbau der erneuerbaren Energien im Strom- und im Wärmebereich, (Erneuerbares Wärmegesetz). Zurzeit gibt es ca. 56 Billionen kwh (= 56 Terawattstunden) Strom, die in Deutschland durch erneuerbare Energien produziert werden. Nach dem Erneuerbaren Energien Gesetz wollen wir bis 2010 einen Anteil von 12,5 % am Strom haben, das entspricht etwa 75 Terawattstunden. Diese Steigerung wird die erneuerbaren Energien preiswerter und damit wettbewerbsfähiger machen.
- Die Steigerung um fast 20 Billionen kwh ist noch in anderer Hinsicht interessant: Die im Zeitraum bis 2009 zur Abschaltung vorgesehenen Atomkraftwerke produzieren zusammen ungefähr genauso viel Strom. Allein die konservativ geschätzte Steigerung der Erneuerbaren reicht also aus, um den Atomstrom zu ersetzen. Das EEG sieht vor, mindestens 20 % des Stroms bis 2020 aus Erneuerbaren Energien zu erzeugen. Nach unseren Studien werden wir dieses Ziel wahrscheinlich übertreffen. 25 % des Stroms sind für 2020 realistisch, wenn wir Kurs halten. Und unser Ziel ist für 2020, 10 % des gesamten Energieverbrauchs aus Erneuerbaren zu erzeugen.

Unsere energiepolitischen Ziele sind klar:
- Bis 2020 mindestens 20 % Strom aus Erneuerbaren Energien (EE).
- Bis 2020 mindestens 10 % des gesamten Energieverbrauchs aus EE.
- Bis 2050 sollen EE die Hälfte des Energieverbrauchs decken und
- bis 2020 soll sich die Energieproduktivität gegenüber 1990 verdoppeln.

Damit leisten wir unseren Beitrag zur Ressourcenschonung, unabhängiger von den Rohstoffmärkten zu werden, zum Klimaschutz und zu Innovationen, denn Erneuerbare Energien sind moderne, weltweit im Durchbruch befindliche Techniken. Hier schaffen und sichern wir Arbeitsplätze für heute und morgen:
- Ausbau der Biokraftstoffe und Entwicklung neuer Antriebstechniken.
- Entwicklung und Ausbau moderner Kraftwerkstechnologien bei der Nutzung von Kohle und Gas zur Minimierung der Treibhausgasemissionen.

III. ENERGIEEINSPARUNG

Die wichtigste Strategie der kommenden Jahre ist die Energieeinsparung: Wir brauchen massive Investitionen in Energieeinsparung und in die Erhöhung der Energie- und Ressourcenproduktivität. In Zukunft wird die Wettbewerbsfähigkeit einer Volkswirtschaft eine neue, alles überragende Kennziffer erhalten: Nicht mehr allein Lohnstückkosten oder Staatsquote werden die Standortauswahl für Investitionen bestimmen, sondern der Energieeinsatz pro Einheit des Bruttosozialprodukts. Diese Kennziffer darf man nicht dadurch erreichen, dass man das energieintensive produzierende Gewerbe und die Industrie aus Deutschland vertreibt und sich dann über die schönen Kennziffern für die Dienstleistungsbereiche freut, sondern nur dadurch, dass die Energieproduktivität in der Produktion deutlich gesteigert wird.

Eine ambitionierte Umweltpolitik auf dem Energiesektor ist die beste Wirtschaftsförderung. Das Umweltministerium versteht sich deshalb immer auch als Wirtschaftsministerium. Wir müssen mit Energie bewusster, das heißt sparsamer und effizienter umgehen. Wir müssen unseren Verbrauch an fossilen Brennstoffen zügig verringern. **Die umweltfreundlichste Kilowattstunde ist die, die nicht verbraucht wird.** Die intelligente und effiziente Nutzung von Energie erfordert eine gemeinsame Anstrengung von Wirtschaft, Politik und der ganzen Gesellschaft.

Einige Beispiele zeigen, dass Energiesparen keineswegs gleichbedeutend ist mit Verzicht auf Komfort oder mit Einbußen an Produktivität und Leistung:
- Würde man die Antriebe in der Industrie (Elektromotoren benötigen rund 50 - 60 Prozent des Stromverbrauchs der Industrie) elektronisch regeln (Drehzahlsteuerung), so wäre damit schon bei einer Abdeckung von 40 % der Antriebe in der Industrie Kraftwerkskapazität in der Größenordnung eines AKW einzusparen. Gleichzeitig würden 1,2 Mrd. EUR an Energiekosten eingespart. **Bei heutigen Energie- und Strompreisen könnten 30 – 40 Prozent des Energieverbrauchs der Industrie mit heute verfügbarer Technik zu wirtschaftlich vernünftigen Bedingungen eingespart werden.**
- Würde man die Pumpen der Heizungsanlagen in den privaten Haushalten drehzahlsteuern, könnten bei einer Abdeckung von 60 % des Bestandes die Kapazität von ein bis zwei Kernkraftwerken eingespart werden.
- Würde man die Leerlaufverluste beseitigen, die durch energiefressende Stand-by-Schaltungen verursacht werden, so könnte auch hier mindestens die Kapazität eines Atomkraftwerks eingespart werden.
- Enorme Einsparpotentiale gibt es im **Bereich der Wohngebäude.** Von den rd. 39 Mio. Wohnungen wurden 75 % vor 1979 und damit vor Inkrafttreten der ersten Energiesparvorschrift – der 1. Wärmeschutzverordnung – errichtet.

In diesem Bestand liegen große Energieeinsparreserven. Die Koalition wird das CO_2-Gebäudesanierungsprogramm auf ein Fördervolumen von fast 1,5 Mrd. Euro pro Jahr erhöhen und seine Wirksamkeit entscheidend verbessern (zum Beispiel durch Umstellung auf Investitionszuschüsse und steuerliche Erleichterungen).

VORWORT | Herausforderungen für eine neue Energiepolitik

• Neue Impulse werden von dem 2006 in Umsetzung der EU-Gebäuderichtlinie einzuführenden Energieausweis für alle Gebäude aus gehen, der deren energetische Qualität zu einem wesentlichen Beschaffenheitsmerkmal macht.

Der zentrale Indikator nicht nur für die Energieeinsparung, sondern für die Modernität und Wettbewerbsfähigkeit einer industriellen Volkswirtschaft insgesamt ist die **Energieproduktivität**: Wieviel Euro Bruttosozialprodukt erzeugen wir pro Energieeinheit? Deutschland ist heute Weltmeister in der Nutzung erneuerbarer Energien. Unser Ziel muss es sein, auch Weltmeister in der Energieeffizienz zu werden. Wir wollen die Energieproduktivität bis 2020 gegenüber 1990 verdoppeln. Das ist eine große Herausforderung, an der sich die Energiepolitik messen lassen muss. In diese Richtung geht die Energiedienstleistungsrichtlinie der EU: Jährliche Steigerung der Energieeffizienz um mindestens 1 %.

Unter den fossilen Energieträgern ist Erdgas der bei weitem klimafreundlichste Energieträger. Erdgas emittiert etwa nur halb soviel CO_2 wie Braunkohle. Erdgas hat darüber hinaus wegen seines hohen Wasserstoffanteils den Vorteil besonders hoher Wirkungsgrade bei der Stromerzeugung. Moderne GuD-Kraftwerke erreichen einen elektrischen Wirkungsgrad von 58 Prozent, Steinkohlekraftwerke 45 - 46 Prozent, moderne Braunkohlekraftwerke liegen in der ähnlichen Größenordnung. Der derzeitige durchschnittliche Wirkungsgrad der deutschen Stromerzeugung liegt zwischen 38 und 39 Prozent. Dieser Wert reicht nicht aus. Wir müssen weitere Effizienzpotenziale erschließen.

Wie können wir die Energieproduktivität steigern?

1. Wir müssen **mehr Wettbewerb im Energiemarkt** durchsetzen. Mit dem Energiewirtschaftsgesetz sind dafür wesentliche Grundlagen gelegt. Es steht aber noch eine Reihe von Verordnungen aus, damit dieses Gesetz wirksam werden kann; von der Netzzugangsverordnung bis zur Verordnung über die Ausgestaltung der Anreizregulierung. **Denn der Schlüssel zu vernünftigen Strompreisen liegt im Wettbewerb und vor allem in den Netzentgelten.** Alleine die Netzgebühren machen ca. 1/3 des Strompreises für private Haushalte aus.

2. Optimierung im Netzbereich: Das in Arbeit befindliche **Infrastrukturplanungsbeschleunigungsgesetz** soll auch Investitionen im Bereich der Energieversorgung forcieren, vor allem im Bereich der Netze von Strom und Gas. Deshalb gehört die Energieinfrastruktur in dieses Gesetz.

3. Wir erwarten von der Energie-Industrie, dass sie die Modernisierung ihres **Kraftwerksparks zügig vorantreibt.** Für die Errichtung von Anlagen mit deutlich verbessertem Wirkungsgrad haben wir gegenwärtig ein besonders günstiges Zeitfenster:

- In den nächsten 20 Jahren gehen auf Grund der Altersstruktur der Kraftwerke etwa 40.000 MW elektrische Kraftwerksleistung (ein Drittel des vorhandenen Kraftwerksparks) vom Netz. Damit besteht die Chance, den Strukturwandel hin zu einer mehr dezentralen effizienten Energieversorgung ökonomisch effizient zu erreichen.
- Das gilt auch für Errichtung von KWK-Anlagen einschließlich kleiner KWK im Gebäudebereich und GuD-Anlagen auf Erdgasbasis.
- Wir werden den Emissionshandel so ausgestalten, dass sich Investitionen in Effizienz lohnen. Dafür ist das System da! Umgekehrt soll unterlassene Modernisierung sich wirtschaftlich nicht auszahlen.

4. Die Beratung zur Energieeffizienz muss qualitativ verbessert werden. Es gibt eine Fülle guter Ansätze dafür, viele unter dem Dach der Deutschen Energie-Agentur (DENA). Kleine Anreize im Bereich der Beratung können erhebliche Investitionen bei der Modernisierung auslösen.

Zu einem umfassenden Programm zur Energieeffizienz gehören Initiativen auf europäischer Ebene: Die **Ökodesign-Richtlinie** muss zügig umgesetzt werden, mit Anforderungen an einzelne Produktgruppen (Stichwort: Stand-by-Verluste) und Instrumenten wie einem europäischen **Top-Runner-Ansatz**. Deutschland darf nicht Bremser, sondern muss Motor der europäischen Diskussion sein, damit moderne Technologie zum Durchbruch kommt.

IV. DIE CHANCEN NUTZEN

Viel spricht dafür, dass die ökologische Modernisierung, in deren Zentrum die Neuordnung der Energieversorgung steht, der Schlüssel für wirtschaftliche Stärke und Innovationskraft auf den globalen Märkten sein wird. Jede Wirtschaftsperiode braucht eine Basistechnologie. Viel spricht dafür, dass dies in den nächsten Jahrzehnten die Effizienz- und Solartechnologien sind. Sie werden überall gebraucht und sie sind in der Konsequenz eine Chance, Kostensenkungen bei Energie und Rohstoffen sowohl für die Standortsicherung zu nutzen als auch einen Alleinstellungsvorsprung zu erreichen. Das kommt dann vor allem Mittelstand, Dienstleistungen und Handwerk zu Gute.

Das neue Jahrhundert kann zu einem Jahrhundert der Verbindung von Ökonomie und Ökologie werden. Das wichtigste Ziel ist hierbei die massive Effizienzsteigerung bei der Nutzung von Energie - und bei Rohstoffen. Denn dieses Prinzip muss auf die gesamte Wirtschaft übertragen werden. Da sind wir stark. Und das sichert und schafft in Deutschland Arbeitsplätze!

Einleitung

Dipl. Chem. Dr. Beate Kummer

PERSÖNLICHE DATEN:

Name	Dipl. Chem. Dr. Beate Kummer
Beruf	Fachchemikerin für Toxikologie, Chemikerin
Geboren am	17.09.1963
Geburtsort	Nördlingen/Bayern
Familienstand	verheiratet, zwei Kinder

BERUFLICHE TÄTIGKEIT:

seit 11|2005	Selbständig als Unternehmensberaterin, freie Journalistin, Umweltauditorin
06|2002 – 10|2005	Niederlassungsleiterin und Prokuristin der Haase & Naundorf Umweltconsulting GmbH, Bad Honnef
01|2001 – 05|2002	Geschäftsführerin bvse – Bundesverband Sekundärrohstoffe und Entsorgung e.V., Bonn
12|1997 – 12|2000	Stv. Geschäftsführerin bvse e.V., Bonn und
06|1998 – 12|2000	Projektleiterin eines EU-Forschungsvorhabens ADAPT
10|1995 – 12|1997	Referentin Bundesverband Sekundärrohstoffe u. Entsorgung e.V. (bvse)
09|1994 – 09|1995	Freie Mitarbeiterin am Katalyseinstitut in Köln
07|1993 – 02|1994	Forschungsstelle an der Universität von Los Angeles
06|1989 – 06|1993	wiss. Angestellte an der Universität Freiburg

BERUFLICHE NEBENTÄTIGKEITEN:

Gastdozentin an verschiedenen Hochschulen

Ernst Schwanhold

PERSÖNLICHE DATEN:

Leiter des Kompetenzzentrums Umwelt, Sicherheit und Energie der BASF Aktiengesellschaft

Ernst Schwanhold wurde 1948 in Osnabrück geboren. Nach einer Ausbildung als Laborant studierte er in Paderborn Verfahrenstechnik Chemie mit Abschluss Diplomingenieur.

BERUFLICHE STATIONEN:

bis 1990	Prokurist und Betriebsleiter in einer mittelständigen Lackfabrik, Schwerpunkte: Investitionsplanung, Verkauf, Betriebsleitung
1990 – 2000	Mitglied des Bundestages
1992 – 1995	Vorsitzender der Enquete-Kommission „Schutz des Menschen und der Umwelt"
1995 – 2000	wirtschaftpolitischer Sprecher der SPD-Fraktion und Mitglied des Fraktionsvorstandes sowie stellvertretender Vorsitzender der SPD-Fraktion im Bundestag
2000 – 2002	Minister für Wirtschaft und Mittelstand, Energie und Verkehr des Landes Nordrhein-Westfalen
2003	selbstständiger Unternehmensberater unter anderem für die BASF Aktiengesellschaft in energie- und umweltpolitischen Fragen
Januar 2004	Eintritt in die BASF Aktiengesellschaft
März 2004	Leiter des Kompetenzzentrums Umwelt, Sicherheit und Energie

1. Einführung

Die Energiepolitik im 3. Jahrtausend steht vor enormen Herausforderungen, weil der Energiebedarf ungebrochen weiter steigt, die Klimaprobleme zunehmen und neue energiesparende Technologien noch deutlich unterrepräsentiert sind. Politische Entwicklungen beeinflussen massiv die Energiepreise, wachsende Märkte in Asien verursachen weltweite Rohstoffverknappung und global agierende Konzerne diktieren die Rahmenbedingungen für eine sichere Energieversorgung. Der weltweit steigende Energieverbrauch und die rasante Wirtschaftsentwicklung bleiben auch nicht ohne Auswirkungen auf die Bekämpfung des Treibhausgaseffektes. Allein die angenommene Versechsfachung des Pro-Kopf-Stromverbrauchs in China ergibt dort zusätzliche Kohlendioxid-Emissionen von 3,5 Milliarden Tonnen pro Jahr. Dies relativiert die Anstrengungen der Europäer erheblich, den Ausstoß dieses Treibhausgases binnen 20 Jahren um 250 Millionen Tonnen zu reduzieren.

Dadurch, dass manche fossilen Energieträger (Kohle, Erdöl, Erdgas) auf der Erde nur in wenigen – teilweise politisch unsicheren – Regionen vorkommen, ist ungewiss, ob die Versorgungssicherheit langfristig gewährleistet ist. Es wird eine politische Herausforderung in den nächsten Jahren und Jahrzehnten sein, den Zugang zu Rohstoffquellen für alle Wettbewerber gleichermaßen zu gewährleisten. Die Endlichkeit dieser fossilen Ressourcen bewegt insbesondere die Wissenschaftler, die sich darum bemühen, immer neue Quellen zu erschließen, um den Energiehunger einer wachsenden Erdbevölkerung zu stillen. Steinkohle und Braunkohle, die auch zu den heimischen fossilen Energieträgern zählen, haben zwar noch eine hohe Reichweite, jedoch stehen diese Energiequellen in der Kritik wegen ihrer negativen Wirkungen auf das Weltklima. Die ehrgeizige Forschung zielt darauf ab, hocheffiziente Kraftwerke zu bauen, um auch zukünftig nicht auf die Nutzung dieser heimischen Energiequellen verzichten zu müssen. Innerhalb der fossilen Energieträger gibt es ein deutliches Spannungsfeld zwischen der stärkeren Nutzung von Erdgas im Gegensatz zur Kohle, weil es bei stärkerer Erdgasnutzung einer wesentlichen CO_2-Einsparung kommen würde. Jedoch würde dies zu einer noch stärkeren Importabhängigkeit führen, weil lediglich Braun- und Steinkohle in größeren Mengen auch in heimischen Lagerstätten vorhanden sind.

Die Zukunft der Kernenergie steht politisch zumindest in Deutschland auf tönernen Füßen. Hier gilt es vor allem die Endlagerung radioaktiver Abfälle in den Griff zu bekommen sowie die Sicherheit der Kernkraftwerke zu erhöhen. Weltweit betrachtet, wird vor allem in der friedlichen Nutzung der Atomkraft ein erhebliches Potenzial gesehen, weil es sich bei der Kernenergie um einen klimaneutralen Energieträger handelt. Jedoch sind auch hier die Ressourcen endlich, weil die Uranvorkommen vor dem

Hintergrund der Verfügbarkeit betrachtet werden müssen. Sieht man sich jüngste Gutachten von Energieexperten genauer an, wird auch der in Deutschland politisch gewollte Atomausstieg von Teile der Wissenschaft kritisiert. So lautet das Fazit einer aktuellen Studie der Deutschen Physikalischen Gesellschaft: „Würden, wie geplant, bis 2021 alle deutschen Atomkraftwerke vom Netz gehen, läge man in Deutschland statt dem Ziel von 750 Mio. t CO_2-Ausstoß pro Jahr bei insgesamt 930 Mio. t CO_2". In der friedlichen Nutzung der Kernenergie wird also erheblicher politischer Sprengstoff gesehen, weil Deutschland bislang Vorreiter beim Ausstieg ist, und die anderen EU-Mitgliedsstaaten hierin ein deutliches Signal sehen.

Wie sich die Zukunft der einzelnen erneuerbaren Energieträger ausgestaltet, hängt auch davon ab, ob bereits vorhandene ordnungspolitische Maßnahmen in der Lage sind, eine wettbewerbskonforme Marktdurchdringung zu erreichen. Aus Gründen des Klimaschutzes ist eine wirtschaftliche Förderung der erneuerbaren Energiequellen richtig und sinnvoll. Ob aber alle erneuerbaren Ressourcen (Wind, Sonne, Wasser, Biomasse) zukünftig eine wirtschaftlich tragfähige Energieversorgung gewährleisten können, ist heute noch nicht geklärt. Klar ist, dass das Potenzial dieser Energieträger unbeschränkt ist und deshalb in ganz anderem Umfang verfügbar als die fossilen Energiequellen. Bei der Wasserkraft sehen Experten, dass das Potenzial bereits ausgeschöpft ist, jedoch kann die Nutzung der Biomasse in erheblichem Umfang ausgeweitet werden. Aber auch in diesem Bereich ist auch weitere Forschung und Entwicklung notwendig, um die Bereitstellung und Nutzung für den Endverbraucher vor allem wirtschaftlicher zu gestalten.

Eine weitere große Herausforderung ist die Erneuerung des deutschen Kraftwerksparks. Experten gehen davon, dass bis 2020 etwa 40000 MW-Kraftwerksleistung mit einem Investitionspotenzial von 30-40 Mrd. Euro errichtet werden müssen. Derart langfristige Investitionen setzten "verlässliche, berechenbare und attraktive Rahmenbedingungen" voraus, sagte hierzu Mitte 2005 die gerade frisch gekürte Kanzlerkandidatin, Angela Merkel, auf einer Tagung des VDEW, Verband der Elektrizitätswirtschaft, in Berlin. Daneben führe der zunehmende Energiebedarf der Weltbevölkerung zu neuen Herausforderungen: So werde China im Zuge eines steigenden Energiekonsums mehr als 2.000 zusätzliche Kraftwerke bauen müssen, erklärte die CDU-Politikerin.

Beim Bau neuer Kraftwerke stellt sich die Frage, auf welche Energieträger man setzt und welche Schwerpunkte in der Energiepolitik zukünftig in Deutschland bzw. in der EU zementiert werden. Nach der Regierungsübernahme kündigte Merkel eine "vorurteilsfreie Prüfung und Nutzung aller energiepolitischen Optionen" an. Feststehe, dass die Union an einem Energiemix Braunkohle, Steinkohle, Erdgas, Mineralöl, Kernenergie und erneuerbaren Energien festhalte. Dieser Mix müsse den Kriterien „Wirtschaftlichkeit, Versorgungssicherheit und Umweltverträglichkeit" entsprechen. In diesem Zusammenhang schloss die deutsche Kanzlerin nicht aus, dass bei der Förderung erneuerbarer Energien eine Quotenregelung unter Umständen sinnvoll sein könnte. Des Weiteren will die Union die Restlaufzeit der Kernkraftwerke verlängern. Zwar sei „die Laufzeit der Kernkraftwerke nicht unendlich", erklärte Merkel, einen Neubau von Kernkraftwerken in Deutschland sehe sie im Augenblick aber nicht. Da China und Indien in Zukunft mehr auf Kernenergie setzen würden, sollte der Export dieser Technik allerdings wieder eine größere Rolle spielen.

Ende 2004 äußerte sich der damals noch amtierende NRW-Ministerpräsident, Peer Steinbrück, bei einer Tagung des Gesamtverbandes Steinkohle zu den Zielen einer zukünftigen Energiepolitik und nannte die folgenden Schwerpunkte:
- die heimische Steinkohle,
- die heimische Braunkohle,
- die Entwicklung und Markteinführung erneuerbarer Energien und die effizientere Energieerzeugung und -nutzung.

Das deutsche Know-how müsse weltweit sowohl für die Kohleproduktion als auch für die effiziente Kohlenutzung verstärkt eingebracht werden. Auf dem Weg zum noch visionären, aber nicht utopischen Ziel des völlig CO_2-freien Kraftwerks werden die ersten Schritte vorbereitet: Mittelfristig werden neue Materialien in den Kraftwerken noch höheren Temperaturen und Drücken standhalten müssen, um dann Wirkungsgrade von über 50 Prozent zu erreichen.

Dies alles sind nur wenige Beispiele von „Baustellen", an denen gearbeitet wird, und die zeigen, dass sich etwas bewegen muss. Energiepolitik wird in hohem Maße von Interessensvertretern beeinflusst und bestimmt, wobei die politischen Parteien in Deutschland unterschiedliche Schwerpunkte favorisieren. Aus der Sicht der Herausgeber kann jedoch eine nachhaltige Energiebereitstellung, -versorgung und –nutzung nur auf den drei Säulen basieren: Versorgungssicherheit, Umweltverträglichkeit und Wirtschaftlichkeit. Daran werden sich alte und neue Konzepte messen müssen.

Energiefragen sind natürlich längst nicht mehr bundespolitisch zu lösen, jedoch kann Deutschland als eines der wichtigsten Industrienationen Akzente setzen und beispielgebend sein für entsprechende politische Vorgaben. Deshalb sind die Inhalte der Vereinbarung der großen Koalition entscheidend für die Gestaltung der Energiepolitik in den nächsten Jahren. Auch wenn derzeit in Deutschland noch ein energiepolitisches Gesamtkonzept fehlt, so ist aus der Sicht der Herausgeber ein wesentliches Ziel der europäischen Energiepolitik – nämlich die massive Unterstützung der Energieeffizienz- auch in Deutschland umzusetzen. Eine höhere Effizienz kann mit relativ geringem Aufwand und hohem Nutzen zur Energiewende führen und die drohende Rohstoffverknappung aufhalten.

Die Klimaschutz- und Energiepolitik der neuen Bundesregierung zielt auf eine klimaverträgliche, ressourcen- und umweltschonende sowie sichere und wirtschaftliche Energieversorgung. Die Ziele der Koalitionsvereinbarung im Bereich Energiepolitik lassen sich in insgesamt 5 Positionen einteilen, in denen politische bzw. ordnungsrechtliche Maßnahmen angestoßen und weiter ausgebaut werden sollen:
Energiepreisanstieg begrenzen, Wettbewerb entfachen, ökologisch und ökonomisch vernünftiger Ausbau der erneuerbaren Energien, Unterstützung von Biokraftstoffen und nachwachsenden Rohstoffen, Energieeffizienz steigern, sowie mit der Innovationsoffensive „Energie für Deutschland" moderne Energietechnologien fördern.

Dies sind ehrgeizige Ziele, die von verschiedenen Akteuren getragen und umgesetzt werden müssen. Alle „Betroffenen" sind einzubinden, um vor allem eine zukunftssichere Energieversorgung darstellen zu können. Die Wirtschaftsbeteiligten, Wissenschaftler aber auch die verbrauchende Industrie sowie die privaten Haushalte sind mitzunehmen, um dieses Konzept zügig auf die Beine zu stellen. Mit diesem Buch wollen wir ein Stück weit dazu beitragen, einen Diskurs anzustoßen, an dem diese Betroffenen mitdiskutieren und sich mit ihren Ideen und innovativen Vorstellungen einer nachhaltigen Energiepolitik einbringen sollen. Hier ist Sachverstand genauso gefragt wie politische Handlungskraft und ingenieurwissenschaftlich geprägtes Vorstellungsvermögen. Wir, die Herausgeber, haben auch ein ehrgeiziges Ziel: Wir wollen an der Gestaltung eines Gesamtkonzeptes mitwirken. Deshalb haben wir versucht, möglichst viele der wesentlichen Akteure, die politische und wirtschaftliche Ziele verfolgen, anzusprechen. Sie stehen uns als Autoren zur Verfügung, wofür wir ihnen allen einen außerordentlichen Dank aussprechen. Wir verbinden das Engagement der Autoren mit der Hoffnung, dass sie auch zukünftig an der Erarbeitung einer tragfähigen Energiepolitik mitwirken werden.

Aufgrund zahlreicher Erfolge, die wir bereits in Deutschland erzielt haben, wie beispielsweise die erfolgreiche Einführung von emissionsarmen, hocheffizienten Kraftwerken oder umweltverträglichen Photovoltaikanlagen, sind wir zuversichtlich, dass wir in naher Zukunft eine Lösung haben, die es auch unseren Kindern erlaubt, an einer nachhaltigen Energieerzeugung und -versorgung zu partizipieren.

Die Herausgeber

Dr. Beate Kummer   Ernst Schwanhold

Die aktuelle politische Diskussion um eine nachhaltige Energiepolitik

KAPITEL 2.1 | Lebenslauf

Karl-Heinz Florenz

PERSÖNLICHE DATEN:

- geboren am 22. Oktober 1947 in Neukirchen-Vluyn
- verheiratet, drei Kinder
- Kaufmann, Landwirtschaftsmeister

BERUFLICHE TÄTIGKEIT:

- 1973 Eintritt in die CDU
- 1984 bis 1992 Ratsmitglied der Stadt Neukirchen-Vluyn
- seit 1989 Mitglied des Europäischen Parlaments
- Wiederwahl 1994, 1999 und 2004

FUNKTIONEN IM EUROPÄISCHEN PARLAMENT:

- Mitglied des Vorstands der Fraktion der Europäischen Volkspartei (Christdemokraten) und europäischer Demokraten (EVP-ED Fraktion);
- Vorsitzender des Ausschusses für Umweltfragen, Volksgesundheit und Lebensmittelsicherheit;
- Stellvertretendes Mitglied im Ausschuss für regionale Entwicklung; Mitglied der interparlamentarischen Delegation für die Beziehungen zu den Ländern der Andengemeinschaft.

Neue Entwicklungen der europäischen Energiepolitik

WIRTSCHAFTS- UND UMWELTPOLITIK IN EUROPA: EIN GEGENSATZ?

Die Europäische Union bedarf eines Umdenkens ihrer Wirtschafts- und Umweltpolitik, wenn sie die Zielsetzungen der Lissabon-Strategie, welche die EU zum wettbewerbsfähigsten und dynamischsten wissensbasierten Wirtschaftsraum der Welt machen soll, sowie die Ziele der Göteborg-Strategie für eine nachhaltige Entwicklung in Europa mit ihren drei Pfeilern Wirtschaft, Soziales und Umwelt gleichermaßen erreichen will. Die beiden Strategien schließen sich nicht aus. Im Gegenteil, sie stehen in einer gegenseitigen Abhängigkeit.

Unsere natürlichen Ressourcen sind endlich und Ressourcenknappheit gefährdet den Wohlstand Europas. Ein Preisanstieg ist die logische wirtschaftliche Konsequenz, wie am Beispiel der steigenden Ölpreise eindrucksvoll dokumentiert wird. Umwelt- und Ressourcenschutz sind daher nicht Konkurrent, sondern Basis einer nachhaltigen sozialen und wirtschaftlichen Entwicklung. Denn ohne Umweltschutz gehen Wohlstand und sozialer Frieden auf Dauer verloren.

Welche Aufgabe hat die Wirtschaftspolitik eigentlich? Sie hat die Verbesserung der Lebensqualität aller Bürger zur Aufgabe und ist damit untrennbar mit den meisten anderen Politiken wie Umwelt-, Gesundheits-, Energie- und Agrarpolitik, Bildungs- oder Forschungspolitik verbunden.

Aber was ist Lebensqualität und was erwarten die Bürger, unsere Wähler, von der Politik? Umfragen sind hier deutlich: Gesundheit, Familie, Arbeit, Sicherheit, Freizeit, eine saubere Umwelt, materieller Wohlstand. Der Bürger erwartet von der Politik die geeigneten Maßnahmen, die zur Erreichung dieser Lebensqualität beitragen. Demnach ist auch Umweltpolitik nicht reiner Selbstzweck, sondern dient zu einem großen Teil der Sicherung des Standortes Europas.

Die Forderung der Wirtschaft „Umweltschutz muss sich rechnen" ist berechtigt. Aber der Markt allein kann Umweltschutz nicht in den Griff bekommen. Die Wirtschafts- und Umweltpolitik darf vor diesem Hintergrund keine Rücksicht auf Partikularinteressen einzelner Unternehmen oder Branchen nehmen, sondern muss den gesamtvolkswirtschaftlichen Nutzen im Auge behalten (Vogel- statt Froschperspektive). Zielorientierte, intelligente Umweltpolitik ist daher als vorausschauende Wirtschaftspolitik zu verstehen. Eine nachhaltige Energiepolitik ist geradezu prädestiniert als Mittler zwischen Wirtschafts- und Umweltpolitik.

NACHHALTIGE ENERGIEPOLITIK ALS MITTLER ZWISCHEN WIRTSCHAFTS- UND UMWELTPOLITIK

Die Europäische Union ist heute zu etwa 50% abhängig von Energieimporten, Deutschland sogar zu über 60%. Ohne wirksame Gegenmaßnahmen wird die Abhängigkeit der EU innerhalb von 20 Jahren voraussichtlich auf über 70 % steigen. Diese Abhängigkeit birgt große Gefahren für die Energieversorgungssicherheit und den Wirtschaftsstandort Europa, nicht zuletzt, weil die meisten Importe aus Krisengebieten bezogen werden. Ein Großteil der Wertschöpfung verbleibt nicht in den EU-Mitgliedstaaten, sondern fließt in Drittstaaten ab. Bereits 1999 musste die EU 240 Milliarden Euro, dass heißt 1,2 % ihres Bruttoinlandsproduktes, für Energieimporte aufbringen, vor allem für Öl, Gas und Kohle. Dieser Betrag dürfte sich bis heute nochmals erheblich erhöht haben. Hinzu kommt, dass weit über 90 % der in Europa durch den Menschen verursachten CO_2-Emissionen auf Öl (50 %), Gas (22 %) und Kohle (28 %) entfallen, also größtenteils auf importierte Energieträger.

Vor dem Hintergrund des fortschreitenden Klimawandels, steigender Energiepreise, knapper werdender fossiler Brennstoffe sowie einer eklatanten Abhängigkeit Deutschlands und Europas von Energieimporten müssen Politik und Wirtschaft, auf der Grundlage wissenschaftlicher Erkenntnisse, dringend einschneidende Maßnahmen treffen, um Wettbewerbsfähigkeit und Wohlstand in Europa langfristig zu sichern.

Zwar werden wir mittelfristig nicht auf die Energiegewinnung aus Öl, Gas, Kohle und Kernkraft verzichten können, eines jedoch scheint sicher: Sie eignen sich nur in sehr beschränktem Umfange für eine nachhaltige Energiepolitik innerhalb Europas.

Wie bisher lediglich an den Stellschrauben zu drehen wird nicht ausreichen, um Europa dauerhaft aus diesem Dilemma zu führen. Es bedarf, neben umfassenden Energieeffizienzmaßnahmen, einer Energiewende auf Grundlage erneuerbarer Energien, deren Weichen in den kommenden Jahren gestellt werden müssen. Eine solche Energiewende kann nur erfolgreich sein, wenn erneuerbare Energieträger und die dazugehörige Technologie flächendeckend in den Markt eingeführt werden, und insbesondere den folgenden Zielen genügen:
- Energieversorgungssicherheit durch Energiegewinnung innerhalb Europas;
- Verbleib der Wertschöpfung in den europäischen Regionen und Verteilung auf möglichst viele Köpfe;
- Verbesserung des Umwelt- und Gesundheitsschutzes durch möglichst emissionsfreie oder -neutrale Energiegewinnung;
- Wirtschaftswachstum und Stärkung der Wettbewerbsfähigkeit durch marktfähige Innovationen;
- Erhaltung und Schaffung von Arbeitsplätzen.

Das Ziel der EU, den Anteil erneuerbarer Energien am Energiemix bis 2010 auf 12 % anzuheben, sowie die Erhöhung der Zielvorgaben für die darauf folgenden Jahre und Jahrzehnte, sind konsequent zu verfolgen. Hierbei sollte neben der Vielzahl von Möglichkeiten, die erneuerbare Energien bieten, gegebenenfalls auch die Biotechnologie genutzt werden, um Menge, Effizienz und Wettbewerbsfähigkeit nachwachsender Rohstoffe zu erhöhen. Anreizsysteme und Infrastrukturen für die Wettbewerbsfähigkeit von umweltschonenden Energieträgern müssen geschaffen werden. Hierfür ist eine Erhöhung der europäischen und nationalen Fördermittel notwendig. In diesem Zusammenhang hat die Internationale Energieagentur berechnet, dass in der Zeit von 1974 bis 2001 lediglich 8,2 % der gesamten energiebezogenen Forschungs- und Entwicklungsmittel von OECD-Staaten auf erneuerbare Energieträger entfielen.

Energieeffizienzmaßnahmen auf nationaler und europäischer Ebene sind umzusetzen und auszuweiten. Dies gilt insbesondere für den Gebäudebereich, auf den rund 40 % des gesamten Energieverbrauchs in der Europäischen Union entfallen, sowie für den Verkehr (insbesondere den Straßenverkehr), auf den etwa 30 % entfallen. Dort bestehen erhebliche Einsparpotenziale. Wer sorgsam mit Energie umgeht, soll auch finanzielle Vorteile haben.

Die Möglichkeit der Schaffung eines europäischen Emissionszertifikatehandels für den Flugverkehr kann ein weiterer Schritt sein, über Anreizsysteme zu Emissionssenkungen zu kommen. Der Luftverkehr ist weltweit für 4-9 % des Gesamtausstoßes von Treibhausgasen verantwortlich. Besorgniserregend ist jedoch, dass die Emissionen aus der Luftfahrt jährlich um 3 % zunehmen.

Dies sind nur wenige Beispiele, die zu einer nachhaltigen europäischen Energiepolitik beitragen können.

ANSÄTZE DER EUROPÄISCHEN UNION HIN ZU EINER NACHHALTIGEN ENERGIEPOLITIK

Die Europäischen Institutionen haben das Potenzial einer nachhaltigen Energiepolitik erkannt und erste Schritte mit wirtschaftlichen Anreizsystemen unternommen.

Neben einer Anzahl von Mitteilungen und Aktionen in den 90er Jahren - wie beispielsweise dem Aktionsplan 'Energie für die Zukunft: Erneuerbare Energieträger' (1997) oder den beiden Mehrjahresprogrammen zur Förderung der Energieeffizienz (SAVE) und zur Förderung der erneuerbaren Energieträger in der Gemeinschaft (Altener) - folgten bald konkretere EU-Rechtsvorschriften.

In der Richtlinie des Europäischen Parlaments und des Rates zur Förderung der Stromerzeugung aus erneuerbaren Energiequellen im Elektrizitätsbinnenmarkt (2001/77/EG) hat die EU, neben einem verbesserten Zugang von Erzeugern erneuerbarer Energien zu den Stromnetzen, das Ziel festgeschrieben, bis zum Jahr 2010 Strom zu 21 % aus erneuerbaren Energiequellen zu gewinnen. Im Rahmen der Richtlinie haben die Mitgliedstaaten individuelle Ziele für Strom aus erneuerbaren Energien festgelegt.

In ihrem Bericht zur Umsetzung dieser Richtlinie (Mitteilung vom 7. Dezember 2005 über die Förderung von Strom aus erneuerbaren Energiequellen) hat die Europäische Kommission hervorgehoben, dass eine Erhöhung des Anteils erneuerbarer Energien an der EU-Stromversorgung allgemein anerkannte Vorteile bringe:
- höhere Sicherheit der Energieversorgung;
- gestiegene Wettbewerbsfähigkeit der EU-Industrie im Bereich erneuerbare Energien;
- verringerte Treibhausgasemissionen durch den EU-Energiesektor;
- geringere regionale und lokale Emissionen;
- verbesserte wirtschaftliche und soziale Aussichten, insbesondere für ländliche und isolierte Gebiete.

In den vergangenen Jahren folgten weitere Richtlinien: unter anderem über die Gesamtenergieeffizienz von Gebäuden (2002/91/EG), zur Förderung der Verwendung von Biokraftstoffen oder anderen erneuerbaren Kraftstoffen im Verkehrssektor (2003/30/EG), über ein System für den Handel mit Treibhausgasemissionszertifikaten in der Gemeinschaft (2003/87/EG und 2004/101/EG), über die Förderung einer am Nutzwärmebedarf orientierten Kraft-Wärme-Kopplung im Energiebinnenmarkt (2004/8/EG), sowie zur Schaffung eines Rahmens für die Festlegung von Anforderungen an die umweltgerechte Gestaltung energiebetriebener Produkte (2005/32/EG). Hinzu kommt der Vorschlag für eine Richtlinie zur Endenergieeffizienz und zu Energiedienstleistungen (KOM/2003/0739), dessen Legislativverfahren zwischen Rat und Europäischem Parlament kurz vor dem Abschluss steht. Das Parlament hat hier in seiner Entschließung vom 13. Dezember 2005 für das neunte Jahr der Anwendung der Richtlinie einen generellen nationalen Energieeinsparrichtwert von 9 % festgelegt, der aufgrund von Energiedienstleistungen und anderen Energieeffizienzmaßnahmen zu erreichen ist.

Ferner hat die Europäische Kommission im April 2005 ein Rahmenprogramm für Wettbewerbsfähigkeit und Innovation (2007-2013) vorgeschlagen, mit dem sie auf den Lissabon-Zwischenbericht reagierte, in dem einfachere, auffälligere und zielgerichtete Maßnahmen gefordert wurden. Das Rahmenprogramm soll mit einem Budget von 4,2 Milliarden Euro ausgestattet werden und Maßnahmen zur Steigerung der Innovationsfähigkeit von Unternehmen und Industrie unterstützten. Insbesondere sollen die verstärkte Nutzung von Informations- und Kommunikationstechnologien, Umwelttechnologien sowie erneuerbare Energiequellen gefördert werden. Unter anderem wird hierbei das Ziel der EU unterstützt, bis 2010 den Anteil erneuerbarer Energien auf 12 % anzuheben sowie den Energieverbrauch zu verringern.

Wie in ihrer Mitteilung aus dem Jahr 2004 über den Anteil erneuerbarer Energien angekündigt, hat die Kommission darüber hinaus am 7. Dezember 2005 einen Aktionsplan für Biomasse vorgelegt. Die EU deckt heu-

Neue Entwicklungen der europäischen Energiepolitik | KAPITEL 2.1

te etwa 4 % ihres Energiebedarfs durch Biomasse. Bei vollständiger Nutzung ihres Potentials könnte die EU nach Ansicht der Kommission den Biomasseeinsatz von 69 Millionen Tonnen Öläquivalent im Jahr 2003 auf etwa 185 Millionen Tonnen Öläquivalent im Jahr 2010 mehr als verdoppeln. Und dies unter Wahrung einer nachhaltigen Biomasseerzeugung und ohne nennenswerte Beeinträchtigung der inländischen Nahrungsmittelerzeugung.

In dem Aktionsplan legt die Kommission aus, wie die Nutzung von Biomasse-Energie aus Holz, Abfällen und Agrikulturpflanzen durch Schaffung wirtschaftlicher Anreize und durch die Beseitigung von Hindernissen, die der Entwicklung eines Marktes entgegenstehen, gefördert werden kann. Europa könne dadurch seine Abhängigkeit von fossilen Brennstoffen verringern, die Emission von Treibhausgasen senken und die Wirtschaftstätigkeit in ländlichen Gebieten beleben.

Nach Einschätzung der Kommission können die Maßnahmen des Aktionsplans die Nahziele der Europäischen Union bis 2010, spätestens jedoch bis 2012 erreichen: 12 % Gesamtanteil für erneuerbare Energien, ein Anteil von 21 % im Stromsektor und ein Anteil von 5,75 % für Biokraftstoffe.

Wissenschaftlichen und wirtschaftlichen Studien zufolge könnte dieser Anstieg in der Nutzung der Biomasse bis 2010 mit folgenden Vorteilen verbunden sein:
- Diversifizierung der Energieversorgung Europas, Steigerung des Anteils erneuerbarer Energieträger um 5 % und Verringerung der Abhängigkeit von Energieeinfuhren von 48 % auf 42 %;
- Verringerung der Treibhausgasemissionen um 209 Millionen Tonnen CO_2-Äquivalent jährlich;
- unmittelbare Schaffung von bis zu 250.000 bis 300.000 Arbeitsplätzen, überwiegend im ländlichen Raum;
- potenzieller Preissenkungsdruck beim Öl infolge der geringeren Nachfrage.

Mit Blick auf die Erreichung der Lissabonziele, der entscheidenden Rolle, welche die Energie hierbei spielt, und vor dem Hintergrund der hohen Ölpreise sowie der zunehmenden Abhängigkeit Europas von Energieeinfuhren, hat die Kommission angekündigt, eine grundlegende Überprüfung ihrer Energiepolitik vornehmen. Sie wird hierzu im Frühjahr 2006 ein Grünbuch vorlegen, in dem drei wesentliche Ziele behandelt werden: Wettbewerbsfähigkeit, Nachhaltigkeit und Versorgungssicherheit. Wesentliche Elemente dieser Politik seien „im Zusammenhang mit stärkerem Wirtschaftswachstum die Notwendigkeit zur Verringerung des Energiebedarfs, die intensivere Nutzung erneuerbarer Energiequellen angesichts des heimischen Erschließungspotenzials und der Nachhaltigkeit derselben, die Diversifizierung der Energiequellen und der Ausbau der internationalen Zusammenarbeit". Diese Elemente werden Europa dabei unterstützen, die Abhängigkeit von Energieeinfuhren zu verringern, die Nachhaltigkeit zu verbessern sowie Wachstum und Beschäftigung zu fördern.

DIE POSITION DES EUROPÄISCHEN PARLAMENTS

Das Europäische Parlament, Mitgesetzgeber in den Bereichen Binnenmarkt, Industrie, Energie, Verkehr und Umwelt, hat in jüngster Zeit erneut klare Positionen zu den Fragen Energie, Energieversorgungssicherheit und Klimaschutz bezogen.

In seinen Entschließungen vom 29. September 2005 über den Anteil der erneuerbaren Energieträger in der EU sowie vom 16. November 2005 über die EU-Strategie für eine erfolgreiche Bekämpfung der globalen Klimaänderung stellt es ehrgeizige Ziele auf und fordert die Europäische Kommission auf, entsprechende Vorschläge zu unterbreiten.

Das Parlament hat bei dieser Gelegenheit wiederholt festgestellt, dass erneuerbare Energieträger, Energieeffizienz und Energieeinsparung eine außergewöhnlich große Bedeutung nicht nur für die Überwindung der Verschlechterung der Gesundheits- und Umweltverhältnisse und für eine nachhaltige, mit den klimapolitischen Zielen der Europäischen Union verträgliche Entwicklung haben, sondern dass sie auch einen Beitrag zur Energieversorgungssicherheit, zu Innovationen und Wirtschaftsmöglichkeiten, zur regionalen und nationalen Entwicklung und zur Schaffung von Arbeitsplätzen im Einklang mit der Lissabon-Agenda liefern.

Nicht zuletzt unter dem Gesichtspunkt der „Ebnung des Weges der EU zum Weltmarktführer bei erneuerbaren Energieträgern" fordern die Europaabgeordneten die Zielvorgabe von 20 % für erneuerbare Energieträger am EU-Gesamtenergieverbrauch bis 2020.

Unter dem Motto „Einundzwanzig erneuerbare Energieträger für das 21. Jahrhundert" sollen unter anderem Biomasseanlagen, Windenergie, Wasserkraftwerke, solarthermische Kraftwerke und geothermische Anlagen verstärkt gefördert und mittelfristig die Vorteile von Wasserstoff unter Einsatz erneuerbarer Energiequellen genutzt werden.

Das Parlament fordert die Kommission dazu auf, zusätzliche Maßnahmen mit ehrgeizigen, aber realistischen Zielvorgaben vorzuschlagen, die unter anderem beinhalten, dass als Beitrag zur Erreichung der europäischen Ziele für Klimaschutz und Versorgungssicherheit bis 2020 CO_2-arme, CO_2-freie und CO_2-neutrale Energietechnologien etwa 60 % des Elektrizitätsbedarfs der EU decken.

Weitere Forderungen des Parlaments beinhalten:
- die Ausdehnung der Richtlinie über die Gesamtenergieeffizienz von Gebäuden (2002/91/EG) in Bezug auf die Gesamtenergieeffizienz und den Einsatz von erneuerbaren Energieträgern auf sämtliche Gebäude mit mehr als 250 m²;
- die Einführung von Mindestbaunormen bis spätestens 2012 durch die Mitgliedstaaten für sämtliche privaten Wohngebäude auf der Grundlage der Normen für passive Energie (unter 10 kW/m²);
- eine Richtlinie über erneuerbare Energieträger im Sektor Heizung und Kühlung;

- die Revision der Biokraftstoffrichtlinie (2003/30/EG), unter anderem im Hinblick auf eine stufenweise zu verschärfende Verpflichtung der Kraftstoffhersteller zur Beimischung von Biomasse-Kraftstoffen in die von ihnen verkauften Kraftstoffe;
- die Heranziehung der EU-Agrarpolitik (Entwicklung des ländlichen Raums), des Strukturfonds und des Kohäsionsfonds zur Förderung des Einsatzes von Biomasse;
- die Erhöhung der Finanzmittel für erneuerbare Energiequellen sowie Energieeffizienz im 7. EU-Forschungsrahmenprogramm;
- die Verringerung der Emissionen im Verkehrssektor einschließlich verbindlicher Obergrenzen für CO_2-Emissionen aus Neufahrzeugen in der Größenordnung von 80-100 g/km, die mittelfristig durch einen Emissionshandel zwischen den Automobilherstellern erreicht werden sollen, und andere Maßnahmen wie EU-weite Geschwindigkeitsbeschränkungen, Straßenbenutzungsgebühren und steuerliche Anreize;
- den Ausbau des Schienenverkehrs und des öffentlichen Verkehrs im Allgemeinen;
- ein Pilot-Emissionshandelssystem für die Emissionen des Luftverkehrs für den Zeitraum 2008-2012, das alle Flüge zu den Flughäfen in der Europäischen Union und von diesen Flughäfen aus abdeckt; parallele Anstrengungen betreffend Emissionen aus der Seeschifffahrt. Einbeziehung des internationalen Luft- und Schiffsverkehrs ab dem Jahr 2012 in die Emissionssenkungsziele;
- Einführung von Ökosteuern auf Gemeinschaftsebene; Forderung an die Mitgliedstaaten, die erste Europäische Ökosteuer spätestens im Jahr 2009 zu beschließen.

Auch falls die eine oder andere der hier genannten Forderungen kritisch zu hinterfragen ist: Das Europäische Parlament - als demokratisch gewählte Vertretung der EU-Bürger - hat die Marschrichtung Europas vorgegeben.

ZUSAMMENFASSUNG

Europa leidet unter einer eklatanten Energieabhängigkeit, massiven Umweltproblemen, sinkender wirtschaftlicher Wettbewerbsfähigkeit und hoher Arbeitslosigkeit, die jeweils für sich, aber noch viel mehr insgesamt gesehen, unsere Lebensqualität und den sozialen Frieden in Europa bedrohen.

Auch in naher Zukunft kann nicht auf konventionelle Energien verzichtet werden. Aber der Weg einer nachhaltigen Energiepolitik ist vorgeschrieben: Den erneuerbaren Energien gehört die Zukunft in Europa und weltweit. Auch die Tatsache, dass ein großer Teil der Energieinfrastruktur in der Europäischen Union in den nächsten Jahrzehnten ersetzt werden muss, bietet die Möglichkeiten für eine Energiewende.

Die Ausarbeitung effizienter Maßnahmen gestaltet sich jedoch bis heute außerordentlich schwierig. Dies liegt zum einen daran, dass in der Regel lediglich an Einzellösungen gearbeitet wird anstatt an einer Gesamtkonzeption, und zum anderen daran, dass das Zusammenwirken der gesellschaftlichen Kräfte in und aus Wirtschaft, Wissenschaft und Politik nur mangelhaft funktioniert. Es existiert zwar eine Vielzahl von Einzelstudien, teils auch sektorübergreifend, es fehlten bisher jedoch meist klare wissenschaftliche Analysen der Gesamtzusammenhänge, die der Politik für ihre Entscheidungsfindung hätten an die Hand gegeben werden können.

Nur ein intensivierter Dialog der Politik mit den Wirtschaftsbeteiligten, vor allem der Wissenschaft, kann zu einem klaren Konzept für die zukünftig zu ergreifenden Maßnahmen führen.

Nachhaltige Energiepolitik ist eine volkswirtschafts- und sozialverträgliche Abkehr von konventioneller Energie hin zu erneuerbaren, emissionsarmen Energien, ohne jedoch von heute auf morgen ganz auf Öl, Kohle, Gas und Kernkraft zu verzichten. Die Europäische Union ist Weltmarktführer bei den Technologien für erneuerbare Energieträger. Diese Position muss verteidigt und ausgebaut werden, denn sie ist entscheidender Bestandteil unserer wirtschaftlichen Zukunft.

Mechtild Rothe

Mechtild Rothe, SPD (Bad Lippspringe / OWL) gehört seit 1984 dem Europäischen Parlament an. Sie ist stellvertretende Vorsitzende der SPD-Gruppe im Europäischen Parlament.

Mechtild Rothe ist Sprecherin der sozialdemokratischen Fraktion (SPE) für eine nachhaltige Energiepolitik. Bereits mehrfach war sie Berichterstatterin zu energiepolitischen Themen, so zum Grün- und Weißbuch Erneuerbare Energien, zum ersten europäischen Gesetz im Bereich Erneuerbarer Energien, der „Richtlinie zur Förderung der Stromerzeugung aus erneuerbaren Energiequellen im Elektrizitätsbinnenmarkt". Zur Zeit ist sie für das Parlament zuständig für die Richtlinie zur Endenergieeffizienz und zu Energiedienstleistungen und dem Initiativbericht für Wärme und Kälte aus Erneuerbaren Energien.

Die Perspektiven für eine nachhaltige Energiepolitik in Europa

Heute kann eine nachhaltige Energieperspektive keine allein national ausgerichtete mehr sein. Längst ist Energiepolitik nicht mehr nur eine nationale Angelegenheit. Gemeinsame Herausforderungen sind zu bewältigen, gemeinsame Ziele sind zu erreichen. Die Europäische Union hat Einfluss zu nehmen, Rahmen zu setzen, gemeinsames Recht zu schaffen. Wie auf der nationalen Ebene geht es dabei darum, welches Energiekonzept sich dabei durchsetzt. Das Konzept der Gründungsjahre war neben der Förderung der Kohle der massive Ausbau der Atomenergie, dokumentiert in einem eigenen Vertrag, dem Euratom-Vertrag. Glücklicherweise sind die Erfolge dieses Konzeptes nur sehr begrenzt.

Der Realisierung des europäischen Binnenmarktes zog dann mehr oder weniger zwangsläufig die Liberalisierung der Elektrizitäts- und Gasmärkte nach sich. Auch die Energiemärkte sollen dem Wettbewerb voll unterworfen werden. Wir wissen heute, dass das Ergebnis nicht befriedigend ist und die Tendenz nicht mehr sondern wieder weniger Wettbewerb ist: Oligopole Marktverhältnisse, erschwerter Zugang für Neuanbieter, geringe Transparenz über Netzkapazitäten bestimmen das Bild. Es ist also zum einen wichtig, Bedingungen zum Erreichen eines fairen Wettbewerbs zu verbessern und zum anderen einen nachhaltigen Energiemix zu fördern.

ERNEUERBARE ENERGIEN – DIE ZUKUNFTSFÄHIGEN ENERGIEQUELLEN

Die traditionelle Fokussierung Europas auf Atom und Kohle war ein Relikt aus der Vergangenheit und muss es auch bleiben. Ein neuer, nachhaltiger Weg ist in der europäischen Energiepolitik beschritten worden. Dieser Weg ist konsequent weiter zu gehen, um die immensen Herausforderungen zu bewältigen und die großen Chancen zu nutzen.

Insbesondere aus dem Europäischen Parlament kamen in den letzten Jahren entscheidende Impulse für eine Veränderung der europäischen Energiestrategie hin zu einer stärkeren Orientierung am Ausbau Erneuerbarer Energien und an der Nutzung der Einsparpotentiale. Eine Reihe von europäischen Initiativen und Gesetzen zeigt inzwischen diese Umorientierung.

Im Weißbuch zu Erneuerbaren Energien hat die Europäische Union 1997 zum ersten Mal eine gemeinsame mittelfristige Strategie vorgelegt, die präzise Aktionen und Maßnahmen für die Einführung und Marktdurchdringung von erneuerbaren Energien beinhaltet. Das Ziel der EU ist es, den Anteil erneuerbarer Energien am Verbrauch der EU auf 12 % bis 2010 zu verdoppeln. Die „Richtlinie zur Förderung der Stromerzeugung aus erneuerbaren Energiequellen im Elektrizitätsbinnenmarkt" war nach dem Weißbuch das maßgebende Instrument, um diese Ziele zu erreichen. Sie enthält für jeden Mitgliedsstaat klare Vorgaben für den Anteil an Stromerzeugung aus erneuerbaren Energiequellen am Gesamtenergieverbrauch bis 2010, damit die gemeinsame EU-Zielsetzung von 21 % Strom aus erneuerbaren Energien erreicht werden kann. Ohne diese Richtlinie hätten wir nicht einen solchen Boom erreicht in Europa: Mehr erneuerbare Energien, innovative Technologien und neue Arbeitsplätze! Aber obwohl die Mehrheit der EU-Mitgliedsländer als Reaktion auf diese Richtlinie die eigenen Fördersysteme verändert und verbessert hatte, ist die Entwicklung von erneuerbaren Energien in den Mitgliedsstaaten sehr unterschiedlich. Und der Grund dafür ist offensichtlich: Es ist nicht die Intensität von Wind oder Sonne, es ist der politische Wille, es ist der gesetzliche Rahmen jedes Landes, der den Stand der jeweiligen Marktdurchdringung entscheidet! Diesen politischen Willen muss jede nationale Regierung aufbringen. Viele Mitgliedsstaaten haben sich an dem deutschen Erneuerbare Energien Gesetz (EEG) bei ihrer Gesetzgebung orientiert, es gilt europaweit als vorbildlich. Denn sie sehen die Erfolge: Deutschland und Spanien verzeichnen mit ihren Einspeise- bzw. Premium Systemen vor allem in der Windenergie und in der Photovoltaik enorme Wachstumsraten. Insbesondere Länder mit solchen Systemen sind die Ursache für 300.000 Arbeitsplätze und einen jährlichen Umsatz von 10 Milliarden Euro europaweit.

In ihrer jüngsten Veröffentlichung zu „Fördersystemen für Elektrizität aus Erneuerbaren Energien" gibt die EU Kommission daher dem deutschen Erneuerbare Energien Gesetz (EEG) hervorragende Noten. Die Evaluierung der einzelnen nationalen Fördersysteme für Erneuerbare Energien durch die Kommission zeigt, dass Einspeisemodelle wie das EEG die effektivsten Systeme sind. Sie sind kostengünstiger als andere Modelle wie z.B. das Quotenmodell und erreichen einen besseren Ausbau von Erneuerbaren. Auch deshalb ist es völlig abwegig, dem Liebäugeln großer deutscher Stromkonzerne mit einem Quotenmodell zu folgen. In keinem der Mitgliedsstaaten, in denen ein Quotenmodell eingeführt wurde, gibt es weder die eigene, stetig wachsende Herstellerindustrie wie in Deutschland, noch liegt der Ausbau der Erneuerbaren Energien annähernd in der Nähe der von der EU gesetzten Ziele. Die Preise z.B. für Windstrom sind deutlich höher als in Deutschland. Quotenmodelle lassen offen, zu welchem Preis der Strom vermarktet wird. Damit fehlt auch die Investitionssicherheit, die gerade für Mittelständler wichtig ist, und es profitieren im Grunde nur die großen Energieversorger. Daher ist es auch nicht verwunderlich, dass gerade sie ein Quotenmodell europaweit harmonisiert einführen wollen.

Die Elektrizitätswirtschaft und andere Teile der Wirtschaft begründen ihren Drang nach Harmonisierung damit, dass in einem liberalisierten EU-Energiemarkt ein gemeinsames Förderungssystem für Erneuerbare Energien gelten müsse. Aber der liberalisierte Markt, von dem sie reden, existiert gar nicht. Oligopole Marktverhältnisse, erschwerter Netzzugang für kleine und unabhängige Neuanbieter und fehlende Kostenfairness sind die entscheidenden bestehenden Marktverzerrungen, die in den nächsten

Jahren einer wirklichen Liberalisierung mit fairem Wettbewerb entgegenstehen. In allen ihren Benchmarking-Berichten zur Umsetzung der Elektrizität- und Gas-Richtlinien der Europäischen Union kam die Europäische Kommission zur Feststellung, dass fairer Wettbewerb im Elektrizitätsmarkt noch weit von der Realität entfernt ist. Darüber hinaus bestehen Marktverzerrungen im Energiebinnenmarkt noch so lange, bis das in Artikel 174 EG-Vertrag verankerte Verursacherprinzip nicht auch in der Energiepolitik angewandt wird.

EINE RICHTLINIE FÜR WÄRME UND KÄLTE AUS ERNEUERBAREN ENERGIEN

Es bedarf noch weiterer Anstrengungen, Ersatzkapazitäten für nukleare und fossile Energie zu fördern. Im Mai 2004 hat die Kommission in ihrer Mitteilung über den Stand der Energiegewinnung aus Erneuerbarer Energie in Europa den deutlichen Schluss gezogen, dass weder die große Mehrheit der Mitgliedstaaten die gesetzten nationalen EE-Elektrizitätsziele erreichen wird, noch dass das Ziel der Verdoppelung des Gesamtenergieverbrauchs aus Erneuerbaren Energiequellen auf 12% bis 2010 ohne einen neuen Schub erreichbar erscheint. Bei der Elektrizität gehen die Kommissionsberechnungen von einer Unterschreitung des Ziels von 2-3% aus, also von einem EU-weiten EE-Elektrizitätsanteil von 18-19%. Bei der Gesamtenergie aus EE-Quellen wird die Unterschreitung auf mindestens 3% geschätzt, weil insbesondere die Marktdurchdringung der Technologien für den Wärme- und Kältesektor absolut unzureichend bisher war. Ein besonderes Augenmerk muss daher der Wärme und Kälte aus Erneuerbaren Energie gelten. Das enorme Potenzial an erneuerbaren Energiequellen für das Heizen und Kühlen wird bisher nicht im Entferntesten ausreichend ausgeschöpft.

Der im Dezember 2005 von der Europäischen Kommission verabschiedete Biomasse Aktionsplan ist daher ein wichtiger Schritt in die richtige Richtung. Um jedoch eine wirkliche Marktdurchdringung aller in Frage kommenden Erneuerbaren Energiequellen zu erreichen, bedarf es einer europäischen Richtlinie. Bis jetzt hat kein Mitgliedsland gesetzliche Rahmenbedingungen mit einer langfristigen Strategie für Wärme aus erneuerbaren Energiequellen geschaffen. Auch wenn einige Länder bereits gute Förderprogramme besitzen, wie zum Beispiel Deutschland mit seinem Marktanreiz-Programm, so bleibt doch jede nationale Unterstützung haushaltsorientiert. Eine fortlaufende und verlässliche Unterstützung für Heizen und Kühlen aus erneuerbaren Energiequellen existiert in keinem Mitgliedsstaat. Energieinvestitionen sind jedoch immer langfristige Investitionen und brauchen deshalb eine langfristige Sicherheit und Strategie. Was also bereits auf Europäischer Ebene beschlossen wurde für die Stromerzeugung aus Erneuerbaren oder für Biokraftstoffe, nämlich europäische Richtlinien, muss in entsprechender Form auch in dem Bereich Heizen und Kühlen geschehen. Eine Europäische Richtlinie würde in allen Mitgliedstaaten für verbesserte Rahmenbedingungen sorgen, Anreize schaffen und Ziele setzen. Die Richtlinien, die die Europäische Union bereits verabschiedet hat und die mit der Wärmegewinnung aus Erneuerbaren zusammenhängen, wie die Richtlinie über das Energieprofil von Gebäuden und die Richtlinie zur Kraft-Wärme-Kopplung, reichen nicht aus. Sie werden einen größeren Gebrauch von erneuerbaren Energien im Bereich Heizen und Kühlen nicht ausreichend fördern. Die Gebäuderichtlinie ist hinsichtlich der Nutzung von erneuerbaren Energien zu schwach und unspezifisch. So gilt sie zum Beispiel nur für neue Gebäude über 1000 m². Das Potential liegt aber in bereits bestehenden und kleineren Gebäuden.

Es muss mit einer konsequenten Förderung – weil wir sie politisch wollen – die Nachfrage gesteigert und somit eine Marktdurchdringung geschaffen werden. Nur so wird es gelingen, dass die anfänglichen Investitionskosten für eine Holzpellet- oder Solar-Anlage sinken. Diese Kosten liegen teilweise immer noch deutlich über denen einer Öl- oder Gasanlage. Die Preise sind zwar bereits gesunken, doch erst eine Massenfertigung wird für signifikante Preissenkungen sorgen. Über eine durchschnittliche Abschreibungsdauer von 10 bis 15 Jahren ist jede Heizung, die erneuerbare Energien einsetzt, angesichts der steigenden Preise günstiger als eine konventionelle Heizung.

Auf Druck des Europäischen Parlamentes hat nun der EU-Energiekommissar Andris Piebalgs angekündigt, bis Ende des Jahres 2006 einen legislativen Vorschlag in diesem Bereich vorzulegen. Das Parlament hatte auf meine Initiative hin mit großer Mehrheit einen Bericht zu Wärme und Kälte aus erneuerbaren Energien verabschiedet, in dem er die Kommission auffordert, eine solche Richtlinie vorzulegen und hatte konkrete Forderungen gestellt. An dieser Ankündigung wird die Kommission nun gemessen werden. Eine Abkehr davon wäre ein großer Rückschlag für die Stärkung der Erneuerbare Energien Strategie.

ZIELE FÜR 2020

Wir dürfen jedoch nicht nur an die gesetzten Ziele für das Jahr 2010 denken. Eine verantwortungsvolle Strategie bedeutet auch, zu wissen, wie die Energieversorgung langfristig aussehen soll. Die Richtung muss eindeutig sein: Immer weniger unkalkulierbare und teure Abhängigkeit und immer mehr Nachhaltigkeit!

Daher forderte das Europäische Parlament im Jahr 2004 anlässlich der Internationalen Konferenz zu Erneuerbaren Energien in Bonn eine verbindliche Zielvorgabe von 20 % Erneuerbarer Energien am EU-Gesamtenergieverbrauch für das Jahr 2020. Diese Forderung ist ein wesentlicher Bestandteil der erforderlichen Post-Kyoto-Diskussion.

Es ist nun dringend erforderlich, dass auch Rat und Kommission solch klare Bekenntnisse für Erneuerbare Energien abgeben. Selbst eine Heraufsetzung der Zielvorgabe auf 25 % ist realisierbar und müsste politisch auch angestrebt werden. Allerdings bedarf es dafür besserer Rahmenbedingungen für Erneuerbare Energien und Energieeffizienz. Diese Rahmenbedingungen müssen insbesondere auch eine intensive Steigerung der Energieeffizienz und Energieeinsparung beinhalten.

ENERGIE EFFIZIENT NUTZEN

Bereits im Zuge der Verabschiedung der Richtlinien betreffend die Vollendung des Energiebinnenmarktes hatte das Europäischen Parlament gefordert, dass die völlige Öffnung der Energiemärkte durch Maßnahmen auf der Nachfrageseite ergänzt werden muss. Insbesondere im Bereich der Energieeffizienz ist dies erforderlich, da zum einen die Liberalisierung des Strom- und Gasmarktes zu einem Rückgang von Energiedienstleistungen führte und zum anderen die Unterschiede in den Mitgliedsstaaten bei der Energieeffizienz und beim Angebot von Energiedienstleistungen noch erheblich sind.

Dies bedeutet, dass auch hier den zahlreichen Ankündigungen echte Aktionen folgen müssen. In vielen Mitgliedsländern existieren bereits Programme zur Förderung von Energieeffizienz und Energieeinsparung wie zum Beispiel Informationskampagnen, kostenlose Energieaudits, Gebäudesanierungsförderungen oder die gezielte Förderung von energiesparenden Geräten. Doch trotz unterschiedlicher Maßnahmen ist das mögliche Potential noch bei weitem nicht ausgenutzt.

Bei bis zu 30 % liegt das ökonomische Energieeinsparpotential, welches ohne Einschränkung des Komforts oder des Lebensstandards erreicht werden kann. Ein wichtiger Schritt war es daher, mit einer Europäischen Richtlinie eine langfristige und gemeinsame Strategie für Europa zu entwickeln. Ende 2005 kam es schließlich nach harten Verhandlungen zu einer Einigung zwischen Europäischem Parlament und Rat für eine Richtlinie zur Energieeffizienz und Energiedienstleistungen. Danach sollen die Mitgliedsstaaten ab 2008 in den folgenden neun Jahren insgesamt 9 % an Energie einsparen. Dies kann nur ein absolutes Minimalziel sein. Denn bedenkt man, dass trotz verbesserter Technologien der Verbrauch in den letzten Jahren kontinuierlich gestiegen ist, ist es um so erforderlicher, das Potential noch stärker auszuschöpfen, um den Energieverbrauch zu senken. Es bedarf daher einer Energie-Offensive mit einem breiten Bündnis für die Energieeffizienz: Jeder kann und soll einen Beitrag leisten. Der Haushaltskunde genauso wie die Industrie, der Bürgermeister genauso wie die Staats- und Regierungschefs, vom Kauf der Sparglühbirne bis zur Forschung in effizientere Autos, von der Kommunalen Verordnung bis zur Europäischen Richtlinie. Entscheidend wird sein, wie diese Energie-Offensive in den einzelnen Mitgliedsstaaten geführt wird. Daher ist es von herausragender Bedeutung, dass die Richtlinie den Mitgliedsstaaten vorschreibt – und zwar mit konkreten Vorgaben – alle drei Jahre, „Energieeffizienz-Aktionspläne" zu erarbeiten. Diese Aktionspläne müssen zu den „Herzstücken" der Energieeffizienz-Offensive werden. Sie stellen auch sicher, dass die Kommission eine Beurteilung über die Maßnahmen der Mitgliedsstaaten vornimmt.

EINE DOPPELSTRATEGIE FÜR EINEN NACHHALTIGEN TRANSPORT

Während die meisten Maßnahmen bislang vornehmlich den Gebäude- und Gerätebereich betrafen, wurde der Transportbereich bisher stark vernachlässigt. Bei der Effizienz im Transportbereich ist Europa noch weit hinter seinen Möglichkeiten und vor allem weit hinter dem Entwicklungsstand von vor allem Japan zurück. Hier bedarf es einer Doppelstrategie. Zum Einen müssen Biotreibstoffe gefördert und Beimischungen obligatorisch werden und zum Anderen ist die Entwicklung von Effizienz und neuer, umweltfreundlicher Innovationen von Nöten. Hierzu gehört sowohl die Marktdurchdringung von 3 Liter-Autos als auch die Weiterentwicklung von zum Beispiel Hybridautos. Womöglich kann auch hier eine Europäische Richtlinie die nötigen und wichtigen Impulse geben.

ATOMKRAFT IM RÜCKWÄRTSTREND

In einer nachhaltigen Energiepolitik hat Atomkraft keinen Platz. Daran ändert auch nicht, dass die Atomlobby neuerdings mit Klimaschutz und Versorgungssicherheit argumentiert. Von einer „Renaissance der Atomkraft" in Europa kann jedenfalls derzeit nicht die Rede sein, denn aus Europas Steckdosen kommt immer weniger Atom-Strom. Insgesamt produzieren noch 13 von 25 Mitgliedstaaten der Europäischen Union Atomstrom (Belgien, Deutschland, Finnland, Frankreich, Holland, Spanien, Schweden, das Vereinigte Königreich, Tschechische Republik, Ungarn, Litauen, Slowakei, Slowenien). Doch die Zahl der Reaktoren hat sich bereits von ehemals 172 im Jahr 1989 auf insgesamt 149 Reaktoren im Jahr 2005 reduziert. Und die Reaktorenzahl wird auch in Zukunft – trotz des derzeitigen Baus eines AKWs in Finnland – eher sinken: Neben Deutschland steigen auch Belgien und Schweden aus dem Atom-Abenteuer aus. In den neuen EU Mitgliedsstaaten (plus Bulgarien) forderte die Europäische Union im Rahmen der Beitrittsverhandlungen wegen gravierender Sicherheitsmängel die vorzeitige Abschaltung von acht Kernreaktoren zwischen 2002 und 2009 (Bohunice 1 und 2, Kosloduj 1 bis 4 und Ignalina 1 und 2). Allerdings ist mit der EU-Osterweiterung die Europäische Fraktion der Atombefürworter größer geworden. Es bleibt allerdings abzuwarten, ob sie die enormen Finanzaufwendungen in Zukunft leisten können und wollen.

Atomkraft ist im Rückwärtstrend und genießt doch weiterhin mit dem Euratom Vertrag, dem Vertrag zur Gründung der Europäischen Atomgemeinschaft, eine privilegierte Sonderstellung. Einst geschaffen, um die Kernenergie in Europa voranzutreiben ist der heutige Fokus dieses Relikts aus alter Zeit vornehmlich die Sicherheit, insbesondere in Osteuropa, und die Forschung. Eine erforderliche Aktualisierung des Vertrages hat es seit seiner Gründung 1957 nicht gegeben. Selbst bei Inkrafttreten der Europäischen Verfassung wird es keine gravierenden Änderungen geben. Er wird weiterhin eine eigene Rechtspersönlichkeit genießen, ohne demokratisches Mitspracherecht des Parlaments.

Es passt nicht in eine nachhaltige Energiepolitik, dass durch diese Privilegierung weit mehr Forschungsgelder für Kernspaltung und Fusion ausgegeben werden als für Erneuerbare Energien und Energieeffizienz. Das ist kein Beitrag für Innovation und Wachstum und eine Energieversorgungssicherheit der Zukunft. Zukunftsfähig wäre hingegen der Ersatz von Euratom durch „Eurenew", einen Vertrag für Erneuerbare Energien – natürlich in demokratischer Ausgestaltung.

Klar muss auch sein, dass einem Ausstieg aus der Atomenergie kein Einstieg in die Fusions-Technik folgen darf. Mit der Fusions-Technik wurde noch keine einzige Kilowattstunde produziert, obwohl schon seit fast 50 Jahren Milliarden in die Forschung gesteckt wurden. Selbst die optimistischsten Befürworter rechnen noch mit bis zu weiteren 30-50 Jahren, bis erste verwertbare Ergebnisse zu erwarten sind, falls dies überhaupt jemals Realität werden sollte. Die Kosten für eine Kilowattstunde werden selbst dann für unabsehbare Zeit untragbar hoch sein.

DIE NACHHALTIGSTE UND ENERGIEEFFIZIENTESTE WIRTSCHAFT DER WELT

Europa – genauer: die Europäische Union – ist auf dem Weg in eine nachhaltige Energieversorgung. Eine ambitionierte Energiepolitik ist Umweltschutz-, Wirtschafts- und Innovationspolitik gleichzeitig und macht Europa insgesamt wettbewerbsfähiger.

Dieser Weg ist zweifellos noch ein sehr steiniger. Es gibt ausreichend viele Kräfte, die ihn völlig verbauen und in die alte Richtung wieder treiben wollen. Doch die Zukunft der europäischen Energieversorgung wird zwangsläufig durch Erneuerbare Energien und Energieeffizienz bestimmt sein. Alle anderen Alternativen, ob fossil oder nuklear, sind unkalkulierbar in Bezug auf Umwelt, Wettbewerbsfähigkeit und Versorgungssicherheit. Europa wird sich dieses Risiko nicht leisten können.

Die fossilen/nicht erneuerbaren Energieträger – Wirtschaftlichkeit, Umwelt- und Sozialverträglichkeit

Dr. J. Peter Gerling

Dr. J. Peter Gerling, geboren 1954, studierte Geologie/Paläontologie an der WWU Münster. Nach drei Jahren Tätigkeit in der deutschen Erdölindustrie (DST Lingen) wechselte er 1984 an die Bundesanstalt für Geowissenschaften und Rohstoffe. Schwerpunkt seiner Arbeiten bis zum Jahre 2001 war die Erdöl- und Erdgasforschung – unterbrochen durch eine einjährige Tätigkeit als Referent im BMWi (1996/97). Seit 2001 beschäftigt sich Dr. Gerling als Leiter des BGR-Referates Energierohstoffe insbesondere mit der Verfügbarkeit von Energierohstoffen.

Dr. Michael Kosinowski

Dr. Michael Kosinowski, Jahrgang 1951, studierte Geologie an den Universitäten Göttingen und Swansea (U.K.). Nach der Promotion 1982 arbeitete er zehn Jahre in der Erdöl- und Ergasexploration der Preussag, anschließend wurde er mit der Leitung der Abteilung „Altlastenbeurteilung" im Bereich Umweltschutz/Altlasten der Treuhandanstalt in Berlin betraut. Im Jahr 1995 wechselte er zum Niedersächsischen Landesamt für Bodenforschung, in dem er verschiedene Leitungsfunktionen wahrnahm. Von 2002 bis Dezember 2005 war Dr. Kosinowski Vizepräsident des Niedersächsischen Landesamtes für Bodenforschung und der Bundesanstalt für Geowissenschaften und Rohstoffe, Hannover. Seit Januar 2006 ist er Leiter des Stabsbereiches Geoinformationswirtschaft des Landesamtes für Bergbau, Energie und Geologie im Geozentrum Hannover.

Die Reichweite fossiler Energieträger

EINLEITUNG

Die traditionell dominierenden Energieträger Erdöl, Erdgas, Kohle und Uran werden auch in den nächsten Dekaden zweifellos die Hauptlast der weltweiten Energieversorgung tragen müssen. Szenarien der IEA (2005a) lassen bis zum Jahre 2030 einen Nachfragezuwachs von mehr als 50 % erwarten, zum überwiegenden Teil aus den Entwicklungs- und Schwellenländern. Angestoßen durch die in den letzten Jahren drastisch gestiegenen Energiepreise bestimmt das Thema Verfügbarkeit bzw. Reichweite der Energierohstoffe bereits heutzutage die weltwirtschaftlichen und politischen Diskussionen mit.

Dabei hat die Preisbildung bei der „Leitwährung" Erdöl – und selbstverständlich auch bei den anderen Energieträgern – vielfältige Ursachen: Das Anspringen der Weltkonjunktur, der immens wachsende Energiehunger der Entwicklungs- und Schwellenländer (insbesondere von China und Indien), politische Instabilitäten in den Lieferregionen, Engpässe bei den Förder- und Verarbeitungskapazitäten, Spekulationen und natürlich die Verfügbarkeit von Reserven und Ressourcen.

Aussagen über Reichweiten fußen auf Extrapolationen von der Vergangenheit und Gegenwart in die Zukunft – sie sind im Grunde immer linear. Dabei verläuft die Zukunft bekanntlich extrem nichtlinear. Für die Erstellung von Zukunftsszenarien gilt es also insbesondere, Randbedingungen klar zu definieren, sorgfältig auszuwählen und exakt zu dokumentieren, um dem Nutzer dieser Szenarien ein nachvollziehbares Bild zu vermitteln. In diesem Sinne sollen die folgenden Ausführungen helfen, das Bild über die zukünftige Verfügbarkeit von Energierohstoffen klarer zu stellen.

RESERVEN UND RESSOURCEN NICHT-ERNEUERBARER ENERGIETRÄGER

Was versteckt sich für Fachleute hinter den Begriffen „Reserven" und „Ressourcen"? Reserven sind die Mengen an Rohstoffen, die mit den heute bekannten technischen Möglichkeiten wirtschaftlich gewonnen werden können. Im Gegensatz dazu stehen die so genannten Ressourcen: Mengen, die zurzeit entweder technisch oder wirtschaftlich nicht gewinnbar sind sowie nicht nachgewiesene, jedoch geologisch zu erwartende Mengen.

Energieträger	Reserven (EJ)		% von gesamt	Produktion 2004	Ressourcen (EJ)		% von gesamt
Steinkohle	17.861	785 Gt	48,9	4.662 Mt	96.110	4.227 Gt	52,7
Erdöl, konventionell	6.669	160 Gt	18,3	3.847 Mt	3.431	82 Gt	1,9
Erdgas, konventionell	5.599	176 T.m^3	15,3	2.781 G.m^3	6.563	207 T.m^3	3,6
Erdöl, nicht konventionell	2.761	66 Gt	7,6	ca. 100 Mt	10.460	250 Gt	5,7
Braunkohle	1.963	204 Gt	5,4	919 Mt	8.922	971 Gt	4,9
Uran	717	1,8 Mt	2,0	40.654 t	7.267	18,2 Mt	4,0
Thorium	908	2,1 Mt	2,5	—	964	2,4 Mt	0,5
Erdgas, nicht konventionell	63	2 T.m^3	0,2	>130 G.m^3	48.633	1.533 T.m^3	26,7
Gesamt	35.595				196.455		

Tabelle 1: Weltweite Förderung, Reserven und Ressourcen der nicht-erneuerbaren Energieträger im Jahr 2004 (BGR 2005)

In Tabelle 1 sind die weltweiten Reserven und Ressourcen der nichterneuerbaren Enhaben dargestellt, sie haben in den letzten Jahren trotz steigender Förderung weiter zugenommen – sie betrugen am Jahresende 2004 ca. 176 T.m³. Ihr Energieinhalt entspricht knapp 84% der konventionellen Welterdölreserven. Über die Hälfte der Erdgasreserven ist in den drei Ländern Russland, Iran und Katar konzentriert. Unter Hinzunahme der Erdgasressourcen in Höhe von 207 T.m³ liegt das verbleibende Weltpotenzial dieses Energieträgers vom Energieinhalt her etwa 20% über dem des konventionellen Erdöls. Bisher wurden knapp 78 T.m³ gefördert – das entspricht 31% der bekannten Reserven. Davon wurde mehr als die Hälfte in den letzten 18 Jahren verbraucht. Im Jahr 2004 betrug der Welterdgasverbrauch ca. 2,8 T.m³. Dieses Allzeithoch liegt ca. 12% über dem Niveau von 2001.

Die Reserven der nicht-konventionellen Erdgase betragen nur 2 T.m³. Dabei handelt es sich um Erdgas aus Kohleflözen und nahezu dichten Speichergesteinen („tight gas"). Ressourcen in Höhe von ca. 220 T.m³ schließen Erdgas aus Gashydraten und so genanntes Aquifergas nicht mit ein. Diese beiden Gastypen werden – falls überhaupt – in absehbarer Zeit nicht kommerziell gefördert werden. Anders als beim Erdöl gibt es für Erdgas keinen weltweiten Markt, sondern vier regionale Marktbereiche mit durchaus unterschiedlichen Preisen. Die regionalen Märkte sind die beiden Amerikas, Asien und Europa.

KAPITEL 3.1 | Die Reichweite fossiler Energieträger

Reserven als auch Ressourcen der Kohle – Hartkohle und Weichbraunkohle – sind bei weitem am größten. Das Potenzial beider Kohletypen reicht aus, um den Bedarf der kommenden hundert Jahre problemlos zu decken. Hartkohle ist durch einen höheren Energieinhalt charakterisiert und wird weltweit gehandelt. Dagegen werden die Weichbraunkohlen wegen der relativ geringen Energieinhalte standortnah verstromt. Die 642 Gt SKE Hartkohlereserven sind geografisch viel breiter gestreut als bei Erdöl und Erdgas – trotz der 32 % in den USA, 19 % in Russland und ca. 12 % in China. Die Weltproduktion belief sich im Jahr 2004 auf 4.662 Mt – Tendenz klar steigend. Ein ähnliches Verteilungsbild gilt für die Weichbraunkohle: Von den 67 Gt SKE Weltreserven befinden sich reichlich 18 % in Australien, etwa 17 % in Indien und reichlich 16 % in den USA. 919 Mt Weichbraunkohle wurden im Jahr 2004 produziert. Weltgrößter Produzent ist Deutschland mit 182 Mt Förderung im Jahr 2004.

Die über Gewinnungskosten bis zu 40 US$/kg U definierten Uranreserven in Höhe von 1,8 Mt liegen zu fast 99 % in zehn Ländern, angeführt von Australien (ca. 41 %), Kanada (ca. 17 %), Kasachstan (ca. 15 %) und Südafrika (ca. 8 %). Diese bergbaulichen Reserven sowie das Uran aus Sekundärquellen (Lagerbestände, Waffenuran) sind ausreichend zur Versorgung der weltweit existierenden Atomkraftwerke. Der anziehende Uranspotmarktpreis – von etwa 26 US$/kg U zu Anfang 2003 auf über 83 US$/kg U im Oktober 2005 – hat zur Konsequenz, dass bereits jetzt Ressourcen in Reserven überführt werden können.

Thorium spielt derzeit wirtschaftlich keine Rolle, da weltweit keine entsprechenden Reaktoren in Betrieb sind. Sollte sich diese Situation ändern, sind Reserven von reichlich 2 Mt vorhanden.

Wie ist es nun um die Verfügbarkeit von Energierohstoffen bestellt? Diese ist von verschiedenen Parametern abhängig. Jeder für sich kann die Verfügbarkeit und somit den Preis signifikant beeinflussen. Die folgenden Ausführungen werden sich mit dieser Problematik auseinandersetzen, um das Bild klarer zu stellen.

VERFÜGBARKEITSKETTE

Unter Berücksichtigung der ungleichmäßigen weltweiten Verteilung kann die Verfügbarkeitskette der Energierohstoffe auf folgende Elemente herunter gebrochen werden:
- Geologische Verfügbarkeit,
- Technische Verfügbarkeit,
- Verfügbarkeit von Transportmitteln,
- Politische Verfügbarkeit.

Diese ersten drei Kettenglieder werden in den folgenden Ausführungen – in umgekehrter Reihenfolge – jeweils anhand ausgewählter Aspekte beleuchtet. Das Element „politische Verfügbarkeit" im Sinne einer Lieferunterbrechung aus politischen Motiven durch beispielsweise Streiks, regionale Konflikte, terroristische Aktionen oder Embargos wird hier nicht weiter vertieft.

DIE VERFÜGBARKEIT VON TRANSPORTMITTELN

Bekanntlich gibt es in unserer globalen Rohstoffwelt große Entfernungen zwischen den Rohstoffverkommen und den Verbrauchszentren wie beispielsweise Westeuropa oder Japan und Korea. Daher gehört das Element „Transport" zwangsläufig zur Bereitstellung von Rohstoffen. Sofern der Transport von Rohstoffen ohne Beschränkungen in Mengen und Distanzen möglich ist, kann das ggf. sogar zum Wegfall von regionalen Märkten führen. Dieses Phänomen ließ sich zwischen 1960 und 1995 lehrbuchartig am Beispiel zunehmender Importe höherwertiger Eisenerze mit immer größeren Schiffen nach Deutschland beobachten – bis zur totalen Verdrängung der heimischer Eisenerzförderung.

Neben der Schiffsgröße sind Frachtraten ein Indikator für den Transportmittelmarkt. Der Baltic Dry Index (früher: Baltic Freight Index) variierte von 1987 bis 2002 relativ moderat zwischen den Werten 1000 und 2000, stieg innerhalb des Jahres 2003 jedoch auf über 4000 an und erreichte im Jahr 2004 sogar einen Spitzenwert von über 6000. Hier spiegeln sich auf der einen Seite das Anspringen der weltweiten Konjunktur sowie der enorme Rohstoffhunger bevölkerungsreicher Länder wie China und Indien und auf der anderen Seite die augenblicklich begrenzten weltweiten Transportkapazitäten im maritimen Bereich wider. Mit anderen Worten: Frachtraten sind wie die Rohstoffe selbst ähnlichen Regeln des Marktes unterworfen und können sich von Verkäufer- zu Käufermärkten wandeln, mit entsprechenden Preisfluktuationen und möglicherweise Versorgungsengpässen.

Es gibt Rohstoffe, bei denen die Transportkosten im Verhältnis zum Marktpreis des Rohstoffes verhältnismäßig hoch sind. Dies gilt wegen der geringen Energiedichte beispielsweise für Erdgas. Aufgrund einer stark angezogenen Nachfrage über die bisherigen Marktgrenzen hinaus – in den kommenden Jahren insbesondere forciert durch den US-Markt – entwickelt sich seit einigen Jahren ein intensiv wachsender Weltmarkt von verflüssigtem Erdgas (LNG; liquified natural gas). In den kommenden drei Jahrzehnten erwarten Experten eine Verfünffachung des Handels, auch über die bisherigen Marktgrenzen hinaus – gestützt auf einem Zuwachs der Weltgastankerflotte auf über 200 Schiffe in den nächsten Jahren. Jedoch: Engpässe in Infrastruktur und Logistik sowie eine mangelnde Verfügbarkeit von LNG verhindern vorläufig die Bildung eines transparenten globalen Spotmarkts für LNG. Hinzu kommen Unterschiede im Energieinhalt bei LNG verschiedenen Ursprungs sowie die Tatsache, dass LNG-Terminals keine unterschiedlichen Qualitäten umschlagen können. Falls die Marktverengungen jedoch überwunden werden, könnte der Ausbau eines weltweiten LNG-Marktes zu einer Aufhebung der heute bestehenden regionalen Erdgasmärkte führen und möglicherweise sogar in einem Erdgaskartell ähnlich der OPEC münden.

TECHNISCHE VERFÜGBARKEIT
Bei der technischen Verfügbarkeit steht die Frage im Vordergrund, ob zur richtigen Zeit immer ausreichend Bergwerks- respektive Förderkapazitäten sowie Verarbeitungskapazitäten zur Verfügung stehen. Dabei geht es nicht nur um den Ersatz von erschöpften Lagerstätten – dies lässt sich relativ gut vorhersagen – sondern um zwei weitere Aspekte
- Durch häufig im Langzeittrend real fallende Preise werden Lagerstätten aus dem Markt gedrängt. Wie groß sind die Kapazitäten, die verschwinden?
- Wie entwickelt sich die Nachfrage?

Folgen des Wettbewerbs
Der Weltpreis für Kesselkohle hat sich seit 1950 nominal nur zweimal dramatisch erhöht, und zwar 1973/74 (von 15 auf ca. 60 US$/t), als die erste Ölpreiskrise ausbrach, sowie 1980/81 (auf ca. 80 US$/t), als der Golfkrieg zwischen dem Irak und Iran zum zweiten Mal den Erdölpreis massiv veränderte. Nach einem Abflauen fluktuierte der Preis seit 1986 bis 2001 etwa in einem Preisband zwischen 30 und 60 US$/t, tendenziell fallend auf der Zeitachse. Seitdem erholte sich der Preis und bewegt sich seit 2003 oberhalb 50 US$/t. Im Frühjahr 2004 erreichte der Spotmarktpreis zwischenzeitlich die Marke von 80 US$/t. Die deutsche Steinkohleförderung – sei es Kessel- oder Kokskohle – kann dieses Preisniveau schon seit den 1960er Jahren nicht mehr halten. Die Förderung wird aus strukturellen Überlegungen seitdem durch degressive staatliche Zuwendungen gestützt. Folglich wurden deutsche Zechen sukzessive aus dem Markt genommen. Die Konsequenz ist, dass Deutschland seit dem Jahr 2001 für den Verbrauch auf den Sektoren Stahl- und Stromerzeugung mehr Importkohlen als heimische Produkte einsetzt – Tendenz weiter steigend.

Der oben beispielhaft skizzierte Vorgang der Verdrängung hoch-preisiger Produzenten aus dem Markt verläuft im Grunde bei allen Rohstoffen auf vergleichbare Weise: Eine neue Lagerstätte wird in der Regel nur dann für den Markt eröffnet, wenn sich die Gesamtgestehungskosten im unteren Drittel der Skala befinden („Lower-Third-Rule"). Auf diese Weise können – angesichts der Lebensdauer einer Lagerstätte – auch fallende Rohstoffpreise aufgefangen werden, ohne dass ein Investment kollabiert. Konsequenterweise wird dadurch der weltweite Mittelwert gesenkt – mit der Folge real sinkender Preise, solange ein Käufermarkt herrscht. Eine weitere Konsequenz: diese neuen Rohstofflagerstätten verdrängen, sofern der Markt nicht auf extreme Weise boomt, die zu hohen Preisen produzierenden Wettbewerber. Nun gibt es auch Ausnahmen von dieser Regel: Beispielsweise hängt die Erschließung eines Erdölfeldes in der Nordsee oder im Golf von Mexiko nicht nur vom Ölpreis, sondern ebenso von der Verfügbarkeit einer Produktionsinfrastruktur ab und wird demzufolge auch bei höheren Gestehungskosten in Produktion genommen. Andernfalls könnte die Situation eintreten, dass diese Lagerstätte niemals mehr ausgebeutet würde.

Nachfrageentwicklung

Die Rohstoffnachfrage der Weltwirtschaft steht am Beginn einer neuen Wachstumskurve – darauf deutet das verstärkte Auftreten der bevölkerungsreichsten Schwellenländer, wie China, Indien und auch Brasilien hin. Wachstumskurven verlaufen in der Regel sigmoidal – ähnlich wie Lernkurven. Infolge einer Intensivierung der Nachfrage können sich Wachstumskurven versteilen. Letztgenannter Trend konnte beispielsweise für den Rohstoffbedarf der großen Nachfrageländer vorhergesagt werden (Wellmer & Wagner 2000). Hier prallt zurzeit ein großer Rohstoffhunger auf eine nicht im Gleichschritt wachsende Infrastruktur (Bergwerke, Verarbeitungsbetriebe, Transportwesen). Dieses strukturelle Ungleichgewicht baut sich in der Regel jedoch über die üblichen Marktmechanismen innerhalb weniger Jahre wieder ab.

Entscheidend für die augenblickliche Rohstoffhausse ist also eine rege Nachfrage, mit der das Angebot nicht Schritt halten kann, wie man am Beispiel Koks verdeutlichen kann. Koks ist ein für die Stahlerzeugung unverzichtbarer Rohstoff, dessen Weltmarktpreis (Spotmarkt) seit 2003 deutlich gestiegen ist und sich weiterhin über dem langjährigen Preisdurchschnitt bewegt. Ursache hierfür ist, dass der Hauptexporteur China infolge seines schon viele Jahre anhaltenden Wirtschaftswachstums seine Koksproduktion in erster Linie für die heimische Stahlerzeugung benötigt.

GEOLOGISCHE VERFÜGBARKEIT
DIE STATISCHE REICHWEITE - EIN OFT MISSVERSTANDENER BEGRIFF

Statische Reichweiten sind definiert als Verhältnis von augenblicklich bekannten Reserven dividiert durch den letzten Jahresverbrauch. Diese Kenngröße wird von vielen als Reichweite der Reserven verstanden – eine in der Regel unzulässige Interpretation, da sich sowohl Reserven (durch Neufunde, technologische Innovation, Veränderungen im Preisgefüge, Veränderungen in den politischen Rahmenbedingungen) als auch der Verbrauch (infolge Änderungen in Konjunktur, Demographie und Motorisierung, Substitution, etc.) permanent ändern. Es handelt sich also um eine Augenblicksbetrachtung in einem an sich dynamischen System. Demzufolge sind statische Reichweiten von Rohstoffen eher als Indikator für die Notwendigkeit von Explorationsbemühungen denn als Indikator der tatsächlichen Reichweite eines Rohstoffes zu verwenden. Nur bei Anwendung

KAPITEL 3.1 | Die Reichweite fossiler Energieträger

dieses Quotienten auf eine einzelne Lagerstätte – und hier wird der Verbrauch durch die Jahresproduktion ersetzt – ist die unmittelbare Ableitung der Lebensdauer möglich.

DYNAMISIERENDE FAKTOREN DER ROHSTOFFVERFÜGBARKEIT
Nachfolgend sind die wichtigsten Parameter aufgeführt, die eine Dynamik der Reservenzahl von Rohstoffen bewirken:
- Der Lagerstättentyp
- Die Größenverteilung von Lagerstätten
- Explorationsbemühungen von Firmen
- Das Preisniveau
- Technologische Entwicklungen
- Andere Einflüsse, wie Infrastruktursituation, Steuerregime, Börsenregeln, etc.

Exemplarisch werden die Faktoren „Größenverteilung von Lagerstätten", „Technologische Entwicklungen" sowie „Lagerstättentyp" beleuchtet.

Mit Blick auf die weltweite Größenverteilung von Lagerstätten ist beispielsweise für Erdölfelder festzustellen, dass sich in nur 1 % aller Erdölfelder 75 % sämtlichen Erdöls befindet (Abb. 1). Die Fachleute sprechen hier von einer schiefen Verteilung.

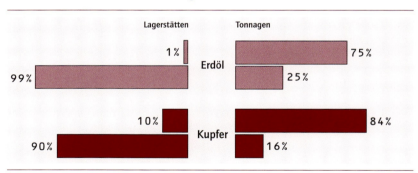

Abbildung 1: Die schiefe Verteilung von Lagerstätten – in nur wenigen Lagerstätten ist der überwiegende Anteil der Tonnage enthalten

In Deutschland wird so genanntes „Tight Gas", das ist in etwa 5000 m Tiefe in kaum durchlässigen Sandsteinen eingeschlossenes Erdgas, gefördert – beispielsweise im niedersächsischen Feld Söhlingen. Das Feld wurde bereits 1980 von der heutigen ExxonMobil entdeckt. Damals war eine wirtschaftliche Gewinnung noch nicht möglich. Zur wirtschaftlichen Gasgewinnung mussten erst neue Technologien, nämlich eine Verknüpfung von Horizontalbohrungen mit einer mehrfachen Frac-Behandlung, später sogar unter Einsatz des so genannten Coilrig-Verfahrens, eingesetzt werden. Laut Liermann & Jentsch (2003) können durch den Einsatz dieser modernsten Technologien in Deutschland zusätzliche 100 bis 150 Gm³ Erdgas wirtschaftlich gefördert werden. Mit anderen Worten: Durch technologische Entwicklungen wurden Ressourcen in Reserven überführt.

Der Lagerstättentyp hat einen ganz wesentlichen Einfluss auf Reservenzahlen: Stratiforme Lagerstätten, wie beispielsweise Kohle, Kali und Chromit oder aber Verwitterungsdecken wie Bauxit lassen sich leicht berechnen, haben große Verbreitungen und demzufolge hohe Reichweiten. Im Gegensatz dazu erfordert die Exploration von linsen- oder nestförmigen Lagerstätten bzw. Seifen (z.B. Uran und Zinn), aber auch Erdöl- und Erdgaslagerstätten in der Regel ein deutlich diffizileres konzeptionelles Modell und mündet zudem in räumlich begrenzten Lagerstätten.

Gleichgewichtslinien

Für jeden Rohstoff gibt es eine individuelle Gleichgewichtslinie – in Form einer Zeitreihe der statischen Reichweiten. Die jeweilige Einzigartigkeit ist eine Funktion unterschiedlicher Auswirkungen der bereits oben erwähnten Faktoren für die Dynamik der Reichweiten. So sind die Gleichgewichtslinien für Blei, Zink und Kupfer seit nahezu 50 Jahren stabil, obwohl beispielsweise die Produktion von Zink sich in dem Zeitraum vervierfacht hat. Ziel der Explorationsbemühungen muss es also sein, dieses Gleichgewicht zwischen Rohstoffangebot und -nachfrage auszutarieren.

KAPITEL 3.1 | Die Reichweite fossiler Energieträger

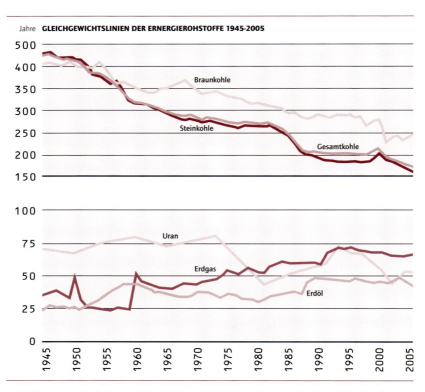

Abbildung 2: Gleichgewichtslinien sind Zeitreihen statischer Reichweiten – sie indizieren ggf. notwendigen Explorationsbedarf

Stellt sich dieses Gleichgewicht auch für die fossilen Energieträger Erdöl, Erdgas und Kohle ein? Grundsätzlich ist die Frage zu bejahen, zumindest solange noch Reservenzuwächse durch Exploration, Technologieentwicklungen und ein steigendes Preisgefüge - denn dann werden Ressourcen in Reserven überführt - höher sind als die jährlichen Verbräuche. Abbildung 2 demonstriert die Entwicklung in den letzten 60 Jahren für die nicht-erneuerbaren Rohstoffe Erdöl, Erdgas und Kohle. Demzufolge scheinen sich beim Erdöl (ca. 40 bis 45 Jahre) und beim Erdgas (65 bis 70 Jahre) seit etwa 15 Jahren stabile Zustände eingestellt zu haben, wogegen die Gleichgewichtslinie bei der Kohle in den letzten 60 Jahren von etwa 400 auf unter 200 Jahre fällt. Vermutlich ist dieses die Folge von steigendem Verbrauch - der Verbrauch stieg von 1,7 Gt (1945) über 2,7 Gt (1980) auf etwa 4,7 Gt (2004) - sowie nicht notwendigen Explorationsbemühungen und einer sukzessive verbesserten, ökonomisch gesteuerten Klassifizierung von Reserven und Ressourcen.

Mit anderen Worten: Gleichgewichtslinien sind nicht zielführend für die Beurteilung der tatsächlichen Reichweite, da sie nur einen Explorationsbedarf indizieren, jedoch keine klare Aussage bezüglich der Verfügbarkeit von Rohstoffen zulassen. Will man wirklich die Lebenszeit eines Rohstoffs abschätzen, ist ein anderes Instrument einzusetzen.

Die Lebenszykluskurve

Die Glockenkurve spiegelt im Prinzip den Idealtyp von Produktion bzw. Verbrauch eines endlichen, nicht erneuerbaren Rohstoffs wieder. Die Fläche unter der Kurve beinhaltet das Volumen des Rohstoffs, der Kurvenlauf mit einem exponentiellen Anstieg und Abfall wird unterbrochen durch eine "Plateauphase" der maximalen Produktion (Abb. 3). Im Idealfall fällt die maximale Förderung mit einer 50%igen Rohstofferschöpfung zusammen, dem so genannten "depletion mid-point". Dieses von Hubbert im Jahre 1956 für die Erdölproduktion der USA entwickelte Konzept sagte seinerzeit zutreffend für den Zeitraum 1965 bis 1970 den "depletion mid-point" für die USA ("Lower 48") voraus.

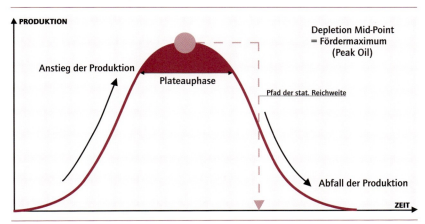

Abbildung 3: Schematischer glockenförmiger Verlauf von Produktion bzw. Verbrauch eines Rohstoffs. Der „Pfad der statischen Reichweite" symbolisiert die Verfügbarkeit eines Rohstoffs unter statischen Bedingungen von Verbrauch und Reserven.

Anhand der Abb. 3 kann man sich plakativ vor Augen führen, dass eine Argumentation mit der statischen Reichweite unweigerlich nach einigen Jahren zum Absturz von einer Klippe führte, weil zu diesem Zeitpunkt der Rohstoff unmittelbar erschöpft wäre. Aus diesem Gedankengang ergibt sich zwangsläufig der Unsinn der Verwendung dieses Terms.

Nun unterscheidet sich jedoch der Produktionsverlauf einer Lager-

KAPITEL 3.1 | Die Reichweite fossiler Energieträger

stätte oder einer Region unter Markteinfluss deutlich von der Idealkurve, wie anhand der Erdölproduktion in Westdeutschland (Abb. 4) belegt ist: Insbesondere die Maßnahmen zur Verbesserung der Ausbeute, z.B. durch Heißdampf- und Polymerfluten in den 1980er Jahren sowie die spezifischen Bedingungen für die Entwicklung des Erdölfeldes Mittelplate (limitierte Explorations- und Fördermöglichkeiten im Naturschutzgebiet Wattenmeer, später die Entwicklung der "extended reach"-Bohrtechnologie) haben den Verlauf der abfallenden Flanke modifiziert.

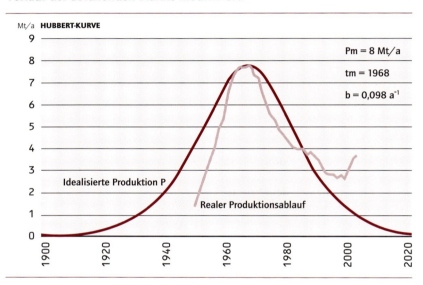

Abbildung 4: Die reale Erdölproduktion in Westdeutschland lässt sich nicht in Form einer symmetrischen Glockenkurve wiedergeben. Als Referenzpunkt wurde „Peak Oil" im Jahr 1968 gewählt.

DIE VERFÜGBARKEIT VON ERDÖL - EIN NAHE LIEGENDES PROBLEM?

Exemplarisch soll an dieser Stelle die augenblicklich in der Öffentlichkeit stark diskutierte Frage der zukünftigen Verfügbarkeit von Erdöl beleuchtet werden. Jedoch: Die Frage nach der Reichweite von Erdöl interessiert die Öffentlichkeit im Grunde gar nicht. Denn es wird zweifellos auch in 100 Jahren und darüber hinaus noch Erdöl geben. Die alle interessierende Frage ist die nach der **ausreichenden** Verfügbarkeit von Erdöl. Grundsätzlich sind alle Glieder der Verfügbarkeitskette (Geologie, Technik, Transport, Politik) bei der Diskussion dieser Frage zu beachten. Politische Aspekte sollen an dieser Stelle jedoch ausgeklammert werden. Ungleichgewichte in der Verfügbarkeit von Förder-, Aufbereitungs- und Transportkapazitäten werden in der Regel durch Marktmechanismen reguliert. Somit lautet die zentrale Frage:

Die Reichweite fossiler Energieträger | KAPITEL 3.1

Wie lange reicht die geologische Verfügbarkeit von Erdöl zur Befriedigung der Nachfrage bzw. wann ist der Zeitpunkt der maximal möglichen Erdölproduktion erreicht?
Kann man diesen Zeitpunkt der maximalen Förderung vorhersagen? Die Frage muss eindeutig mit „nein" beantwortet werden. Eine exakte Bestimmung von Zeitpunkt und Höhe des Fördermaximums ist aus Sicht der geologischen Verfügbarkeit nicht machbar, weil
- die vom Förderbetrieb vorgenommene Reservenbestimmung einzelner Lagerstätten einer gewissen Dynamik unterliegt, die in vielen Fällen dazu führt, dass die endgültige Ausbeute höher ist als die eingangs bestimmte Reservenmenge.
- Reservenzahlen von Technologie und Preisgefüge abhängen: Es liegt auf der Hand, dass durch Innovation die Ausbeutung von Erdölfeldern optimiert werden kann. Ebenso ermöglicht ein höherer Ölpreis die Ausbeutung von vorher nicht wirtschaftlichen Lagerstätten.
- Unschärfen in der Datenbasis über die weltweiten Erdölreserven vorliegen. Insbesondere ist die Kenntnis über die Reserven in den Golf-OPEC-Staaten – hier befinden sich ca. 60 % der Reserven konventionellen Erdöls – nicht ausreichend für eine abschließende Schätzung.

Man kann sich dem Problem auch von anderer Seite nähern: Organisationen wie beispielsweise die Internationale Energieagentur IEA in Paris veröffentlichen regelmäßig fundierte Prognosen über die zu erwartende zukünftige Erdölnachfrage. Entsprechend dem Referenzfall im World Energy Outlook 2005 der IEA benötigt die Welt im Jahre 2030 nahezu 6 Gt Erdöl. Davon sollen allein die OPEC-Staaten mehr als 3 Gt aufbringen. Ganz abgesehen von der explodierenden Nachfrageentwicklung in China – vermutlich werden auch andere Schwellen- und Entwicklungsländer diesem Trend folgen – erscheinen diese 6 Gt Erdöl vielen Experten auf der „Nachfrage-Seite" eher als eine sehr ambitionierte Wunschvorstellung denn eine realisierbare Projektion.

Mit anderen Worten: Wir können mit großer Wahrscheinlichkeit annehmen, dass spätestens zu diesem Zeitpunkt Nachfrage und Angebot auseinanderklaffen.

KANN MAN EINEN FRÜHESTMÖGLICHEN ZEITPUNKT ERFASSEN?

Da, wie oben dargelegt, der Zeitpunkt und die Höhe des Fördermaximums nicht vorherzusagen sind, bleibt als erste Näherung nur den Zeitpunkt der 50%igen Rohstofferschöpfung zu erfassen. Auch dies kann nur in Form der statischen Betrachtung eines sehr dynamischen Systems geschehen. Damit ist der auf diese Weise ermittelte Zeitpunkt bestenfalls ein Anhaltswert: Wenn man also von der Hälfte des augenblicklichen Gesamtpotenzials an konventionellem Erdöl (190 Gt) die bisherigen Produktion

(139 Gt) subtrahiert, verbleiben bis zum Erreichen der halben Rohstofferschöpfung noch 51 Gt, die wiederum etwa dem Dreizehnfachen der letztjährigen Förderung von 3,8 Gt entsprechen.

Daraus folgt: Bei alleiniger Betrachtung des konventionelle Erdöl und bei Übereinstimmung von Fördermaximum und halber Rohstofferschöpfung würde in der zweiten Hälfte der kommenden Dekade der Förderhöhepunkt überschritten.

Nun ist nicht einmal auszuschließen, dass der Förderhöhepunkt dem Zeitpunkt der 50 %igen Rohstofferschöpfung vorher läuft – somit könnte das Fördermaximum bereits früher eintreten. Anderseits sind die Reserven- und Ressourcenzahlen des konventionellen Erdöls mit Unschärfen behaftet, die vermutlich eher in höheren Zahlen respektive einem späteren Zeitpunkt münden.

WELCHE ZUSÄTZLICHEN POTENZIALE EXISTIEREN?

Nicht angetastete regionale Potenziale beim Erdöl sind in den arktischen Regionen sowie in bestimmten, relativ küstennahen Tiefwasserbereichen des Atlantiks zu erwarten. Mengenmäßig sehr interessant könnten sich zudem die mit modernsten Technologien zu erzielenden höheren Ausbeuteraten der Ölfelder entwickeln – bisher liegt der weltweite Durchschnitt bei etwa 35 % (IEA 2005b). Dazu müssen jedoch Maßnahmen rechtzeitig eingeleitet und das notwendige immense Investitionsvolumen passend bereitgestellt werden.

Zudem sind umfangreiche Potenziale bei den nicht-konventionellen Erdölen und Ölschiefern vorhanden. Diese sind voraussichtlich wegen der Rahmenbedingungen (hohe Investitionen sowie zu vermeidende Umweltbelastungen) jedoch nur sukzessive für den Markt zu erschließen. Daraus resultiert letztendlich die Erwartung der BGR (2005), dass die nicht-konventionellen Erdöle eher die Rolle einnehmen werden, den abfallenden Ast der „Glockenkurve" zu modifizieren. Schließlich wird es zukünftig zu wachsender Substitution von Erdölprodukten durch Verflüssigung von Erdgas, Kohle und Biomasse kommen.

Die Verflüssigung von Erdgas – sei es in Form von LNG für den Transport oder in Form von Treibstoffen für das Transportwesen – ermöglicht die Vermarktung von so genanntem „stranded gas" aus Lagerstätten weit entfernt von jeglicher Infrastruktur respektive Markt. Die nicht-konventionellen Typen „Kohleflözgas" und „Tight Gas" werden zukünftig zweifellos in weit größerem Maße abgebaut, den Gashydraten dagegen räumen wir in den nächsten Dekaden bestenfalls eine marginale Rolle ein – sofern sie überhaupt jemals zu wirtschaftlichen Konditionen gewonnen werden können.

Die Kohle hat per se bereits die bei weitem besten Reserven- und Ressourcenzahlen (s. Tab. 1). Die zurzeit existenten erheblichen Transportkosten und Infrastrukturdefizite zur Überführung großer Ressourcen in Reserven werden über die Zeit und steigende Preise eliminiert. Sofern es zudem gelingt, die relevanten Klimabelastungen einzudämmen, wird Kohle der fossile Energieträger der Zukunft – mit enormen Potenzialen bis hin zur Kohlevergasung bzw. -verflüssigung.

Reserven und Ressourcen von Uran sind allein über die Gewinnungskosten definiert. Da der Kostenanteil für den Rohstoff bei der Verstromung vernachlässigbar gering ist, können bei steigenden Preisen also alle Ressourcen in Reserven überführt werden.

FAZIT

Alle hier vorgestellten Energierohstoffe sind endlich. Die Lagerstätten, die in vielen Millionen Jahren entstanden sind, werden innerhalb eines – geologisch – sehr kurzen Zeitraumes ausgefördert. Die Massenströme, die der Mensch bei der Nutzung von Erdöl, Erdgas und Kohle auslöst, haben Dimensionen erreicht, die sonst nur von geologischen Prozessen erreicht werden, die sich über große Zeiträume erstrecken.

Von den fossilen Energieträgern hat Kohle die bei weitem größte Reichweite. Gewinnbare Kohlevorräte sind viel gleichmäßiger über die gesamte Erde verteilt als andere Energieträger. An einer langfristigen Nutzung der Kohlevorräte der Erde führt wohl kein Weg vorbei. Durch die Weiterentwicklung der „clean-coal-technology" kann in der Zukunft eine größere Akzeptanz für die energetische Nutzung der Kohlevorräte erreicht werden.

Beim Erdöl steht der Höhepunkt der Produktion in absehbarer Zeit vor der Tür, ohne dass dieser Zeitpunkt heute bereits genau festgelegt werden kann. Von allen Energieträgern wird für den Rohstoff Erdöl dieser Höhepunkt der Produktion („peak oil") als erstes erreicht. Die Zeit, den Rohstoff Öl durch andere Stoffe zu substituieren, wird kürzer. Wir sind gut beraten, rechtzeitig Schritte einzuleiten.

Bei dieser Substitution nur auf das Erdgas zu setzen, wäre allerdings zu kurz gegriffen: Im Moment steht für Erdgas der Höhepunkt der Produktion noch nicht bevor. Wenn jedoch vermehrt Erdgas zur Verstromung eingesetzt wird und signifikante Mengen in den Transportsektor fließen, wird sich die Reichweite verkürzen. Insbesondere der im Verhältnis zum Energieinhalt relativ geringe Schadstoffausstoß bei der Nutzung von Erdgas wird für eine Erhöhung des Erdgasanteils am Energiemix angeführt. Schadstofffrei ist die Verbrennung von Erdgas jedoch auch nicht.

Im globalen Maßstab wird auch die Kernenergie weiterhin eine Rolle spielen. In Deutschland ist der Bau neuer Kernkraftwerke nicht zu erwarten, jedoch setzen Länder wie Indien und China auf diese Energieform, die zudem den Vorteil bietet, keine klimaschädlichen Gase freizusetzen. Jedoch sind auch die Vorräte an Kernbrennstoffen begrenzt. Angesichts der geschilderten Limitierungen bei den Reserven und Ressourcen der tradi-

tionellen Energieträger gibt es drei Kerngebote:
- Sparsamer Umgang mit den vorhandenen Rohstoffen und
- ein ausgewogener Energiemix
- unter Einbeziehung aller Potenziale erneuerbarer Energien.

ZITATE
- BGR (2005): Reserven, Ressourcen und Verfügbarkeit von Energierohstoffen 2004. – Unter: http://www.bgr.bund.de/cln_030/nn_454936/DE/Themen/Energie/Downloads/Energiestudie__Kurzf__2004,templateId=raw,property=publicationFile.pdf/Energiestudie_Kurzf_2004.pdf
- Hubbert, M.K. (1956): Nuclear energy and the fossil fuels. – Amer. Petrol. Inst. Drilling & Production Practice. – Proc. Spring Meeting, San Antonio, Texas, pp. 7-25.
- IEA (2005a): World Energy Outlook 2005 - Middle East and North Africa Insights. – International Energy Agency Publications; Paris.
- IEA (2005b): Resources to Reserves – Oil & Gas Technologies for the Energy Markets of the Future. – International Energy Agency Publications; Paris.
- Liermann, N. & Jentzsch, M. (2003): Tight-Gas-Reservoirs - Erdgas für die Zukunft. – Erdöl Erdgas Kohle 119, 7/8: 270-273.
- Wellmer, F.-W. & Wagner, M. (2000): Rohstofftrends am Beginn des 3. Jahrtausends. – Erzmetall 53: 569-582.

Die Reichweite fossiler Energieträger | **KAPITEL 3.1**

Dr. Klaus Picard

Dr. Klaus Picard (50), nach der Promotion 1982 Eintritt in den Energiekonzern Shell. In mehr als 20 Jahren im Unternehmen verantwortlich für eine Vielzahl von Aufgaben im Marketing, Vertrieb und die Restrukturierung von Geschäftsbereichen im In- und Ausland. Ab 1997 Direktor Unternehmenskommunikation zuständig für Deutschland und Zentraleuropa. Seit Februar 2004 Hauptgeschäftsführer des Mineralölwirtschaftsverbandes.

Die Zukunft des Energieträgers Erdöl

Seit Erdöl gegen Ende des Zweiten Weltkrieges Kohle als wichtigsten Rohstoff der Industrieländer abgelöst hat, hat es einen rasanten Aufstieg erlebt. Als Kraftstoff im Verkehr und Energieträger im Wärmemarkt, als Rohstoff für die chemische Industrie und als Schmierstoff ist Erdöl unverzichtbarer Bestandteil einer modernen Industriegesellschaft geworden. So hat sich der weltweite Ölverbrauch zwischen 1971 und 2004 um 60 Prozent erhöht – trotz der Effizienzsprünge in der Nutzung und der Reduzierung des spezifischen Verbrauchs. Somit führt Erdöl heute weit vor Kohle und Erdgas den Energiemix an. Diese Spitzenstellung wird Erdöl auch in den kommenden Jahrzehnten behaupten, und das nicht nur weltweit, sondern auch in Deutschland, das für seine Energieversorgung vom globalen Markt abhängt.

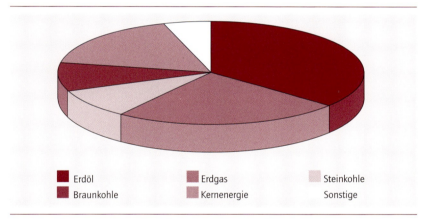

Abbildung 1: Anteile der Energieträger am Primärenergieverbrauch

Für die Deckung des deutschen Energiebedarfs ist Erdöl heute mit einem Anteil von gut 36 Prozent der wichtigste Energieträger (Abbildung 1). Auf Grund von Effizienzsteigerungen wird der Ölverbrauch Deutschlands zwar in den nächsten Jahren und Jahrzehnten sinken, doch wird der relative Anteil auf lange Sicht hoch bleiben und den Energiemix dominieren. Auch in Zukunft wird Öl vorrangig für die Mobilität eingesetzt werden. Im Verkehrssektor einschließlich des Luftverkehrs wird auch im Jahr 2020 noch gut die Hälfte des in Deutschland abgesetzten Mineralöls verbraucht. Auf leichtes Heizöl und Rohbenzin als Grundstoff für die chemische Industrie entfallen jeweils rund 20 Prozent der Ölnachfrage. Zur Stromerzeugung wird Mineralöl nicht eingesetzt.

DAS ENDE DES ÖLZEITALTERS?

Gibt es überhaupt genug Öl zur Deckung des zukünftigen Bedarfs? Die Diskussion um das Ende der Ölvorräte ist insbesondere vor dem Hintergrund der Preissteigerungen in den vergangenen Jahren wieder aufgeflammt. Betrachtet man die Entwicklung der weltweit bekannten konventionellen Ölreserven in den letzten Jahrzehnten, stellt man fest, dass die Menge der weltweit gesichert nachgewiesenen Ölreserven trotz der in der Zwischenzeit stattgefundenen weltweiten Förderung tendenziell gestiegen ist (Abbildung 2). Diese nachgewiesenen Reserven belaufen sich heute auf rund 176 Milliarden Tonnen.

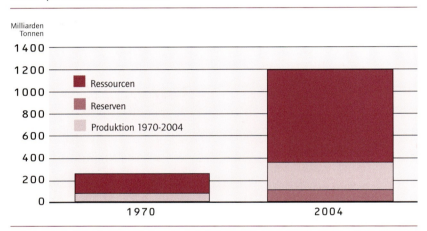

Abbildung 2: Weltweite Ölvorräte

Grundsätzlich ist die Ressource Öl endlich. Wie hoch die tatsächlich noch verfügbaren Reserven sind, wird kontrovers diskutiert. Ein Grund besteht darin, dass es unterschiedliche Definitionen dafür gibt, was als Ölreserve gezählt werden kann und inwiefern der technische Fortschritt der Erschließung von Ölreserven (die Konversion von Ressourcen in Reserven) zu berücksichtigen ist. In den heute gültigen offiziellen Definitionen kann als Ölreserve nur gezählt werden, was durch Bohrungen tatsächlich bestätigt, mit heutigen Techniken und zu heutigen Preisen rentabel förder-bar ist. Aus ihr folgt unmittelbar, dass auch keine Einigkeit darüber herrscht, inwiefern nicht-konventionelle Ölreserven oder -ressourcen berücksichtigt werden können. Zu den nichtkonventionellen Ölvorkommen gehören die Ölsande und Ölschiefer (Abbildung 3). Diese hohen Ölvorkommen sind lange bekannt, waren aber in der Vergangenheit wegen hoher Förderkosten nicht wettbewerbsfähig. Durch technischen Fortschritt und damit sinkende Förderkosten sind diese Vorkommen nun erstmals rentabel förder-bar und können zu den Reserven hinzugerechnet werden. Hierunter zählen z.B. sehr große Vorkommen an Ölsanden in Kanada oder Schwer- und Schwerstöle in Venezuela.

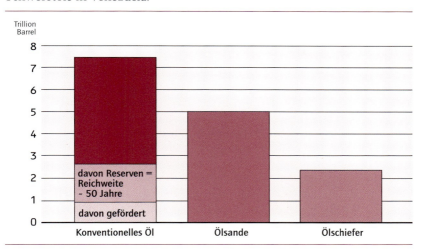

Abbildung 3: Ressourcen konventionellen und unkonventionellen Öls

Zudem weist insbesondere der Nahe Osten große, unzureichend erschlossene Ölvorkommen auf. Höhere Investitionen und die umfassendere Anwendung modernster Technologien können hier ein gewaltiges Potenzial erschließen. Ein Hemmnis für einen zügigen Ausbau der weltweiten Ölförderung besteht darin, dass wichtige Ölförderstaaten keine Investitionen ausländischer Ölgesellschaften zulassen. Allen voran ist dies Saudi-Arabien, der wichtigste Ölförderstaat der Welt.

Internationale Ölgesellschaften haben daher nur begrenzten Zugang zu den vielversprechendsten Regionen, so dass Investitionen nicht in die Gebiete mit den größten noch unerschlossenen Feldern fließen können. Explorationsbohrungen werden somit in erster Linie in „reifen" Gebieten mit begrenzter Wahrscheinlichkeit weiterer Entdeckungen wie in Europa oder Nordamerika durchgeführt. Dieser Trend ist durch die hohen Ölpreise der letzten Jahre noch verstärkt worden, da Exploration in Gebieten möglich wurde, in denen die Kosten dafür hoch sind.

Die geringe Explorationstätigkeit in Gebieten mit den größten Reserven – insbesondere im Nahen Osten – hat u.a. einen Rückgang der Entdeckungen neuer Ölfelder zur Folge. Für die staatlichen Ölgesellschaften besteht angesichts der bestehenden hohen Reserven kein Anreiz für weitere Exploration. Sie konzentrieren ihre Investitionen auf die Erhaltung oder Erhöhung der Förderung von bereits produzierenden Feldern. Eine höhere Zahl von Bohrungen im Nahen Osten oder anderen Regionen mit höherem Potenzial wird also die Reservezahlen ebenso steigen lassen wie die verstärkte Anwendung fortschrittlicher Technologie. Wenn die Staaten, die bisher nur den Staatsgesellschaften die Ölförderung erlauben, sich für ausländische Investitionen öffnen, könnte die Exploration und Erschließung neuer Felder deutlich steigen. Private Ölunternehmen haben gegenwärtig nur einen Anteil von rund 15 Prozent an der weltweiten Ölförderung – 85 Prozent liegen im Staatsbesitz. Der Anteil privater Unternehmen an den Investitionen der Ölbranche liegt jedoch höher als ihr Anteil an der Förderung. Die Öffnung bisher abgeschotteter Staaten für ausländische Investitionen ist auch wegen der erwarteten weltweiten Ölnachfragesteigerung wünschenswert. Für die Deckung des zukünftigen Bedarfs sind nach Berechnungen der Internationalen Energieagentur (IEA) bis zum Jahr 2030 Investitionen in Höhe von rund drei Billionen Dollar erforderlich. Das sind über 100 Milliarden Dollar jährlich.

Doch unabhängig von der letztlich absolut noch verfügbaren Menge Öl im Boden ist seit einiger Zeit eine andere Frage in den Mittelpunkt der Aufmerksamkeit gerückt: Wann wird die weltweite tägliche Ölförderung an ihr Produktionsmaximum stoßen? Da Öl eine nicht erneuerbare Energie ist, ist es offenkundig, dass die Weltölproduktion und der weltweite Ölverbrauch irgendwann ihren Höhepunkt erreichen werden. Eine solche Lage könnte wegen eines Mangels an gewinnbaren Vorkommen eintreten. Viel wahrscheinlicher ist der Fall, dass das vorhandene Öl gar nicht aufgebraucht werden wird, da neue Alternativen das Öl ergänzen und teilweise substituieren werden. Zur Entwicklung von Alternativen steht ausreichend Zeit zur Verfügung, da nicht zu erwarten ist, dass das Fördermaximum in den nächsten Jahrzehnten erreicht wird.

Denn die gewinnbare Menge an Öl hängt von der Technik, den Preisen und den Kosten ab. Technologische Fortschritte haben den „depletion mid-point", d.h. den Punkt, an dem die Hälfte des gesamten gewinnbaren Erdöls gefördert ist, immer wieder weit hinausgeschoben. Neben der Technologieentwicklung auf der Förderseite, durch die bislang nicht erreichbare Lagerstätten erschlossen werden können, spielt der Fortschritt in der Entölung erschlossener Lagerstätten eine große Rolle. Entgegen der langläufigen Vorstellung, dass Öl als „Ölsee" in tiefen Schichten vorkommt, lagert Öl in porösen Gesteinsschichten. In der Regel kann das Öl nicht einfach abgepumpt werden. Die Förderleistung ist davon abhängig, wie vollständig sich das Öl der Gesteinsschicht zum Förderpunkt bewegt. Zur Zeit wird im Durchschnitt ein Entölungsgrad von 35 Prozent erreicht. Durch technischen Fortschritt ist ein Entölungsgrad von rund 50 Prozent zu erwarten. Heutige Spitzenwerte liegen bei 70 Prozent (Abbildung 4). Umgerechnet entspricht ein um einen Prozentpunkt höherer Entölungsgrad einer Verlängerung der Reichweite um 1 Jahr. Selbst ohne neue Ölfunde ist zu erwarten, dass sich die Reichweite mittelfristig um 15 Jahre erhöht. Technologiesprünge und Effizienzsteigerungen bei der Nutzung von Öl können die Reichweiten der Reserven weiter deutlich verlängern.

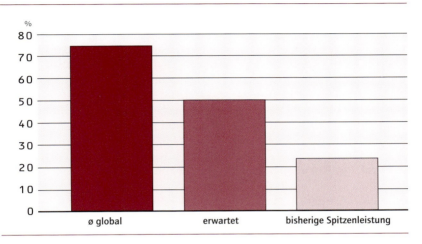

Abbildung 4: Fortschritte in der Ausbeute von Lagerstätten

Die Endlichkeit des Öls ist kein Grund für eine „Weg vom Öl"-Strategie, wie sie in letzter Zeit gern propagiert wird. Die Weltölreserven sind mehr als ausreichend, um den Weltbedarf auf lange Sicht zu decken. Die Verfügbarkeit ist abhängig von technologischen Fortschritten und vom Preis, den die Volkswirtschaft bereit ist, für das Öl zu zahlen. Der Ölpreis bestimmt die Investitionen in Erschließung und Förderung bestehender und neuer Ressourcen. Solange auf ein Barrel Öl zum Marktwert von 60 Dollar umgerechnet in Deutschland weitere 130 Dollar an Steuern aufgeschlagen werden können, können auch neue Ölfelder zu höheren Kosten als heute erschlossen werden.

Die Spekulation um das baldige Versiegen der Ölquellen kann ein Gefühl der Dringlichkeit erzeugen, das von den Fakten nicht gedeckt ist. Es besteht die Gefahr, dass die Frage der Ressourcenverfügbarkeit zur Rechtfertigung für Maßnahmen genutzt wird, die nicht zielführend, aber möglicherweise sehr teuer sind. Es besteht keine Notwendigkeit, innerhalb eines kurzen Zeitrahmens Alternativen zum Öl zu entwickeln. Panikreaktionen verursachen unnötig hohe Kosten und bergen die Gefahr von Fehlinvestitionen in sich.

ALTERNATIVEN ZUM ÖL

Eine auf Fakten beruhende Einschätzung der Zukunft des Öls sollte die Basis für die Bewertung möglicher Alternativen sein. In Bezug auf Verfügbarkeit, Handhabbarkeit, Energiedichte und Preiswürdigkeit nimmt Mineralöl eine Spitzenstellung ein. Alternativen zum Öl müssen sich an diesem Energieträger messen lassen. Alternative Energien können Öl deshalb auf lange Sicht nur ergänzen, nicht ersetzen.

Insbesondere im Verkehrssektor gibt es weltweit trotz einer Vielzahl potenzieller alternativer Treibstoffe bisher keine tragfähige Alternative zu fossilen Kraftstoffen. Benzin und Dieselkraftstoff werden auf lange Sicht die stärksten und wettbewerbsfähigsten Kraftstoffe bleiben.

Die Ablösung der Kraftstoffe aus Mineralöl wird in einem langen, allmählichen Entwicklungsprozess erfolgen. Gerade die Tatsache, dass Öl noch für einen langen Zeitraum zur Verfügung steht, eröffnet die Möglichkeit, Alternativen zu entwickeln, die sich mit permanent weiter entwickelten konventionellen Kraftstoffen messen können. Umweltverträglichkeit, Wirtschaftlichkeit und soziale Akzeptanz werden über den Markterfolg der Kraftstoffe in den kommenden Jahrzehnten entscheiden.

ALTERNATIVEN:
- **Energieeffizienz**

Neben der Schaffung zusätzlicher Kapazitäten zur Energieerzeugung ist der effiziente Einsatz von Energie ein wichtiges Ziel. So will China die durchschnittliche Energieintensität in Schlüsselindustrien zwischen 2001 und 2005 um 20 Prozent reduzieren und hat Energieeffizienzstandards eingeführt. Solche Standards gibt es inzwischen auch für den Verkehrssektor. Bis zum Jahr 2008 dürfen die Flottenverbräuche nicht steigen; ab 2008 ist eine Reduzierung der Flottenverbräuche um 10 Prozent gefordert.

- **Erdgas**
  >> CNG (Compressed natural Gas)

Erdgas-Kraftstoff ist eine bereits seit mehr als 80 Jahren bekannte Alternative zu herkömmlichen Kraftstoffen aus Mineralöl. Das Abgasverhalten von Erdgasfahrzeugen entspricht weitgehend dem moderner Ottomotoren mit Abgasnachbehandlung. Da Erdgas ein engeres Kohlenstoff zu Wasserstoffverhältnis aufweist als Mineralöl basierte Kraftstoffe, wird während des Verbrennungsvorgangs im Motor weniger CO_2 emittiert. Wird der Gesamtkreislauf einschließlich des Energieaufwandes für Produktion, Transport, evtl. Zwischenspeicherung und Komprimierung betrachtet, kann dieser theoretische Vorteil verloren gehen. Trotz der langen Historie ist die Marktpenetration weltweit mit einem Anteil von 0,3 Prozent an der Gesamtfahrzeugpopulation eher gering. Erfahrungen zeigen, dass der Kunde Erdgas auf Grund des Systemwechsels von einem flüssigen zum gasförmigen Kraftstoff nur dann akzeptiert, wenn ein Kostenvorteil, z.B. über eine Steuerbefreiung, von 50 Prozent angeboten wird. In Deutschland beträgt die Steuer auf Erdgas als Kraftstoff fast nur ein Fünftel der Steuer, die auf

Benzin gezahlt werden muss. Trotz erheblicher mehrjähriger Bemühungen und eines mittlerweile respektablen Tankstellennetzes von ca. 650 Stationen liegt der Bestand an Erdgasfahrzeugen nur bei 27.000 bei einer Gesamtflotte von 46 Mio. Fahrzeugen.

>> GTL (Gas-to-Liquids)
GTL-Produkte bieten eine Alternative zur Nutzung von Erdgas und Mineralöl für die Mobilität dar. GTL wird durch die katalytische Umwandlung von Erdgas in einen flüssigen Kraftstoff hergestellt, der frei von Schwefel, Stickstoff und Aromatischen Bestandteilen ist. GTL kann die bestehenden Verteilungsinfrastrukturen nutzen und direkt anstelle von Diesel eingesetzt werden. Eine kostspielige Umrüstung des Fahrzeuges entfällt. GTL ist ein synthetischer Kraftstoff, dessen Eigenschaften durch die eingesetzte Katalysatortechnik den spezifischen Anforderungen entsprechend modifiziert werden kann. Hierdurch wird die Entwicklung innovativer Motorentechnologie ermöglicht mit höherer Effizienz und geringeren Emissionen.

- **Kohle**

Neben Erdgas können grundsätzlich alle Kohlenwasserstoff-Träger als Ausgangsprodukt für die Vergasung mit anschließender katalytischer Verflüssigung eingesetzt werden. Hierdurch wird die Abhängigkeit der Mobilität von einer Energieform reduziert.

Durch moderne Verfahren der Kohlevergasung (In Situ-Vergasung) und anschließender Verflüssigung zu CTL (Coal to Liquids) erhält der Energieträger mit der bei weitem größten Reichweite eine völlig neue Bedeutung. Die Grundtechnologie geht auf die 1920 in Deutschland entwickelte Kohleverflüssigung durch die Fischer-Tropsch Synthese zurück. So plant China, das der weltweit größte Kohleproduzent ist und über die weltweit drittgrößten Kohlevorkommen verfügt – rund 12 Prozent der weltweit nachgewiesenen Kohlereserven lagern in China – die Errichtung von CTL-Anlagen, deren Produktion die Höhe der europäischen Dieselnachfrage erreichen könnte. Die CO_2-Problematik ist hierbei eine besondere Herausforderung, die über Sequestrierung gelöst werden könnte.

- **Biomasse**

Im wesentlichen können zwei Gruppen von Biokraftstoffen auf Grund ihrer Rohstoffbasis unterschieden werden. Biokraftstoffe der ersten Generation basieren auf Ackerfrüchten wie Getreidekorn, Zuckerrüben oder Rapskorn, die grundsätzlich Nahrungsmittel sind. Biokraftstoffe der zweiten Generation werden über innovative Verfahren aus der Rest- oder Ganzpflanze hergestellt. Dies können Stroh, Restholz oder speziell für den Einsatz gezüchtete und angebaute Energiepflanzen sein.

>> Biokraftstoffe der ersten Generation
Die heute in Deutschland verfügbaren Biokraftstoffe (Biodiesel und Bioethanol) werden auf der Basis von Nahrungsmitteln hergestellt. Trotz weitgehend ausgereizter Produktionstechnik und jahrelanger Subventionierung sind diese Biokraftstoffe immer noch mindestens doppelt so teuer wie Mineralölkraftstoffe. Weiteres Kostensenkungspotenzial wäre nur dann zu erwarten, wenn das eingesetzte Erntegut unter Herstellungskosten bereitgestellt würde. Das Beispiel der Ethanolproduktion aus Getreide zeigt, dass die Kosten des Rohstoffs Weizen zu 65 Prozent die Produktkosten bestimmen. Erst wenn Weizen zur Hälfte des Interventionspreises angeboten würde, wäre Ethanol mit reinem Benzin wettbewerbsfähig. Zu diesen Konditionen kann kein deutscher Landwirt produzieren. Zudem sind diese Biokraftstoffe in der Gesamtbilanz (well-to-wheel) nicht CO_2-frei. Während Biodiesel einen Beitrag von bis zu 60 Prozent zur CO_2-Vermeidung leisten kann, kann die CO_2-Gesamtbilanz von Ethanol – abhängig von der zu seiner Erzeugung eingesetzten Energie - sogar über der von reinem Benzin liegen. Die Förderung dieser Kraftstoffe um jeden Preis ist nicht zielführend.

>> Biokraftstoffe der zweiten Generation
Ein erheblich höheres Potenzial weisen die fortschrittlichen Biokraftstoffe auf Basis der Ganzpflanzenumsetzung auf. Innovative Verfahren der enzymatischen Umwandlung von Cellulose aus Pflanzenmaterial in Zucker mit anschließender Vergärung zu Alkohol stellen einen möglichen Pfad dar.

>> Synthetische Kraftstoffe aus erneuerbaren Ressourcen
Die Vergasung von unspezifischer Biomasse mit anschließender Verflüssigung (Biomass-to-Liquids / BTL) schafft die Vorraussetzung für qualitativ hochwertige Kraftstoffe auf einer breiten Biomassebasis. Synthetische Kraftstoffe können in heutigen Motoren in einem weiten Mischungsverhältnis ohne Änderung der Motortechnologie eingesetzt werden. Zudem weisen synthetische Kraftstoffe unabhängig vom eingesetzten Rohstoff, ob Kohle, Erdgas oder Biomasse, nach dem Verflüssigungsprozess grundsätzlich gleiche Eigenschaften auf. Dies bietet einen entscheidenden Vorteil für die Motorenentwicklung. Trotz heterogener Rohstoffbasis sind die Produkteigenschaften der synthetischen Kraftstoffe identisch und ermöglichen somit eine fokussierte und damit kostengünstige Motorenentwicklung. BTL-Kraftstoffe weisen eine positive CO2-Bilanz auf. Abhängig vom Herstellungsverfahren können rund 90Prozent der CO2-Emissionen im Vergleich zu konventionellen Kraftstoffen vermieden wurden.

- **Wasserstoff**
Die Kraftstoffalternative, auf der langfristig große Hoffnungen ruhen, ist Wasserstoff. Er kann direkt in Verbrennungsmotoren oder mit hö-

herer Energieeffizienz in Brennstoffzellen eingesetzt werden. Wasserstoff ist jedoch keine Primärenergie, sondern muss aus einer solchen erzeugt werden. Im Idealfall wird Wasserstoff mit Strom aus erneuerbaren Energien mittels Elektrolyse erzeugt. Der Einsatz von Wasserstoff als Kraftstoff ist noch weit von einem breiten Praxiseinsatz entfernt. Er wird frühestens nach 2020 marktrelevante Bedeutung erlangen. Unter den denkbaren Alternativen zu Mineralölkraftstoffen sind die Biokraftstoffe der zweiten Generation die nachhaltigste Alternative. Zwar sind großtechnische Anlagen zur Herstellung von BTL-Kraftstoffen kurzfristig nicht verfügbar. Die Technologie ist jedoch vorhanden und die Entwicklung sollte weiter unterstützt werden.

DIVERSIFIZIERUNG DER IMPORTSTRUKTUR

Auch auf lange Sicht wird Mineralöl sowohl im Verkehrssektor als auch in anderen Anwendungsbereichen seine Spitzenstellung unter den Energieträgern behaupten. Daher sind für die deutsche Versorgung mit Rohöl die Importstrukturen von besonderem Interesse.

Da die verlässliche Verfügbarkeit von Energie für den reibungslosen Ablauf des alltäglichen Lebens und vor allem der Wirtschaft unerlässlich ist, hat die Importabhängigkeit bei Energie einen höheren Stellenwert als bei anderen Konsumgütern. Deutschlands Ölversorgung war zu Beginn der 70er Jahre fast ausschließlich von Ländern der Organisation Erdöl exportierender Staaten (OPEC) abhängig (Abbildung 5). Im Jahr 1973 stammten noch fast 90 Prozent der Importe aus OPEC-Staaten. In den 1970er Jahren begann Deutschland jedoch seine Importstruktur zu verändern, um die Abhängigkeit von einzelnen Regionen zu vermindern. Im Jahr 2004 wurde gerade noch ein Fünftel des deutschen Rohölbedarfs durch Importe aus OPEC-Staaten gedeckt, der größte Teil der Importe stammte aus der Nordseeregion und Russland. Jedoch könnte die Bedeutung der OPEC langfristig wieder zunehmen, da diese Länder über hohe Rohölreserven verfügen.

Eine hohe Importabhängigkeit Deutschlands muss nicht automatisch zu einem Problem in der Versorgungssicherheit führen. Ausschlaggebend für eine sichere Energieversorgung ist eine Vielzahl von Anbietern, die in einem offenen Markt im Wettbewerb zueinander stehen. Dies ist im Ölmarkt der Fall. In einer verflochtenen Weltwirtschaft ist Autarkiestreben bei der Energieversorgung verfehlt. Wenn die Importabhängigkeit über die wettbewerbsfähigen Potenziale erneuerbarer Energien und über die wirtschaftlichen Möglichkeiten der rationellen Energienutzung hinaus verringert wird, verteuert sich die Energieversorgung. Der internationale Rohölhandel beinhaltet wie alle Welthandelsbeziehungen sowohl Chancen als auch Risiken. Die ökonomischen Vorteile des Welthandels übersteigen die ökonomischen Risiken der gegenseitigen Abhängigkeiten bei weitem. Eine zunehmende wirtschaftliche und geopolitische Vernetzung von Produzenten- und Verbraucherländern kann die Versorgungssicherheit erhöhen.

KAPITEL 3.2 | Die Zukunft des Energieträgers Erdöl

Weltweit offene Energiemärkte, ein freier Energiehandel und ein breiter Energiemix sind wichtige Voraussetzungen für eine sichere Energieversorgung. Die Einnahmen aus dem Export von Energie versetzen andere Länder in die Lage, die Güter der auf Export ausgerichteten deutschen Wirtschaft zu erwerben.

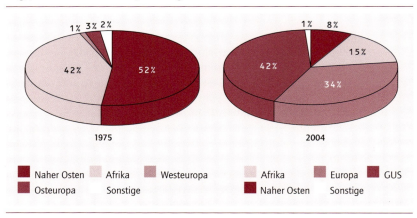

Abbildung 5: Veränderungen der Rohölimportstruktur Deutschlands

Betrachten wir beispielhaft die Handelsbeziehungen zu den OPEC-Staaten. Der Exportüberschuss Deutschlands mit diesen Staaten hat im Jahr 2004 mit 8,36 Milliarden EURO einen neuen Rekord erreicht. Während Deutschland im Jahr 2004 Waren im Wert von 8,36 Milliarden EURO aus den OPEC-Staaten importierte, exportierten deutsche Unternehmen Waren im Wert von 16,7 Milliarden EURO in die Länder der OPEC. Damit erzielte Deutschland seit 1985 aufsummiert einen Exportüberschuss in Höhe von 66,2 Milliarden EURO. Die häufig beklagte Abhängigkeit von den OPEC-Ländern ist also eine zu einseitige Betrachtung. Welthandel ist keine Einbahnstraße, sondern verschafft den Ölexportstaaten Einnahmen, die sie wieder zur Anschaffung von Gütern und Dienstleistungen ausgeben.

SICHERHEIT VOR VERSORGUNGSSTÖRUNGEN

Die Versorgung Deutschlands mit Mineralöl ist also durch die Einbindung in die Weltmärkte gesichert. Gegen kurzfristige Versorgungsstörungen gibt es wirksame Sicherungsvorkehrungen im Rahmen der Internationalen Energieagentur (IEA). Die IEA wurde zu Beginn der 1970er Jahre als Folge der ersten Ölpreiskrise zur Vermeidung künftiger Versorgungskrisen ins Leben gerufen. Zur Sicherung der Energieversorgung wurden u.a. Notstandspläne und Informationssysteme geschaffen. Seit 1974 haben die Regierungen in den IEA-Mitgliedsländern zudem die Energiemärkte erheblich liberalisiert und dadurch deren Leistungsfähigkeit bedeutend verbessert.

Zentraler Baustein der IEA-Maßnahmen war die Einführung einer Pflicht-Bevorratung. Die Mitgliedsländer verpflichten sich, Vorräte an Rohöl und Produkten in Höhe von 90 Tagen der Netto-Importe zu halten, um die heimische Energieversorgung im Falle einer vorübergehenden Versorgungsstörung überbrücken zu können. In Deutschland schreibt das Erdölbevorratungsgesetz ausreichende Vorräte an Mineralölerzeugnissen – Benzin, Diesel, Heizöl und ersatzweise Rohöl – für Krisenzeiten vor.

EFFIZIENZ DES ÖLEINSATZES

Mineralöl ist eine effizient einsetzbare und preisgünstige Energiequelle. So ist die Ölabhängigkeit des deutschen Bruttoinlandsprodukts (BIP) seit Beginn der 1970er Jahre deutlich gesunken. Während 1970 noch gut 127 Tonnen Öl erforderlich waren, um eine Million Euro BIP (in 1995er Preisen) zu erwirtschaften, genügten im Jahr 2003 61 Tonnen, um die entsprechende Wirtschaftsleistung zu erzeugen. Damit hat sich der zur Erwirtschaftung des realen Bruttoinlandsprodukts benötigte Ölverbrauch in den letzten gut 30 Jahren mehr als halbiert. Für die Volkswirtschaft bedeutet dies neben einer Verringerung der Ölabhängigkeit unter dem Gesichtspunkt der Versorgungssicherheit, dass auch der Einfluss der Ölpreise auf die Inflation in Deutschland immer geringer geworden ist.

Zudem sind die Preise für Mineralölkraftstoffe in Relation zur Entwicklung der Kaufkraft immer weiter gesunken. Trotz des hohen Ölpreisniveaus könnte der durchschnittliche Bundesbürger im Jahr 2003 fast 41 Prozent mehr Liter Superbenzin für sein Einkommen tanken als noch im Jahr 1972, wenn die Steuerbelastung des Benzinpreises unberücksichtigt bleibt. Doch durch die ständige Erhöhung der Steuerbelastung des Benzinpreises schöpft der Staat fast den gesamten Kaufkraftgewinn der Autofahrerinnen und Autofahrer ab. Im Ergebnis kann der durchschnittliche Bürger heute gerade einmal gut 10 Prozent mehr Liter Superbenzin tanken als vor gut 30 Jahren.

UMWELTVERTRÄGLICHE NUTZUNG

Mineralöl wird immer umweltverträglicher genutzt. Die Emissionen aus Verarbeitung und Verbrauch sind in der Vergangenheit deutlich zurückgegangen und werden auch in Zukunft weiter vermindert. Die noch vor Ende der 80er Jahre problematischen Schwefeldioxid (SO_2)-Emissionen aus Raffinerien spielen heute keine Rolle mehr. Auch die CO_2-Emissionen der Raffinerien sind zwischen 1990 und 2003 um rund 19 Prozent gesunken. Im gleichen Zeitraum verringerten sich die absoluten CO_2-Emissionen um rund 11 Prozent bei gleichzeitigem Anstieg der Produktion um 10 Prozent.

Auch die Emissionen des Straßenverkehrs gehen seit 1990 drastisch zurück. Das Institut für Energie- und Umweltforschung (ifeu), Heidelberg, hat im Auftrag des Umweltbundesamtes errechnet, dass die verkehrsbedingten Emissionen bis zum Jahr 2010 gegenüber 1990 um bis zu 90 Prozent vermindert werden (Abbildungen 6 und 7). Die kontinuierliche Verbesserung der Kraftstoffqualitäten hat dazu einen entscheidenden Beitrag geleistet. Den letzten großen Schritt hat die deutsche Mineralölindustrie im Januar 2003 gemacht: Seitdem ist Deutschland das erste Land der Welt, in dem alle Kraftstoffe schwefelfrei sind.

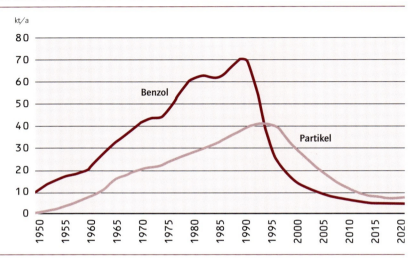

Abbildung 6: Entwicklung der Verkehrsemissionen

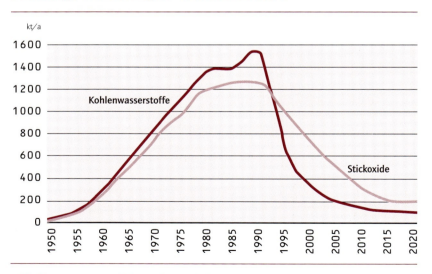

Abbildung 7: Entwicklung der Verkehrsemissionen

FAZIT

Langfristige Verfügbarkeit, ausgeprägte Wettbewerbsfähigkeit, hohe Energiedichte, leichte Handhabbarkeit und zunehmend umweltverträgliche Nutzung tragen dazu bei, dass Mineralöl auch in Zukunft ein wichtiger Energieträger sein wird. Es besteht kein Grund, einer Strategie des „Weg vom Öl" das Wort zu reden. Eine solche Strategie ist angesichts der Verfügbarkeit, der Bedeutung und der Vorteile von Mineralöl weder sinnvoll noch realistisch. Durch seine Anwendungsvielfalt, seine vergleichsweise einfache Handhabbarkeit und seine Preiswürdigkeit ist Mineralöl anderen Energieträgern überlegen.

Erneuerbare Energien können Mineralöl nur ergänzen, aber nicht ersetzen. Sie müssen den Sprung in die Wettbewerbsfähigkeit erst noch schaffen. Ziel der Energiepolitik muss eine subventionsfreie Energiewirtschaft sein. Bei der Förderung des Einsatzes erneuerbarer Energien sind deshalb Dauersubventionen zu vermeiden. Der Strukturwandel auf den Energiemärkten muss durch den Markt und nicht durch staatliche Interventionen gesteuert werden.

Prof. Dr. Franz-Josef Wodopia

PERSÖNLICHE DATEN:

geboren am	12.12.1957 in Heidelberg
Familienstand	verheiratet seit 22.7.1981; zwei Kinder

AUSBILDUNG

19. Mai 1976	Abitur
10|1976 – 7|1981	Studium Mathematik (bis 9/1977) und Volkswirtschaftslehre, Universität Heidelberg
10|1979 – 7|1981	Stipendiat der Friedrich Ebert-Stiftung
17. Juli 1981	Diplomprüfung in Volkswirtschaftslehre
4. Juli 1985	Promotion zum Doktor der Wirtschaftswissenschaften, Universität Heidelberg

BERUFSTÄTIGKEIT

01.09.1981 – 30.09.1983	Geprüfte wiss. Hilfskraft, Wirtschaftswiss. Fakultät, Universität Heidelberg
01.10.1983 – 31.08.1986	Wissensch. Mitarbeiter, Fachbereich Wirtschaftswiss., Universität Heidelberg
01.09.1986 – 31.12.1988	Wiss. Mitarbeiter in der Abt. „Volkswirtschaft und Energiepolitik", GVSt, Essen
01.01.1989 – 31.10.1997	Gewerkschaftssekretär der IG Bergbau und Energie, Bochum: Abteilung Wirtschaftspolitik, Leiter des Referats „Europa", Leiter des Referats „Europa- und Umweltpolitik"
01.11.1997 – 30.06.2005	Leiter der Abteilung „Bergbau und Energiewirtschaft" der IG BCE
seit 1. Juli 2005	Hauptgeschäftsführer , Gesamtverband des deutschen Steinkohlenbergbaus, Essen

LEHRTÄTIGKEIT

seit WS 2000/2001	Professur Wirtschaftswissenschaften für Ingenieure an der TFH Georg Agricola

Die Zukunft des Energieträgers Steinkohle

EINLEITUNG

Bis vor kurzem herrschte in Deutschland noch der öffentliche Eindruck vor, Steinkohle sei ein Energieträger im Niedergang, der mit antiquierter Technik gefördert würde. Heute ist die Energiepreisentwicklung ein Thema, das nicht nur die Schlagzeilen der Tageszeitungen beherrscht, sondern insbesondere auch in den Börsenteilen breite Berücksichtigung findet. Im Zuge dieser Berichterstattung setzte sich die Erkenntnis durch, dass Steinkohle ein Energieträger ist, der nicht nur noch über Jahrhunderte verfügbar, sondern auch in den nächsten Jahrzehnten unverzichtbar ist. Da die deutsche Bergbautechnik zum Exportschlager wurde, ist mittlerweile auch das Vorurteil von einer nicht zukunftsgerichteten Technologie vom Tisch. Es bleiben jedoch die kritischen Ressentiments gegenüber der heimischen Steinkohle, die reflexartig in Verbindung mit dem Subventionsthema aufkommen. Noch scheinen fiskalpolitische Aspekte das Thema Versorgungssicherheit zu dominieren. Im Weiteren soll gezeigt werden, dass sich eine ganze Reihe unterstützender Argumente nicht nur im Hinblick auf den Beitrag der heimischen Steinkohle für die Versorgungssicherheit, sondern auch aus fiskalpolitischer Sicht ergeben.

3.3.1 STEINKOHLE IM TREND DER GLOBALEN ENERGIEVERSORGUNG

Im Jahr 2004 wurden weltweit rund 16 Mrd. t SKE Primärenergie verbraucht. Dies bedeutet gegenüber 1970 eine annähernde Verdoppelung. Seit den 90er Jahren des vergangenen Jahrhunderts haben sich die Zuwachsraten des Energieverbrauchs in den Industrieländern bei weiterhin hohem Bedarf zwar abgeschwächt. Bis zum Jahr 2030 ist aber nach den Prognosen der Internationalen Energieagentur (IEA) mit einem Anstieg des globalen Energieverbrauchs um weitere 50 % auf dann 24 Mrd. t SKE zu rechnen.

Die Triebkräfte dieser Entwicklung sind das Bevölkerungswachstum und der wirtschaftliche Aufholprozess in den Entwicklungs- und Schwellenländern. Diese werden rund zwei Drittel des Verbrauchszuwachses beanspruchen. Allein China wird voraussichtlich so viel Energie zusätzlich benötigen wie alle Länder der OECD zusammen. Die Tragweite dieser Entwicklung kann man sich am besten vorstellen, wenn man annimmt, der chinesische Pro-Kopf-Energieverbrauch würde den Deutschlands erreichen. Dazu müsste sich der chinesische Primärenergieverbrauch vervierfachen. China würde dann mehr als 50 % des heutigen Weltprimärenergieverbrauchs benötigen. Hätte China somit auch denselben Stromverbrauch pro Kopf wie in Deutschland, würden 1,2 Mio. MW zusätzlicher Kraftwerksleistung benötigt. Hierzu würden z. B. weitere 1.245 Kraftwerke mit einer Leistung von 1.000 MW (bei einer Auslastung von 6.000 h) benötigt.

KAPITEL 3.3 | Die Zukunft des Energieträgers Steinkohle

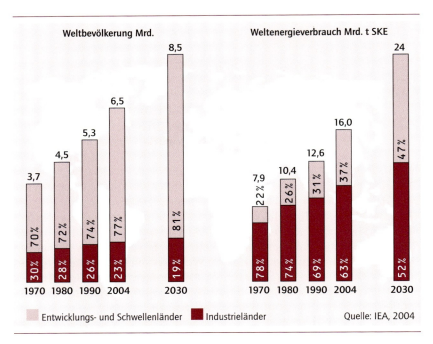

Abbildung 1: Energieverbrauch im Vergleich zur Weltbevölkerung

Dieser Anstieg der Nachfrage insbesondere Chinas und Indiens – und künftig auch weiterer Schwellenländer wie Brasilien, Indonesien und Russland – verändert die globalen Energieflüsse. Geopolitische Risiken kommen hinzu. Die westlichen Industrieländer und vor allem Europa mit seiner hohen Importabhängigkeit der Energieversorgung sehen sich einer wachsenden Nachfragekonkurrenz auf den Weltmärkten bei zunehmender Angebotskonzentration und steigendem Einfluss der Politik auf die Energiemärkte gegenüber. Auch der internationale Wettbewerb um die Ansiedlung von Industriestandorten ist betroffen. Langfristige Standortentscheidungen bei rohstoffintensiven Produktionen werden immer mehr gegen die Industrieländer und zugunsten der Schwellenländer China, Indien oder Brasilien gefällt.

Der weltweite Primärenergiebedarf wird heute zu rund 80 % durch Kohle, Öl und Gas gedeckt. Diese Energien werden auch die Hauptlast der globalen Verbrauchszuwächse tragen müssen. Kernenergie und erneuerbare Energien stoßen an enge Grenzen. Für den Ausbau der Kernenergie fehlt es in vielen Ländern an Akzeptanz. Zudem ist die Entsorgungsfrage weltweit noch ungelöst. Trotz des Baus einiger Kernkraftwerke in wenigen Ländern erwartet die IEA, dass der globale Versorgungsbeitrag der Kernenergie in den nächsten 30 Jahren weiter rückläufig sein wird.

Die erneuerbaren Energien haben die in sie gesetzten Erwartungen kurzfristig nicht erfüllen können. Das hat auch die Bonner Weltkonferenz für erneuerbare Energien im letzten Jahr gezeigt. Besonders die Länder im Aufholprozess sind auf eine sichere und kostengünstige Energieversorgung angewiesen. Dies können die erneuerbaren Energien derzeit noch nicht leisten. Sie stellen erst in mittelfristiger Zukunft eine wichtige Ergänzung für die Energieversorgung dar.

Erhebliche Verbrauchszuwächse werden beim Erdgas erwartet. Ihm werden aufgrund des im Vergleich zu Öl und Kohle spezifisch geringeren Kohlenstoffgehaltes Vorteile hinsichtlich der Klimaverträglichkeit eingeräumt. Die konventionellen Erdgasvorkommen der Welt sind allerdings – wie die Ölvorräte – auf wenige Lieferregionen vor allem in der so genannten strategischen „Energie-Ellipse" konzentriert. Insbesondere Europa, dessen eigene Erdgasvorkommen sich der Erschöpfung nähern, muss sich darauf einstellen, dass ein Großteil seines prognostizierten Verbrauchszuwachses aus immer entlegeneren und unsichereren Weltregionen gedeckt werden muss.

Eine im Vergleich zu Öl und Gas relativ ausgewogene Verteilung weisen die globalen Kohlenvorräte auf. Sie haben gemessen am aktuellen Verbrauch zugleich die größte Reichweite und sind noch in Jahrhunderten verfügbar. Zur Deckung des Weltenergieverbrauchs trägt die Kohle, auf die rund 65 % der weltweiten Energiereserven entfallen, heute – und nach den Prognosen der IEA auch noch im Jahr 2030 – mit einem Fünftel bei, wächst allerdings nur unterproportional.

Nur wenige Länder stellen ihre teilweise erheblichen Kohlenvorkommen auch für den weltweiten Kohlenexport zur Verfügung, sondern nutzen diese als nationale Reserve.

Die Handelsintensität ist deshalb bei der Kohle mit derzeit rund 16 % der Weltsteinkohlenförderung sehr viel niedriger als bei Öl und Gas. Braunkohle wird wegen des vergleichsweise niedrigen spezifischen Energiegehaltes international praktisch nicht gehandelt. Zwar wird sich im Zuge der global wachsenden Kohlenachfrage auch der Kohlehandel ausweiten. Relativ gesehen ist der Anteil, der für den überseeischen Kohlehandel verfügbar ist, aber eher rückläufig. Nach Prognosen des US-Energieministeriums sinkt er bis 2025 auf 12 %.

Der Weltkohlemarkt weist bereits eine hohe regionale Konzentration auf. Dies zeigt sich auch insbesondere bei einer Betrachtung der drei Teilmärkte für Kraftwerkskohle, Kokskohle und Koks. Im Kraftwerkskohlenmarkt dominieren die fünf größten Herkunftsregionen Australien, China, Indonesien, Südafrika und Südamerika mit einem Marktanteil von zusammen 85 %. Einzelne Länder sind mit ihrer gesamten Kraftwerkskohlennachfrage von nur wenigen Lieferländern und Produzenten abhängig. Noch gravierender sind die Abhängigkeiten im Kokskohlenseehandel. Hier hält Australien mit einem Marktanteil von fast 60 % mit weitem Abstand die Spitzenposition. Zusammen mit Kanada, den USA, Indonesien und China deckt es 95 % des Marktes ab. Beim Koks stammen über 50 % des Weltmarktangebotes allein aus China.

Auch auf privatwirtschaftlicher Unternehmensebene ist die Angebotskonzentration hoch. Ein Drittel der weltweiten seewärtigen Kohlenexporte entfällt auf die fünf größten Unternehmen, knapp die Hälfte auf die zehn größten Unternehmen, darunter auch die unter Rohstoffexperten als „Big Four" bekannten BHP-Billiton, Xstrata, Anglo American und Rio Tinto.

Die für den Steinkohlenexport wichtigste Verbrauchsregion ist mit einem Anteil von fast 60 % Süd- und Südostasien. Vor allem die Lieferströme des bedeutendsten Exportlandes Australien, das ein Drittel des Weltkohlenhandels bestreitet, sind auf diese Region ausgerichtet. Die fünf Länder Australien, China, Indonesien, Südamerika und Südafrika deckten 2004 über vier Fünftel des Kohlenbedarfs der Welt. Das US-amerikanische Energieministerium DOE (Department of Energy) rechnet damit, dass die hohe Länderkonzentration in den nächsten 20 Jahren anhalten und sogar noch zunehmen wird.

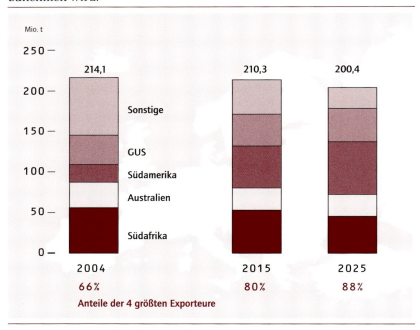

Abbildung 2: Kohleimporte nach Westeuropa

Derzeit werden rund vier Fünftel der Weltkohlenförderung in der Stromerzeugung der Welt eingesetzt, zu der die Kohle knapp 40% beiträgt. Dieser Anteil wird in den nächsten 25 Jahren zwar leicht sinken. Absolut nimmt der Kohleeinsatz aber weiter zu und die Kohle bleibt auch im Jahr 2030 Energieträger Nr. 1 in der Weltstromerzeugung, sofern nicht die Stromerzeugung auf Kohlebasis politisch diskriminiert wird. Getragen wird der absolute Zuwachs der Kohlenverstromung von den Entwicklungs-und Schwellenländern. Der nach der Kraftwirtschaft zweitgrößte Einsatzbereich der Steinkohle ist die Stahlindustrie. Unverzichtbar ist aus Kokskohlen erzeugter Koks für die Rohstahlerzeugung im Hochofenprozess (Oxygenstahlerzeugung), auf der rund 63 % der weltweiten Stahlerzeugung basieren. Weltweit wurden im Jahr 2004 hierfür rund 540 Mio. t Steinkohle benötigt.

Neben der Strom- und Stahlerzeugung gibt es für die Steinkohle als vielseitigen Rohstoff eine ganze Reihe weiterer Verwendungen, die wirtschaftlich z. T. erhebliche Bedeutung haben.

Selbst so exotische Produkte wie Molekularsiebe zur Gastrennung und Filter zur Wasserreinigung lassen sich aus Kohle herstellen. Karbonfasern finden vielfältige Anwendung überall dort, wo extrem feste und gleichzeitig leichte Werkstoffe gefragt sind.

Auch die Nebenprodukte, die bei der Verwendung von Kohle anfallen, sind häufig Wertstoffe. In Kraftwerken abgetrennte Aschen, Schlacke und Gips werden in der Baustoffindustrie eingesetzt. Bei der Reinigung der Kokereigase fallen u. a. Ammoniak, Schwefel und Teer an, Stoffe, die in der Grundstoffchemie und als Düngemittel eine essenzielle Rolle spielen.

Mit dem seit langem erforschten Verfahren der Kohlevergasung kann Kohle in ein brennbares Gas umgewandelt werden, das als Ausgangsprodukt für vielfältige Anwendungen in der chemischen Industrie, als Reduktionsgas bei der Eisenerzeugung oder nach weiterer Umwandlung in synthetisches Erdgas als Heizgas für die Industrie und Haushalte verwandt werden kann.

Gleichfalls weitgehend erforscht sind die Verfahren der Kohleverflüssigung, bei denen je nach Prozess verschiedene flüssige Kohlenwasserstoffe wie z. B. Vergaser- und Dieselkraftstoffe, Methanol (als Beimischung zu Benzin) oder Kohleöl als Heizmittel hergestellt werden können – Produkte, mit denen die Abhängigkeit vom Rohöl verringert werden kann. In Südafrika und China werden diese Techniken wirtschaftlich eingesetzt. Die derzeit hohen Heizöl-, Benzin- und Erdgaspreise geben diesen Verfahren weltweit Auftrieb. In Deutschland wurden Pläne für den Ausbau der Kohleverflüssigung in den 1980er Jahren nach dem Verfall der internationalen Rohölpreise aufgegeben. Eine Wiederaufnahme ist derzeit trotz der hohen Ölpreise nicht geplant.

Völlig neue Perspektiven der Kohlenutzung erschließen sich mit den künftigen Clean-Coal-Techniken, die den Bau eines CO_2-freien Kohlenkraftwerkes zum längerfristigen Ziel haben, in dem außer Strom auch Wasserstoff für andere Verwendungszwecke erzeugt werden kann. Auch im Rahmen einer künftigen Wasserstoffwirtschaft, die Wasserstoff als universellen Energieträger nutzen soll, könnte Kohle auf diesem Weg eine wichtige Rolle spielen.

Diese Beispiele zeigen, dass mehr in der Kohle steckt als vielfach gesehen. Kohle ist fossil aber nicht antiquiert, Kohle ist ein Rohstoff der Zukunft. Selbst wenn die Gas-und Ölreserven zur Neige gegangen sein sollten und die Kohle vielleicht eines Tages als Energieträger zur Stromerzeugung weniger gefragt sein sollte: Für zahlreiche wichtige Produkte z. B. der chemischen Industrie und im Verkehrssektor, die heute noch aus Kostengründen aus Öl und Gas hergestellt werden, ist die Kohle spätestens dann ein begehrter Rohstoff.

3.3.2 HERAUSFORDERUNGEN FÜR DIE DEUTSCHE ENERGIEVERSORGUNG

Wirtschaftlichkeit, Versorgungssicherheit, Umweltverträglichkeit und Ressourcenschonung sind die zentralen Ziele jeder Energie- und auch Rohstoffpolitik. Im Sinne der Nachhaltigkeit müssen darüber hinaus auch die soziale Dimension und die gesellschaftliche Akzeptanz energie- und rohstoffpolitischen Handelns beachtet werden.

Zwischen diesen verschiedenen Anforderungen kann es Konkurrenzverhältnisse und Konflikte geben. Ausschließlich ein einzelnes Ziel zu verfolgen, führt zu untragbaren volkswirtschaftlichen Verlusten und Schäden an anderer Stelle. Von größter politischer Bedeutung ist es deswegen, mit den verfügbaren Mitteln und Instrumenten die optimale Balance zwischen den Zielen zu erreichen.

Natürlich müssen bei Zielkonflikten politische Entscheidungen und Prioritätensetzungen im Rahmen des demokratischen Willensbildungsprozesses getroffen werden. Eine rationale Energie- und Rohstoffpolitik muss sich jedoch der Zielkonflikte bewusst sein. Sie muss erkennen, wenn sich die Gewichte der Ziele durch veränderte Problemstellungen verschieben bzw. bestimmte Ziele neu gewichtet werden müssen. So lässt sich feststellen, dass in der deutschen Energiepolitik in den letzten zwei Jahrzehnten einerseits das Ziel der Wirtschaftlichkeit, andererseits der Umweltschutz im Vordergrund standen – beides keineswegs spannungsfrei und ohne klare Konfliktlösungsregelung. Die Herausforderungen der Versorgungssicherheit wurden vernachlässigt. Der bisher letzte Energiebericht des Bundesministeriums für Wirtschaft im Jahr 2001 hat die Bedeutung dieser Frage klar herausgearbeitet, konnte aber kein Energieprogramm der gesamten Bundesregierung anstoßen. Insgesamt ist die Balance verloren gegangen und in den Wahlkämpfen des Jahres 2005 reflektiert kaum ein Programm die Veränderung der strategischen Trends auf den globalen Energiemärkten oder die Mahnungen der EU-Kommission. Diese Verdrängung der Versorgungsrisiken ist nicht recht verständlich. An Warnungen hat es nicht gefehlt.

Stein- und Braunkohle bestreiten heute zusammen knapp ein Viertel des deutschen Energieverbrauchs und gut die Hälfte der Stromerzeugung am Standort Deutschland. Auf Grund der im Vergleich zu Öl und Gas weniger sprunghaften Brennstoffpreise tragen sie wesentlich zur Stabilisierung des Energie- und Strompreisniveaus in Deutschland bei.

Der deutsche Steinkohlenmarkt hatte im Jahr 2004 ein Volumen von rund 66 Mio. t SKE und ist damit der größte in Westeuropa. Gemessen am Primärenergieverbrauch deckt die Steinkohle damit rund 14 % des deutschen Bedarfs. Obwohl die Steinkohle gerade im Wärmemarkt preislich inzwischen gegenüber Heizöl und Gas wieder wettbewerbsfähig ist, spielt sie im Verkehrssektor und im Wärmemarkt ebenso wie die Braunkohle nur noch eine Nebenrolle. Dieser Markt wird seit langem vom Mineralöl und Erdgas beherrscht. In dem besonders sensiblen Bereich der Stromerzeugung und bei der Versorgung der Stahlindustrie ist die Steinkohle dagegen auch heute noch absolut unverzichtbarer Bestandteil im Energie- und Rohstoff-Mix.

Nach den rapiden Anpassungen insbesondere in den letzten 15 Jahren wird der deutsche Steinkohlenbedarf heute noch zu rund 40% aus der heimischen Förderung in den Revieren an der Ruhr, der Saar und in Ibbenbüren gedeckt. Wie wichtig ihr Beitrag zur Risikovorsorge für die deutsche Energieversorgung ist, zeigt sich darin, dass sie nach der Braunkohle immer noch der bedeutendste Energieträger in der heimischen Primärenergiegewinnung ist. Mit einem Fördervolumen von 26 Mio. t SKE leistet sie einen weitaus größeren Beitrag zur Begrenzung der Importabhängigkeit der deutschen Energieversorgung als alle erneuerbaren Energien zusammen.

Aufgrund der Rückführung der heimischen Förderkapazitäten sind bereits seit 2001 die Steinkohleneinfuhren nach Deutschland höher als die inländische Förderung. Diese Importabhängigkeit wird mit jedem weiteren Kapazitätsabbau beim deutschen Steinkohlenbergbau größer. Im Gegensatz zu Mineralöl und Erdgas, die auf Grund zu geringer eigener Vorräte weitgehend importiert werden müssen, gibt es bei der Steinkohle große inländische Vorräte, die noch für Jahrhunderte reichen, wenn sie entsprechend vorgehalten und genutzt werden. Die heimische Steinkohle ist die bei weitem größte nationale Rohstoffreserve. Dies gilt nicht nur für die Strom- und Wärmeerzeugung und für den Kokskohlen- und Koksbedarf der Stahlindustrie, sondern bei Bedarf auch in verflüssigter Form für chemische Nutzungen oder als Mineralölsubstitut im Treibstoffsektor. Aufgrund ihrer auf absehbare Zeit fehlenden wirtschaftlichen Wettbewerbsfähigkeit ist die heimische Steinkohle jedoch ebenso wie die noch erheblich subventionsintensiveren erneuerbaren Energien auf öffentliche Hilfen angewiesen. Ihre künftige Verfügbarkeit ist somit von politischen Entscheidungen abhängig.

Schon vor dem Hintergrund der außenwirtschaftlichen Einbindung der deutschen Wirtschaft in den Welthandel ist eine Rückkehr zu einer weitestgehend auf heimische Förderung gestützte Steinkohlenversorgung heute nicht mehr vorstellbar und wird von niemandem angestrebt. Dennoch bleibt richtig: Nur der Zugriff auf die heimische Lagerstätte bietet Sicherheit gegen strukturelle und längerfristige Risiken der Weltenergiemärkte. Ein lebens- und leistungsfähiger heimischer Steinkohlenbergbau hält diese Option offen, ist eine absolut zuverlässige Lieferquelle und kann im Energiemix einen wesentlichen Beitrag zur Risikobegrenzung leisten. Deswegen bleibt im Mix mit der Importkohle eine Mindestförderung an inländischer Steinkohle zur Risikovorsorge für Deutschlands Energie- und Rohstoffversorgung dauerhaft sinnvoll und notwendig.

Mit zunehmender Verbreitung der Importkohle sinkt das Engagement in zukunftsgerichtete Technologien der Steinkohlennutzung. Während der heimische Steinkohlenbergbau eine Schrittmacherfunktion von der effizienten Nutzung im Wärmemarkt bis hin zur Kohleverflüssigung in Deutschland übernahm, sind die Kohleimporteure reine Händler. Nur wo die deutsche Steinkohle noch präsent ist – sowohl bei der Gewinnung, in Kraftwerken und in der Kokereitechnik – ist die Technologieführerschaft im Lande geblieben.

3.3.3 KÖNNEN WIR UNS DIE HEIMISCHE STEINKOHLE NOCH LEISTEN?

Die Überschrift dieses Abschnitts suggeriert bereits eine Antwort, die mit dieser häufig gestellten Frage verbunden ist, nämlich dass überhaupt eine Zeche zu zahlen sei. Fakt ist, dass seit Beginn der Kohlekrise kurz nach dem zweiten Weltkrieg ein mehr oder weniger systematischer Abwärtstrend zu verzeichnen war. Dieser wurde abgelöst durch Zeiten aktiver Energiepolitik insbesondere nach der ersten und zweiten Ölkrise. Die seinerzeit eingeführten unterstützenden Maßnahmen für den heimischen Steinkohlenbergbau waren eindeutig energiepolitisch motiviert. Trotz dieser Eingriffe wurde der Abwärtstrend aber praktisch nicht gestoppt, sondern zeitweilig nur etwas abgemildert. In jedem Falle ist es aber falsch, von einer Verhinderung des strukturellen Wandels in Nordrhein-Westfalen zu sprechen. Es standen energiepolitische Ziele im Vordergrund. Zudem: Die heimische Steinkohle ist heute in Nordrhein-Westfalen nicht mehr strukturprägend. Sie hat aber nach wie vor mit rund 10 % einen bedeutsamen Anteil an der heimischen Stromversorgung. Dies ist im Übrigen der Anteil, der im Rahmen der europäischen Stromrichtlinie für heimische Energieträger zur Vorrangeinspeisung reserviert werden dürfte. Um eine vernachlässigbare Größenordnung kann es sich dabei also nicht handeln.

Nach der ersten Ölkrise erlangte die heimische Steinkohle wieder die Wettbewerbsfähigkeit mit dem Heizöl. Allerdings trat mit der Importkohle, die damals ganz überwiegend aus Tagebauen und aus Ländern stammte, die erst noch zu Beginn ihrer Industrialisierung standen, ein neuer Wettbewerber auf dem Plan. Trotz des jüngst zu verzeichnenden deutlichen Anstiegs des Weltmarktpreises für Importkohle konnte die Lücke zwischen heimischen Förderkosten und Importkohle nicht geschlossen werden. Daraus leiten die Kritiker des deutschen Steinkohlenbergbaus ab, er habe dauerhaft keine Chance mehr, wettbewerbsfähig zu werden.

Diese Behauptung ist aber falsch. Wäre sie richtig, dann müsste arabisches Öl heute zu Förderkosten deutlich unter 10 $/Barrel und das Nordseeöl zu deutlich weniger als 20 $/Barrel verkauft werden. Tatsächlich sind es aber nicht alleine die Förderkosten, die den Preis bestimmten, sondern die Wechselwirkung zwischen Angebot und Nachfrage. Der beste Beweis dafür, dass auch im Falle der Steinkohle nicht alleine die Förderkosten zählen, ist die Tatsache, dass trotz höherer Förderkosten die heimische Steinkohle im Wärmemarkt bereits wieder ihre Wettbewerbsfähigkeit erreicht hat. Und auch Koks kann bereits wieder wettbewerbsfähig aus heimischer Steinkohle hergestellt werden, wenn nicht kurzfristige Gewinnaussichten, sondern eine langfristige industriepolitische Perspektive zu Sicherung insbesondere auch der mittelständisch geprägten Unternehmen der Eisen- und Metallverarbeitung im Vordergrund steht. Somit besteht zwar aus geologischen Gründen kaum eine Chance, dass die Lücke zwischen heimischen Förderkosten und denen der günstigsten Anbieter am Weltmarkt auf Sicht geschlossen wird, doch bei deutlich höheren Marktpreisen kann der heimische Bergbau durchaus zum „Grenzanbieter" werden, d. h. sein Angebot wird künftig zur Bedarfsdeckung zwingend gebraucht werden.

Diese Option ist bereits Grund genug für eine Unterstützung des heimischen Steinkohlenbergbaus. Darüber hinaus entfalten die öffentlichen Hilfen entgegen der landläufigen Meinung nicht negative, sondern positive wirtschaftliche und fiskalische Effekte. Kohlehilfen von 2,9 Mrd. e standen im Jahr 2004 eine wirtschaftliche Gesamtleistung von 4,6 Mrd. e gegenüber. Dieser Sachverhalt führt immer wieder zur Verwunderung und zuweilen sogar zu der Frage, ob der Bergbau damit das ökonomische Perpetuum mobile erfunden hätte. Die Differenz ist jedoch leicht aufzuklären. Denn es wird häufig übersehen, dass Kohlehilfen nur die Differenz zum Weltmarktpreis abdecken und der Bergbau durchaus beträchtliche Markterlöse in Höhe von 1,7 Mrd. e erzielen kann. Diese Markterlöse liegen fast in der Größenordnung der Summe aus Nettolöhnen und Gehältern (0,9 Mrd. e) und den Steuern und Sozialabgaben (1,3 Mrd. e), die vom Bergbau geleistet werden. Die Kohlehilfen liegen ungefähr in der Größenordnung der Aufträge des Bergbaus an andere Unternehmen (2,4 Mrd. e). Diese Aufträge sichern nicht nur weitere Beschäftigung und die Zahlung entsprechender Steuern und Sozialabgaben in diesen Branchen, sondern sie sind auch die Basis für die Existenz der Bergbauzulieferindustrie in Deutschland. Zwar dominiert mittlerweile der Export ganz eindeutig den Absatz dieser Unternehmen, doch fußen all diese Exportchancen entscheidend darauf, dass diese Unternehmen ihre innovativen Lösungen unter den schwierigen geologischen Bedingungen des deutschen Steinkohlenbergbaus erarbeiten können. Ohne diese Basis müsste die gesamte Bergbauzulieferindustrie den Förderstandorten am internationalen Markt folgen, so dass unwiederbringlich nicht nur das genannte Auftragsvolumen des heimischen Steinkohlenbergbaus an andere Unternehmen verloren ginge – es liegt wie gesagt fast in der Größenordnung der Kohlehilfen – sondern die gesamte Wertschöpfung dieses Bereiches. Erlöse aus dem Absatz von Kohle würden zwar ohne heimische Steinkohle weiterhin anfallen, doch würden diese ins Ausland fließen, statt in Form von Löhnen, Gehältern, Sozialabgaben und Steuern im Land zu bleiben. Bei der fiskalischen Interpretation dieser Zahlen ist zu berücksichtigen, dass nicht nur die Beschäftigten des Bergbaus, sondern auch die Zulieferindustrie Steuern und Sozialabgaben leisten.

Abbildung 3: Steinkohlenbergbau im Wirtschaftskreislauf

Das Prognos-Institut errechnete zur Berücksichtigung der Beschäftigungswirkungen in der Zulieferindustrie des Bergbaus einen Faktor von 2,3. D. h.: Auf jeden Bergbaubeschäftigten kommen 1,3 weitere Beschäftigte in anderen Branchen. Wendet man diesen Multiplikator auf die Steuern und Sozialabgaben des Bergbaus an, kommt man auf einen Betrag von 2,8 Mrd. €, mithin recht genau der Betrag, der von der öffentlichen Hand für die Kohlehilfen aufgewendet wird. Würde man fiktiv eine Situation ohne Steinkohlenbergbau betrachten, so entfielen nicht nur Steuern und Sozialabgaben der Bergbaubeschäftigten, sondern auch die der Zulieferindustrie. Hierbei wird nicht unterstellt, dass die Zulieferindustrie in Gänze abwandern würde. Die Steuerausfälle wären dann noch deutlich höher. Ohne einen aktiven Steinkohlenbergbau wären aber auch weiterhin die Altlasten zu bedienen, die vor allem durch Rentenzahlungen und Berufsgenossenschaftsbeiträge zu erklären sind. Diese sind auf Zeiten zurückzuführen, in denen noch deutlich mehr Beschäftigte im Bergbau angelegt waren als heute. Vor allem aber wären für die arbeitslosen Bergleute Lohnersatzleistungen und Zuschüsse an die Sozialversicherungsträger zu veranschlagen. Insgesamt ergibt sich hieraus ein Betrag von 2,1 Mrd. €. Dieser Betrag ist zwar um 800 Mio. € niedriger als 2004 tatsächlich an Kohlehilfen aufgewendet wurde, doch würden ja die Zahlungen von Steuern und Sozialabgaben der Bergbaubeschäftigten und in der Mantelwirtschaft gänzlich entfallen.

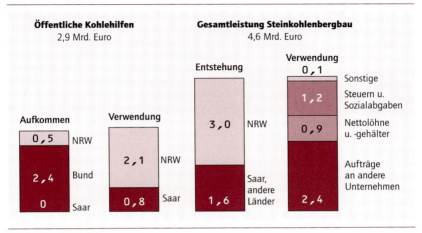

Abbildung 4: Steinkohlenbergbau im Wirtschaftskreislauf 2004

3.3.4 FAZIT

Ein lebender Bergbau verursacht per saldo weder eine Be- noch Entlastung der öffentlichen Hand. Der Bergbau trägt also nicht wie viele andere Branchen netto zum Steueraufkommen bei. Andererseits trägt der Bergbau aber zur Versorgungssicherheit, zur Technologieentwicklung und zur Beschäftigungsstabilisierung bei und dies ohne die öffentliche Hand zu belasten. Ohne Bergbau fielen Altlasten und Lohnersatzleistungen an, während die Beiträge zum Steueraufkommen und zu den Sozialabgaben entfielen, so dass sich daraus eine beträchtliche Belastung der öffentlichen Hand ergeben würde. Mithin ist somit die Frage, wer die Zeche des Bergbaus bezahlen muss, beantwortet: Stilllegungen belasten die öffentliche Hand und schmälern den Beitrag der größten heimischen Energierohstoffreserve zur Primärenergieversorgung.

ANMERKUNG DES VERFASSERS:

Die Kapitel 3.3.1 und 3.3.2 sind teils eng an den gerade erschienenen Jahresbericht des GVSt „Steinkohle 2005. Zukunft braucht Kohle" angelehnt.

Jan Zilius

20. April 1946	geboren in Marburg
1966	Abitur in Lebach / Saar
1966 – 1973	Studium der Rechtswissenschaften in Saarbrücken und Freiburg, erstes juristisches Staatsexamen
1976	Zweites Staatsexamen in Düsseldorf nach dem Referendariat am Landgericht Bochum, Niederlassung als Anwalt in Hagen
1979	Eintritt in die Rechtsabteilung der Industriegewerkschaft Bergbau und Energie in Bochum, und seit
1980	deren Leiter. Lehrbeauftragter an der Arbeits- und Wirtschaftsakademie in Dortmund, ehrenamtlicher Richter beim Bundesarbeitsgericht in Kassel
September 1990	Arbeitsdirektor und Mitglied des Vorstands der Rheinbraun AG
April 1998	Mitglied des Vorstands der RWE AG, Ressort Personal
Oktober 1999	zuständig für die Ressorts Personal und Recht
seit Februar 2005	Mitglied des Vorstands der RWE AG Vorsitzender des Vorstands RWE Power AG

Die Zukunft des Energieträgers Braunkohle

Zu den wichtigsten Herausforderungen im Energiebereich zählen die zunehmende Abhängigkeit der Volkswirtschaft von Erdöl und Erdgas aus wenigen und politisch instabilen Regionen, das Nachfragewachstum nach Primärenergieträgern – vor allem in Entwicklungs- und Schwellenländern – sowie das Risiko einer zu schnellen Veränderung des Weltklimas. Die sich daraus ableitenden Aufgaben müssen unter Nachhaltigkeitsaspekten bewältigt werden.

Deutschland gehört zu den Staaten, die in besonders hohem Maße von Energieimporten abhängig sind. Dies gilt vor allem für Öl und Erdgas. Aber auch bei Steinkohle müssen wir inzwischen mehr als drei Fünftel unserer Versorgung auf Importe stützen.

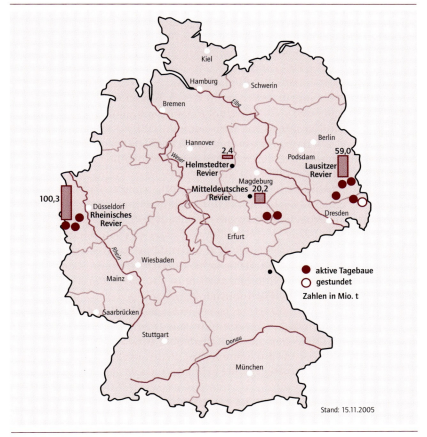

Abbildung 1: Braunkohlenförderung in Deutschland 2004

KAPITEL 3.4 | Die Zukunft des Energieträgers Braunkohle

Als heimische Quellen können nur die Braunkohle sowie Wasser/Wind/Sonne/Biomasse einen langfristig stabilen bzw. steigenden Beitrag zu unserer Energieversorgung leisten. Gegenüber den meisten regenerativen Energien hat die Braunkohle den Vorteil, dass sie subventionsfrei zu international konkurrenzfähigen Bedingungen und kontinuierlich zur Verfügung steht. Sie ist damit unverzichtbarer Bestandteil eines nachhaltigen Energiemixes als bestmöglichem Garanten für eine Begrenzung potenzieller Versorgungs- und Preisrisiken.

1. AKTUELLER STELLENWERT DER BRAUNKOHLE

Im Jahr 2004 wurden in Deutschland 182 Millionen Tonnen (Mio. t) Braunkohle im Tagebau gefördert. Damit steht Deutschland in der Rangliste der Braunkohlenproduzenten weltweit an erster Stelle.

Schwerpunkt der Braunkohlenförderung sind das Rheinische Revier im Städtedreieck Köln/Aachen/Mönchengladbach, das Lausitzer Revier im Südosten des Landes Brandenburg und im Nordosten des Landes Sachsen sowie das Mitteldeutsche Revier im Südosten des Landes Sachsen-Anhalt und im Nordwesten des Landes Sachsen. Daneben wird bei Helmstedt in Niedersachsen Braunkohle gewonnen.

Die Förderung in den vier Revieren Rheinland, Lausitz, Mitteldeutschland und Helmstedt wird im Wesentlichen von jeweils einem Unternehmen erbracht. Das ist im Rheinland die RWE Power AG, in der Lausitz die Vattenfall Europe Mining AG, in Mitteldeutschland die MIBRAG mbH und im Helmstedter Revier die BKB AG, eine Tochter der E.ON Kraftwerke GmbH.

Schwerpunkt der Braunkohlennutzung ist die Stromerzeugung. 2004 setzten die Kraftwerke der allgemeinen Versorgung 167,4 Mio. t Braunkohle aus inländischer Förderung zur Strom- und Fernwärmeerzeugung ein. Dies entsprach 92 % der gesamten Gewinnung. Des Weiteren wurden 12,2 Mio. t in den Fabriken des Braunkohlenbergbaus zur Herstellung fester Produkte, wie Brikett, Staub, Koks und Wirbelschichtkohle verwendet. 1,7 Mio. t wurden 2004 zur Stromerzeugung in Grubenkraftwerken genutzt und 0,6 Mio. t an sonstige Verbraucher abgesetzt.

An der gesamten Stromerzeugung in Deutschland war die Braunkohle 2004 mit 26 % beteiligt. Schwerpunktmäßig wird dieser Energieträger in tagebaunahen Kraftwerken genutzt, die Strom rund um die Uhr in der so genannten Grundlast produzieren. Damit gehört die Braunkohle - neben Kernenergie und Steinkohle - zu den Hauptsäulen der Stromerzeugung in Deutschland.

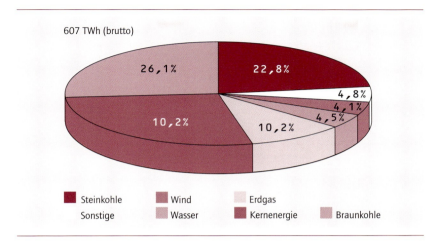

Abbildung 2: Stromerzeugung in Deutschland 2004

In den letzten Jahren hat der Braunkohlenbergbau erheblichen Aufwand betrieben, um umweltgerechte, in der Anwendung komfortable Braunkohlenprodukte – wie zum Beispiel Braunkohlenstaub und Wirbelschichtbraunkohle - mit den dazugehörenden Techniken des Transports und des Einsatzes zu entwickeln. Damit konnte die Verlagerung vom traditionellen Hausbrandprodukt Brikett in Richtung zukunftsfähiger Produkte für die Industrie erreicht werden. Das Spezialprodukt Braunkohlenkoks wird aufgrund seiner hervorragenden Filtereigenschaften unter anderem in Müllverbrennungsanlagen sowie in Anlagen zur Reinigung mittel- und hochbelasteter Abwässer eingesetzt.

Die Zukunftsfähigkeit der verschiedenen Energieerzeugungs- und -umwandlungstechniken kann danach beurteilt werden, inwieweit sie den Kriterien der Nachhaltigkeit gerecht wird. Das sind Wirtschafts-, Umwelt- und Sozialverträglichkeit. Für die Braunkohle leitet sich aus dem Leitbild der Nachhaltigkeit eine sichere Versorgung – insbesondere mit Strom – zu international wettbewerbsfähigen Preisen ab, die zugleich ökologische Aspekte, wie z. B. den Klima- und den Ressourcenschutz sowie die Bewahrung der menschlichen Gesundheit berücksichtigt.

Abbildung 3: Eckpunkte nachhaltiger Entwicklung im Rheinischen Revier

2. ÖKONOMISCHE BEWERTUNG DER ZUKUNFTSFÄHIGKEIT

Die Braunkohle bietet ein Höchstmaß an Versorgungssicherheit. Allein aus bereits genehmigten Tagebauen kann das heutige Förderniveau in den nächsten vier Jahrzehnten aufrecht erhalten werden. Darüber hinaus bestehen als gewinnbar klassifizierte Lagerstätten, aus denen sich die Braunkohlenförderung über eine Gesamtzeitspanne von mehr als 200 Jahren in der gegenwärtigen Größenordnung fortsetzen ließe.

An die neuen, durch Wettbewerb bestimmten Marktanforderungen hat sich die Braunkohle in allen Revieren in den vergangenen Jahren flexibel angepasst. Entscheidende Meilensteine im Rheinischen Revier waren:
- Rationalisierungsmaßnahmen im Zuge des Wandels auf den Energiemärkten 1992 bis 1997.
- Zusätzliche Kostensenkungsmaßnahmen als Folge der Strommarktliberalisierung 1998 unter Nutzung der Synergieeffekte aus der Integration von Braunkohlengewinnung und -verstromung.
- Schaffung einer integrierten Erzeugungseinheit.

Der in der ersten Hälfte der neunziger Jahre verzeichnete Preisverfall bei Öl, Erdgas und auch bei Importsteinkohle, die lange Zeit als Gradmesser für die Wettbewerbsfähigkeit der Braunkohle galt, löste umfangreiche Rationalisierungsmaßnahmen aus. Dadurch konnte die Lücke, die sich zwischen den Gewinnungskosten der Braunkohle und den Importpreisen für Steinkohle geöffnet hatte, wieder geschlossen werden.

Die 1998 erfolgte vollständige Liberalisierung des deutschen Elektrizitätsmarktes bewirkte einen drastischen Strompreisverfall. An Stelle des Preises für importierte Steinkohle in EUR pro Tonne Steinkohleneinheit trat der Marktwert des erzeugten Stroms – gemessen in EUR/MWh – als neue Messlatte für Braunkohle. Da der Großhandelspreis für Strom im Grundlastbereich unter die Produktionskosten von Braunkohlenstrom fiel, war eine Zukunftssicherung der Braunkohle nur mit erneuter, ambitionierter und rascher Kostensenkung möglich. Unter Nutzung der Synergien aus dem Zusammenschluss von Tagebauen und Kraftwerken wurde ein Kostensenkungspotenzial von 30 % identifiziert, das bis Ende 2004 erfolgreich umgesetzt werden konnte.

Der dritte Anpassungsschritt an Markt und Wettbewerb wurde mit der vom 1. Oktober 2003 erfolgten Integration der gesamten Stromerzeugung der RWE-Gruppe in Kontinentaleuropa unter einem Unternehmensdach, der RWE Power AG, vollzogen. Ziele der RWE Power sind insbesondere:
- Positionierung als wertorientierte, integrierte Erzeugungseinheit in der RWE-Gruppe.
- Fortgesetzte Stärkung der Wettbewerbsposition durch straffes Kostenmanagement und konsequente Erlösoptimierung.
- Weiterentwicklung des Erzeugungsportfolios unter optimaler Nutzung der spezifischen Vorteile der einzelnen Energieträger.

Die von den anderen Unternehmen der Braunkohlenindustrie im Gefolge der Strommarktliberalisierung durchgeführten Maßnahmen sind mit den für RWE aufgezeigten Schritten vergleichbar. Abweichungen hinsichtlich der konkreten Ausgestaltung der vollzogenen Anpassungen sind Resultat von differierenden strategischen Konzeptionen, die unter anderem auch durch die jeweils spezifische Ausgangssituation und abweichende Strukturen bedingt sind.

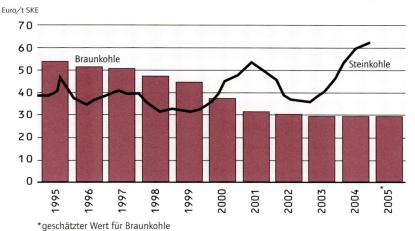

*geschätzter Wert für Braunkohle

Quelle: für deutsche Braunkohle bis 1999: Statistisches Bundesamt, Fachserie 4, Reihe 3.1; für Steinkohle (Kesselkohle) Preise frei für deutsche Grenze gemäß den Erhebungen des Bundesamtes für Wirtschaft und Ausfuhrkontrolle

Abbildung 4: Gewinnungskosten für Braunkohle und Einfuhrpreise für Steinkohle

Im Ergebnis konnte für alle Reviere erreicht werden, dass die Braunkohle eine kostengünstige und langfristig kalkulierbare Stromerzeugung am Standort Deutschland gewährleistet. Ferner konnte die Attraktivität der im Wärmemarkt und im Umweltbereich eingesetzten festen Veredlungsprodukte gesichert werden.

3. ÖKOLOGISCHE BEWERTUNG DER BRAUNKOHLE

Die Umweltverträglichkeit der Braunkohle kann nach Maßgabe folgender Kriterien beurteilt werden:
- Ausgleichsmaßnahmen für die Eingriffe in Natur und Wasserhaushalt und vorübergehende Flächeninanspruchnahme bei der Gewinnung.
- Umwelteinwirkungen beim Transport.
- Emissionen, insbesondere an klimarelevanten Spurengasen bei der Umwandlung von Braunkohle in Strom und Wärme.

Der Abbau der Braunkohle im Tagebau ist ein mehrstufiger Prozess, der planerisch vier bis fünf Jahrzehnte in die Zukunft reicht. Die genehmigungsrechtlich abgesicherten Tagebaufelder werden schrittweise vom Bergbau in Anspruch genommen. Der Tagebau steht dabei mit seinem vorübergehenden Flächenbedarf notwendigerweise in Konkurrenz zur bestehenden Nutzung. In den Abbaufeldern liegen Ortschaften. Die übrigen Flächen sind meist landwirtschaftlich genutzt. Zudem muss zum sicheren Betrieb der Tagebaue das Grundwasser abgesenkt werden. Schließlich ist beispielsweise das Rheinische Braunkohlenrevier von einem dichten Netz von Verkehrswegen und Wasserläufen durchzogen, die ebenfalls vom Abbau betroffen werden. Braunkohlenbergbau ist also unvermeidlich mit Eingriffen in den Lebensraum von Mensch und Natur verbunden.

In Deutschland ist die Landschaft durch Jahrtausende menschlicher Nutzung geprägt. Deswegen ist das Ziel der dem Bergbau nachfolgenden Landschaftsgestaltung und Rekultivierung eine neue Kulturlandschaft. Die Rekultivierungsziele sind stark durch die Nutzung vor dem Tagebau geprägt, zielen aber gleichwohl nicht immer auf eine möglichst exakte Wiederherstellung des Zustandes vor dem Tagebau. Die Anforderungen an die Bergbaufolgelandschaft sind demgemäß unterschiedlich. Der regionale Charakter soll gewahrt bleiben. Es wird angestrebt, günstige Voraussetzungen für die Regeneration zu schaffen, damit sich eine nachhaltig nutzbare und ökologisch stabile Landschaft wieder einstellt. Die annähernd 100jährige Rekultivierungspraxis zeigt, dass dieses Ziel erreicht werden kann. So sind beispielsweise im Rheinland 250 Hektar Rekultivierungsfläche als Naturschutzgebiet ausgewiesen. In den beiden ostdeutschen Revieren wurde in den letzten Jahren jeweils doppelt so viel Land rekultiviert wie vom Bergbau neu in Anspruch genommen worden war.

Die Auswirkungen der Grundwasserabsenkungen, die aufgrund der hydrogeologischen Gegebenheiten nicht auf den engeren Tagebauraum eingrenzbar sind, werden vom Bergbautreibenden durch Ersatzwassermaßnahmen kompensiert. Dies können Wasserlieferungen, Brunnenvertiefungen oder die Übernahme von Mehrförderkosten sein. Bedeutsame Gewässer werden durch Einspeisung von Wasser und schützenswerte Feuchtgebiete durch Versickerung von Wasser erhalten. In besonderen Fällen, wie z. B. im Lausitzer Revier, eignen sich auch Dichtwände, um die Auswirkung der Grundwasserabsenkung einzugrenzen.

Nach Beendigung der Braunkohlengewinnung werden die entstandenen Restlöcher in der Regel zu Seen ausgestaltet und geflutet. Diese Bergbau-Restseen stabilisieren den Wasserhaushalt in den Revieren und beleben die Bergbaufolgelandschaft.

Die Umwelteinwirkungen beim Transport sind im Falle der Braunkohle äußerst gering. Der Transport der Rohkohle zu den tagebaunahen Kraftwerken erfolgt über elektrisch betriebene Bandanlagen bzw. im Zugbetrieb nur über wenige Kilometer. Die Infrastruktur wird somit – anders als dies für die aus Übersee importierten Energieträger gilt – nicht durch lange Transporte einschließlich der damit teilweise auch verbundenen ökologischen Risiken belastet.

Bei der Umwandlung der Braunkohle in Strom ist die Umweltverträglichkeit in den vergangenen Jahrzehnten drastisch verbessert worden. Alle Kraftwerke wurden mit hochwirksamen Rauchgasreinigungsanlagen ausgestattet. Allein im Rheinischen Revier waren hierfür in der zweiten Hälfte der 80er Jahre über 3 Mrd. EUR investiert worden. Die Luftbelastung in den neuen Bundesländern ist durch Investitionen der Braunkohlenindustrie in Kraftwerksmodernisierung und -neubauten sowie die Tagebaue in einer Größenordnung von annähernd 10 Mrd. EUR drastisch verringert worden. So haben sich die Emissionen an Schwefeldioxid und Staub um über 90 % und an Stickoxiden um über 70 % verringert.

Die Braunkohlenindustrie bekennt sich zum Prinzip der Vorsorge im Bereich des Klimaschutzes. Sie begegnet der Herausforderung, die Treibhausgasemissionen zu begrenzen, mit einem gestuften Clean-Coal-Konzept. Diese Strategie ist in drei Horizonten angelegt, die zeitlich parallel verfolgt werden.

Institut für
Sozialwissenschaften
Politikwissenschaft
Christian-Albrechts-Universität zu Kiel
Westring 400 · 24118 Kiel

KAPITEL 3.4 | Die Zukunft des Energieträgers Braunkohle

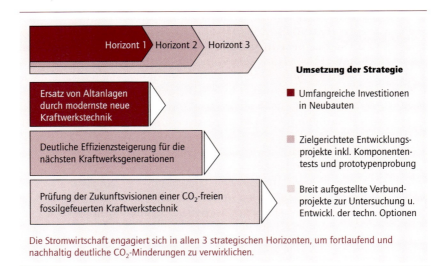

Abbildung 5: Strategie der CO_2-Minderung in der Stromerzeugung

In Horizont 1 geht es darum, den heute erreichten und kommerziell verfügbaren Stand der Kraftwerkstechnik, der so genannten state-of-the-art-Technologie beim Ersatz von Kraftwerkskapazitäten zur Anwendung zu bringen. In Horizont 2 sollen bereits heute identifizierte Möglichkeiten zur weiteren Effizienzsteigerung bis zur industriellen Einsatzreife entwickelt werden. In diesen beiden Horizonten ist die weitere Effizienzsteigerung der Schlüssel zur CO_2-Minderung. Damit lassen sich die Forderungen nach Klimavorsorge und Ressourcenschonung in idealer Weise verbinden. In Horizont 3 werden Konzepte zur CO_2-Abtrennung und -Speicherung entwickelt.

Ein Beispiel für die Umsetzung der in Horizont 1 beschriebenen Strategie ist das Anfang 2003 in Betrieb genommene erste Braunkohlenkraftwerk mit optimierter Anlagentechnik (BoA) am Standort Niederaußem bei Köln. Der Einsatz fortschrittlichster innovativer Technik ermöglicht Wirkungsgrade von über 43 %. Gegenüber Altkraftwerken wird allein durch dieses 1000-MW-Kraftwerk eine jährliche Minderung der CO_2-Emissionen von etwa 3 Mio. t erreicht. Im Herbst 2005 hat RWE Power die Grundsatzentscheidung zum Bau einer Doppelblockanlage mit einer Nettoleistung von jeweils 1050 MW und einem Wirkungsgrad von über 43 % getroffen. Das Investitionsvolumen für diese Anlage, deren Inbetriebnahme im Jahr 2010 geplant ist, beläuft sich auf etwa 2,2 Mrd. EUR.

Mit dem heute erreichten Stand der Kraftwerkstechnik ist das Effizienzpotenzial für die Stromerzeugung aus Braunkohle noch nicht ausgeschöpft. Im Mittelpunkt der Entwicklungsanstrengungen stehen zwei Stoßrichtungen.

Die Zukunft des Energieträgers Braunkohle | KAPITEL 3.4

- Die weitere Steigerung der Prozessdampfparameter auf Dampftemperaturen von 700º C und Dampfdrücke bis 350 bar.
- Der Einsatz der Vortrocknung der Braunkohle und ihre Integration in ein hocheffizientes Trockenbraunkohlenkraftwerk.

Mit dem Trockenbraunkohlekraftwerk und der 700-Grad-Technologie sind für die Braunkohle zwei wichtige Entwicklungen zur weiteren Effizienzsteigerung konkret angestoßen, die mittelfristig das Wirkungsgradniveau über die 50 %-Schwelle anheben. So wird Ende 2007 im Kraftwerk Niederaußem mit der Inbetriebnahme eines Trocknermoduls in kommerzieller Größe der abschließende Entwicklungsschritt für das Braunkohlekraftwerk mit Vortrocknung vollzogen. Die Verbrennung dieser Trockenbraunkohle im BoA-Kraftwerk ist wesentlicher Bestandteil dieses Entwicklungsvorhabens. Als wichtiger Schritt zum Nachweis der Baubarkeit eines 700-Grad-Kraftwerkes wurde Mitte 2005 eine Testanlage in Betrieb genommen, in der alle wesentlichen Bauteile, die von diesem Temperatursprung betroffen sind, im Langzeitbetrieb untersucht werden.

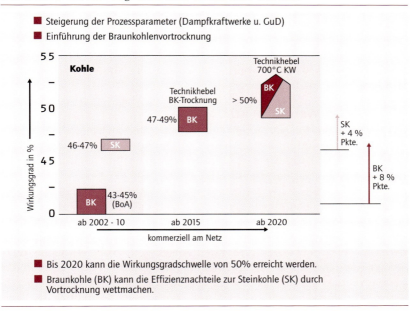

Abbildung 6: Kraftwerkstechnik weiterentwickeln: Wirkungsgradsteigerung im Fokus

In Horizont 3 werden intensiv die Möglichkeiten zur Abtrennung und Speicherung von CO_2 aus fossilen Kraftwerken untersucht. Dieser sekundäre CO_2-Reduktionsschritt, der mit unterschiedlichen Prozessen der CO_2-Abtrennung vor bzw. nach der Verbrennung der Kohle realisierbar ist, bietet ein hohes Minderungspotenzial, das allerdings nur zu Lasten erheblicher Kostensteigerungen, Wirkungsgradverluste und Ressourcenmehrverbräuche zu haben wäre. Die CO_2-Abscheidung und – Lagerung kann – mit einem Zeithorizont ab 2020 - wesentliche Beiträge zur Verwirklichung einer CO_2-freien Energieversorgung aus fossilen Energien leisten. Voraussetzung ist, zuverlässige und auch wirtschaftlich tragfähige Kraftwerkskonzepte mit integrierter CO_2-Abtrennung zu entwickeln und das CO_2 langfristig sicher im Untergrund einspeichern zu können. Die notwendige Anpassung der Kraftwerkstechnik wird gegenwärtig weltweit in verschiedenen Forschungsprojekten untersucht. Es wird gemeinhin erwartet, dass sich aus den potentiellen Technologien Lösungen ergeben werden, die auch den Betreiberanforderungen gerecht werden können. Noch unsicherer ist hingegen die Realisierung der CO_2-Speicherung, für die aus Kapazitätsgründen hauptsächlich tiefe, wasserführende Sandsteinformationen, sogenannte Aquifere, in Erwägung gezogen werden. Da diese vorrangig in Norddeutschland anzutreffen sind, wird ein Pipelinetransport des CO_2 notwendig. Neben dem Nachweis der Speichersicherheit sind insbesondere juristische Fragen und die Aspekte der öffentlichen Akzeptanz zu klären. In Norwegen liegen bereits großtechnische Erfahrungen mit der CO_2-Speicherung in Aquiferen vor; erste Erkenntnisse in Deutschland werden durch einen im Jahr 2006 im Land Brandenburg anlaufenden Speicherbetrieb gewonnen werden.

4. SOZIALVERTRÄGLICHKEIT

Unter dem Gesichtspunkt der Nachhaltigkeit ist die Sozialverträglichkeit des Abbaus und der Nutzung von Braunkohle ein wichtiger Faktor, dem der gleiche Rang wie den Anforderungen der Wirtschaftlichkeit und des Umweltschutzes beizumessen ist.

Ein wichtiger Aspekt in diesem Zusammenhang ist die mit der Braunkohlengewinnung im Tagebau erforderliche Umsiedlung der innerhalb des Abbaugebietes lebenden Menschen. Für die betroffenen Menschen ist damit der Verlust des vertrauten Lebensraums und die völlige Veränderung der unmittelbaren Umwelt verbunden. Aus diesem Grund wird eine intensive Prüfung der Sozialverträglichkeit bereits innerhalb des Braunkohlenplanverfahrens durchgeführt. Dem Bergbautreibenden obliegt bei der sozialverträglichen Umsiedlung eine große Rolle bei der Begleitung der Kommunen bei der Planung und Aufschließung der neuen Umsiedlungsstandorte, die in der Regel an bestehende Ortschaften angegliedert werden. Dadurch erschließt sich für den neuen Standort die Möglichkeit, eine neue und effektive Infrastruktur und damit eine qualitative Umfeldverbesserung zu schaffen. Die Unterstützungsfunktion des Bergbautreibenden gilt auch in Bezug auf den einzelnen Umsiedler und die Dorfgemeinschaft, und zwar vom Planungsbeginn bis zum Abschluss des Umzuges vom alten an den neuen Standort. Die Entschädigungspraxis des Bergbauunternehmens ist darauf ausgerichtet, die Vermögenssubstanz und damit den Lebensstandard der Umsiedler zu erhalten. Damit wird jedem an der gemeinsamen Umsiedlung beteiligten Eigentümer grundsätzlich der Neubau am neuen Standort ermöglicht. Für die Umsiedlung der Mieter wird in jedem Ort ein spezielles Handlungskonzept erarbeitet. Gesonderte Angebote werden bei Bedarf auch für andere Gruppen entwickelt, z. B. für ältere Menschen. Auch bei der Umsiedlung gewerblicher und landwirtschaftlicher Betriebe gilt der Grundsatz, dass die Existenz aller betroffenen Betriebe im bisherigen Umfang auf Wunsch erhalten bleiben soll.

Die Umsiedlungspraxis der Vergangenheit hat belegt, dass Umsiedlungen mit dem vorbeschriebenen Konzept sozialverträglich gestaltbar sind. Dabei stellt jede Umsiedlung für alle Beteiligten einen Lernprozess dar, dessen Erkenntnisse jeweils in das Konzept der Umsiedlung integriert werden müssen.

Der Stand des Arbeitsschutzes befindet sich im Braunkohlenbergbau seit langem auf einem hohen Niveau. Die Zahl der anzeigepflichtigen Arbeitsunfälle je 1 Mio. verfahrene Arbeitsstunden hatte sich in der Vergangenheit kontinuierlich verringert. So liegt die genannte Kennziffer seit rund zehn Jahren im Braunkohlenbergbau unter 10. Dies entspricht weniger als der Hälfte der für die gesamte gewerbliche Wirtschaft ausgewiesenen Durchschnittsquote. Im Jahr 2004 hat die Braunkohlenindustrie mit rund 5,0 anzeigepflichtigen Arbeitsunfällen je 1 Mio. verfahrener Arbeitsstunden den bisher niedrigsten Stand erreicht. Diese Leistung ist von keinem anderen Industriezweig bekannt.

Die deutsche Braunkohlenindustrie beschäftigte Ende 2004 insgesamt 24.069 Mitarbeiter, die sich auf die Reviere Rheinland mit 11.158, Lausitz mit 9.300, Mitteldeutschland mit 2.847, Helmstedt mit 755 sowie Hessen/Bayern mit 9 verteilen. Die Stromerzeugung von 159 Mrd. kWh in den Braunkohlenkraftwerken Deutschlands bedeutet eine Wertschöpfung von rund 5 Mrd. EUR im Jahr. Feste Brennstoffe für den Wärmemarkt bilden das zweite Standbein. Der Produktionswert der festen Brennstoffe aller Reviere liegt in einer Größenordnung von knapp 1 Mrd. EUR.

Nach den Erfahrungen, die aus regionalwirtschaftlichen Untersuchen resultieren, kann davon ausgegangen werden, dass der gesamte Beschäftigungseffekt der Verstromung inländischer Braunkohle etwa drei Mal so hoch ist wie die Zahl der unmittelbar in Braunkohlenbergbau und -verstromung existierenden Arbeitsplätze. Beispielhaft kann dies mit der Untersuchung des Rheinisch-Westfälischen Instituts für Wirtschaftsforschung (RWI), Essen, zum Thema „Liberalisierung der Strommärkte und die Bedeutung der rheinischen Braunkohle für den Arbeitsmarkt" belegt werden.

KAPITEL 3.4 — Die Zukunft des Energieträgers Braunkohle

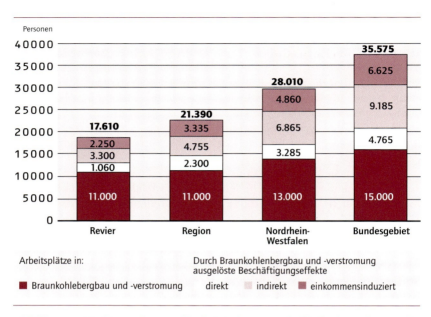

Abbildung 7: Künftige Bedeutung der rheinischen Braunkohle für den Arbeitsmarkt

Nach der Analyse des RWI werden bundesweit durch die rheinische Braunkohlenverstromung 24.575 Arbeitsplätze in wichtigen Investitions- und Vorleistungsgütersektoren, bei Konsumgüterproduzenten sowie bei privaten und öffentlichen Dienstleistern gesichert. Einschließlich der direkt in Braunkohlenbergbau und -verstromung des Rheinlandes bestehenden rund 11.000 Arbeitsplätze ergibt sich insgesamt eine Zahl von 35.575 Arbeitsplätzen, die nach dem Ergebnis des genannten Gutachtens der Verstromung rheinischer Braunkohle zuzurechnen sind.

5. PERSPEKTIVEN

Das Energiewirtschaftliche Institut an der Universität zu Köln (EWI) und die PROGNOS AG, Basel, hatten im Frühjahr 2005 den im Auftrag des Bundeswirtschaftsministers erstellten Energiereport IV vorgelegt. Diese unter dem Titel „Die Entwicklung der Energiemärkte bis zum Jahr 2030 – Energiewirtschaftliche Referenzprognose für Deutschland" vorgelegte Analyse bescheinigt der Braunkohle eine stabile Position bei der Deckung des Energiebedarfs in den nächsten 25 Jahren.

Nach dem Ergebnis der Wissenschaftler von EWI/PROGNOS bleibt der Braunkohleneinsatz in Kraftwerken im gesamten Prognosezeitraum in etwa auf gleicher Höhe. Angesichts ihrer günstigen langfristig konstanten Förderkosten bewahrt die Braunkohle ihre Wettbewerbsfähigkeit in der Grundlaststromerzeugung. Bedingt durch Wirkungsgradsteigerungen der Kraftwerke nimmt die Stromerzeugung aus Braunkohle bei konstantem Brennstoffeinsatz um ein Sechstel zu. Dadurch erhöht sich der Anteil der Braunkohle an der gesamten Stromerzeugung in Deutschland laut EWI/PROGNOS von 26 % im Jahr 2004 auf 29 % im Jahr 2030.

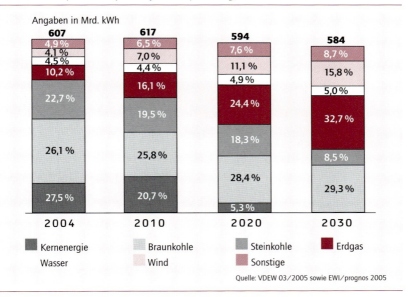

Abbildung 8: Brutto-Stromerzeugung in Deutschland 2004 bis 2030

Diese von den Gutachtern angenommene Entwicklung setzt Investitionen in die Erneuerung des Braunkohlenkraftwerksparks und in die Tagebaue in zweistelliger Milliardenhöhe voraus. Angesichts der damit verbundenen hohen Kapitalbindungen sind langfristig verlässliche energiepolitische Rahmenbedingungen unverzichtbar.

2,2 Mrd. EUR sollen allein in den Bau der neuen BoA in Neurath fließen, die Ende 2009 fertig gestellt sein könnte. Geschäftsgrundlage für diese am 16. September 2005 durch den Vorstand der RWE AG getroffene Investitionsentscheidung ist, dass die heutigen Regelungen für die Ausstattung von Neu- und Ersatzanlagen mit CO_2-Emissionsrechten auch ab 2008 im Rahmen des so genannten Nationalen Allokationsplans II (NAP II) Gültigkeit behalten.

Investitionen in die Erneuerung des Kraftwerksparks sind der Schlüssel zur Sicherung der Stromversorgung und für Fortschritte bei der Vorsorge vor Klimaveränderungen. Die politischen Rahmenbedingungen müssen deshalb so gestaltet werden, dass sie Investitionen begünstigen und gleichzeitig Anreize schaffen, den Stand der Technik bei allen Erzeugungstechnologien weiterzuentwickeln.

Im Gegensatz zu den meisten Alternativen wird der durch Weiterentwicklung der Kraftwerkstechnik erzielbare Nutzen im Hinblick auf Umweltschutz und Ressourcenschonung nicht zu Lasten der Wirtschaftlichkeit der Stromversorgung erreicht. Der Vorteil der Wirkungsgrad verbessernden Maßnahmen liegt somit darin, dass hier alle Komponenten einer nachhaltigen Stromerzeugung gleichermaßen erfüllt werden.

Energiepolitische Weichenstellungen, wie der zu Jahresbeginn EU-weit eingeführte CO_2-Zertifikathandel, müssen deshalb so ausgestaltet werden, dass Diskriminierungen von Energieträgern vermieden werden und die Kohle eine Perspektive für die Sicherung der Energieversorgung in Deutschland behält. Gerade vor dem Hintergrund weiterhin stetig steigender Importabhängigkeit von Energieträgern ist Versorgungssicherheit ein wichtiger Nachhaltigkeitsaspekt.

Klimapolitische Alleingänge einzelner Weltregionen sind nicht geeignet, Fortschritte bei der Klimavorsorge herbeizuführen. Sie bewirken lediglich Produktionsverlagerungen und damit Scheineinsparungen bei den Emissionen an Klimagasen. Die notwendige Neuausrichtung der weltweiten Klimapolitik muss vielmehr auf gemeinsame Anstrengungen der Staatengemeinschaft setzen. Dazu gehört, dass alle Staaten mit signifikanten Klimagasemissionen, vor allem auch die Schwellenländer, Verpflichtungen zur Begrenzung der Emissionen übernehmen müssen. Ferner sind die Ziele moderat und so langfristig zu gestalten, dass eine ausreichende Investitionssicherheit gegeben ist und die wirtschaftliche Entwicklung nicht blockiert wird. Energie- und Klimapolitik müssen den drei Nachhaltigkeitszielen Wirtschafts-, Umwelt- und Sozialverträglichkeit gleichrangig gerecht werden.

LITERATUR

[1] Berger, D.; Verbücheln, G.: Feuchtgebiets-Monitoring im Einflussbereich des Rheinischen Braunkohlen-Tagebaus Garzweiler, Natur und Landschaft, Ausgabe 4 2004, S. 152-158

[2] Ewers, J.: Innovative, fossil gefeuerte Kraftwerkstechnologien bieten größtes CO2-Minderungspotenzial weltweit, Bergbau Nr. 9 2005, S. 413-415

[3] Ewers, J.; Renzenbrink, W.:Bestandsaufnahme und Einordnung der verschiedenen Technologien zur CO2 -Minderung, VGB PowerTech 4/2005

[4] Forkel, Chr.; Trumpff, H.; Boehm, B.: Grundwasseranreicherung und Monitoring zur Sicherung von Feuchtgebieten im Norden des Rheinischen Braunkohlenreviers, Bergbau, November 2002, S. 493-502

[5] Hartung, M.: Clean Coal - Zukunftstechnologie für eine umweltverträgliche Kohlenutzung, Glückauf 11 2005, S 543-546.

[6] Hartung, M.: Der Tagebau Garzweiler II - Interessenausgleich zwischen Ökologie und Ökonomie, Braunkohle 8 1994, S. 24-30.

[7] Kulik, L.: Sustainability in Opencast Mines of the Rhenish Lignite Mining Area, World of Mining 5/2005, S. 314-326

[8] Lögters, C.; Mayers-Beecks, E.: Sozialverträglichkeit von Umsiedlungen im Rheinischen Revier im gesellschaftlichen Wandel, Surface Mining, Juli/August 2000

[9] Schiffer, H.-W.; Energiemarkt Deutschland, Köln 2005

[10] Stürmer, A.: Aktuelle Rekultivierungsfragen im Rheinischen Braunkohlenrevier, Bergbau, März 2000, S. 126-128

Dr. Heinz Riemer

Herr Dr. Riemer ist Hauptbereichsleiter der E.ON Ruhrgas AG in Essen und leitet dort den Hauptbereich „Wirtschafts- und Energiepolitik/Volkswirtschaft".

Bevor Herr Dr. Riemer seine Funktion bei der Ruhrgas AG aufnahm, war er als Referent in der Energieabteilung des Bundesministerium für Wirtschaft und Technologie und als Leiter der Energieverwendungsforschung bei Infas, Bonn-Bad Godesberg, tätig. Herr Dr. Riemer begann seine berufliche Laufbahn als wissenschaftlicher Mitarbeiter der Programmgruppe Systemforschung und technologische Entwicklung (STE) der Kernforschungsanlage Jülich.

Herr Dr. Riemer absolvierte das Studium der Mathematik und Volkswirtschaft an der Universität Köln und promovierte zum Dr.-Ing. im Bereich Energie- und Kraftwerkstechnik an der Universität Essen.

Die Zukunft des Energieträgers Erdgas

Erdgas deckt zur Zeit knapp 23 % des Primärenergieverbrauchs in Deutschland und ist damit nach wie vor mit einigem Abstand hinter dem Mineralöl zweitwichtigster Energieträger in der deutschen Energiebilanz. Sowohl bei privaten Haushalten als auch im industriellen Wärmemarkt ist Erdgas dabei in Deutschland Energie Nr. 1. Es hat seine Position Schritt für Schritt im Wettbewerb zu anderen Energien errungen.

Die deutsche Gaswirtschaft verfügt über eine moderne und leistungsfähige Infrastruktur, die das Rückgrat für eine jederzeit bedarfsgerechte und zuverlässige Belieferung der Verbraucher darstellt. In diese Infrastruktur, die durchaus als positiver Standortfaktor anzusehen ist, wurden beträchtliche Mittel investiert, allein seit Anfang der 90er Jahre insgesamt gut 40 Mrd. e.

Die Gaswirtschaft kann auch – gemessen an den energiepolitischen Grundzielen – eine vergleichsweise positive Bilanz aufweisen:

- Erdgas ist der umweltverträglichste fossile Energieträger. Das wurde durch eine Studie des Wuppertal Institut für Klima, Umweltschutz und Energie – in Zusammenarbeit mit dem Max-Planck-Institut für Chemie in Mainz – kürzlich noch einmal eindeutig bestätigt. Diese Studie kommt zum Ergebnis, dass Erdgas der fossile Energieträger mit den – mit Abstand – geringsten Treibhausgas-Emissionen ist. Seine Klimabilanz ist, betrachtet über die gesamte Kette vom Bohrloch bis zum Brenner, deutlich besser als andere fossile Energieträger.
- Die Sicherheit der Erdgasversorgung ist in hohem Maße gewährleistet. Deutschland verfügt heute über einen guten Sockel an Inlandsförderung, eine gute Diversifikation der Bezugsquellen, stabile, tragfähige Beziehungen zu unseren Lieferanten mit langfristigen Bezugsvereinbarungen, die z.T. schon bis Ende des übernächsten Jahrzehnts reichen, Flexibilitäten beim Erdgasbezug und eine hohe technische Verlässlichkeit der Versorgungsinfrastruktur inkl. Untertagespeicher.
- Die Erdgasversorgung ist auch – allen gegenteiligen Behauptungen zum Trotz – wettbewerbsorientiert. Die Intensität des brancheninternen Wettbewerbs auf dem deutschen Gasmarkt ist weiter gestiegen. Viele neue Wettbewerber aus dem In- und Ausland (ohne eigene Netze) bieten Erdgas in Deutschland an; der Marktzugang funktioniert: Auf dem Erdgasmarkt kann heute jedes Unternehmen Erdgas in den Pipelines der etwa 700 Unternehmen der Gaswirtschaft transportieren. Im Großhandelsbereich besteht zusätzlich durch parallelen Leitungsbau Wettbewerb unter den Netzbetreibern. So können z.B. Stadtwerke oder größere Industriekunden ihre Lieferanten frei wählen und von diesem Wettbewerb profitieren. Wahlmöglichkeiten für private Verbraucher sind zwar bisher de facto noch nicht gegeben, allerdings arbeitet die Gaswirtschaft an einem

Modell, das künftig für jeden Haushaltskunden die Wahl zwischen verschiedenen Gasversorgern ermöglichen soll. Die Qualitäten der Erdgasversorgung begründen zugleich auch die positiven Zukunftserwartungen. Insgesamt wird für Erdgas in Deutschland bis 2020 ein moderater Verbrauchsanstieg erwartet. Der Erdgasverbrauch in Deutschland könnte Ende des nächsten Jahrzehnts eine Größenordnung von etwa 100 Mrd. m³ im Jahr erreichen, gegenüber rd. 87 Mrd. m3 heute. Das wären dann – wie in Europa insgesamt – etwa 30 % des gesamten Energieverbrauchs. Dabei wird der Sektor Haushalte und Kleinverbraucher der wichtigste Absatzbereich bleiben. Für den Einsatz in der Stromerzeugung, in der Erdgas heute nur eine untergeordnete Rolle spielt, ist zwar ein merklicher Zuwachs zu sehen, aus Gründen der Beibehaltung einer ausgewogenen und sicheren Struktur der Stromerzeugung insgesamt, ist hier aber eine eher zurückhaltende Position angezeigt.

Auf der Beschaffungsseite steht die Gaswirtschaft vor großen Aufgaben und Herausforderungen. Es tut sich in Europa – und darin eingebettet Deutschland – rechnerisch eine Versorgungslücke auf, die aus heutiger Sicht für 2020 etwa einem Viertel des für dieses Eckjahr erwarteten Bedarfs entspricht.

Für die Deckung des Importbedarfs gilt, dass die Erdgasreserven, und zwar allein schon die aus heutiger Sicht sicher gewinnbaren, in ausreichendem Maße vorhanden sind. Dies hat die Bundesanstalt für Geowissenschaften und Rohstoffe in ihrer kürzlich vorgelegten Kurzstudie zu den Reserven und Ressourcen nicht-erneuerbarer Energieträger in der „Welt" klar zum Ausdruck gebracht.

Die Hauptaufgabe der Gasunternehmen ist deshalb vielmehr, die Reserven zu mobilisieren und sie – soweit sie noch nicht vertraglich bereits gesichert sind – dauerhaft auf den europäischen Markt zu lenken, dies mit der Maßgabe, auch künftig eine möglichst ausgewogene Streuung der Bezugsquellen zu erhalten und einseitige Abhängigkeiten zu vermeiden:

- **Russland** verfügt mit allein gut einem Viertel der heute als sicher gewinnbar eingestuften Erdgasreserven der Welt – heute die größte externe Versorgungsquelle der EU-25 und ebenso Deutschlands – über ein enormes Potenzial in der Reichweite Europas. Und in Russland besteht prinzipiell die Bereitschaft, dieses Potenzial auch für den Export zur Verfügung zu stellen.
Andererseits ist nicht zu übersehen, dass die russische Gaswirtschaft vor einer gewaltigen Mobilisierungsaufgabe steht: Eine steigende Gasnachfrage in Russland selbst muss bedient werden. Die Gasproduktion wird aufwändiger, da technisch anspruchsvollere und auch entferntere Felder in die Produktion einbezogen werden müssen. Das Leitungssystem ist zum großen Teil modernisierungsbedürftig. Ein massives Investment ist über Jahre/Jahrzehnte notwendig, wenn Russland seine Ressourcen wirtschaftlich nutzen will.

Ein maßvoller Ausbau der Erdgaslieferungen aus Russland, die heute ein Viertel des Erdgasbedarfs in der EU 25 bzw. gut ein Drittel in Deutschland decken, ist unter dem Gesichtspunkt der Versorgungssicherheit vertretbar.
- **Norwegen** ist aus Sicht der EU 25, speziell der „alten" Mitgliedsländer und darunter nicht zuletzt Deutschlands, heute mit einem Lieferanteil von 15 % die zweitwichtigste externe Lieferquelle. Dabei können die norwegischen Lieferungen mit der gleichen politischen und vertraglichen Liefersicherheit gesehen werden wie inländische Produktionen in der EU. Dieses Land verfügt über Erdgasvorräte, die einen nachhaltigen Ausbau der Förderung erlauben. Von den politischen Entscheidungsträgern in Norwegen ist auch das Ziel klar formuliert, die Exportkapazitäten deutlich auszubauen.
- **Algerien** ist heute ein weiterer externer Lieferant von Bedeutung und trägt mit 10 % zum Erdgasaufkommen in der EU 25 bei. Insbesondere der südliche Teil des Kontinents, d.h. Italien, und die Iberische Halbinsel – beide über Pipelines mit den algerischen Lagerstätten verbunden – greift heute schon in beachtlichem Maße auf algerisches Erdgas zurück. Europäische Länder beziehen in nicht unbeträchtlichem Maße auch Erdgas in verflüssigter Form, kurz: LNG, aus Algerien. Es ist davon aus zugehen, dass Algerien eine wesentliche Bezugsquelle für Europa bleiben wird.
- **Länder und Regionen, aus denen heute noch kein oder nur in sehr geringen Mengen Erdgas nach Europa fließt,** werden für die Zukunft eine größere Bedeutung für die europäische Versorgung gewinnen, sei es mit Erdgas, dass per Pipeline nach Europa gebracht wird, sei es in Form von LNG. Das sind der Mittlere Osten/ die Golfregion, Afrika – neben Algerien gibt es in geringerem Umfang bereits Bezüge aus Nigeria und Libyen – und gegebenenfalls auch Zentralasien.
- Heute spielt **LNG** für die Versorgung des europäischen Marktes insgesamt erst eine recht begrenzte Rolle. Eine zunehmende Bedeutung von LNG bei der Versorgung des europäischen Marktes ist aber abzusehen. Begründet ist diese Erwartung in erheblichen Kostenreduzierungen in der LNG-Lieferkette in den vergangenen Jahren und der dadurch gestiegenen wirtschaftlichen Attraktivität von LNG. Zahlreiche neue Lieferprojekte, die in Planung oder Vorbereitung sind, belegen diese Entwicklung, an der auch die deutsche Gaswirtschaft teilhaben will.

Die Importregion Europa muss sich auf den internationalen Beschaffungsmärkten auch einer zunehmenden Konkurrenz anderer Importregionen stellen. Denn auf solche Konkurrenten werden europäische Importeure im Zuge eines sich entwickelnden globalen Nachfragewettbewerbs in zunehmendem Maße treffen.

Wichtiges Fundament für die Mobilisierung des Erdgases bleiben langfristige Lieferverträge, die den Produzenten auf der einen Seite die notwendige Sicherheit zur Finanzierung ihrer Investitionen geben. Auf der anderen Seite stellen diese Verträge sowohl für Importeure als auch Endkunden eine mengenmäßig ausreichende Versorgung sicher. Die Zusammenarbeit von großen Importgasgesellschaften und Produzenten im Interesse einer sicheren und wirtschaftlichen Erdgasversorgung hat auf Basis solcher Verträge bisher sehr erfolgreich funktioniert.

Die Preisbildung in langfristigen Importverträgen muss auch künftig den Gegebenheiten der Beschaffungsmärkte Rechnung tragen. Es wäre illusorisch, anzunehmen, ein Energieimportland wie Deutschland, dass mengenmäßig in die internationalen Märkte eingebunden ist, könne sich preislich von den Entwicklungen auf den Weltenergiemärkten mit seiner „Leitwährung" Öl abkoppeln.

In der einen oder anderen Form werden sich die Preisimpulse des Weltmarktes auch in der Erdgas-Importpreisbildung niederschlagen müssen. Eine wettbewerbsorientierte Preisbildung ist nach wie vor das richtige Instrument, um in einem importabhängigen Markt eine hohe Versorgungssicherheit und ein wettbewerbsgerechtes Preisniveau miteinander in Einklang zu bringen.

Die Stabilität der zukünftigen Erdgasversorgung erfordert aus Sicht der Importregion Europa positive Investitionsbedingungen und Anreize für Produzenten. Sie erfordert zunehmend auch politische Unterstützung und Flankierung von Projekten und laufenden Lieferungen. Versorgungssicherheit sollte deshalb zu einem integralen Bestandteil der Außen- und Sicherheitspolitik werden, und zwar national wie auf europäischer Ebene, ohne dass dabei die Rollenteilung zwischen Politik und Unternehmen grundsätzlich verschoben werden darf. Die Versorgungsverantwortung liegt auch künftig in erster Linie bei den Unternehmen.

Für eine positive Zukunft des Energieträgers Erdgas im Interesse einer sicheren, wettbewerbsgerechten und umwelt- bzw. klimaverträglichen Energieversorgung sind nicht zuletzt stabile, verlässliche und sachgerechte Rahmenbedingungen erforderlich. Diese zu schaffen und zu gewährleisten, ist eine Aufgabe, die von der nationalen wie europäischen Politik mit Weitblick, Augenmaß und Verständnis für die Zusammenhänge auf den internationalen Märkten bewältigt werden muss.

KAPITEL 3.6 | Lebenslauf

Dr. Walter Hohlefelder

PERSÖNLICHE DATEN:

08.09.1945   In Bad Godesberg geboren

BERUFLICHE TÄTIGKEIT:

1965 – 1969	Studium der Rechts- und Verwaltungswissenschaften, Universität Bonn, Lausanne und Verwaltungshochschule Speyer
1970 – 1975	Referendariat mit zweitem juristischen Staatsexamen sowie Promotion zum Doktor der Verwaltungswissenschaften, Verwaltungshochschule Speyer
1975 – 1980	Innenministerium Nordrhein-Westfalen, persönlicher Referent des Innenministers
1980 – 1985	Diverse Funktionen, Bundesministerium des Innern
1985 – 1986	Geschäftsführer, Gesellschaft für Reaktorsicherheit, Köln und Garching
1986 – 1994	Ministerialdirektor im Bundesministerium für Umwelt, Naturschutz und Reaktorsicherheit, zuständig für Reaktorsicherheit, Strahlenschutz und nukleare Entsorgung
1994 – 1999	Generalbevollmächtigter, VEBA AG, Bereich Wirtschaftspolitik
04|1999	Vorstandsmitglied, PreussenElektra AG, zuständig für die Bereiche Recht und Kernenergie
seit 07|2000	Vorstandsmitglied, E.ON Energie AG, München

Die Zukunft des Energieträgers Kernenergie

Eine Zukunftsenergie muss bestimmten Ansprüchen genügen, die gemeinhin mit dem energiewirtschaftlichen Zieldreieck dargestellt werden. Sie muss das Bedürfnis heutiger Generationen und auch künftiger Generationen nach einer versorgungssicheren, umweltgerechten und wirtschaftlichen Energieversorgung erfüllen. Hinzu kommt ein weiterer Aspekt: Eine Zukunftsenergie sollte das Potenzial für technische Weiterentwicklungen haben. Auch die Stromerzeugung aus Kernkraft muss sich einer solchen Analyse stellen. Wird ein Energieträger diesen Kriterien gerecht, kann er innerhalb eines Energiemix, der sich die Stärken der einzelnen Energiewandlungstechnologien zu nutzen macht und die Risiken möglichst minimiert, einen nachhaltigen Beitrag leisten. Ich möchte es vorweg nehmen: Kernenergie ist eine Zukunftsenergie. Im Folgenden soll der Beweis geliefert werden.

Kernenergie ist versorgungssicher – und dies mit Blick auf zweierlei Aspekte. Einerseits ist die Rohstoffsituation sehr komfortabel. Der leicht zu transportierende und zu bevorratende Energieträger Uran kann aus europäischer Sicht quasi als einheimischer Energieträger betrachtet werden, was einen Vorteil z.B. gegenüber Erdgas oder Erdöl darstellt. Uran ist ein weltweit vorkommender Rohstoff, der auf allen Kontinenten und überwiegend in politisch stabilen Ländern gefördert wird. Die wichtigsten Lieferländer sind die Industriestaaten Kanada und Australien. Zudem gibt es beim Uran keine konkurrierenden Anwendungsmöglichkeiten. Auch hier unterscheidet es sich, wie hinsichtlich der Herkunftsländer, von den Energieträgern Erdöl und Erdgas. Bezüglich der Reichweite von Uran wird gerade von Seiten der Kernenergiegegner sehr gerne das schnelle Ende dieser Ressource angeführt. Richtig ist dagegen, dass Uranreichweiten von über 200 Jahren errechnet wurden. Der weltweite Uranbedarf kann bis 2010 durch Produktionssteigerungen in den derzeitigen Uranminen gedeckt werden. In den nächsten Jahren muss aber die Explorationstätigkeit gesteigert werden. Gegenwärtig sind deutliche Aktivitäten zur Erschließung neuer Minen zu beobachten. Angesichts der Tatsache, dass der weltweite Energiebedarf in den nächsten 25 Jahren um 60% ansteigen wird, kann eine einseitige Abhängigkeit von bestimmten fossilen Energieträgern weder energiewirtschaftlich noch geostrategisch sinnvoll sein.

Andererseits sorgt die grundlastfähige Kernenergie für einen erheblichen Beitrag zur Stabilität der Stromversorgung eines Standortes. So stellt die Stromerzeugung aus Kernenergie in Deutschland mit rund 48 % den größten Anteil an der Grundlast, an der Rund-um-die-Uhr-Versorgung.

Die sichere Kernkraft ist eine umweltfreundliche Energiequelle. Die Stromerzeugung aus Kernenergie ist praktisch klimaneutral. Letztes Jahr wurden weltweit durch Kernenergie 2,8 Mrd. Tonnen CO_2 eingespart. Das entspricht etwa 10 % der weltweiten Emissionen dieses Treibhausgases. In Deutschland wird jedes Jahr durch die Stromerzeugung aus Kernenergie dieselbe Menge an CO_2 vermieden, die jährlich im gesamten Straßenverkehr emittiert wird.

Insofern ist auch bis heute nicht ersichtlich, wie der nationale „Ausstieg" klimaneutral kompensiert werden soll. Bereits im Jahr 2000 hatte man beim so genannten Energiedialog diese Frage ausgeklammert. Fünf Jahre später stellte der Rat für Nachhaltige Entwicklung, ein wissenschaftliches Berater-Gremium der Bundesregierung, zur Energiepolitik von Rot-Grün fest: „Ein schlüssiges Konzept zur Vermeidung der zusätzlichen CO_2-Emissionen durch den Wegfall der Kernkraftkapazitäten ist gegenwärtig nicht sichtbar."

Auch einstige Kritiker der klimaneutralen Kernenergie erkennen diesen Vorzug mehr und mehr an. So haben führende internationale Umweltschützer wie der ehemalige Bischof von Birmingham, Hugh Montefiore, der Wissenschaftler James Lovelock und der Greenpeace-Gründer Patrick Moore erklärt, die Kernenergie sei auch angesichts des weltweit steigenden Energiebedarfes für die Klimavorsorge unverzichtbar. Die deutsche Umweltbewegung verschließt leider weitestgehend noch ihre Augen vor diesen Realitäten.

Die Kernenergie ist auch mit Blick auf die Entsorgung radioaktiver Abfälle umweltverträglich. Die Endlagerung ist bereits heute technisch gelöst. In Deutschland verfügen wir zudem über ein im internationalen Vergleich weit vorangeschrittenes Entsorgungskonzept. Das Endlager „Schacht Konrad" bei Salzgitter ist für schwach- und mittelradioaktive Abfälle und damit für 85 % aller in Deutschland anfallenden nuklearen Reststoffe genehmigt. Der Salzstock Gorleben ist nach jetzigem Stand der geologischen Erkundung und nach Klärung der methodisch-konzeptionellen und sicherheitstechnischen Fragen als Endlager für hochradioaktive Abfälle geeignet. Hier gilt es die ergebnisoffene Erkundung schnellst möglich abzuschließen.

Die Stromerzeugung aus Kernenergie ist wettbewerbsfähig. Sie kann damit innerhalb eines Energiemixes – der auch künftig alle zur Verfügung stehende Energieträger beinhalten sollte – einen entscheidenden Beitrag zu einer wirtschaftlichen Energieversorgung des Industriestandortes leisten. Vor allem die Entwicklung der Kernenergie auf den internationalen Märkten, auf die im Folgenden noch einzugehen sein wird, zeigt dies eindeutig. Kernkraftwerke sind zwar kapitalintensive Investitionen, die variablen Kosten dagegen sind aber sehr niedrig. Ursache ist der geringe Anteil von Brennstoffkosten, der selbst einschließlich der Entsorgungskosten nur 10 % der Vollkosten beträgt. Der Urananteil an den Stromerzeugungskosten beträgt sogar nur etwa 3 %, so dass Preiserhöhungen auf den Rohstoffmärkten, im Gegensatz zu anderen Energieträgern, in den Stromerzeugungskosten kaum spürbar sind.

Die Kernenergie ist zudem nicht nur ein effektives, sondern vor allem auch ein effizientes Instrument zur Klimavorsorge. In Deutschland gibt es kaum eine klimapolitische Maßnahme, die niedrigere CO_2-Vermeidungskosten aufweist. So verteuert sich laut Energiebericht 2001 des damaligen Bundeswirtschaftsministers Werner Müller die deutsche Klimavorsorge durch den Ausstieg aus der Kernenergie bis zum Jahr 2020 um 256 Milliarden Euro.

Schließlich kann die Kernenergie als Brücke in den zukünftigen Energiemix fungieren. Jedes Jahr, das unsere Kernkraftwerke am Netz sind, verschafft der deutschen Energieversorgung wertvolle und notwendige Zeit: Zeit für die Entwicklung noch effizienterer und noch sauberer fossiler Technologien und Zeit für die Erneuerbaren Energien auf ihrem Weg in die Wettbewerbsfähigkeit. Ohne die grundlastfähige Kernenergie wäre die Herausforderung für die deutsche Volkswirtschaft infolge des Ausbaus Erneuerbarer Energien noch größer als sie dies ohnehin schon ist. Die so genannte dena-Studie hat dies mehr als deutlich gemacht.

Hat die Kernenergie aber auch technisches Entwicklungspotential? Annähernd alle laufenden Kraftwerke sind Reaktorkonzepte der 2. Generation. Anlagen der vorhergehenden ersten Generation, mit Ausnahme der englischen Magnox-Reaktoren, sind heute nicht mehr in Betrieb. 1996 sind in Japan die ersten Reaktoren der 3. Generation in Betrieb gegangen, weitere befinden sich derzeit weltweit in der Errichtungsphase. Gegenüber der Generation II sind vor allem die sicherheitstechnischen Fortentwicklungen hervorzuheben, da viele dieser Reaktorkonzepte weitgehende passive oder inhärent sichere Sicherheitsmerkmale beinhalten. Hinzu kommen weitere Verbesserungen der Wirtschaftlichkeit. Der von FANP, EdF und deutschen Betreibern entwickelte EPR (3. Generation) ist eine Weiterentwicklung der großen deutschen (Konvoi) und französischen (N4) Druckwasserreaktoren. In 25 Jahren sollen diese Anlagen von der nächsten Generation abgelöst werden. Eine Initiative zur Forschung und Entwicklung dieser so genannten „Generation IV" wurden vor 5 Jahren von 10 Staaten (Argentinien, Brasilien, Kanada, Frankreich, Japan, Südkorea, Südafrika, Schweiz, das Vereinigte Königreich und die Vereinigten Staaten) ins Leben gerufen. Deutschland ist nicht dabei. Ein interessanter Ansatz dieser Initiative ist der Hochtemperaturreaktor, der nicht nur einen Wirkungsgrad von über 50 % erreichen kann, sondern durch die hohen Prozesstemperaturen Wasserstoff aus Wasser herstellen kann.

An allen genannten Kriterien gemessen ist Kernenergie eine Zukunftsenergie. Und das ist auch der Grund, warum Kernenergie weltweit wieder an Boden gewinnt. International gesehen befindet sich die Stromerzeugung aus Kernenergie in einem deutlichen Aufschwung. 444 Kernkraftwerke werden gegenwärtig in 31 Ländern betrieben, 23 Anlagen sind derzeit in 10 Staaten im Bau. Auch Finnland und Frankreich bauen bzw.

KAPITEL 3.6 | Die Zukunft des Energieträgers Kernenergie

planen den Bau eines EPR. In Finnland wurde der Grundstein für die neue Anlage in Olkiluoto gerade gelegt. 2009 soll der EPR dort in Betrieb gehen. Der in Frankreich 2012. Darüber hinaus sind 38 weitere Reaktorblöcke rund um den Globus bis etwa zum Jahr 2020 in Planung. Politisch diskutiert wird der Neubau in zahlreichen Ländern, darunter die Vereinigten Staaten, Großbritannien, die Niederlande, die Schweiz, die Tschechische Republik und Polen. In mehreren Industrienationen wurden die Laufzeiten bestehender Kernkraftwerke auf 60 Jahre erhöht oder bereits abgeschaltete Anlagen, wie in Kanada, wieder in Betrieb genommen. In den letzten 20 Jahren sind weltweit 125 Kernkraftwerke in Betrieb gegangen, 2004 alleine sechs neue Anlagen, 2005 deren acht.

Von einer Renaissance der Kernenergie kann man also eigentlich gar nicht sprechen; denn international gesehen war sie nie abgeschrieben. Nur haben wir dies in Teilen von Europa und insbesondere in Deutschland nicht wahrgenommen oder wahrnehmen wollen. Festzustellen ist jedenfalls, Deutschland bewegt sich eindeutig gegen den weltweiten und jetzt auch gegen den europäischen Trend. Außerhalb Deutschlands wird Kernenergie als Zukunftsenergie wahrgenommen.

In Deutschland werden die weltweit sichersten und leistungsfähigsten Kernkraftwerke betrieben. Mit einem „Ausstieg" verlieren wir nicht nur den technologischen Anschluss zum Nachteil des Wirtschaftsstandortes, sondern werden ebenso immer weiter an Mitsprache bei künftigen internationalen Sicherheitsstandards einbüßen. Ein Ersatz aus politischen Gründen wäre darüber hinaus schlichtweg Kapitalvernichtung. Hinzu kommt, dass in Deutschland bis ca. 2020 20.000 Megawatt konventionelle Kraftwerksleistung ohnehin ersetzt werden müssen. Mit dem Ausstieg kämen noch mal 20.000 Megawatt Ersatz für die Kernkraftwerke hinzu, insgesamt sind das über 40 % der heutigen Kraftwerkskapazität. Angesichts dieser Dimension wird es auch bei größter Anstrengung, einen zeitgerechten Ersatz zu schaffen, nicht gelingen, Knappheitssituationen zu vermeiden. Das führt unweigerlich zu Preisanstiegen. Die nationalen CO_2-Ziele wären nicht mehr zu erreichen und die Abhängigkeit von einzelnen Energieträgern wie Erdgas würde ohne Not erhöht.

Weltweit beläuft sich der Anteil der Kernenergie an der Stromerzeugung auf 16 %, in der Europäischen Union (EU) sind es 32 % in Deutschland 28 %. Angesichts der sich abzeichnenden Entwicklung infolge eines neuen Investitionszyklus bzw. aufgrund der weltweit deutlich steigenden Energienachfrage wird die Stromerzeugung aus Kernenergie innerhalb der EU und weltweit eine Säule der Energieversorgung bleiben. Nimmt man neben dieser Tatsache auch die in Deutschland wieder deutlich steigende Akzeptanz der Kernenergie in der Bevölkerung als Maßstab, dürfte die internationale Entwicklung mittelfristig kaum an unseren Grenzen halt machen.

Die erneuerbaren Energieträger – Wirtschaftlichkeit, Umwelt- und Sozialverträglichkeit

Prof. Dr. Fritz Vahrenholt

PERSÖNLICHE DATEN:

Name	Prof. Dr. Fritz Vahrenholt
Geburtstag	08.05.1949
Geburtsort	Gelsenkirchen-Buer/Westfalen
Familienstand	verheiratet, 2 Kinder

AUSBILDUNG:

1968 – 1972	Studium der Chemie an der Universität Münster/Westfalen
1972 – 1974	Promotion im Fach Chemie zum Dr. rer. nat.

BERUFLICHE TÄTIGKEIT:

1974 – 1975	Forschungsarbeiten an der Universität Münster und am Max-Planck-Institut für Kohlenstoff-Forschung, Mülheim
1976 – 1981	Referatsleiter "Chemische Industrie" des Umweltbundesamtes, Berlin
1981 – 1984	Leitung der Abteilung für Umweltpolitik, Abfallwirtschaft, Immissionsschutz im Hessischen Umweltministerium
1984 – 1990	Staatsrat in der Umweltbehörde der Freien und Hansestadt Hamburg
1990 – 1991	Chef der Senatskanzlei, Hamburg
1991 – 1997	Senator und Präses der Umweltbehörde der Freien und Hansestadt Hamburg, Aufsichtsratsvorsitzender HEW
Seit 1991	Dozent an der TU Harburg und der Universität Hamburg (Fachbereich Chemie), Professur 1999
1998 – 2001	Vorstand der Deutsche Shell AG, verantwortlich für die Bereiche Chemie, regenerative Energie, Öffentlichkeitsarbeit, Umweltschutz, Stromgeschäft, zuletzt Aufsichtsrat der Deutschen Shell
seit 2001	Vorsitzender des Vorstands der REpower Systems AG, Hamburg

Die Zukunft der Windenergie

Politik und Industrie ist nicht verborgen geblieben, dass die Windenergie die fortgeschrittenste Technik der Erzeugung von Strom aus erneuerbaren Energien ist. In den letzten 15 Jahren gelang es den Ingenieuren und Technikern die Kosten für Windstrom mehr als zu halbieren und nun Jahr für Jahr um 2% zu senken. Nachdem sich die Windenergie in den Pionierländern Dänemark und Deutschland mit staatlicher Unterstützung einen deutlichen Marktanteil an der Stromversorgung sicherte – immerhin in Deutschland mittlerweile 6% – mausert sich diese ehemals von allein ökologischen Gründen getriebene Nischentechnik zu einer weltweit boomenden Industrie.

Natürlich sind die Vorboten der Klimaveränderung und die Bekämpfung des Kohlendioxidausstoßes ein wichtiger Treiber dieser Entwicklung. Doch zunehmend rücken andere Triebkräfte in den Vordergrund.

Der ungeheuer gewachsene Energiehunger der Welt hat erratisch steigende Preise für Öl, Gas und Kohle zur Folge. Allein in China steigert sich der Energieverbrauch etwa um die Menge, die Japan insgesamt verbraucht. Zudem finden wir schon seit Jahren weltweit weniger neue Ölvorkommen als zusätzlich verbraucht wird: von drei verbrauchten Barrel Öl wird eines durch einen Neufund ersetzt.

Darüber hinaus spürt die Politik zunehmend wie verletzlich die geopolitische Lage ist, wie schnell sich die Abhängigkeiten von den öl- und gasfördernden Staaten auf die Industriegesellschaften der OECD auswirken können. Immerhin 70% der Ölreserven liegen in der strategischen Ellipse von Kasachstan bis zum Persischen Golf.

Die Lücke zwischen den noch höheren Kosten für erneuerbare Energien, namentlich der Windenergie und den fossilen Energieträgern schließt sich. Wir können heute davon ausgehen, dass etwa zwischen 2012 und 2014 Windenergie preiswerter Strom erzeugen wird als die Wettbewerbsenergien.

Denn in den letzten Jahren ist es durch eine Reihe von technologischen Verbesserungen gelungen, die Kosten für Windenergie real deutlich zu senken. Die heute mögliche Verdoppelung der Rotordurchmesser auf 80 bis 100 Metern gegenüber dem Beginn der 90er Jahre lässt den Ertrag von Windkraftwerken um das Vierfache steigen.

Die Lernkurve hat auch die Generatorkapazität von einst 150 kw in den neunziger Jahren auf nunmehr 2 bis 3 Megawatt pro Anlage steigen lassen. Ingenieurskunst hat es ermöglicht, dass Anlagen heute in Starkwindregionen mit mehr als 10 Meter pro Sekunde durchschnittlicher Windgeschwindigkeit für mehr als 20 Jahre robust ausgelegt werden können. Und die Windgeschwindigkeit geht mit der dritten Potenz in den Ertrag ein.

KAPITEL 4.1 | Zukunft der Windenergie

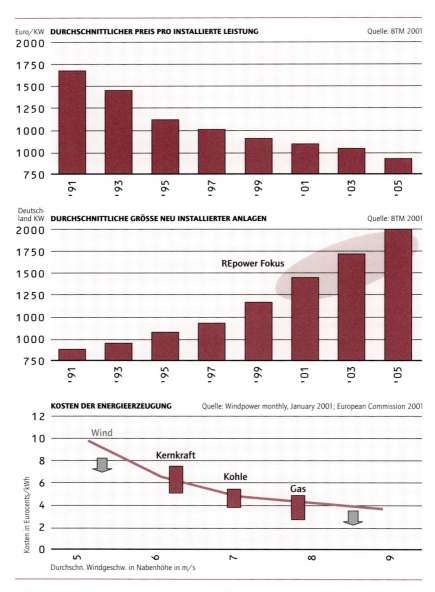

Abbildung 1: Windenergie: Größere Anlagen, sinkende Kosten

Verschiedene Faktoren unterstützen die Nachfrage nach großen Anlagen:
- Gesteigerte Effizienz größerer Anlagen
- Optimierung Errichtung, verbessertes Service- und Wartungumfeld
- Verknappung von attraktiven Standorten in den entwickelten Märkten

Sinkende Kosten:
- Geringere Kossten durch technologische Effizienzsteigerung und verbesserte Wirtschaftlichkeit
- Kostenreduktion von weiteren 15% gegenüber 1999 in den nächsten Jahren erwartet (z.B. BTM Consult)

Windkraftwerke der heutigen Generation sind netzfreundlich und sogar im Falle von kurzen Netzausfällen netzstabilisierend. Und schon gehen die ersten 5 Megawattanlagen ans Netz, die für die off-shore Anwendung geeignet sind.

Nicht zuletzt diese Perspektiven, Strom zukünftig an guten Windstandorten mit 5 Ec pro Kilowattstunde günstiger als Kohle oder Gasstrom zu erzeugen, hat einen Boom in den USA und China ausgelöst.

China hat, nachdem es in 2004 auf der Bonner Umweltkonferenz ein viel bestauntes, ehrgeiziges Ziel von 20.000 MW Windkraft für 2020 vorstellte, in 2005 seine Ziele nach oben revidiert: 30.000 MW sollen es nunmehr werden.

Weltweit wird nach der anerkannten Studie von BTM Consult die heutige Installation von knapp 60.000 MW auf über 230.000 MW in 10 Jahren anwachsen, was einer zusätzlichen Investitionssumme von 150 bis 200 Milliarden entspricht.

Diese Perspektiven verändern auch den Herstellermarkt. Gab es noch vor einigen Jahre mehr als ein Dutzend meist mittelständisch geprägter Turbinenhersteller, sind auf Grund von Übernahmen und Konzentration noch weltweit etwa 8 Hersteller von Bedeutung, davon allein drei deutsche. Viel bedeutsamer war aber der Eintritt multinationaler Kraftwerkskonzerne in diesen Markt, die noch vor Jahren die Windenergie als ideologisches Mauerblümchen betrachteten und mitunter bekämpften.

Der Eintritt von GE, Siemens und AREVA zeigen, dass mit der Windenergie ein ernstzunehmender Energieträger entstanden ist, mit dem gerechnet wird. Durch diese kapitalkräftigen Unternehmen werden nicht nur eigene Finanzmittel bewegt, sondern auch die nötige Finanzkraft von Banken und Versicherungen in diesen Sektor angezogen.

Aber nicht nur energiepolitische Perspektiven der Verringerung der Abhängigkeit von fossilen Brennstoffen, führen die internationale Staatengemeinschaft zur Unterstützung der Windindustrie. Lokale Wertschöpfung und Arbeitsplätze sind einwillkommener Nebeneffekt. In Deutschland arbeiten zur Zeit etwa 50.000 Menschen in der Windbranche, 60% des Umsatzes im Turbinenbau und der vorgelagerten Komponentenherstellung werden exportiert. Mit 4,5 Milliarden € Umsatz gehört die Windindustrie zu den wichtigen Sektoren des Maschinenbaus. Das ist ein wesentlicher Grund dafür, dass das deutsche Erneuerbare Energiegesetz (EEG) mittlerweile weltweit zum Exportschlager geworden ist.

Aber auch die Kundenseite verändert sich. Waren es in der Vergangenheit zumeist Privatleute oder Fonds, die sich an Windkraftwerken beteiligen, sind es zunehmend die Energieversorger selbst, die die Perspektiven der Windenergie erkennen und in Windfarmen investieren. Die heutigen 6% Windkraft in Deutschland sind überwiegend privat mit Hunderttausenden von Eigentümern organisiert, geradezu anarchische Eigentumsverhältnisse. Man stelle sich vor, die EVU besäßen die Windparks als „assets" und könnten sie als virtuelle Kraftwerke betreiben, und erkennt, welche Chance in der Vergangenheit verschlafen worden ist . Schlimmer noch: lange Zeit musste die Windenergie für alles herhalten, was in der Stromwirtschaft schief läuft, hohe Durchleitungsgebühren, Netzausbau, glühende Leitungen, drohende black-outs.

Viele Energieversorger haben längst die Zukunftschancen der erneuerbaren Energien erkannt. E.On hat eine „Erneuerbare Strategie" formuliert, Vattenfall eine eigene Tochtergesellschaft zum Windkraftgeschäft gegründet und die EnBW hat mit ihrem Positionspapier vom November 2005 Aufsehen in der Branche und der Energiewelt erregt. Dort heißt es:

Die Erneuerbaren Energien sind eine der Schlüsseltechnologien für das 21. Jahrhundert. Gemeinsam mit Energieeffizienztechniken und emissionsarmen konventionellen wie Kern-Kraftwerken werden sie künftig wichtiger Bestandteil der weltweiten Energieversorgung sein. Ihr Ausbau ist aus mehreren Gründen sinnvoll und nötig:

Daseinsvorsorge: Die Regenerativen Energien übernehmen eine wichtige Rolle bei der schrittweisen Verringerung der Kohlendioxidemissionen in der Energieproduktion.

Versorgungssicherheit: Fossile Energieträger sind endlich, gleichzeitig wächst der Weltenergiebedarf. Die erneuerbaren Energien müssen deshalb einen stetig wachsenden Anteil an der Weltenergieproduktion übernehmen. Ihr Ausbau muss rechtzeitig, vorausschauend und verlässlich erfolgen.

Unabhängigkeit: Wasser, Biomasse, Erdwärme, Wind und Sonne sind heimische Energieträger, die die Liefer- und Preisrisiken des Weltenergiemarktes für Wirtschaft und Verbraucher längerfristig relevant mindern können.

Zukunftschancen: Deutschland kann weltweit eine führende Rolle beim schrittweisen und langfristigen Ausbau der erneuerbaren Energien übernehmen. Dadurch wird seine Wirtschaftskraft gestärkt, und es entstehen neue Arbeitsplätze.

Besser kann man es nicht formulieren. Und alle EVUs sind mittlerweile an off-shore Projekten beteiligt: EDF, Eon, RWE Power, Dong, Vattenfall.

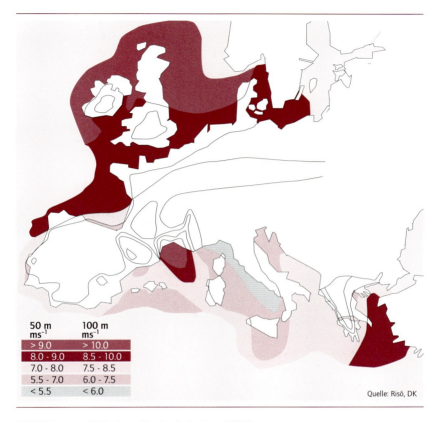

Abbildung 2: Windgeschwindigkeiten Offshore

Doch wir tun uns schwer mit dem Zukunftsprojekt off-shore Nutzung. Sky 2000 hieß das erste Projekt eines off-shore Windparks in den 90er Jahren des vorigen Jahrhunderts. Doch der Windenergienutzung auf See ging es in Deutschland wie mit vielen Zukunftsprojekten der Energietechnik in Deutschland wie der Fusionsenergie oder dem kohlendioxidfreien Kohlekraftwerk: Jahr für Jahr verschob sich der beabsichtigte Einstieg in die neue Technik genau um ein weiteres Jahr. Während in Großbritannien, Dänemark die ersten Erfahrungen mit Windparks im Meer gewonnen werden, ist mit dem ersten deutschen Projekt nicht vor 2008 zu rechnen. Der erste deutsche Demonstrationspark soll 42 Kilometer nördlich der Insel Borkum entstehen. Zwölf Anlagen der 5 MW-Klasse der Unternehmen Enercon, Multibrid und REpower sollen dann ans Netz gebacht werden.

Es gibt eine Reihe von Gründen, warum sich Deutschland schwer tut mit der von allen politischen Kräften gewollten Realisierung dieser Zukunftsoption. Die Abwägung mit Belangen des Natur- und Vogelschutzes einerseits aber auch den Ansprüchen des Tourismus führten dazu, dass die Projekte nur eine Genehmigungschance bekamen, wenn sie 40 bis 60 Kilometer weit vor der Küste in 30 bis 40 Meter tiefem Wasser geplant wurden. Das macht die Realisierung technologisch aber auch ökonomisch erheblich aufwendiger. Kabelkosten, erhöhter Aufwand für tiefe Fundamente, aber auch höhere Service-Kosten ließen Investoren zurückschrecken. Da half es auch nicht viel, dass mit einer Einspeisevergütung von 9,1 €c pro Kilowattstunde die Stromerträge deutlich höher angesetzt wurden als an Land oder in anderen Staaten.

Warum überhaupt off-shore? Das Windpotenzial an Land („on-shore") ist bereits relativ weit ausgeschöpft, da der größte Teil der Gebiete mit guten Windverhältnissen inzwischen genutzt wird. Der Ausbau wird sich hier vor allem auf den Austausch veralteter kleiner Anlagen durch moderne Großanlagen („Repowering") konzentrieren. Große Potenziale zur Windstromerzeugung von langfristig 70-100 TWh (Terawattstunden) pro Jahr können hingegen noch auf See („off-shore") erschlossen werden. Der weitere Ausbau der Windenergie wird daher vor allem über Windparks in der Nord- und Ostsee erfolgen. Den zusätzlichen Kosten für Errichtung und Netzanbindung stehen hier deutlich höhere Erträge gegenüber. Zudem können Windenergieanlagen an Land wegen der Belange des Landschaftsschutzes oder der Flugsicherung häufig nicht höher als 100 bis 120 Meter gebaut werden. Größere Höhen versprechen auch größeren Ertrag und gleichmäßigere Anströmung – ein 5 MW Koloss mit 180 Meter Höhe stört auf hoher See nicht.

Mehr als 50% der Investitionskosten von off-shore Windparks mit herkömmlichen 2 bis 3 MW- Anlagen sind Kabel- und Fundamentkosten und machen solche Investitionen unwirtschaftlich. Das war eine der wesentlichen Parameter, dass sich REpower Systems AG im Jahre 2002 entschlossen hat, eine 5 MW- Anlage zu entwickeln, die es erlaubt, diese Fixkosten unter 50% zu drücken.

Der Rotordurchmesser beträgt 126 m, wobei die Nabenhöhe je nach Standort variiert wird. Für die Offshore-Aufstellung werden Nabenhöhen zwischen 65 und 90 m angesetzt. Der Prototyp wurde mit einer Nabenhöhe von 120 m an Land in Küstennähe (Brunsbüttel) aufgestellt. Der Rotor wird drehzahlvariabel betrieben. In Verbindung mit der Blattwinkelregelung ergibt sich ein bestmöglicher Energieertrag bei gleichzeitig hoher Netzfreundlichkeit, geringer Geräuschemission und minimaler Einleitung von Vibrationen in den Wasserkörper.

Im Offshore-Einsatz spielt die Zuverlässigkeit der Komponenten gegenüber dem Onshore-Einsatz eine dominante Rolle. Hierauf muss insbesondere das Getriebe abgestimmt werden, was durch den Einsatz hochwertiger Komponenten in Verbindung mit einer neuen Gesamtkonzeption erzielt werden konnte.

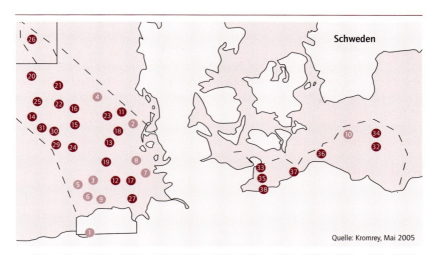

Genehmigte Windparks Nordsee
1 Emden
2 Butendiek
3 Borkum West
4 Sandbank 24
5 Borkum Riffgrund West
6 Borkum Riffgrund
7 Amrumbank West
8 Nordsee Ost
9 ENOVA ONS Windpower

Genehmigte Parks Ostsee
10 Kriegers Flak

Geplante Parks Ostsee
32 Arcona Becken Südost
33 Beltsee
34 Ventotec Ost II
35 Sky 2000
36 Baltic I
37 Breitling
38 Wismar

Geplante Windparks Nordsee
11 Dan Tysk
12 Meerwind
13 Weisse Bank 2010
14 Forseti
15 Globaltech
16 Hochsee Windpark
17 Godewind
18 Uthland
19 Weisse Bank
20 Jules Verne
21 Ventotec Nord 1
22 Ventotec Nord 2
23 Nördlicher Grund
24 Windpark He dreiht
25 TGB Nord
26 H 2 – 20
27 Nordergründe
28 Riffgat
29 Bard Offshore
30 Austerngrund
31 Deutsche Bucht

32 Arcona Becken Südost
33 Beltsee
34 Ventotec Ost II
35 Sky 2000
36 Baltic I
37 Breitling
38 Wismar

Abbildung 3: Offshore Windformen in Nord- und Ostsee

Zustandsüberwachungssystem für Lager, Getriebe etc. Mess- und Informationssysteme über Zustandsgrößen der Anlage zur frühzeitigen Fehlererkennung (bspw. Frequenzanalyse des Getriebes) tragen wesentlich zur Erhöhung der technischen Verfügbarkeit bei.

Der Einsatz redundanter Komponenten ist aufgrund der beschränkten Zugänglichkeit der Anlage auf hoher See unabdingbar. Die einzelnen Stufen des Umrichters als zentrale elektrotechnische Komponente werden daher redundant ausgelegt. Die Verfügbarkeit der Pilotanlage ist mit über 95 % im ersten Jahr der Erprobung ausgezeichnet. Die Energiebilanz einer

5 Megawattanlage ist ebenfalls vorzüglich. Für eine REpower 5 MW wird die für die Herstellung der Anlage eingesetzte Energie in 3,5 Monaten zurückgewonnen.

Die weitere Entwicklung der off-shore Windenergienutzung ist von ihrer Integration in die bestehende Stromversorgungsstruktur abhängig. Die Deutsche Energie-Agentur hat gemeinsam mit den Energieversorgungsunternehmen, den Vertretern der erneuerbaren Energien und den zuständigen Bundesministerien in einer grundlegenden Studie (dena-Netzstudie) dies untersuchen lassen. Die Studie zeigt, dass das Ausbauziel der Bundesregierung von 10.000 MW offshore-Nutzung (2000 Anlagen der 5 MW-Klasse) realistisch ist.

Insbesondere muss sichergestellt sein, dass wegen der räumlichen Konzentration in Nord- und Ostsee der im Norden erzeugten Strom in die Verbrauchszentren in der Mitte und im Süden Deutschlands geleitet werden kann. Das Verbundnetz muss an diese neue Anforderung angepasst werden. Investitionen zur Erneuerung und zum Ausbau der Netze sind aber auch aus anderen Gründen – z. B. technische Modernisierung, angemessene Verstärkung der Ost-West-Verbindungen, zunehmender Stromhandel im liberalisierten EU-Binnenmarkt – erforderlich. Spätestens bis zum Jahr 2020 steht eine Verstärkung verschiedener Netzabschnitte mit einer Gesamtlänge von etwa 400 km an. Ein echter Neubau von Trassen wird in der Größenordnung von 850 km erforderlich.

Zusätzlich sind Netzertüchtigungsmaßnahmen notwendig. Das bestehende Höchstspannungsnetz muss um etwa 5 % erweitert werden. Der gesamte Investitionsbedarf für diesen Ausbau beläuft sich auf 1,1 Mrd. Euro. Zum Vergleich: Derzeit gibt die Stromwirtschaft insgesamt für die Modernisierung und den Ausbau von Netzen aller Spannungsebenen jährlich 1,5 Mrd. bis 2,0 Mrd. Euro aus.

Beim Off-shore-Windenergieausbau sind auch Investitionskosten für die Anbindung der Windparks über Seekabel erforderlich, die bedarfsorientiert zugebaut werden.

Nach den Ergebnissen der dena-Studie rechnet die Bundesregierung hier bis zum Jahr 2020 mit Investitionskosten von rund 5 Mrd. Euro. Diese Kosten sind wie die Kosten für Errichtung und Betrieb der Windparks über die im EEG festgelegten Vergütungssätze für Windstrom abgedeckt und bislang, anders als bei herkömmlichen Kraftwerken, von den Windparkbetreibern und nicht vom Netzbetreiber aufzubringen.

Der durch den Ausbau der Windenergie erforderliche Regel- und Reservebedarf kann durch den gemäß der dena-Netzstudie weiterentwickelten Kraftwerkspark bereitgestellt werden. In Betracht kommt vor allem eine angepasste Betriebsführung der bestehenden Pumpspeicherkraftwerke sowie die stärkere Nutzung der vorhandenen Spitzenlastkraftwerke. Darüber hinaus werden weitere Gasturbinen für einen zusätzlichen Spitzenlastausgleich benötigt. Die zusätzlich zu installierende Leistung an Gasturbinen wird daher bis zum Jahr 2020 etwa 2-3% der gesamten Kraftwerkskapazität betragen.

Abbildung 4: Technik

Bei sehr hoher Windstromeinspeisung und niedrigem Strombedarf (Starkwind und Schwachlast) kann es allerdings zu einem besonders ausgeprägten Überschussangebot kommen. Technisch bieten sich für dieses Problem mehrere Lösungswege an. Erstens kann ein Erzeugungsmanagement der Windkraftanlagen genutzt werden, d. h. eine vorübergehende Drosselung der Windstromeinspeisung bei fehlender Nachfrage. Im EEG wurde dazu die Möglichkeit entsprechender freiwilliger Vereinbarungen zwischen Windpark- und Netzbetreibern geschaffen. Als weitere Möglichkeit kommt die Schaffung zusätzlicher Speicherkapazitäten in Betracht, z. B. Druckluftspeicher, die in Verbindung mit entsprechenden Kraftwerken auch zur Verstetigung der Stromerzeugung eingesetzt werden können.

Große Bedeutung kommt zukünftig auch dem Export von off-shore Technologie zu. Zahlreiche nationale Regelungen (Deutschland, Holland, UK, Belgien, Irland, Spanien, Frankreich, Dänemark, Griechenland, Schweden) lassen ein kräftiges Marktwachstum in den nächsten Jahren erwarten.

Die Große Koalition hat in ihrer Koalitionsvereinbarung die Perspektive der off-shore Windenergie gefestigt:

„Ein wichtiges Element unserer Klimaschutz- und Energiepolitik ist der ökologisch und ökonomisch vernünftige Ausbau der erneuerbaren Ener-

KAPITEL 4.1 | Zukunft der Windenergie

gien", heißt es im Koalitionsvertrag. „Wir werden daher ambitionierte Ziele für den weiteren Ausbau in Deutschland verfolgen, unter anderem den Anteil erneuerbarer Energien an der Stromerzeugung bis 2010 auf mindestens 12,5 % und bis 2020 auf mindestens 20 % steigern...

Wir werden das EEG in seiner Grundstruktur fortführen, zugleich aber die wirtschaftliche Effizienz der einzelnen Vergütungen bis 2007 überprüfen...

Wir werden uns auf die Erneuerung alter Windanlagen (Repowering) und die Offshore-Windstromerzeugung konzentrieren und dafür die Rahmenbedingungen (zum Beispiel Ausbau der Stromnetze) verbessern..."

Alle Energieversorger haben längst die Zukunftschancen der off-shore Windenergienutzung erkannt und planen große Projekte in Nord-und Ostsee. Zukunftsfähige Unternehmen haben gelernt, dass sie aufhören würden, als Unternehmen erfolgreich zu operieren, wenn sie die Erwartungen nicht erfüllen, die die Gesellschaft als Ganzes an sie stellt.

Frank Asbeck

Frank Heinz Hermann Asbeck kam am 11. August 1959 in Hagen zur Welt. Nach dem Schulbesuch in Dortmund studierte Asbeck an der Landwirtschaftlichen Fakultät der Rheinischen Friedrich-Wilhelms-Universität in Bonn und schloss das Studium 1983 als Diplom-Agraringenieur ab. 1988 hob er das Frank H. Asbeck Ingenieurbüro für Industrieanlagen aus der Taufe, das sich bereits in den frühen neunziger Jahren alternativen Technologien wie der Windkraft und der Solarenergie widmete. 1998 gründete Frank Asbeck die SolarWorld AG mit der Vision, der Solarenergie ökonomisch zum Durchbruch zu verhelfen und führte die Gesellschaft im Folgejahr an die Börse. Im Jahr 2001 gründete Frank Asbeck die heutige Solarparc AG, die sich mit dem Bau und dem Betrieb von Solar- und Windkraftwerken beschäftigt. Frank Asbeck ist verheiratet, hat zwei Kinder und lebt in Bonn.

Die Zukunft der Sonnenenergie

1. SOLARENERGIE: UNERSCHÖPFLICHE QUELLE DER NACHHALTIGKEIT

Die Sonne ist die Kraftquelle unserer Erde. Ohne die immensen Energiemengen, die der zentrale Fixstern täglich auf die Erde sendet, wäre kein Leben auf unserem Planeten möglich. Der größte Teil dieser Energie wird von der Erde bisher ungenutzt in die Atmosphäre reflektiert; dabei ist das Energieangebot der Sonne gigantisch. Wissenschaftler haben errechnet, dass die Sonne innerhalb von 90 Minuten genauso viel Energie auf die Erde sendet wie die Menschheit in einem Jahr verbraucht. Die eingestrahlte Energiemenge übertrifft den Weltprimärenergieverbrauch um mehr als das 10.000fache.

Doch nicht nur das tägliche Energieangebot ist überfließend, auch die Reichweite sprengt alle Dimensionen herkömmlicher Energieressourcen. Der Nutzung des Primärenergieträgers Sonne sind quasi keine Grenzen gesetzt, denn der Brennstoff des glühenden Fixsterns reicht noch für Milliarden von Jahren. Demgegenüber ist der Zeithorizont für die fossilen Energien und die Kernenergie stark limitiert. Im Vergleich zum unerschöpflichen Energiewandler Sonnenreaktor entsprechen deren Restlaufzeiten dem Bruchteil eines Augenaufschlags. Die Sonne ist damit die erneuerbare Energiequelle par excellence. Aufgabe muss es sein, diese Energie zur Versorgung der Menschen im großen Umfang zu nutzen, und damit ihre großen ökonomischen und ökologischen Potentiale auszuspielen. Die Abkehr von Klimaschäden, Verstrahlungsgefahren und Boden- und Wasserverseuchung, die bei dem Einsatz von Öl, Erdgas, Kohle und Uran unweigerlich in Kauf genommen werden müssen, ist möglich. Auch wirtschaftlich wird die Sonnenenergie mit jedem verbrauchten Tropfen Öl, jedem verheizten Brikett Kohle attraktiver, denn zunehmende Knappheit ist der Sonnenenergie fremd - und damit auch der Mechanismus immer weiter steigender Preise wie bei den fossilen und nuklearen Energien.

Wichtigste Technologie zur Nutzung der Sonne ist die Photovoltaik. Sie wandelt die eingestrahlte Energie mit Hilfe von Halbleitern in elektrischen Strom um – geräusch- und emissionsfrei. Darin liegt nicht nur eine ökologische sondern auch eine technologische Chance. Denn das technologische Potential der Photovoltaik ist hoch und bietet modernen Volkswirtschaften große Zukunftschancen für Wertschöpfung und Beschäftigung.

Dafür brauchen wir die politische Flankierung. Die gezielte Förderung von Energietechnologien ist dabei eine originäre Aufgabe der Politik. Ohne Milliardensubventionen der letzten Jahrzehnte wären etwa die Kernenergienutzung oder Steinkohlekraftwerke nicht denkbar. Die Steuerung der Energieerzeugung ist ureigenste Aufgabe von Politik – der Energie-Mix damit auch Ausdruck des gesellschaftlichen Willens.

Dieser ist eindeutig. Die Menschen wollen erneuerbare Energien wie die Solarenergie – das belegen regelmäßige Meinungsumfragen stets aufs

Neue. Und auch die Marktentwicklung in Deutschland zeigt: Die Menschen kaufen Anlagen zur Solarstromerzeugung und leisten damit ganz bewusst einen Beitrag für eine nachhaltige Zukunft.

Abbildung 1: Die Solarenergie wird für die Energieerzeugung des Menschen immer wichtiger.

2. AUFBRUCH AM ENDE DES JAHRTAUSENDS: DAS SOLARZEITALTER BEGINNT

Die Entwicklung der Photovoltaik der zurückliegenden Jahren ist eine Erfolgsgeschichte. 2005 hat die Solarstromtechnologie erstmals die Grenze von 1.000 Megawatt (MW) installierter Leistung in Deutschland überschritten. Damit übertreffen alle hier zu Lande arbeitenden Solarkraftwerke bereits die Leistungsfähigkeit eines mittleren Kernkraftwerks der Größe Brunsbüttels (800 MW). Zum Vergleich: vor zehn Jahren waren weniger als zwei Prozent dieser Summe installiert, vor fünf Jahren kaum mehr als zehn Prozent.

Bis zum Ende der neunziger Jahre war der PV-Markt national wie international kaum entwickelt. Es gab wenige große Player, die die Volumina unter sich aufteilten. Es fehlte an entsprechender Technologie- und Marktförderung für den Einsatz der Solartechnologie auf der Erde, obwohl etwa die NASA seit den sechziger Jahren sehr positive Erfahrungen mit der Sonnentechnologie im Weltraum sammelte – zur Energieversorgung von Satelliten und Sonden. Früher als die politischen Entscheider in den USA und der EU erkannte Japan die großen ökonomischen Chancen der neuen Technologie. Mit umfangreichen Marktanreizprogrammen und wettbewerblich organisierter und anwendungsorientierter Forschungsförderung in der Industrie gelang es dem ostasiatischen Land, Mitte der neunziger Jahre zum

Die Zukunft der Sonnenenergie | KAPITEL 4.2

solaren Weltmarktführer aufzusteigen. Ein effizientes Nachfrageprogramm sorgte für einen wachsenden Markt, und durch die gezielte Industrieforschung verbesserte sich das Angebot zusehends. Die japanischen Firmen nahmen die PV als Zukunftschance wahr, die es zu erschließen galt und die ideal ins Portfolio der Elektronikunternehmen passte. Hier zu Lande wurde die Technologie dagegen immer wieder von den Energieversorgern behindert, die die PV statt als Chance als einen Konkurrenten zu ihrem angestammten Geschäft sahen und immer noch sehen.

Erst als sich das politische Klima mit dem Wahlsieg der rot-grünen Koalition für erneuerbare Energien deutlich verbesserte, setzte in Deutschland ab 2000 ein Solarboom ein. Dank einer effizienten Förderung hat Deutschland Japan als Solarweltmeister 2004 überholt und die heimische Industrie sich eine führende Stellung auf den Solarmärkten der Welt erarbeitet. In dieser Zeit ist auch die SolarWorld AG gewachsen. 1999 als solares Handelshaus mit zwölf Mitarbeitern gestartet ist das Unternehmen mittlerweile ein integrierter solarer Technologiekonzern, der alle Wertschöpfungsstufen vom Rohstoff bis zum Verkauf fertiger Solarstromanlagen auf sich vereinigt. Diese Strategie haben wir von Beginn an verfolgt und damit einen produktiven, modernen und profitablen Technologie- und Fertigungskonzern aufgebaut, in dem Ende 2005 rund 800 Menschen Beschäftigung finden. Insgesamt arbeiten laut Erkenntnissen des Branchenverbandes UVS in Deutschland mehr als 30.000 Beschäftigte in der Solarindustrie.

3. CHANCEN FÜR MORGEN: DAS SOLARE WACHSTUMSTEMPO HÄLT AN

Die Photovoltaik befindet sich erst am Anfang ihres Aufstiegs. Trotz beeindruckender Wachstumsraten in der jüngsten Vergangenheit von zum Teil über 50 % per annum steht die Nutzung der Solarenergie im Vergleich zu ihren technologischen Möglichkeiten noch in den Startlöchern. In Deutschland sorgt sie derzeit für 0,1 Prozent der Bruttostromerzeugung. Branchenbeobachter und Analysten erwarten eine Vervielfachung in den kommenden Jahren und Jahrzehnten. Die Spanne der erwarteten Zuwächse bewegt sich je nach Prognose zwischen 25 bis 35 % jährlich. Damit würde sich der Weltmarkt im Vergleich zu 2005 bis 2010 vervierfacht haben. Nach Ansicht von Jack Immelt, Chef des weltweit größten Konzerns General Electric, wird der internationale Solarmarkt in einigen Jahren ein Volumen von 300 Milliarden Dollar erreichen. Die Beschäftigungseffekte eines solchen Wachstums sind immens. So stellt die europäische Solarbranchenvereinigung EPIA in einem Report den Aufbau von über zwei Millionen neuer Solarjobs in der EU bis 2020 in Aussicht.

a) Einklang mit dem Klima

Der Aufbau der Solarenergie ist aktiver Klimaschutz. Diese ihr innewohnende Eigenschaft macht die Photovoltaik unverzichtbar für ein nachhaltiges Energiesystem. Durch die Tätigkeit des Menschen ist die Temperatur in der Erdatmosphäre in den letzten Jahrzehnten spürbar angestiegen wie Klimaforscher z.B. des Max-Planck-Instituts für Meteorologie in Hamburg einwandfrei festgestellt haben. Zu den größten Verursachern zählen die fossilen Energien wie Öl, Gas und Kohle, die weltweit zur Energieerzeugung verbrannt werden und dabei immense Volumina Kohlendioxid (CO_2) in die Atmosphäre emittieren, die zum Treibhauseffekt der Erde führen. Trotz mancher Anstrengungen der Staatengemeinschaft in der Klimapolitik geht der Ausstoß von CO_2 weltweit nicht zurück. Im Gegenteil: nach Berechnungen des Deutschen Instituts für Wirtschaftsforschung (DIW) stiegen die CO_2-Emissionen 2004 gegenüber dem Vorjahr um 4,5 % auf einen neuen Höchstwert von 27,5 Milliarden Tonnen an. Auch die Schäden aus der Zunahme von klimawandelsbedingten Naturkatastrophen nehmen jährlich zu. Darauf weist die Versicherungswirtschaft wiederkehrend hin, deren Belastungen aus Wirbelstürmen, Überschwemmungen etc. Jahr für Jahr ansteigen. Deutschlands größter Allfinanzkonzern Allianz kündigte deshalb Mitte 2005 an, eine halbe Milliarde Euro in erneuerbare Energien zu investieren.

Denn regenerative Energien wie die Solarenergie schützen das Klima und helfen damit auch die zunehmenden Kosten des Klimawandels zu verringern. 2004 sorgten die deutschen Solarstromkraftwerke nach Aussage des DIW dafür, der Umwelt den Ausstoß von rund 220.000 Tonnen des Klimagases zu ersparen. Alle nach dem deutschen Erneuerbaren-Energien-Gesetz (EEG) geförderten regenerativen Quellen zusammen sorgten 2004 für die Vermeidung von 30 Millionen Tonnen CO_2.

Abbildung 2: Solarstromtechnologie sorgt 2005 für über 30.000 Arbeitsplätze in Deutschland.

b) Gewinne für die Volkswirtschaft

In Deutschland wird die Einspeisung des Solarstroms in das öffentliche Versorgungsnetz mit dem EEG geregelt. Dieses Gesetz trat 2000 in Kraft und legt fest, welchen Preis der Stromnetzbetreiber für Strom aus erneuerbaren Energien zahlen muss. Der Netzbetreiber legt diese Kosten auf alle Stromkunden (mit Ausnahme der Industrie) um. Nach Aussage des Bundesumweltministeriums (BMU) betrugen die Mehrkosten des EEG-Stroms im Vergleich zum Börsenpreis an der Strombörse EEX 2004 5,04 Cent je Kilowattstunde (kWh). Der Anteil der regenerativen Energien im deutschen Strom-Mix lag 2004 bei 9,3 %. Damit kostet die Förderung von Sonne, Wind & Co. die Stromverbraucher rund 0,5 Cent je kWh. Bei einem Haushaltsstrompreis von 18 Cent je kWh sind dies lediglich 2,8 %. Seit 2000, dem Geburtsjahr des EEG, ist der Strom für Haushaltskunden aber mindestens um 30 % teurer geworden. Mit diesen massiven Strompreiserhöhungen hat das EEG nichts zu tun – anders als es die Versorger immer wieder unterstellen.

Für die Zukunft gilt: EEG-Strom wird immer günstiger. Denn die im Gesetz genannten Vergütungssätze werden Jahr für Jahr gesenkt – bei der Solarenergie um mindestens fünf Prozent. Dieser verordneten Degression begegnet die Industrie durch Kostensenkungen in den Fabriken, vor allem durch die Erreichung von Skaleneffekte infolge kräftiger Produktionsausweitung. Durch den Übergang in die Massenproduktion wird sich der Solarstrom ab Werk merklich verbilligen. Daher ist damit zu rechnen, dass Strom aus Solaranlagen jährlich um 5 bis 8 % billiger wird, sobald ausreichend Rohstoff für das Wachstum bereits steht. Der Engpass bei der Versorgung von Silizium wird 2007/2008 der Vergangenheit angehören. Damit wird das parteiübergreifende Ziel der Bundesregierung, den Anteil der Erneuerbaren am Strom-Mix auf mindestens 12,5 Prozent und bis 2020 auf mindestens 20 % zu steigern, günstiger werden als die genannten 0,5 Cent je kWh, da auch alle anderen erneuerbaren Quellen preislich nachgeben werden.

Dagegen nimmt der normale Strompreis landauf landab kontinuierlich zu. Wegen der hohen weltweiten Energienachfrage werden die fossilen Primärenergieträger Öl, Kohle und Gas auch zukünftig weiter teurer werden. Das wird zu erneuten Preissprüngen bei der Sekundärenergie Elektrizität führen. Jährliche Preissteigerungen von fünf Prozent sind dabei realistisch. In einigen Jahren wird Solarstrom, der in Deutschland derzeit rund 40 Cent/kWh kostet, angesichts der beiden gegenläufigen Preisentwicklungen günstiger werden als herkömmlicher Strom und damit das Endprodukt Strom verbilligen.

Diese Entwicklung wird von der traditionellen deutschen Stromwirtschaft mit Argwohn verfolgt. Der deutsche Strommarkt ist in den Händen von vier Großkonzernen, denen über 80 % aller deutschen Kraftwerke sowie das überregionale Stromleitungsnetz gehört. Damit erwirtschaften die

Unternehmen üppige Oligopolgewinne. Auch deshalb hat Deutschland nach Italien die zweithöchsten Strompreise in Europa. Dagegen ist das Stromkartell nicht an erneuerbaren Energien interessiert. Dennoch ist der Anteil der Regenerativen am Strom-Mix in Deutschland als Folge von EEG und anderer Fördermaßnahmen von 4,7 % 1998 auf 9,3 % 2004 angewachsen. Dieser Zuwachs geht fast zur Gänze zu Lasten der Traditionalisten. Sie verlieren jährlich rund ein Prozent Marktanteil an unabhängige Betreiber und mittelständische Unternehmen – ein Umstand, der ihnen nicht behagt und den sie wiederkehrend versuchen, durch Vorschläge zur Abschaffung oder Aushöhlung des EEG wegen der angeblich hohen Mehrkosten zu ihren Gunsten zu verändern.

Die tatsächlichen Mehrkosten für die Einspeisung des Stroms nach EEG werden allein durch die Arbeitsplatzeffekte mehr als kompensiert. Nach Berechnungen des Instituts für Arbeitsmarkt- und Berufsforschung (IAB) für die Bundesanstalt für Arbeit betrugen die gesamtfiskalischen Kosten der Arbeitslosigkeit pro erwerbsloser Person 2004 im Durchschnitt jährlich 19.600 Euro. Die Solarbranche hat in den letzten Jahren rund 30.000 Arbeitsplätze geschaffen und damit der Volkswirtschaft Arbeitslosenkosten von 588 Millionen Euro erspart. Diese Einsparungen liegen weit über den für 2004 gezahlten Solarstromvergütungen nach EEG, die der Verband der Netzbetreiber (VDN) mit 204 Millionen Euro angibt.

Auch die Verdrängung von Arbeitsplätzen in anderen Energiebranchen ist nicht erkennbar. So arbeiten in der Atomindustrie gerade einmal 6.500 Beschäftigte – eine Zahl, die vom EEG völlig unberührt blieb.

Die Investitionen der Solarwirtschaft werden zukünftig nicht nur für noch mehr Beschäftigung sorgen, sondern sie sind auch ein enormer regionaler Wachstumsmotor. So plant die Branche Investitionen von rund 15 Milliarden Euro, die sich positiv auf die Gesamtwirtschaft der Regionen auswirken werden, in die sie fließen.

c) Soziale solare Kompetenz

Solarenergie ist eine sehr sozialverträgliche Energie. Sie ist auch unter entwicklungspolitischen Gesichtspunkten zukunftsweisend. Denn sie ist prädestiniert für die Energiebereitstellung in Ländern im Sonnengürtel der Erde – zumeist Entwicklungsländer. Der Mangel an Energie ist eines der Hauptmerkmale in den weniger entwickelten Ländern dieser Welt. Ganze Volkswirtschaften ächzen unter den hohen Ausgaben für Ölimporte. Solarenergie dagegen wird frei Haus geliefert und kann die benachteiligten Länder unserer Erde zu mehr Freiheit und Wohlstand führen. Wo Energie im Überfluss vorhanden ist, nehmen Konflikte ab.

Durch großflächige Solarkraftwerke kann zum einen zentrale Energie für Siedlungen, Städte und Wirtschaftsstandorte bereit gestellt werden. Zum anderen ist Solarenergie durch Kleinanlagen prädestiniert für den dezentralen Einsatz, etwa für kleinere Dörfer, Schulen und Krankenhäuser auf dem Land. Viele Entwicklungsländer sind dünn besiedelt und verfügen über viel Fläche. Der Bau von Stromleitungen in endlegene Gebiete ist nicht nur ökologisch nachteilig und technologisch aufwändig. Er macht auch ökonomisch im Vergleich zur Solarenergie keinen Sinn. Dazu kommt, dass Solarstrom eine Energiequelle für jedermann ist. Montage und Anwendung können prinzipiell problemlos von jedem selbst übernommen werden.

d) Sicherheitsaspekte

Deutschland ist bei der Energieversorgung auf externe Quellen angewiesen. Die Abhängigkeit von Energieressourcen aus politisch unsicheren Regionen ist hoch. Das gilt für Öl aus dem Nahen Osten ebenso wie für Erdgas aus Russland. Hinzu kommt, dass die Vorräte endlich sind und in den nächsten Jahrzehnten zur Neige gehen werden. Das gilt im übrigen auch für das Uran, den Brennstoff der Kernenergie. Auch deshalb ist Kernkraft nicht zukunftsfähig. Solarenergie ist dagegen eine ortsunabhängige Energiequelle, die frei ist von möglichen politischen Rohstoffkonflikten. Als Säule eines zukünftigen Energie-Mixes erhöht sie auch das Sicherheitsmoment in der Versorgungsstruktur. Das gilt auch für die Preisstabilität.

4. AUSBLICK IN EINE SONNIGE WELT

Die Zukunftsperspektiven der Solarenergie leuchten hell am Horizont. In wenigen Jahren werden Solarstromanlagen im kleinen wie großen eine alltägliche Erscheinung sein, die Generationen nach uns immer intensiver nutzen werden, um den Folgen des Klimawandels zu begegnen. Ökonomisch und ökologisch und aus Erwägungen der Versorgungssicherheit führt kein Weg an der Solarzukunft vorbei. Sie ist ein Sinnbild moderner nachhaltiger Wirtschaft und steht daher im Widerspruch zu den traditionellen klimagefährdenden Energieträgern. Deshalb werden auch die Angriffe gegen EEG und Solarstrom kurzfristig weiter gehen. Doch analog zur Endlichkeit der fossilen Energien wird auch der Widerspruch gegen Sonne, Wind & Co. ein Ende haben. Dieser Prozess hat längst begonnen.

Dr.-Ing. Frank Wollny

Herr Dr.-Ing. Frank Wollny, geb. am 19.9.1966, hat das Maschinenbaustudium an der Universität Dortmund absolviert und als Angestellter eines Dortmunder Getränkeanlagenherstellers im Bereich der umweltintegrierten Fabrikplanung an der Universität Dortmund die Promotion erlangt.

Seinen Einstieg in die Entsorgungsbranche hat er 1996 bei der Planungsabteilung der jetzigen REMONDIS Assets & Services im Lippewerk getätigt.

Von Lünen ging er in die Regionalverwaltung der REMONDIS GmbH & Co. KG und hat in leitender Funktion die Abteilung Genehmigung, Sicherheit und Technik aufgebaut. Seine dabei gemachten Erfahrungen lässt er derzeit zusätzlich in Arbeitskreisen des BDE und Ausschüssen der BGF einfließen.

Die Zukunft der Biomasse

4.3.1 GRUNDLAGEN

Der Begriff der Biomasse ist gerade in den letzten Jahren, auch aufgrund von gesetzlichen Lenkungsversuchen der Bundesregierung, immer bekannter geworden. Trotzdem soll hier kurz auf die damit zusammenhängende Begriffswelt eingegangen werden.

Allgemein gesehen wird mit Biomasse die Gesamtheit der Masse an organischem Material, das biochemisch synthetisiert wurde, bezeichnet. Die Biomasse wird unterteilt in Phytomasse, die Gesamtmasse aller Pflanzen, und in Zoomasse, die Gesamtmasse aller Tiere. Die in der Biomasse gespeicherte Sonnenenergie und das ständige Nachwachsen dieses Rohstoffs, dessen Heizwert ca. halb so groß wie der von fossilen Brennstoffen ist, machen ihn zunächst interessant. Die im Prinzip CO_2-neutrale Verbrennung der Biomasse, da lediglich das CO_2 entsteht, welches vor kurzem gebunden wurde und nicht, wie bei fossilen Brennstoffen, zusätzliches CO_2, welches vor langer Zeit gebunden wurde, ist gerade im Hinblick auf die geforderte weltweite Reduzierung des CO_2-Ausstosses ein nicht unwesentlicher Pluspunkt.

Beim Einsatz zu energetischen Zwecken, d.h. zur Strom-, Wärme- und Treibstofferzeugung, unterteilt man die Biomasse in nachwachsende Rohstoffe und organische Abfälle.

Nachwachsende Rohstoffe sind land- und forstwirtschaftlich erzeugte Produkte, die einer Verwendung im Nichtnahrungsbereich zugeführt werden, wie schnell wachsende Baumarten und spezielle Pflanzen mit hohem Trockenmasseertrag oder zucker- und stärkehaltige Ackerfrüchte sowie Ölfrüchte.

Organische Abfälle fallen in der Industrie-, der Land- und Forstwirtschaft, wie auch in Haushalten an. Hierzu zählen unter anderem Abfall und Resthölzer, Grünschnitt, Tierkadaver, Treibsel aus der Gewässerpflege, Klärschlamm und organischer Hausmüll.

Im Nachfolgenden wird der Bereich Kraftstoff aus Biomasse nicht weiter berücksichtigt, weil diese Thematik ausführlich im Kapitel 4.4 abgehandelt wird.

4.3.2 SPANNUNGSFELD ENERGIEGEWINNUNG

Bei der Strom- und Wärmegewinnung konkurriert die Biomasse derzeit mit fossilen nicht erneuerbaren Energieträgern, mit anderen erneuerbaren Energieträgern und mit sekundären Brennstoffen, wie z.B. Brennstoffen aus Abfall. Die Rahmenbedingungen innerhalb dieses Wettbewerbes sind die Wirtschaftlichkeit sowie die Umwelt- und Sozialverträglichkeit. Von diesen drei Faktoren nimmt in einer freien Marktwirtschaft die Wirtschaftlichkeit die Position des Hauptbewertungskriteriums ein, wenn nicht andere Steuerungsvorgaben die Faktoren beeinflussen.

Die Wirtschaftlichkeit wie auch die Zukunftsperspektiven ergeben sich aus den Kostenbereichen Beschaffung und Produktion, d. h. Umwandlung von Biomasse in Strom oder Wärme. Somit sind zur Beurteilung der Zukunft der Biomasse nachfolgend die beiden Bereich einzeln bzgl. ihrer Potentiale zu untersuchen, da die anderen Stellgrößen bzw. Beeinflussungsfaktoren in den nachfolgenden Kapiteln näher erläutert werden.

4.3.3 DIE BESCHAFFUNG VON BIOMASSE

Wie eingangs erwähnt, setzt sich die Biomasse aus nachwachsenden Rohstoffen und organischen Abfällen zusammen, so dass beide Herkunftsbereiche zu beleuchten sind. Aus Sicht der Entsorgungswirtschaft wird hier ein Schwerpunkt auf die organischen Abfälle gelegt.

Die nachwachsenden Rohstoffe werden durch die zur Verfügung gestellte Anbaufläche limitiert, die immer in Konkurrenz zur Nahrungsmittel-Produktion stehen wird. Derzeit werden in Deutschland auf einer Fläche von ca. 1 Million Hektar nachwachsende Rohstoffe angebaut, wobei insgesamt im Jahr 2004 ca. 17 Millionen Hektar landwirtschaftliche Fläche zur Verfügung standen. In unterschiedlichen Quellenangaben, zu denen auch das Bundesministerium für Ernährung, Landwirtschaft und Verbraucherschutz zählt, wird davon ausgegangen, dass der Anteil der Anbaufläche von Energiepflanzen an der gesamten landwirtschaftlichen Nutzfläche in 25 Jahren auf bis zu 25 % ausgebaut werden kann. Somit können im Jahr 2030 ca. 4,3 Millionen Hektar Fläche zur Produktion genutzt werden. Begründet wird der zur Verfügung stehende Flächenanteil durch die steigenden Nahrungsmittelerträge in der Landwirtschaft und eine gleichzeitig sinkende Bevölkerungszahl. Die tatsächliche Nutzung der zur Verfügung stehenden Fläche wird wiederum von dem zu erzielenden Verkaufspreis der erzeugten Biomasse bestimmt. Dieses Zusammenspiel ist unter anderem bereits vom Institut für Energetik und Umwelt im Auftrag des Bundesministeriums für Umwelt, Naturschutz und Reaktorsicherheit untersucht worden. Für die Landwirte besteht somit die Möglichkeit, ein zusätzliches Standbein zu gewinnen und je nach verfügbarer Fläche sogar Bioenergieanlagen zu betreiben.

Betrachtet man den Markt der organischen Abfälle gibt es auch hier unterschiedliche Einflussfaktoren bei der Bereitstellung von Biomasse, wobei ein entscheidender Stichtag der 31.05.2005 gewesen ist. Ab dem 01.06.2005 griff die letzte Stufe der TA-Siedlungsabfall respektive Deponieverordnung und Abfallablagerungsverordnung, die es der kommunalen und privaten Entsorgungswirtschaft unmöglich macht, organische Abfälle und andere Abfälle mit organischen Anteilen auf Deponien ohne Vorbehandlung abzulagern.

In den letzten Jahren hatte es aufgrund des Termins 01.06.2005 eine Fehlsteuerung der Abfallströme gegeben, deren Senken sich letztendlich auch nur nach den Annahmepreisen an den Entsorgungsanlagen richten.

Preislich attraktiv war bis zum 01.06.2005 die Ablagerung auf Deponien, da die Betreiber versuchten, möglichst viel Menge in der noch verbleibenden beschränkten Restlaufzeit einzubauen. Die Qualität und der Sortiergrad der Abfälle war oftmals sekundär. Somit wurde bis zum 01.06.2005 relativ wenig sortiert und sortenrein entsorgt, da die Annahmepreise an den Deponien ein wirtschaftliches Sortieren unmöglich machten und Müllverbrennungsanlagen durch freie Kapazitäten den geringen Entsorgungspreis stützten. Alternative Verwertungswege wurden selten genutzt.

Durch den Wegfall der Deponien müssen erheblich höhere Mengen in Müllverbrennungsanlagen und anderen Aufbereitungsanlagen verarbeitet werden, die in ihrer Annahmekapazität technisch und genehmigungsrechtlich beschränkt sind. Zudem ist der Durchsatz von Müllverbrennungsanlagen traditionell stark abhängig vom Heizwert des Inputmaterials, da der Verbrennungsprozess in der Regel auf einen geringen Heizwert ausgelegt wurde. Der Heizwert ist innerhalb der technischen Grenzen umgekehrt proportional zum Durchsatz. Die Konsequenz der knapperen Behandlungskapazitäten ist ein allgemein steigendes Preisniveau.

Diese Rahmenbedingungen haben bereits jetzt dazu geführt, dass verstärkt wieder Abfälle an der Anfallstelle getrennt oder in zugelassenen Anlagen sortiert werden, um möglichst viele Teilströme zu geringeren Kosten entsorgen oder verwerten zu können, als dies in einer Müllverbrennungsanlage möglich ist. Günstigere Alternativen werden dabei selbstverständlich auch verstärkt im Bereich Biomasse gesucht. Nachfolgend werden einige Beispiele vorgestellt.

Damit Abfälle überhaupt sauber getrennt und verwertet werden können, ist es notwendig, dass im allgemeinen biologische Abfälle, wie dies auch die Gewerbeabfallverordnung fordert, und im haushaltsnahen Bereich im speziellen der organische Anteil, getrennt erfasst und verwertet werden. Verwertungsmöglichkeiten für die organische Fraktion bieten sich entweder in der Kompostierung oder in Vergärungsanlagen zur Methangasproduktion und ggf. weiteren Verstromung.

In Kompostierungsanlagen entsteht nach der Rotte oftmals im Rahmen der Feinabsiebung des Produktes ein Siebüberlauf von organischen, strukturreichen Materialien, die nicht weiter kompostiert werden können, sich jedoch gut als Biomassebrennstoff eignen. Mit diesen strukturreichen Abfällen können an den Kompostwerken Treibsel aus der Gewässerpflege, Resthölzer und andere Forstabfälle zum Einsatz in Biomassekraftwerken aufbereitet werden.

Weitere Stoffströme, die sich als Biomasse eignen, können bei der Sortierung von gemischten hausmüllähnlichen Gewerbeabfällen oder Baustellenabfällen abgetrennt werden. Hier handelt es sich um Althölzer, wie z.B. Fensterrahmen, Türen und Balken, die zudem aufgrund der Abmaße in Müllverbrennungsanlagen nicht direkt verbrannt werden können, da sie ohne Zerkleinerungsvorgänge nicht vollständig verbrennen. In Holz- oder Biomassekraftwerken können sie als Holzhackschnitzel aufbereitet zur Wärmeerzeugung oder zur Verstromung eingesetzt werden.

Gleiches gilt für den Abfallstrom des Sperrmülls. Hier ist ebenfalls ein großer Anteil an Althölzern abzutrennen, der oftmals aus alten Möbeln, etc. stammt. Derzeit ist die Abtrennung von Altholz sinnvoll, da der Annahmepreis einer Müllverbrennungsanlage ein Mehrfaches dessen ist, was zur energetischen Verwertung in einem Biomassekraftwerk dem Anlieferer berechnet wird.

Im Bereich der Nahrungsmittelabfälle sowie der Schlachtabfall- und Tierkörperentsorgung und -verwertung, hat es ebenfalls einen Wendepunkt gegeben, der dazu geführt hat, dass verstärkt Biomasse zur Energieerzeugung genutzt wird. Dieser Wendepunkt war das gehäufte Auftreten der umgangssprachlich genannten Krankheit Rinderwahn, oder wissenschaftlich Bovine Spongiforme Enzephalopathie, im Zusammenhang mit der Feststellung, dass mit hoher Wahrscheinlichkeit eine Verbindung zu der Creutzfeldt-Jakob-Krankheit beim Menschen besteht. Bis zu dieser Erkenntnis wurde in vielen Fällen aus Nahrungsmittelresten eine Futtersuppe und aus Schlachtabfällen und gefallenen Tieren Tiermehl als Grundlage von Kraftfutter hergestellt. Gesetzliche Grundlagen, wie das Tierische Nebenprodukte Beseitigungsgesetz und das neue Lebensmittel-, Bedarfsgegenstände- und Futtermittelgesetzbuch haben diesen Weg in vielen Fällen versperrt. Ob dieser Weg richtig ist, oder ob eine Trennung von Risikomaterialien und Materialien von genusstauglichen Tieren nicht doch wieder hochwertige Verwertungswege in der Verfütterung zulassen, kann und soll an dieser Stelle nicht diskutiert werden. Aufgrund der neuen Gesetze mussten jedenfalls neue Entsorgungswege gefunden, bzw. alte wieder aktiviert werden.

Heute wird ein nicht unerheblicher Teil der Abfälle als Biomasse zur Strom-, Wärme- und auch Kraftstofferzeugung genutzt. Im einzelnen heißt dieses, dass verstärkt Vergärungsanlagen genutzt werden, Tiermehl aus risikobehafteten Schlachtabfällen oder krankheitsbedingt gefallenen Tieren in Kraftwerken eingesetzt oder tierische Fette zur Herstellung von tierischem Biodiesel verwendet werden.

4.3.4 DIE PRODUKTION VON STROM UND WÄRME

Für die Darstellung der Entwicklung der Produktionskapazitäten in Deutschland werden im Vergleich zum Ist-Stand oftmals die letzten Jahre des letzten Jahrtausends verwendet. Für den Bereich der Anlagen größer 1 Megawatt liegen verlässliche Zahlen vor, da diese Anlagen gemäß Bundes-Immissionsschutzgesetz genehmigungsbedürftig sind. Für Anlagen kleiner 1 Megawatt, d.h. im Bereich 15 Kilowatt bis 1.000 Kilowatt ist lediglich eine geschätzte Spannbreite des Anlagenbestandes im Bereich von 200.000 bis 400.000 Einheiten für das Jahr 2004 zu finden.

Im Bereich größer 1 Megawatt ist eine positive Entwicklung von 1998 bis Ende 2004 zu erkennen. Im Jahrbuch erneuerbare Energien – 2.000 sind für 1998 insgesamt 1.080 Biomassekraftwerke mit einer Leistung von 409 Megawatt angegeben. Für das Jahr 2004 sind in der Studie „Fortschreibung der Daten zur Stromerzeugung aus Biomasse" des Instituts für Energetik und Umwelt insgesamt 2.280 Anlagen mit einer Kapazität von 1.069 Megawatt gelistet. Ungefähr 80 % der Anlagen sind Biomasse(heiz-)kraftwerke, die 810 Megawatt produzieren. Die Anzahl der Blockheizkraftwerke ist mit 12 Anlagen vergleichsweise gering und ca. 20 % der Anlagen sind Biogasanlagen. Somit hat sich in den letzten 6 Jahren die Anzahl an Biomasseanlagen größer 1 Megawatt mehr als verdoppelt und die produzierte elektrische Energie ist um mehr als das 2,5-fache gestiegen.

Werden im gleichen Zeitraum die im Betrieb befindlichen Holzpelletsheizungen verglichen, so stellt man fest, dass im Jahr 1999 ca. 1.000 Pelletsheizungen genutzt wurden und im Jahr 2003 bereits fast 20.000 Anlagen. Für Ende 2004 hat der Deutsche Energie-Pellet-Verband 28.000 Anlagen erwartet. Für diese rasante Entwicklung scheint die Preisgestaltung zwischen Heizöl, Erdgas und Holzpellets verantwortlich zu sein.

Das Bundesministerium für Umwelt-, Naturschutz und Reaktorsicherheit hat in 2005 mit dem Bericht „Erneuerbare Energien in Zahlen" bekannt gegeben, dass u.a. mit den oben dargestellten Produktionsanlagen im Jahr 2004 9,3 % der Stromerzeugung durch erneuerbare Energien beigetragen wurden, wobei die Biomasse selbst 1,57 % beigetragen hat. Im Bereich der Wärmeerzeugung sind durch Biomasse 3,94 % beigetragen worden.

4.3.5 ZUSAMMENFASSUNG

Nach einer kurzen Einleitung mit Begriffsbestimmungen und einer Unterteilung der Biomasse sind ausgehend vom Spannungsfeld der Energieentwicklung die Potentiale der Biomasse in den Bereichen Biomassegewinnung/-beschaffung und Biomasseverarbeitung/Energieproduktion beleuchtet worden.

In beiden Bereichen konnte für die Biomasse ein nicht unerhebliches Potential dargestellt werden. Bei der Biomassebeschaffung ergibt sich dieses u.a. aus den zusätzlichen Anbaumöglichkeiten und aus größer werdenden Stoffströmen, wie z.B. der Entsorgungsbranche. Bei den Produktionsanlagen ist aufgrund der Entwicklung der letzten Jahre zu erwarten, dass auch hier weitere Kapazitäten geschaffen werden. Ein weiterer Faktor, der für den Ausbau der Biomasse spricht, ist der eingangs erwähnte CO_2-neutrale Verbrennungsprozess.

Die verstärkte Nutzung von Biomasse kann unter sinnvollen Rahmenbedingungen nur begrüßt und aufgrund der Potentiale bei der Beschaffungs- wie auch auf der Produktionsseite technisch realisiert werden.

KAPITEL 4.3 | Die Zukunft der Biomasse

Die zukünftige Entwicklung ist jedoch von vielen Faktoren abhängig, die in den nachfolgenden Beiträgen zum Teil noch erörtert werden, so dass dieser Beitrag mit der reinen Auflistung abgeschlossen wird. Folgende nicht abschließend aufgeführten Punkte beeinflussen die weitere Entwicklung:

- Förderung der Biomasse durch direkte staatliche Lenkung
- Erhöhung der Wettbewerbsfähigkeit der Biomasse durch weitere Verbesserungen der Wirtschaftlichkeit
- Preisentwicklung der Rohstoffe zur Energiegewinnung
- Entwicklung von anderen Verwertungs(Verarbeitungs)wegen für Biomasse
- Akzeptanz in der Bevölkerung.

Die Zukunft der Biomasse | KAPITEL 4.3

KAPITEL 4.4 | Lebenslauf

Peter Schrum

seit 04|2004	ALENSYS Alternative Energiesysteme AG Vorstandsvorsitzender Erkner (bei Berlin)
seit 09|2002	Bundesverband Biogene und Regenerative Kraft- und Treibstoffe e.V., Präsident Erkner (bei Berlin)
09|1982 – 08|2002	farmatic biotech energy AG, Vorstandsvorsitzender Nortorf
09|1979 – 08|1982	Studium Diplom - Ingenieur Agrarökonomie, Kiel
08|1977 – 08|1979	Ausbildung, Bank- und Großhandelskaufmann

Martin Tauschke

seit 04|2004	ALENSYS Alternative Energiesysteme AG Vorstand Finanzen, Erkner (bei Berlin)
seit 04|2003	Bundesverband Biogene und Regenerative Kraft- und Treibstoffe e.V., Geschäftsführer Erkner (bei Berlin)
08|2001 – 03|2003	Commerzbank AG / Commerzbank Belgium S.A. / N.V. Firmenkunden Kreditanalyst, Berlin / Brüssel
08|1998 – 08|2001	Studium, Diplom-Betriebswirt (BA) Berufakademie Berlin – Staatliche Studienakademie Commerzbank AG, Berlin

Die Zukunft biogener Kraftstoffe

EINLEITUNG
Biokraftstoffe und ihre Bedeutung für die Mobilitätssicherung
Ob Erdöl und Erdgas noch 30 oder 50 Jahre ressourcenmäßig zur Verfügung stehen oder etwas früher oder später zur Neige gehen, ist nicht bedeutend betreffend der unwiderruflichen Tatsache, dass das fossile Energiezeitalter sich rasant dem Ende zuneigt.

Das Wirtschaftswachstum in Süd-Ost-Asien, verbunden mit einer enormen Nachfrage nach Energie hat bereits 2005 die Erölspitzenpreise bis auf 70 USD/Barrel ansteigen lassen. Der Förderhöhepunkt für Erdöl und Erdgas ist bereits überschritten. Getrieben durch die Nachfrage nach Energie wird die steigende Entwicklung bei Erdölpreisen auch in Zukunft fortgesetzt werden.

Die Grundsstoffindustrie mit dem Schwerpunkt der Chemie, die heute über 15% des Ölverbrauches bestimmt, wird für Erdöl, über die Veredelung z.B. im Kunststoffbereich auch zukünftig bereit sein immer mehr zu zahlen als der Verkehrsbereich und somit den Preisanstieg beschleunigen. Schon in 3-4 Jahren werden Erölpreise von 70-80 USD/Barrel von jedem akzeptiert werden müssen.

In 6-7 Jahren wird voraussichtlich die 100 USD/Barrel-Linie überschritten sein, wenn Alternativen zu spät aufgebaut werden. Die einzigen Alternativen sind biogene und regenerative Kraft- und Treibstoffe, um dieser ansonsten unaufhaltsamen Entwicklung entgegen zu wirken.

Die EU-Kommission hat diese Entwicklung erkannt und schon 2003 die Direktive erlassen, dass durch jeden EU-Mitgliedsstaat bis 2010 mindestens 5,75% der fossilen Kraftstoffe durch biogene und regenerative Kraftstoffe zu ersetzen sind.

Einen Staus-Quo Ende 2005 aufzuzeigen und einen Ausblick zu geben soll helfen, die Bedeutung vor allem der biogenen Kraftstoffe für Wirtschaft und Politik noch besser erkennbar zu gestalten.

Die Zukunft biogener Kraftstoffe | KAPITEL 4.4

Biokraftstoffe: die ökologische Alternative
Der BBK ist die gemeinsame Interessenvertretung für den wirtschaftlichen Erfolg von Biokraftstoffen.

Pflanzenölbasierte Kraftstoffe

Herkunft:
Ölpflanzen aus landwirtschaftlicher Produktion
- Raps
- Sonnenblumen
- Leindotter
- usw.

Kraftstoffe:
- Biodiesl
- naturbelassene Pflanzenöle

Zielsetzung:
- langfristige Befreiung von der Mineralölsteuer
- Schaffung optimaler Rohstoffanbaubedingungen
- Vergrößerung des Marktanteiles

BioEthanol

Herkunft:
Nachwachsende Rohstoffe
- u.a. Getreide
- Zuckerrüben
- Kartoffeln
- usw.

Kraftstoffe:
- Ethanol
- Ethanol-Benzin-Gemische
- ETBE

Zielsetzung:
- langfristige Befreiung von der Mineralölsteuer
- Schaffung ökologischer Mindeststandards für die Produktion Nachwachsender Rohstoffe
- Zertifizierung, Monitoring, Qualitätssicherung
- Logistik

Biogene Gase

Herkunft:
Biogas aus der Vergärung und der thermochemischen Vergasung von nachwachsenden Rohstoffen und Reststoffen biogener Herkunft
- Biogas
- Klärgas

Kraftstoffe:
- methanhaltiges Gas als Erdgassubstitut

Zielsetzung:
- langfristige Befreiung von der Mineralölsteuer
- gesetzliche Mindesteinspeisetarife in öffentliche Gasnetze
- Zertifizierung, Monitoring, Qualitätssicherung
- Logistik

SynFuels

Herkunft:
Vergasung von nachwachsenden Rohstoffen und Reststoffen biogener Herkunft
- Holz
- Stroh
- Gärreste

Kraftstoffe:
- gasförmige, methanhaltige SynFuels als Erdgassubstitut
- flüssige SynFuels als Ersatz von Benzin und Diesel
- Methanol

Zielsetzung:
- langfristige Befreiung von der Mineralölsteuer
- Unterstützung von Pilotvorhaben
- Zertifizierung, Monitoring, Qualitätssicherung
- Logistik

Quelle: BBK Bundesverband Biogene Kraftstoffe

Abbildung 1: Biokraftstoffe, die in wenigen Jahrzehnten Erdöl und Erdgas-Kraftstoffe zum großen Teil substituieren müssen.

1. PFLANZENÖL/ BIODIESEL:

Schon ab Mitte der 90er Jahre hat Deutschland die Befreiung von der Mineralölsteuer für Biodiesel als Reinkraftstoff umgesetzt. Erste Biodieselanlagen entstanden, erste Tankstellen wurden von den Agrargenossenschaften eingerichtet, erste Spediteure testeten in ihren LKW's den neuen Kraftstoff, ohne dass die Fahrzugindustrie nennenswerte Motorengarantien ausgesprochen hatte. Heute, Ende 2005, ist nahezu flächendeckend in jedem Liter Diesel 5% Biodiesel enthalten und über 500.000 t Biodiesel

KAPITEL 4.4 | Die Zukunft biogener Kraftstoffe

werden als B100 an Speditionen und PkW-Besitzer vermarktet. Möglich wurde diese rasante Entwicklung erst durch die in Deutschland am 01.01.2004 in Kraft getretene Mineralölsteuerbefreiung für Biokraftstoffe – auch für Mischkraftstoffe. Innerhalb von 2 Jahren wurde, durch dieses Gesetz ausgelöst, die Biodieselproduktion verdoppelt. Ende 2005 wird die deutsche Biodieselproduktion ca. 2 Mio. Jahrestonnen betragen und voraussichtlich 2006 die Produktion um weitere 1 Mio. Tonnen steigen, vorausgesetzt, die politischen Rahmenbedingungen stabilisieren sich.

Grund für die Instabilität in Deutschland ist die Ankündigung der Großen Koalition, die geplante Biokraftstoffsteuerbefreiung gegen einen Beimischungszwang zu ersetzen. Die Folgen dieser Maßnahme, wenn sie denn umgesetzt werden sollte, wäre eine völlige Zerstörung der mittelständig geprägten Rein-Biokraftstoffwirtschaft – wie hunderte von Pflanzenölpressen und kleine Biodieselanlagen, über 1.900 Biodiesel B100-Tankstellen, tausende von Spediteuren etc. mit über 50.000 Arbeitskräften. Der sich gerade etablierende Pflanzenölmarkt mit tausenden Arbeitsplätzen im Bereich der Werkstattumrüstungen, neuen Tankstellen sowie zahlreichen landwirtschaftlichen Betrieben, die ihre Schlepper auf Pflanzenöl umgerüstet haben oder in die dezentrale Ölproduktion einsteigen wollen, würde völlig zum Erliegen kommen.

Ich gehe am heutigen Tage – am 23. Dezember – davon aus, dass unser Verband BBK in Partnerschaft mit Eurosolar und der FEE als Bündnisverbände aus dem Mittelstand ihre politisch gute Lobby so erfolgreich führen können, dass wir neben einem steuerneutralen Beimischungszwang die Steuerbefreiung für Reinbiokraftstoffe politisch stabilisieren und Biodiesel und Pflanzenöl weiterhin in ihrer Produktion ausgeweitet werden können. Dieses wird in Deutschland aber nicht ohne Importe von Pflanzenöl möglich werden, da der in Deutschland und Mitteleuropa dominierende Rapsanbau schon heute aus Gründen der Fruchtfolge an die Grenze der möglichen Produktion gestoßen ist.

Deutschland sollte als Marktführer im Biodieselbereich diesen weiter ausdehnen, da wir in Europa unsere EU-Mitgliedspartner, die wenig Biomasse und noch keine derzeitige Biokraftstoffwirtschaft haben, bei Erhöhung der deutschen Produktionsmenge auf 3 Mio. Jahrestonnen ihnen größere Anteile verkaufen können, damit auch sie die Vorgaben der EU-Richtlinie bis 2010 erfüllen können.

Die Zukunft biogener Kraftstoffe | KAPITEL 4.4

Key data:
3.000 t p. a Rapssaat, 900 t p. a Biodiesel
2.100 t p. a Presskuchen, 100 t p. a Glycerin

3B-Diesel GmbH, Nemsdorf-Göhrendorf

Abbildung 2: Biodieselanlage

FAZIT

Ich gehe davon aus, dass 2030 Pflanzenöl und Biodiesel als Mischkraftstoff oder pur in Mitteleuropa 10-15 % der Kraftstoffe ausmachen werden. Die Rohstoffbasis wird bei ca. 50 % Eigenproduktion und 50% Importe liegen.

2. BIOETHANOL

Bioethanol hat sich bereits seit vielen Jahrzehnten weltweit als Kraftstoff etabliert. Insbesondere in Brasilien und den USA wurden bereits 2001 insgesamt ca. 20 Mio. m3 Bioethanol für den Kraftstoffsektor produziert und sowohl als Mischkraftstoff, als auch als Reinkraftstoff vertrieben. Die Automobilindustrie hat sich diesen Gegebenheiten angepasst und entsprechende Flexible-Fuel-Fahrzeuge (FFV) entwickelt. In den Beispielen Brasilien und den USA ist eine erfolgreiche und notwendige Marktetablierung von Bioethanol im Kraftstoffsektor zu beobachten.

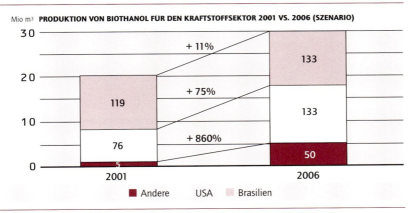

Abbildung 3: Quelle: F.O. Licht (Mengenangabe innerhalb der Graphik in Mio. hl)

KAPITEL 4.4 | Die Zukunft biogener Kraftstoffe

In Europa steht die Bioethanol-Markteinführung kurz vor dem Durchbruch. Die EU-Biokraftstoffrichtlinie 2003/ 30/ EG erfordert die unbedingte Bioethanol-Nutzung, da die Richtlinieneinhaltung mit ölbasierten Biokraftstoffen allein nicht erreicht werden kann und die Biokraftstoffe wie Biosynfuel oder Wasserstoff technologisch noch nicht zur Serienproduktion bereit sind.

Die Verwendungsmöglichkeiten von Bioethanol auf dem deutschen respektive europäischen Markt sind vielseitig. Allen gemeinsam ist die Aufbereitung, d.h. die Absolutierung und Destillation auf 99 % Reinalkohol.

Grundsätzlich ist die Etablierung des Bioethanols in zwei Strategien, die sich parallel entwickeln werden, zu unterscheiden. Es steht außer Frage, dass die Bioethanolbeimischung in Europa flächendeckend umgesetzt wird. Bereits nach EU-DIN EN 228 für Benzin ist eine 5%ige Beimischung von Ethanol möglich. Die Automobilindustrie sieht ferner Potenzial in einer bis zu 10 %igen Beimischung, ohne dass die Motorentechnologie angepasst werden muss. Die Verwendung von E 5 bzw. E 10 bedeutet ein Bioethanolproduktionspotenzial von 1,2 bzw. 2,4 Mio. t/a bei einem angenommenen Benzinverbrauch von 22 Mio. t im Jahre 2010 und einem geringeren Energiegehalt des Ethanols von 35 % im Vergleich zu fossilem Benzin.

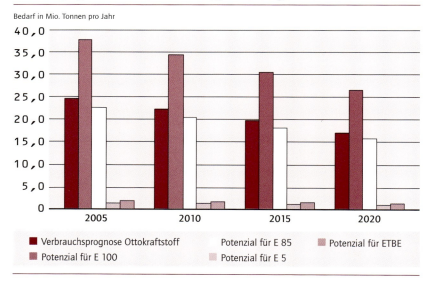

Abbildung 4: Quelle: bpg, 2005

Darüber hinaus besteht ein weiteres Potenzial in der Weiterverarbeitung von Bioethanol zu ETBE „Ethyltertiärbutylether". In einhelliger Übereinstimmung mit der Mineralölindustrie ist der Ersatz von MTBE „Methyltertiärbutylther" (auf Methanol- bzw. Erdgasbasis) durch ETBE sofort möglich. Auf Basis der bereits erwähnten Benzin-Norm sind 15 % ETBE - Einsatz möglich. Bei einem Anteil von ca. 48 % Bioethanol in ETBE bedeutet dies ein weiteres Beimischungspotenzial von 1,7 Mio. t im Jahre 2010. Ein wesentlicher Vorteil in der Nutzung von Bioethanol als E 5 bzw. E 10 sowie in der Beimischung als ETBE liegt eindeutig in der Nutzung der vorhandenen Infrastruktur bezüglich der Kraftstoffvermarktung und -nutzung. Voraussetzung hierfür ist die volle Zusammenarbeit mit der Mineralölindustrie, da die Beimischung nur am Ort der Versteuerung wirtschaftlich sinnvoll ist und die ETBE – Produktion eine Domäne der Raffinerien sein wird.

Parallel zur Beimischung ist die regionale Produktion, Mischung und auch Nutzung von E 85-Biokraftstoffen in der entscheidenden Marktdurchdringungsphase. Hierbei spielt die dezentrale Bioethanolproduktion in den bereits bestehenden und zum großen Teil abgeschriebenen landwirtschaftlichen und gewerblichen Brennereien eine große Rolle. In Verbindung mit dezentralen Rektifizierungs- und Absolutierungsanlagen und regionalen Mischanlagen ist der regionalen Kraftstoffversorgung im Umkreis von 50 km (im Rahmen der regionalen Kreislaufwirtschaft) mit E 85 eine entscheidende Bedeutung beizumessen.

Dem Beispiel Schweden, wo bereits mehr als 30 E 85-Tankstellen ca. 10.000 FFV im Jahre 2005 versorgen, wird nunmehr auch Deutschland folgen. Die ersten FFV's werden bereits am Markt angeboten. Die Rohstoffbasis für Bioethanol ist regional unterschiedlich und von den landwirtschaftlichen Strukturen abhängig. So ist in Brasilien, dem weltweit größten Ethanolproduzenten Zuckerrohr der Biomasserohstoff, in den USA und dem südlichen Afrika ist es vorwiegend Mais und in Europa ist es hauptsächlich Getreide (Roggen, Weizen, Triticale). Der Biomasseanbau ist aufgrund der Vielfalt der Früchte und dessen hohem Energiegehalt nicht der begrenzende Faktor in der Bioethanolproduktion in den nächsten 20 Jahren. Insbesondere für die regionale Kraftstoffversorgung über E 85 in Verbindung mit den regionalwirtschaftlichen Effekten in der Schaffung neuer und der Sicherung bestehender Arbeitsplätze wird der Produktion von Bioethanol eine große Bedeutung im Biokraftstoffmix beigemessen. Mittelfristig wird Bioethanol als E 5 bzw. E 10 die Erdölabhängigkeit reduzieren.

3. BIOMETHAN

Als Biomethan bezeichnet man Biogas, das aus der fermentativen Zersetzung von Organik unter anaeroben Verhältnissen entstanden ist und zu Erdgasqualität aufbereitet wurde. Biomethan wird bereits seit über 8 Jahren in Schweden in über 20 Städten mit großem Erfolg für den Bio-CNG – d.h. Biodruckerdgas für den Antrieb von Bussen und Taxen – eingesetzt. Als Rohstoffbasis in Schweden dienen Bioabfälle aus der „grünen oder braunen Tonne".

KAPITEL 4.4 | Die Zukunft biogener Kraftstoffe

Seit über 10 Jahren wird Biomethan auch in der Schweiz in Erdgasleitungen ohne technische Probleme eingespeist und im Energieäquivalent an anderer Stelle als Bio-Erdgas oder GreenGas für die Mobilität als CO_2-neutraler Kraftstoff eingesetzt.

Sowohl in Schweden als auch in der Schweiz wurden die wirtschaftlichen Rahmenbedingungen für den Aufbau einer Biomethanproduktion durch steuerliche Anreize im Kraftstoffbereich geregelt. In Deutschland ist diese Entwicklung durch die Einführung der Teilsteuerbefreiung von Erdgas als Kraftstoff leider nicht möglich gewesen. Dieses wird voraussichtlich erst mit Einführung eines Beimischungszwangs von Biomethan zu Erdgas – wie bei Bioethanol und Biodiesel in Deutschland vorgesehen – möglich. Der zu erwartende Beimischungszwang wird jedoch die Nutzung von Biomethan als Kraftstoff beschleunigen und muss dieses wohl auch, da Biomethan auch zukünftig das einzige realistische Substitut für Erdgas sein wird.

Abbildung 5: Biogasanlage Lüchow-Dannenberg, Quelle: Alensys Engineering GmbH

Derzeit ist Biomethan in Deutschland nur auf Basis der dezentralen Verstromung nach EEG wirtschaftlich produzierbar. Die Grundvoraussetzung der dezentralen Produktion mit Einspeisung in die Gasnetze Deutschlands, wurde mit Novellierung des EnWG's (Energiewirtschaftsgesetz) möglich. Hier ist erstmals die prioritäre Aufnahme von Biomethan oder GreenGas in das öffentliche Gasnetz gesetzlich geregelt worden. Leider ist Biomethan aufgrund der hohen Netzdurchleitungsgebühren im Gasnetzbereich in Deutschland immer noch nur in Ausnahmefällen wirtschaftlich produzierbar.

Die Zukunft biogener Kraftstoffe | KAPITEL 4.4

Abbildung 6: Biogasaufbereitungsanlage, Quelle: Alensys AG

Steigende Erdgaspreise werden die Markteinführung von Biomethan beschleunigen, zumal es derzeit volkswirtschaftlich gesehen der wettbewerbsfähigste Biokraftstoff ist, den wir haben. Des Weiteren ist das Potential an Energie bei der Verwertung von Ganzpflanzen pro ha ldw. Fläche 4mal größer als bei der Produktion von Pflanzenöl oder Ethanol. Vor allem aber kann Biomethan aus Landpflanzen gewonnen werden, die kaum Verwertungskonkurrenz haben, da die Viehhaltung in Mitteleuropa immer weiter reduziert werden wird.

Das Umweltbundesamt von Österreich hat erst kürzlich eine Studie veröffentlicht, die besagt, dass das Energiepotential von Biomethan in Österreich bei ca. 30 % des gesamten Kraftstoffverbrauches liegt. Diese Zahl wird auch in Deutschland von uns als realistische Größe gesehen. Wenn eine Biomethanwirtschaft jetzt aufgebaut wird, bevor Erdgas in seinem Preisanstieg nicht mehr zu stoppen ist. Der BGW hat durch eine kürzliche Veröffentlichung von 25 % Erdgasersatz des Gesamtgasverbrauches durch Biomethan gesprochen.

Dies wird umso wichtiger, weil schon heute alle Synthesekraftstoffe wie V-Power etc. aus „Erdgas" synthetisiert werden und Biomethan lediglich nur der jüngere CO_2-neutrale Bruder von Erdgas ist, der schnell eine SynFuelproduktion ermöglichen kann.

Der Beimischungszwang zu Erdgas kann ein kleiner Anfang sein, den in Deutschland völlig unterschätzten regenerativen Hauptenergieträger Biomethan für den Kraft- und Treibstoffbereich zu aktivieren. Das Potential von Biomethan allein in Deutschland, aus Nachwachsenden Rohstoffen, Bioabfall und Kläranlagen gewonnen, wird langfristig bis ca. 2030 30-40 % aller Kraftstoffe abdecken.

FAZIT:

Ca. 10 % davon werden im Bio-CNG Bereich im Nahverkehr und der Rest als Fischer-Tropsch- oder sonstige Synthesekraftstoffe in Partnerschaft mit Pyrolyse/Vergasungskraftstoffe einen der zukünftigen großen Energiepfeiler unserer Kraftstoffe von morgen. Für die erfolgreiche Markteinführung besteht trotz Stand der Technik in Deutschland noch erheblicher politischer Handlungsbedarf.

4. BIOSYNFUEL

Schon vor 60 Jahren wurde in Deutschland aus Kohle Synthesekraftstoff als Benzin oder Dieselersatz in großen Mengen hergestellt. Erdgas oder Biomethan stand zu dieser Zeit in nur geringen Mengen zur Verfügung. Synfuels wurden schon damals über den Fischer-Tropsch-Prozess – durch deutsche Chemiker in den 20iger Jahren entwickelt – hergestellt. Damit wurde aus der Kohle über einen thermochemischen Vergasungsprozess als erstes Koks-Gas generiert, das dann nach einer Reinigung wieder zu Synthesekraftstoff synthetisiert wurde.

Diese Technologie wurde von Sasol, der Südafrikanischen staatlichen Energiegesellschaft, weiterentwickelt und jahrzehntelang in der Zeit der Apartheit und damit des Embargos als wichtigste Treibstofftechnologie eingesetzt. Dafür war und ist noch heute die Rohstoffbasis Kohle.

Mit steigenden Erdölpreisen wird die deutsche Technologie der Vergasung und anschließenden Synthese zu Synfuels für Europa und auch weltweit wirtschaftlich notwendig, um die Erdöl- und Erdgasressourcen zu ergänzen. Die Rohstoffbasis in Europa ist vorwiegend die Biomasse aus nicht vergasbarer Lignuzellulose wie zum Beispiel 25 Mio. Jahrestonnen Stroh in Deutschland und die Mittel- und Hochkalorik aus der Abfallwirtschaft (vorwiegend Kunststoff). Das Potenzial an Biomasse, die ansonsten keine anderweitige Wettbewerbsverwertung hat, sowie auch 5-8 Mio. t verfügbarer hochkalorischer Abfall ist groß, so dass größte Anstrengungen unternommen werden, die Synthesekraftstofftechnologie zum Stand der Technik zu erheben und auch für neue Rohstoffe weiterzuentwickeln.

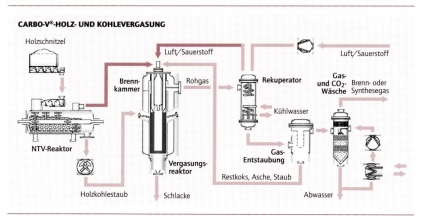

Abbildung 7: Schema des Carbo-V-Verfahrens zur Herstellung von Biosynfuel, Quelle: Choren Industries

Aktuell ist eine Pilotanlage mit 15.000 t Jahresproduktion Synfuel bzw. Sundiesel aus Biomasse im Bau. Zahlreiche Forschungsvorhaben sind derzeitig in Deutschland auch mit finanzieller staatlicher Forschungs- und Entwicklungs-Förderung in Arbeit. Ein Forschungsschwerpunkt – die Bioverölung – erscheint mir ein relativ praktikabler Weg, schnell wirtschaftlich entwickelt zu werden. Einfach ausgedrückt ist die „Bioöl-Produktion" eine vereinfachte Vergasungstechnologie, die mit wenig Energieaufwand aus Biomasse eine energetisch transportwürdige Flüssigkeit erzeugt, die in Raffinerien zu Benzin und Dieselsubstituten weiterentwickelt werden kann. Alle Vergasungstechnologien befinden sich jedoch noch im Stadium von Pilotanlagen. Sie werden noch mehrere Jahre brauchen, sich zum Stand der Technik zu entwickeln.

Biomethan steht als Rohstoff schon in wenigen Jahren in großen Mengen zur Verfügung. Es wird aufgrund der Fischer-Tropsch-Synthese-Technologie schnell die ersten Synthesekraftstoffe liefern, die in vorhandenen Raffinerien erzeugt werden können. Hier ist die Politik gefordert, eine Basis für verbesserte GreenGas-Technologien zu schaffen.

FAZIT

Synthesekraftstoffe aus der Vergasung von trockener Biomasse und Kunststoffabfällen sind noch nicht Stand der Technik. Es besteht erheblicher Forschungsbedarf, den es sich jedoch lohnt, zu unterstützen. Im Energiemix der Biokraftstoffe wird dem Synthesekraftstoff mittelfristig eine wesentliche Bedeutung zukommen. Grund dafür ist das enorme Potenzial von 30-40 % aller zukünftigen Kunststoffe, die in 30 Jahren über diesen Weg weltweit die Ressourcen von Erdöl und Erdgas substituieren müssen.

RESÜMEE ZU ALLEN BIOKRAFTSTOFFENARTEN

Wie Sie ersehen können, gibt es keinen alleinigen zukünftigen Kraftstoff der Zukunft. Es gibt 4 Arten von Biokraftstoffen, die alle auch zukünftig in der Mischung mit fossilen Kraftstoffen die Kette der Mobilitätssicherung übernehmen werden. Auch Deutschland braucht sie alle, um eine bezahlbare Mobilität für die Industrie, das Gewerbe und die Privatpersonen zu gewährleisten. Es braucht sie auch, um seine Technologien mit Arbeitsplatzeffekt zu exportieren. Die Politik tut gut daran, die Führungsposition unserer deutschen Technologien im Kraftstoffbereich von morgen weiter zu stützen.

Rechtsgrundlagen, Förderinstrumente und politische Bewertung

Dipl.-Ing. Johannes Lackmann

Jahrgang 1951.

Herr Johannes Lackmann, geboren 1951, entwickelte vor seinem Einstieg in die Erneuerbare-Energien-Branche Computermonitore und leitete ein Ingenieurbüro für Elektronikentwicklung.
Ab 1994 hat er mehrere Bürgerwindparkprojekte im Raum Paderborn mit entwickelt und ist dort Geschäftsführer.
Seit Gründung des Bundesverbandes WindEnergie ist er im Vorstand des Verbandes tätig.
Herr Lackmann ist seit 1999 Präsident des Bundesverbandes Erneuerbare Energie (BEE), dem Dachverband für die Fachverbände aus allen Sparten der erneuerbaren Energien. Seit 2004 ist er stv. Vorsitzender der European Renewable Energy Federation (EREF).

Dipl.-Ing. Björn Pieprzyk

Jahrgang 1972.

1994 – 2001:   Studium der Landschafts- und Freiraumplanung an
                 der Universität Hannover
Seit 2001:   Referent beim Bundesverband Erneuerbare Energie
                 (BEE)

Europäische Vorgaben und Richtlinien zur Förderung Erneuerbarer Energien

1. EINFÜHRUNG

Die europäische Union hat frühzeitig erkannt, dass die verstärkte Nutzung erneuerbarer Energien aus ökonomischen und ökologischen Gründen erforderlich ist, insbesondere um Energieimporte zu reduzieren, neue Arbeitsplätze zu schaffen und Treibhausgase zu reduzieren. Die europäische Union hat sich daher 1996 mit dem „Grünbuch erneuerbare Energien" das ehrgeizige Ziel gesetzt, den Anteil erneuerbarer Energien am Bruttoinlandsenergieverbrauch innerhalb von 15 Jahren auf 12 % zu verdoppeln (EU-Kommission 1996). 1997 wurde dieses Ziel im Weißbuch „Energie für die Zukunft: Erneuerbare Energieträger" bekräftigt und ein Aktionsplan beschlossen, um faire Marktchancen für erneuerbare Energieträger zu schaffen (EU-Kommission 1997).

Das Grünbuch zur Energieversorgungssicherheit unterstreicht die Notwendigkeit, die großen Potentiale erneuerbarer Energien in der EU zu nutzen, insbesondere um die Abhängigkeit von Energieeinfuhren zu verringern.

Auf Grundlage der Grün- und Weißbücher der EU wurden verbindliche Ziele zur Nutzung erneuerbarer Energien im Strom- und Biokraftstoffsektor verabschiedet (s. Kapitel 3 u. 4.). Für den regenerativen Wärme- und Kühlungssektor gibt es bislang keine Richtlinie der EU, aber Initiativen des europäischen Parlaments, die in Kapitel 5 näher erläutert werden. Im folgenden Kapitel wird der derzeitige Stand der Nutzung erneuerbarer Energien in der EU aufgezeigt.

Die folgende Tabelle gibt einen Überblick über die Instrumente der EU.

Instrument	Bedeutung	Status	Akteur
Grünbuch	Dient der Auslösung einer Debatte über ein bestimmtes Thema	Nicht verbindlich	Europäische Kommission
Weißbuch	Enthält Vorschläge zu einer gemeinsamen Vorgehensweise	Nicht verbindlich	Europäische Kommission
Richtlinie	Dient als Grundlage zur Gestaltung nationaler Rechtsverordnungen	Verbindlich (Rahmengesetz)	Europäisches Parlament/ Europäischer Rat
Verordnung	Entspricht einem geltenden Gesetz in allen Mitgliedsstaaten	Unmittelbar verbindlich in jedem Mitgliedsstaat	Europäisches Parlament/ Europäischer Rat

2. DIE NUTZUNG ERNEUERBARER ENERGIEN IN DER EU

Die Zahlen zur Nutzung erneuerbarer Energien zeigen, dass die EU noch weit davon entfernt ist, das Verdoppelungsziel des Grünbuches zu erreichen. Von 1996 bis 2003 konnte der Anteil erneuerbarer Energien am Primärenergieverbrauch nur von 5,3 auf 6 % gesteigert werden. (s. Abbildung 1).

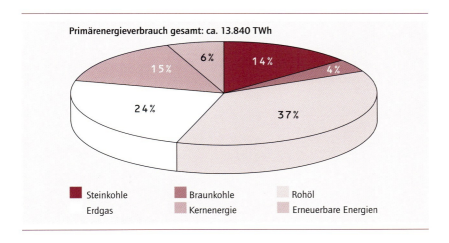

Abbildung 1: Primärenergieverbrauch EU-25 Quelle: Eigene Berechnung nach Eurostat 2005

Endenergetisch betrachtet verschieben sich die Anteile zugunsten der erneuerbaren Energien, weil die Umwandlungsverluste, die bei Stromerzeugung in fossilen und nuklearen Kraftwerken anfallen, nicht mehr aufgeführt werden. (s. Abbildung 2)

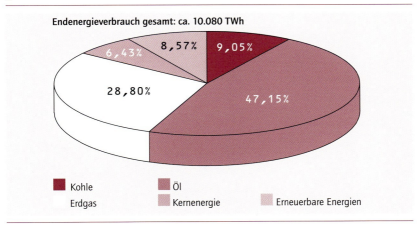

Abbildung 2: Endenergieverbrauch EU-25. Endenergie aufgeteil nach primärenergetischer Herkunft: Quelle: Eigene Berechnung nach Eurostat 2005

KAPITEL 5.1 | Europäische Vorgaben und Richtlinien zur Förderung Erneuerbarer Energien

Im Stromsektor ist der Anteil erneuerbarer Energien ebenfalls nur geringfügig von 13,4 % in 2004 auf 14 % in 2006 gewachsen. Im Windenergiebereich konnte die installierte Leistung innerhalb von 10 Jahren zwar enorm ausgebaut werden (s. Abbildung 3). Die Entwicklung ist aber nur auf wenige Länder beschränkt (s. Abbildung 4 und 5).

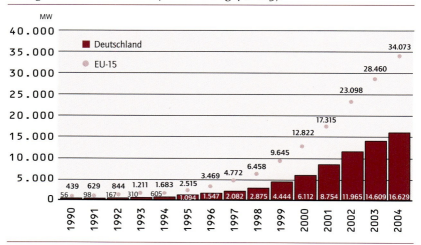

Abbildung 3: Entwicklung der Stromerzeugung aus Windenergie in der EU. Quelle: BMU 2005

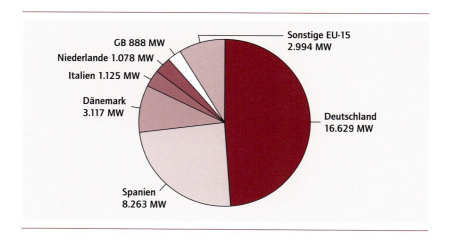

Abbildung 4: Installierte Windenergieleistung in Europa (2004). Quelle: WWEA 2005

Europäische Vorgaben und Richtlinien zur Förderung Erneuerbarer Energien | KAPITEL 5.1

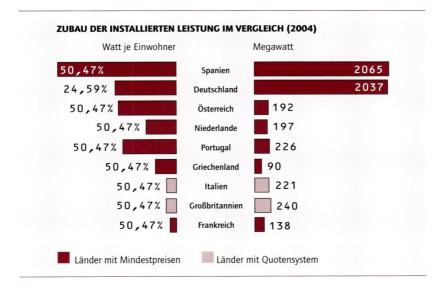

Abbildung 5: Zubau der installierten Windenergieleistung im Vergleich (2004), Quelle: BWE 2005

3. RICHTLINIE ZUR FÖRDERUNG DER STROMERZEUGUNG AUS ERNEUERBAREN ENERGIEQUELLEN

Vier Jahre nach Veröffentlichung des Weißbuches „Energie für die Zukunft: Erneuerbare Energieträger" wurde die Richtlinie 2001/77/EG des Europäischen Parlaments und des Rates vom 27. September 2001 zur Förderung der Stromerzeugung aus erneuerbaren Energiequellen im Elektrizitätsbinnenmarkt verabschiedet. Die Richtlinie legt fest, dass der Anteil erneuerbarer Energien am Stromsektor auf 22,1 % (bzw. 21 % für EU-25) bis zum Jahr 2010 erhöht werden soll (EG 2001). Für jedes Land wurde ein eigenes Ausbauziel definiert. Die Mitgliedstaaten müssen für dessen Umsetzung die nötigen Fördermaßnahmen treffen, den politischen Rahmen für die Gewährleistung nicht diskriminierender Marktzugangsbedingungen schaffen, bürokratische Hürden abbauen und den Herkunftsnachweis für Strom aus erneuerbaren Energiequellen ermöglichen. Die Mitgliedsstaaten sind außerdem zur regelmäßigen Berichterstattung verpflichtet. Den von ihnen zur Erreichung der Ziele bevorzugten Fördermechanismus können die Staaten frei wählen bis ein EU-weit geltender Rechtsrahmen in Kraft tritt (EG 2001).

Die derzeit in der EU existierenden Förderregelungen lassen sich grob in vier Gruppen einteilen: Mindestpreissysteme (Einspeisesysteme), Quotenmodelle (Zertifikatsysteme), Ausschreibungssysteme und steuerliche Anreize. Mindestpreissysteme zeichnen sich durch die gesetzliche Festlegung von Mindestpreisen sowie eine allgemeine Abnahmepflicht von Strom aus erneuerbaren Energien seitens der Netzbetreiber oder Energieversorger aus. In Ländern mit Quotenmodellen werden dagegen alle Verbraucher (bzw. in einigen Ländern Erzeuger) verpflichtet, von den EE-Strom-Erzeugern eine bestimmte Menge grüner Zertifikate entsprechend einem festgelegten Prozentsatz (Quote) ihres Gesamtstromverbrauchs bzw. ihrer Gesamtstromerzeugung zu erwerben. In Ausschreibungssystemen konkurrieren die Erzeuger von Regenerativstrom in einzelnen Ausschreibungsrunden um die Deckung eines zuvor festgelegten Mengenkontingents. Die Ausschreibungsgewinner erhalten dann eine zeitlich begrenzte Abnahmegarantie für den von ihnen erzeugten Strom (EU-Kommission 2005, S. 4f; BWE 2005).

Die meisten Mitgliedsstaaten wenden Mindestpreissysteme an, während nur 5 Staaten sich für ein Quotensystem entschieden haben (s. Abbildung 6). Ein reines Ausschreibungssystem besteht nur noch in Irland. Das dortige Fördersystem wird aber ähnlich wie in Frankreich und Lettland auf eine Kombination aus Einspeisetarif und Ausschreibung umgestellt. Steuerliche Anreize werden vor allem als Ergänzung zu anderen Fördermechanismen genutzt, als alleiniges Fördersystem aber nur in Malta und Finnland angewendet (EU-Kommission 2005, S. 4f).

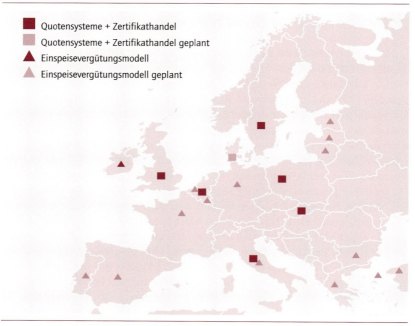

Abbildung 6: Fördersysteme für erneuerbare Energien in Europa.
Quelle: Reiche 2005

Grund für die schnelle Verbreitung von Mindestpreissystemen ist die erfolgreiche Anwendung in den Vorreiterländern Deutschland, Spanien und Dänemark (s. auch Abbildung 4 und 5). Zahlreiche Studien haben die Überlegenheit der Mindestpreise gegenüber Quotenmodellen bereits dokumentiert (u.a. Butler & Neuhoff 2004, ISuSI 2005, University of Birmingham 2005). Das Berkley National Laboratory stellt in seiner Studie „Fostering a Renewable Energy Technology Industry. An International Comparison of Wind Industry Policy Support Mechanisms" fest, dass Mindestpreissysteme die erfolgreichste Förderung für den Aufbau einer heimischen Windindustrie, die Schaffung eines stabilen Marktes und für Langzeitinvestitionen in Technologie und Innovation darstellen (Berkley 2005, S.17, 20). Die Bedeutung von Mindestpreissystemen für eine erfolgreiche Förderung erneuerbarer Energien hebt auch das DIW hervor. Das Institut sieht das EEG unter Berücksichtigung von ökologischer Wirksamkeit statischer und dynamischer Effizienz, Praktikabilität und Belastung der Stromverbraucher eher geeignet, die Ausbauziele zu erreichen, als alle aktuell diskutierten Alternativen (DIW 2005, S.449).

Die Kommission kommt in ihrem Bericht über die Erfahrungen mit den Fördersystemen gemäß Artikel 4 der Richtlinie 2001/77/EG ebenfalls zu dem Ergebnis, dass Mindestpreissysteme wesentlich effizienter als Quotenmodelle sind. Kosteneffizienz wird von der Kommission als Zielerreichung mit den geringsten Kosten definiert. Der im Bericht der Kommission verwendete Effektivitäts-Indikator beschreibt die Geschwindigkeit der Erschließung der erneuerbarer Energiepotentiale (EU-Kommission 2005a, S. 7ff, 24ff, 41ff).

Im Windenergiesektor wird der Unterschied zwischen den Fördersystemen am deutlichsten. Die effektivsten Regelungen für Windenergie sind derzeit die Mindestpreissysteme in Deutschland, Spanien und Dänemark, die gleichzeitig die geringsten Profitraten aufweisen (s. Abbildung 7 und 8). Quotensysteme sind dagegen weniger effektiv bei signifikant höheren Vergütungen und Profitraten, da aufgrund der schwankenden Zertifikatspreise das Investitionsrisiko wesentlich höher als bei den verlässlichen Mindestpreissystemen ist.

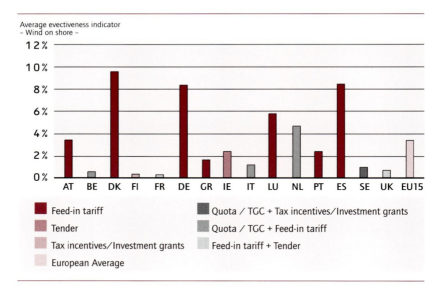

Abbildung 7: Effektivität von Förderinstrumenten für Windenergie in Europa im Zeitraum 1998-2004. Quelle: EU-Kommission 2005a.

Als weitere Gründe für die hohen Kosten der Quotensysteme nennt die Kommission den hohen administrativen Aufwand und den noch nicht ausgereiften Zertifikatsmarkt (EU-Kommission 2005a, S. 7ff, 26ff). Die folgende Grafik veranschaulicht die unterschiedliche Effizienz an den Erträgen, die Betreiber von Windstromanlagen in unterschiedlichen EU-Ländern erzielen können (Annual expected profit) verglichen mit Effektivität des Ausbaus. Als Index dafür dient der „Effectiveness indicator". Er bezeichnet, wie schnell das Potenzial an erneuerbaren Energien ausgeschöpft wird.

Europäische Vorgaben und Richtlinien zur Förderung Erneuerbarer Energien | KAPITEL 5.1

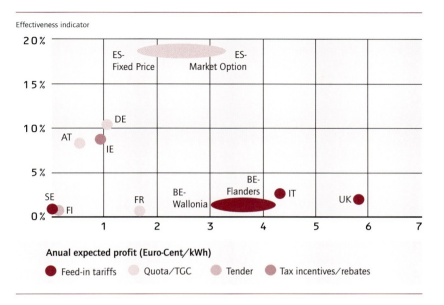

Abbildung 8: Effizienz der Windenergieförderung in Europa. Quelle: EU-Kommission 2005a.

Im Biomassesektor sieht die Kommission ebenfalls generell bessere Ergebnisse bei Einspeisesystemen als bei Zertifikatsystemen. Weitere Faktoren, wie administrative Hürden, Hemmnisse bei der Infrastruktur, die Land- und Forstwirtschaftsstruktur und Sekundärinstrumente, z.B. Steuervergünstigungen beeinflussen aber wesentlich den Ausbau in diesem sehr komplexen Bereich.

Die unterschiedliche Effizienz der Förderinstrumente wirkt sich maßgeblich auf die Entscheidung der Kommission über eine europaweite Harmonisierung aus. Während die Kommission früher nur ein Quotenmodell als EU-weites Förderinstrument in Betracht gezogen hat, nennt der Bericht erstmals die Möglichkeit eines europaweiten Mindestpreissystems. Ein europaweites Quotenmodell beurteilt die Kommission sehr kritisch. Zwar könnte eine Ausweitung des Zertifikatsmarktes den teuren nationalen Einzellösungen zu mehr Liquidität verhelfen. Die Nachteile eines Quotenmodells auf EU-Ebene würden aber den weiteren Ausbau der erneuerbaren Energien gefährden:
- Höherer administrativer Aufwand würde hohe Kosten verursachen
- Investitionsunsicherheiten würden den Ausbau hemmen
- Die fehlende Technologiedifferenzierung würde zu Verlust an dynamischer Effizienz führen, weil nur die jeweils wettbewerbsfähigen

Techniken ausgebaut, andere vielversprechende Techniken aber nicht ausreichend gefördert würden
- Außerdem könnten Widerstände in einzelnen Mitgliedsstaaten aufgrund fehlender heimischer Wertschöpfung entstehen, aber auch der NIMBY-Effekt in Staaten, die mehr produzieren, als sie verbrauchen.

Die Kommission sieht dagegen bei einem europaweiten Mindestpreissystem nur bei politisch falsch gesetzten Vergütungen mögliche Nachteile bei Kosten und Flexibilität. Bei regelmäßiger Prüfung der Vergütungshöhen fallen diese Nachteile weg. Als gravierende Vorteile gegenüber Quotensystemen werden die lokale Ressourcennutzung und die systematische Kostensenkung aller EE-Technologien genannt (EU-Kommission 2005a, s.12f).

Insgesamt hält die Kommission es für nicht angebracht, zu diesem Zeitpunkt über eine Harmonisierung zu entscheiden. Sinnvoller sei dagegen der Wettbewerb zwischen den einzelnen Regelungen. Die Fördersysteme sollen zudem durch Kooperationen der einzelnen Länder weiterentwickelt werden. Die Förderregelungen sollen außerdem hinsichtlich Zielerreichung, Kosteneffektivität, rechtlicher Stabilität, technologischer Vielfalt und der Schaffung von Arbeitsplätzen und lokalen und regionalen Nutzeffekten optimiert werden. Der Abbau administrativer Hemmnisse in Planungs- und Genehmigungsverfahren stelle außerdem einen wichtigen Optimierungsschritt dar (EU-Kommission 2005a, s.18ff).

Die Entscheidung der Kommission, dass der erfolgreiche Ausbau erneuerbarer Energien wichtiger als eine Harmonisierung sei, wird auch durch das Rechtsgutachten „EEG und Binnenmarkt: Zur Vereinbarkeit des Erneuerbare-Energien-Gesetzes (EEG) mit den aktuellen Bestimmungen zum Elektrizitätsbinnenmarkt und mit der Warenverkehrsfreiheit" von Prof. Dr. Stefan Klinski gestützt. Klinski kommt in seiner Untersuchung zum Ergebnis, dass nach geltendem europäischen Recht eine Harmonisierung der Förderinstrumente nicht erforderlich ist. Die Richtlinie 2001/77/EG soll den Prozess einer späteren Harmonisierung zwar vorbereiten. Das „ungestörte Funktionieren" der verschiedenen in den Mitgliedsstaaten praktizierten Systeme zur Förderung erneuerbarer Energien ist aber ein verbindliches Ziel der Richtlinie, um das Vertrauen der Investoren zu erhalten, bis ein einheitliches Fördersystem zur Anwendung gelangt ist. Klinski stellt außerdem fest, dass Festpreissysteme wie das deutsche EEG sowohl mit der Strombinnenmarktrichtlinie (Richtlinie 2003/54/EG) wie auch mit sonstigem europäischen Recht im Einklang stehen. Das EEG kann zwar zu Beeinträchtigungen des freien Stromhandels führen. Die Einschränkungen der Handelsfreiheit erweisen sich aber im Hinblick auf vom Gemeinschaftsrecht anerkannte Ziele (Umweltschutz, Schutz der Gesundheit von Menschen, Tieren und Pflanzen) als hinreichend gerechtfertigt (Klinski 2005). Die Vereinbarkeit des deutschen Stromeinspeisegesetzes mit der Warenverkehrsfreiheit hat das EUGH bereits in seinem Urteil vom März 2001 bestätigt. Das EUGH hat außerdem entschieden, dass die Vergütungen des Stromeinspeisungsgesetz keine staatliche Beihilfen darstellen (EUGH 2001). Die nationalen Förderregelungen werden also fortbestehen können. Im Jahr 2007 wird die Kommission erneut den Erfolg in den Mitgliedsstaaten messen und dabei auch Ausbauziele für das Jahr 2020 im Auge haben. Voraussichtlich wird dabei der Druck auf weniger effiziente Systeme wie das britische Quotenmodell erhöht. Sollte die Kommission erneut Überlegungen zu einer Harmonisierung anstellen, so dürfte der Ansatz eines europaweiten Mindestpreismodells vergleichbar dem deutschen EEG die deutlich besten Chancen haben. In der verbleibenden Zeit wird es darauf ankommen, die bereits begonnene Zusammenarbeit von Ländern mit Mindestpreissystemen zu verstärken.

4. RICHTLINIE ZUR FÖRDERUNG VON BIOKRAFTSTOFFEN

Der Energieverbrauch im Verkehrssektor wächst rasant und hat allein in den letzten 20 Jahren in Europa um mehr als 65 % zugenommen (EU-Kommission 2000, S.17). Heute entfallen bereits mehr als 30 % des Endenergiebedarfs der europäischen Union auf diesen Sektor (EU-Kommission 2000 S. 15). Mit dem wachsendem Verkehrsaufkommen schießen auch die CO_2 Emissionen in die Höhe. Die europäische Kommission erwartet bis 2010 einen Anstieg von 50 % auf ca. 1,13 Mrd. t (EU-Kommission 2001 S. 14). Der Verkehr ist zudem fast ausschließlich vom Erdöl abhängig und daher zu einem sehr großen Anteil für die wachsenden Energieeinfuhren der EU verantwortlich. Die europäische Kommission hat daher den dringenden Handlungsbedarf erkannt und in ihrem Grünbuch „Versorgungssicherheit" gefordert, bis 2020 den Anteil von Biokraftstoffen und anderen Ersatzstoffen auf 20 % des Kraftstoffgesamtverbrauch zu steigern (EU-Kommission 2000, S.46). Das Weißbuch der Kommission „Verkehrspolitik bis 2010 – Weichenstellungen für die Zukunft" bekräftigt dieses Ziel und hat die Grundlage für zwei Richtlinien geschaffen, die 2003 in Kraft getreten sind:

1. Die Richtlinie 2003/30/EG „Förderung der Verwendung von Biokraftstoffen oder anderen erneuerbaren Kraftstoffen im Verkehrssektor" legt Richtwerte für Mindestanteile an Biokraftstoffen im Kraftstoffmarkt fest. Bis zum Jahr 2005 soll in den EU-Mitgliedsstaaten der Biokraftstoff-Anteil auf 2 % ansteigen, bis 2010 auf 5,75 % (EG 2003a).
2. Die Richtlinie 2003/96/EG erlaubt den Mitgliedsstaaten, alle Biokraftstoffe von der Mineralölsteuer zu befreien, auch wenn sie fossilen Kraftstoffen beigemischt werden (EG 2003a).

Diese Richtlinien haben die Nutzung von Biokraftstoffen in Europa angestoßen. Mittlerweile fördern die meisten Mitgliedsstaaten Biokraftstoffe mit Steuererleichterungen. Eine 100-prozentige Steuerbefreiung gilt aber nur in Belgien, Deutschland, Österreich und Spanien. Zwei Mitgliedsstaaten, die Niederlande und Österreich, haben sich für eine Beimischungspflicht entschieden.

Die Fördermaßnahmen reichen aber nicht aus, um das 2%-Ziel bis 2005 zu erreichen. Dafür wäre eine Produktion von 4,25 Mio. t Biokraftstoffen in Europa erforderlich. In 2005 werden aber voraussichtlich nur 3,7 Mio t produziert. Nur Deutschland wird als einziges Mitgliedsland sein Ausbauziel erfüllen und mehr als 2% Biokraftstoffe in 2005 verwenden. Die meisten europäischen Mitgliedsstaaten müssen ihre Biokraftstoffproduktion daher noch deutlich erhöhen. Die EU muss insgesamt seine Produktionskapazitäten mehr als verdreifachen, um das 5,75%-Ziel in 2010 zu erreichen (s. Abbildung 9).

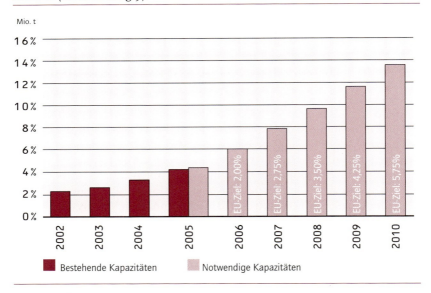

Abbildung 9: Bestehende und notwendige Biodieselkapazitäten in Europa. Quelle: Bensmann 2005.

In Europa überwiegt bislang die Nutzung von Biodiesel. In 2004 wurden ca. 2 Mio. t Biodiesel verwendet, dagegen nur eine halbe Mio. t Ethanol (s. Abbildung 10). Die Produktionskapazitäten für Ethanol werden aber europaweit ausgebaut. Biodiesel wird bisher vor allem als B-100, d.h. in reiner Form genutzt. Die beigemischten Mengen (B-5) nehmen aber stetig zu. Ethanol wird derzeit vor allem in Form von ETBE dem Kraftstoff beigemischt.

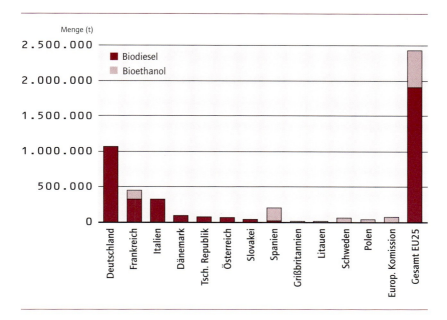

Abbildung 10: Biodiesel- und Bioethanol-Produktion in Europa 2003. Quelle: Eurobserver 2005.

5. EUROPÄISCHE INITIATIVEN FÜR WÄRME- UND KÄLTEERZEUGUNG AUS ERNEUERBAREN ENERGIEN

Für die Wärmeerzeugung werden in Europa über 40 % des Endenergieverbrauches und damit deutlich mehr Energie als in der Stromerzeugung oder im Transportsektor verbraucht (EU-Kommission 2000). Auch der Kühlungsbedarf steigt rasant, so dass in mehreren Ländern der Spitzenstromverbrauch mittlerweile nicht mehr im Winter sondern im Sommer ist. Dennoch gibt es für diesen Bereich bisher keine verbindlichen Vorgaben der europäischen Union, obwohl es ein enormes Potential erneuerbarer Energien für die Wärme- und Kälteerzeugung gibt. Das Europäische Parlament wird daher der EU-Kommission mit einem gesonderten Initiativbericht konkrete Vorschläge für ein europäisches Gesetz für die Förderung der erneuerbaren Energien für den Wärme- und Kältebereich unterbreiten. Im Entwurf der Berichterstatterin Mechtild Rothe werden nationale verbindliche Ziele bis 2020 gefordert, um den derzeitigen Anteil an erneuerbarer Wärme und Kälte von etwa 10 % auf 25 % in 2020 zu steigern. Die Mitgliedsstaaten sollen analog zur Stromrichtlinie die Fördermechanismen zur Zielerreichung frei wählen können. Die Förderinstrumente müssen aber durch mittel- bis langfristig stabile Förderbedingungen Investitionssicherheit gewährleisten, eine effiziente und systematische Förderung zur Zielerreichung garantieren und die technologische Vielfalt berücksichtigen. Außerdem sollen flankierend administrative Hemmnisse abgebaut werden. Eine europäische Richtlinie für den Sektor Heizung und Kühlung wird auch in dem vom Claude Turmes vorgelegten Bericht über erneuerbare Energien gefordert, der im Juni 2005 vom Europäischen Parlament angenommen worden ist. Auch die EU-Kommission hat das Fehlen von Rechtsvorschriften als wesentliches Hindernis für die weitere Entwicklung erkannt und für 2006 eine Richtlinie für Wärme aus erneuerbaren Energien angekündigt.

6. RESUMEÉ

Die EU hat entscheidende Impulse gegeben. Inzwischen wird die Stabilisierung und die Fortentwicklung der gesetzlichen Rahmenbedingungen durch die neuen Marktakteure und die Evidenz der Klima-, Beschäftigungs- und industriepolitischen Erfolge deutlich gestärkt. Der Fokus muss künftig stärker darauf gerichtet sein, dass
- die starke KMU-Prägung der erneuerbaren Energiebranche erhalten bleibt
- durch vollständige eigentumsrechtliche Trennung der Netze die Netzzugangshemmnisse abgebaut werden
- die Energiepolitik stärker auf dem Verursacherprinzip beruht, d.h. Subventionen abgebaut und alle externen Kosten der Energiegewinnung- und Umwandelung internalisiert werden.

7. QUELLENVERZEICHNIS

- Bensmann, M. 2005: Treibstoff für Europa. In: Neue Energie, 11/2005
  BMU 2005: Erneuerbare Energien in Zahlen – Nationale und internationale Entwicklung.
- Berkely 2005: Fostering a Renewable Energy Technology Industry. An International Comparison of Wind Industry Policy Support Mechanisms. Autoren: Lewis, Joanna & Wiser, Ryan. Ernest Orlando Lawrence Berkeley National Laboratory.
- Butler, L./Neuhoff, K. 2004: Comparison of Feed-in tariff, Quota and Auction mechanisms to support wind power development. University of Cambridge.
- BWE (Bundesverband WindEnegie e.V.) 2005: Mindestpreissystem und Quotenmodell im Vergleich - welches System ist effizienter.
  DIW 2005: Erneuerbare Energien: Weitere Förderung aus Klimaschutzgründen
- Unverzichtbar. Autoren: Diekmann, J. & Kemfert, C. In: Wochenbericht des DIW Berlin Nr. 29/2005.
- EG 2001:EG Richtlinie 2001/77/EG zur Förderung der Stromerzeugung aus erneuerbaren Energiequellen im Elektrizitätsbinnenmarkt.
- EG 2003a: Richtlinie 2003/30/EG zur Förderung der Verwendung von

- Biokraftstoffen oder anderen erneuerbaren Kraftstoffen im Verkehrssektor.
- EG 2003b: Richtlinie 2003/96/EG des Rates vom 27. Oktober 2003 zur Restrukturierung der gemeinschaftlichen Rahmenvorschriften zur Besteuerung von Energieerzeugnissen und elektrischem Strom.
- EUGH 2001: Urteil des Europäischen Gerichtshofes vom 13.03.2001 zur beihilferechtlichen Beurteilung von Mindestpreisvergütungen für Strom aus Erneuerbaren Energiequellen.
- EU-Kommission 1996: Mitteilung der Kommission - Energie für die Zukunft: erneuerbare Energiequellen - Grünbuch für eine Gemeinschaftsstrategie.
- EU-Kommission 1997: Mitteilung der Kommission: Energie für die Zukunft: Erneuerbare Energieträger, Weißbuch für eine Gemeinschaftsstrategie und Aktionsplan.
- EU-Kommission 2000: Grünbuch - Hin zu einer europäischen Strategie für Energieversorgungssicherheit.
- EU-Kommission 2001: Weißbuch der Kommission „Verkehrspolitik bis 2010 - Weichenstellungen für die Zukunft.
- EU-Kommission 2005a: Mitteilung der Kommission: Förderung von Strom aus erneuerbaren Energiequellen.
- EU-Kommission 2005b : Mitteilung der Kommission: Aktionsplan für Biomasse.
- EU-Parlament 2005a: Claude Turmes, Bericht über den Anteil erneuerbarer Energieträger in der EU und Vorschläge für konkrete Maßnahmen.
- EU-Parlament 2005b, Mechtild Rothe, Entwurf eines Berichts mit Empfehlungen an die Kommission zu Heizung und Kühlung aus erneuerbaren Energiequellen.
- Eurobserver 2005: Biofuel Barometer 2005.
- Eurostat 2005: Tabellen und Statistiken Energie.
- ISuSI (Institute for Sustainable Solutions and Innovations) 2005: Analyse der Vor- und Nachteile verschiedener Modelle zur Förderung des Ausbaus von Offshore-Windenergie in Deutschland.
- Klinski, J. 2005: EEG und Binnenmarkt: Zur Vereinbarkeit des Erneuerbare-Energien-Gesetzes (EEG) mit den aktuellen Bestimmungen zum Elektrizitätsbinnenmarkt und mit der Warenverkehrsfreiheit.
- Reiche, D. 2005, Überblick über die Fördersysteme für Erneuerbare Energien in Europa - Erfahrungen und Perspektiven.
- University of Birmingham 2005: Wind power in the UK: how planning conditions and financial arrangements affect outcomes.
- World Wind Energy Association 2005: Worldwide Wind Energy Capacity: Pressemitteilung 7.03.2005.

KAPITEL 5.2.1 | Lebenslauf

Dr. Werner Brinker

Werner Brinker (30. März 1952) ist seit 2002 Präsident des Verbandes der Elektrizitätswirtschaft (VDEW), Berlin, und wurde am 7. Juni 2005 für drei Jahre im Amt bestätigt. Der in Lingen geborene Emsländer ist seit 1998 Vorsitzender des Vorstandes der EWE AG, Oldenburg.

In dem Energiekonzern ist er verantwortlich für die Ressorts Ein- und Verkauf von Strom und Gas, Verkaufsabrechnung, Marketing, Presse- und Öffentlichkeitsarbeit, Auslandsaktivitäten sowie Revision. Zuvor war er Technischer Vorstand der EWE AG, Prokurist und Leiter der Hauptabteilung Absatzwirtschaft bei der PreussenElektra AG, Hannover (heute: E.ON Energie AG).

Der Bauingenieur promovierte 1990 an der Technischen Universität Braunschweig. Er ist Mitglied des Vorstandes des Bundesverbandes der deutschen Gas- und Wasserwirtschaft (BGW), Berlin, sowie des Verbandes der Verbundunternehmen und Regionalen Energieversorger in Deutschland (VRE), Berlin. Brinker war von 1999 bis Mai 2002 Vorsitzender der VDEW-Landesgruppe Niedersachsen/Bremen und gehört dem VDEW-Vorstandsrat seit 1999 an. Brinker ist verheiratet und Vater zweier Töchter.

Praxiserfahrungen und Änderungsvorschläge

1. EINLEITUNG

Erneuerbare Energien gelten neben Energieeffizienz und Energieeinsparung als Hoffnungsträger für eine nachhaltige Energiewirtschaft. Sie sind im Gegensatz zu den fossilen Energien nahezu unbegrenzt verfügbar. Wegen ihrer im Vergleich zu fossilen Energien deutlich besseren CO_2- und Umweltbilanz können sie einen wichtigen Beitrag zum Klimaschutz leisten. Allerdings sind die meisten Erneuerbaren noch nicht marktreif: Die Stromgestehungskosten liegen bei dem Zwei- bis Zwanzigfachen konventioneller Stromerzeugungstechniken. Hinzu kommen technische Herausforderungen: Die Einspeisung aus Wind- und Solarenergieanlagen ist unregelmäßig und nur eingeschränkt planbar.

Dieser Beitrag analysiert Erfahrungen mit dem Erneuerbare-Energien-Gesetz (EEG), die Auswirkungen auf den Arbeitsmarkt und die Strompreise. Zu den Konsequenzen für die künftige Netzinfrastruktur werden die wichtigsten Ergebnisse einer umfassenden Studie erläutert. Der Beitrag schließt mit einem Vorschlag der Stromwirtschaft zur Marktintegration der erneuerbaren Energien.

2. DAS ERNEUERBARE-ENERGIEN-GESETZ

Das EEG setzt sich zum Ziel, im Interesse des Klima-, Natur- und Umweltschutzes eine nachhaltige Entwicklung der Energieversorgung zu ermöglichen. Gleichzeitig soll der Anteil erneuerbarer Energien an der Stromversorgung bis zum Jahr 2010 auf mindestens 12,5 % und bis zum Jahr 2020 auf mindestens 20 % erhöht werden.

Kern des EEG ist die Regelung einer Abnahme-, Übertragungs- und Vergütungspflicht des örtlichen Netzbetreibers für Stromeinspeisungen aus Anlagen zur Produktion von Elektrizität aus erneuerbaren Energiequellen.

2.1. ANSCHLUSS, ABNAHME- UND VERGÜTUNGSPFLICHT

Sofern der in einer Anlage erzeugte Strom in den Anwendungsbereich des EEG fällt, trifft den nächstgelegenen Netzbetreiber die unverzügliche Anschluss-, Abnahme- und Vergütungspflicht. Der örtliche Netzbetreiber muss den Strom vorrangig abnehmen und übertragen. Diese Pflicht kann auch einen wirtschaftlich zumutbaren Ausbau des Netzes beinhalten. Der Vorrang zugunsten der Einspeisungen aus erneuerbaren Energieträgern besteht selbst dann, wenn das Netz oder ein Netzbereich zeitweise vollständig durch Strom aus solchen ausgelastet ist. Voraussetzung ist aber, dass die einspeisende Anlage mit einer technischen Einrichtung zur Reduzierung der Einspeiseleistung bei Netzüberlastung ausgestattet ist. Die zu zahlenden Mindestvergütungen variieren je nach Anlagenart, -größe und Ausführung und sind degressiv ausgestaltet.

2.2. BELASTUNGSAUSGLEICH

Der vorgelagerte Übertragungsnetzbetreiber ist seinerseits zur Abnahme, Übertragung und Vergütung des vom Verteilnetzbetreiber aufgenommenen Stroms verpflichtet. Damit wird die finanzielle Belastung im Zusammenhang mit der direkten Vergütung vom Betreiber des Verteilnetzes auf den Übertragungsnetzbetreiber verlagert und zudem der Strom technisch in den Bilanzkreis des jeweiligen Betreibers des Übertragungsnetzes gebucht. Der Anspruch des Verteilnetzbetreibers reduziert sich jedoch um die „vermiedenen Netznutzungsentgelte".

Um die mit der Vergütungspflicht entstehenden unterschiedlichen Belastungen gleichmäßig zu verteilen, sind die vier Betreiber der Übertragungsnetze verpflichtet, den unterschiedlichen Umfang der abgenommenen Energiemengen und Vergütungszahlungen zu erfassen und durch einen physikalischen und finanziellen Austausch so lange auszugleichen, bis alle Übertragungsnetzbetreiber, bezogen auf die in ihren Netzbereichen unmittelbar oder mittelbar an Verbraucher abgegebene Energie, den gleichen Anteil regenerativen Stroms und finanzieller Belastung tragen („horizontaler Belastungsausgleich"). Darüber hinaus sind Stromversorger, die Letztverbraucher versorgen, verpflichtet, den EEG-Strom anteilig abzunehmen und dafür den im Rahmen des horizontalen Belastungsausgleichs ermittelten Durchschnittspreis (abzüglich der „vermiedenen Netznutzungsentgelte") zu zahlen („vertikaler Belastungsausgleich").

2.3. AUSLEGUNGSFRAGEN IN DER PRAKTISCHEN ANWENDUNG DES EEG

Das EEG enthält eine Vielzahl von Bestimmungen, die zu erheblichen Problemen bei der praktischen Anwendung des Gesetzes führen. Dies liegt insbesondere an den zahlreichen unbestimmten Rechtsbegriffen oder praktisch kaum handhabbaren Definitionen, die sich in den vielen Vergütungszuschlägen befinden, die neu in das Gesetz aufgenommen worden sind.

Als besonders problematisch hat sich die Definition der „nachwachsenden Rohstoffe" im Sinne von § 8 Abs. 2 Satz 1 EEG erwiesen. Insbesondere bei den dort genannten „Pflanzen und Pflanzenbestandteilen" kann der abnahme- und vergütungspflichtige Netzbetreiber häufig gar nicht von sich aus beurteilen, ob die gesetzlichen Voraussetzungen für die Zahlung eines Vergütungszuschlags vorliegen (z. B. bei Palmöl). Leider weisen die Anlagenbetreiber in vielen Fällen auch nicht die Bereitschaft auf, hier für Klarheit zu sorgen.

Ein weiterer Problemfall sind Vergütungszuschläge für Strom aus solarer Strahlungsenergie nach § 8 Abs. 2 EEG, die zwischen Anlagen- und Netzbetreibern häufig umstritten sind. Wann die betreffende Solarstromanlage tatsächlich auf einem Gebäude im Sinne von § 11 Abs. 2 Satz 3 EEG errichtet worden ist, kann wegen der komplizierten Gebäude-Definition im Einzelfall nur schwer beurteilt werden. Dies gilt insbesondere dann, wenn Standvorrichtungen für Solarstrom-Anlagen errichtet werden, die auch anderen Zwecken dienen können (z. B. als Unterstand, Geräteschuppen oder Verschlag). Wann zur Verschattung von Gebäudeteilen an der Fassade errichtete Solarstromanlagen darüber hinaus „wesentliche Bestandteile" dieses Gebäudes darstellen und ein weiterer Vergütungszuschlag auf den Strom aus diesen Anlagen anfällt, ist in vielen Fällen strittig.

Hierbei ist zu berücksichtigen, dass die Vergütungsvoraussetzungen für EEG-Anlagen anders als beim Kraft-Wärme-Kopplungsgesetz nicht durch eine Behörde festgestellt werden. Aufgrund dieses Umstandes hat der Netzbetreiber stets die Aufgabe, zu beurteilen, ob und in welcher Höhe der in den betreffenden Anlagen erzeugte Strom nach dem EEG vergütet wird. Die teilweise unterschiedliche Interpretation des Gesetzeswortlauts durch Anlagen- und Netzbetreiber führt dann zu entsprechenden Streitigkeiten, die häufig erst auf gerichtlichem Wege beigelegt werden können. Durch eine behördliche Feststellung der Vergütungsumstände für jede Anlage und eine praxisorientierte Abfassung des Gesetzeswortlauts hätten diese Probleme vermieden und die Rechtssicherheit für alle Beteiligten erhöhen können.

3. GEGENWÄRTIGER BEITRAG DER ERNEUERBAREN ENERGIETRÄGER ZUR STROMERZEUGUNG IN DEUTSCHLAND

Die Förderung der erneuerbaren Energien hat in den vergangenen Jahren zu einem massiven Zubau von EEG-Anlagen geführt. Der Anteil der erneuerbaren Energien am gesamten Primärenergieverbrauch in Deutschland ist von 1,4 % im Jahr 1992 auf 3,6 % im Jahr 2004 gestiegen. Bezogen auf die Netto-Stromerzeugung lag der Anteil der erneuerbaren Energien im Sinne des EEG im Jahr 2004 bei 8,48 %. Traditionell entfällt ein großer Anteil der erneuerbaren Energien auf die Wasserkraft, die seit über 100 Jahren als erneuerbare Stromerzeugungstechnik genutzt wird. Während ein Ausbau hier aufgrund der begrenzten Standorte und weiter erhöhten umwelt-rechtlichen Anforderungen nur noch in geringem Umfang möglich war, hat in den letzten Jahren in erster Linie die Windkraft einen starken Zuwachs erfahren und zwischenzeitlich die Wasserkraft als wichtigsten erneuerbaren Energieträger abgelöst. Im Jahr 2004 waren in Deutschland rund 16.000 MW Windenergieleistung installiert (November 2005: 17.700 MW). Dagegen sind die Beiträge von Biomasse und Photovoltaik noch gering, wenngleich deren Ausbau deutlich zugenommen hat. Im Jahr 2004 zahlten die Netzbetreiber Vergütungen in Höhe von insgesamt 3,6 Mrd. Euro an die Betreiber von EEG-Anlagen. Die Belastung für die Verbraucher belief sich auf 2,3 Mrd. Euro.

4. PRAKTISCHE AUSWIRKUNGEN DER FÖRDERUNG VON ERNEUERBAREN ENERGIEN

Wie andere innovative Technologien auch, bedürfen erneuerbare Energien zu ihrer Markteinführung der Förderung, um in der Startphase die Mehrkosten im Vergleich zu den konventionellen Energieträgern auszugleichen. Dennoch muss die Marktintegration und damit verbunden die Hinführung zur wirtschaftlichen Effizienz dieser Technologien mittelfristig maßgebliches Ziel der Förderung sein. Gegenwärtig sind die erneuerbaren Energien trotz ihrer langjährigen Förderung noch nicht wettbewerbsfähig. Nach wie vor gibt es für regenerative Energien keine Integration in den Markt, die sich beispielsweise bei Windenergie aufgrund der stochastischen Einspeisungen auch schwierig gestaltet. Die Analyse der Effekte der Förderung erneuerbarer Energien ist für einen Vergleich der Effizienz der verschiedenen Fördersysteme aufschlussreich. Auf einige maßgebliche Effekte der Förderung soll nachfolgend eingegangen werden.

4.1. BESCHÄFTIGUNGSWIRKUNG

In politischer Hinsicht von besonderer Bedeutung ist die Frage, wie viele Arbeitsplätze durch den Bau von Anlagen zur Erzeugung von Strom aus erneuerbaren Energiequellen in Deutschland geschaffen werden. Das Bundesumweltministerium berechnet für das Jahr 2004 130.000 Erwerbstätige im Bereich der erneuerbaren Energien. Das Bremer Energie Institut vertritt jedoch die Auffassung, dass dem positiven Beschäftigungseffekt durch die hohen Fördermittel und dem damit verbundenen Kaufkraftrückgang ein negativer Beschäftigungseffekt in anderen Branchen gegenüber steht.

Die Beschäftigungswirkungen des EEG sind in vier Studien untersucht worden (DIW, Bremer Energie Institut, EEFA, Institut für Wirtschaftsforschung Halle), die verschiedene Methoden und Modellannahmen verfolgen. Dementsprechend kontrovers gestaltete sich die Diskussion der Ergebnisse. Anlässlich eines VDEW-Symposiums im Oktober 2004 konnte dennoch weitestgehendes Einvernehmen über die Kernaussagen der Studien erzielt werden. Einigkeit besteht darüber, dass das EEG unmittelbar vom Fördervolumen abhängige, kurzfristige positive Beschäftigungseffekte habe. Der Nachweis kurzfristiger positiver Beschäftigungswirkungen sagt jedoch nichts über deren vollständige arbeitsmarktpolitischen Wirkungen aus. Um ein objektives und vollständiges Bild zu erhalten, müssten aber die mittel- bis langfristigen Netto-Beschäftigungswirkungen, die das EEG hervorruft, ermittelt werden. Solange die Differenzkosten zwischen der Erzeugung von Strom aus erneuerbaren Energien und der konventionellen Stromerzeugung positiv sind, werden die positiven Beschäftigungswirkungen des EEG durch die negativen Beschäftigungswirkungen kompensiert oder sogar überkompensiert. Unstrittig ist, dass die erneuerbaren Energien möglichst schnell wettbewerbsfähig werden müssen, um Nettobeschäftigungseffekte erzielen zu können. Eine höhere Wettbewerbsfähigkeit kann insbesondere durch eine Erhöhung der Fördereffizienz erreicht werden. In diesem Zusammenhang hat auch eine stärkere Orientierung der Mittelvergabe im Wettbewerb und der Entwicklung eines EU-weit harmonisierten Fördermodells eine hohe Bedeutung.

4.2. SPEZIFISCHE MEHRKOSTEN

Die Mehrkosten lassen sich in direkte Mehrkosten, die aus der Differenz zwischen Vergütungszahlungen und Marktwert der Stromeinspeisungen resultieren (=Förderkosten), und in indirekte Mehrkosten, die Kosten im Zusammenhang mit der Integration des eingespeisten Stroms in das Gesamtsystem beinhalten, unterteilen. Zu letzteren zählen vor allem windbedingte Regel- und Ausgleichsenergiekosten, Kosten infolge der EEG-bedingten Netzausbau- und -verstärkungsmaßnahmen sowie Kosten infolge der Zurückdrängung der Erzeugung aus bestehenden Kraftwerken (schlechtere Auslastung, damit höhere spezifische Stromgestehungskosten).

Darüber hinaus beinhalten die vertrieblichen Mehrkosten die gemäß EEG im Rahmen des vertikalen Belastungsausgleichs an die Vertriebe weitergewälzten Kosten der direkten Vergütungszahlungen an die Betreiber von Anlagen zur Produktion von Strom aus erneuerbaren Energieträgern.

4.3. VERMIEDENE NETZNUTZUNGSENTGELTE

Im Rahmen des Belastungsausgleichs sind sowohl im Verhältnis Übertragungs- zu Verteilnetzbetreiber als auch im Verhältnis Übertragungsnetzbetreiber zu Vertrieb von den Vergütungszahlungen an die Betreiber von Anlagen zur Produktion von Strom aus erneuerbaren Energieträgern jeweils die „vermiedenen Netznutzungsentgelte" in Abzug zu bringen. Diese Regelung ist fachlich umstritten, da Vergütungszahlungen mit Netznutzungsentgelten vermischt werden und durch die Einspeisung nicht kontinuierlich zur Verfügung stehender dezentraler Einspeisungen keine Netzkosten vermieden werden können. Umstritten ist die Regelung, weil die politisch gewollte deutschlandweite Verteilung der Mehrkosten so teilweise unterlaufen wird. Die Mehrkosten dieser Regelung verbleiben beim Verteilnetzbetreiber und damit in der entsprechenden Region. Umso erstaunlicher ist es daher, dass diese Regelung bei der Gesetzesnovelle „in letzter Minute" bei der abschließenden Sitzung des federführenden Umweltausschusses wieder hineingebracht wurde, nachdem sie im Regierungsentwurf verworfen wurde.

4.4. CO2-VERMEIDUNG UND CO2-VERMEIDUNGSKOSTEN

Die CO_2-Vermeidungskosten erneuerbarer Energien werden nach einer umfangreichen Studie der Deutschen Energie Agentur (dena), die von der Stromwirtschaft und den Verbänden der erneuerbaren Energien gemeinsam getragen wird, auch noch in zehn Jahren zwischen 41 und 77 Euro pro Tonne liegen. Das ist ein Vielfaches der Kosten alternativer CO_2-Minderungsmöglichkeiten.

Idealerweise sollten die CO_2-Vermeidungskosten langfristig den externen Kosten der Stromerzeugung entsprechen. Allerdings zeigt die wissenschaftliche Diskussion über die Quantifizierung der externen Effekte im Zusammenhang mit dem Klimawandel, dass über die anzuwendende Methodik zwar mittlerweile überwiegend Einigkeit besteht, aber wesentliche

Eingangsparameter zurzeit noch nicht zuverlässig angegeben werden können; hierzu gehören z. B. Auswirkungen einer erhöhten Durchschnittstemperatur auf die landwirtschaftliche Produktion von Nahrungsmitteln. Dies führt zu sehr unterschiedlichen Ergebnissen in den einzelnen Szenarien.

5. HERAUSFORDERUNGEN FÜR DIE WINDENERGIE

Mit dem starken Zubau von Windenergieanlagen, in deren Folge die Verbraucher zunehmend mit Kosten aus der EEG-Umlage belastet wurden, ist die Förderung der Stromerzeugung aus erneuerbaren Energien in die Kritik geraten. Neue Techniken bedeuten neue Herausforderungen – die zwingende Voraussetzung der Förderung der Erneuerbaren ist jedoch ihre technische Effizienz und ihre Wirtschaftlichkeit weiter zu verbessern. Besonders für die sinnvolle Nutzung der Windenergie in großem Stil sind noch einige Aufgaben zu lösen, auf die im Folgenden eingegangen werden soll.

5.1. VERSTETIGUNG

Windenergieanlagen produzieren Strom, anders als konventionelle Kraftwerke, nicht nach der Marktnachfrage, sondern nach dem Windangebot. Die Windenergie-Einspeisung ist aber nur eingeschränkt prognostizierbar bzw. bei fehlender Nachfrage nutzbar. EDV-Programme errechnen die erwartete Einspeisung aus Windenergieanlagen inzwischen sehr zuverlässig, falls die zu Grunde gelegte Windprognose zutrifft. Allerdings hat sich die Qualität der Windvorhersage, die die entscheidende Eingangsgröße für die Berechnungen ist, kaum verbessert. Eine genaue Vorhersage der Windverhältnisse ist mittelfristig ebenso wenig zu erwarten wie eine Verbesserung der allgemeinen Wettervorhersage.

Somit kommt – neben abweichendem Kundenverhalten und Kraftwerksausfall - als dritte Ursache für Abweichungen zwischen Einspeisung und Verbrauch die nur eingeschränkt prognostizierbare Windenergieeinspeisung hinzu. Bedeutsam wird diese dritte Ursache dadurch, dass sie inzwischen zur „Hauptursache" herangewachsen ist. Die Unterschiede zwischen prognostizierter und tatsächlicher Windenergieeinspeisung sind aufgrund der erheblichen installierten Windenergieleistungen der größte Kostenfaktor für den Ausgleich (Regel- und Ausgleichsleistung und -energie).

So werden im gesamten europäischen Verbundnetz für die Primärregelung 3.000 MW Kraftwerksreserve bereitgehalten – bei einem gleichzeitigen Ausfall der zwei größten Kraftwerksblöcke soll das Netz nach wie vor stabil bleiben. Allein in Deutschland sind allerdings schon 17.700 MW Windenergieleistung installiert, deren Einspeisung innerhalb eines Tages im vollen Leistungsbereich schwanken kann. Zwar wird für deren Ausgleich keine Primär-, sondern Sekundär- oder Minutenreserve eingesetzt. Doch zeigt der Vergleich der Größenordnung, dass der Netzbetrieb mit dem Windenergieausbau vor eine enorme Herausforderung gestellt wird. Mit dem zunehmenden Ausbau der Windenergie steigt auch der Aufwand für den Ausgleich der stochastischen Einspeisungen. Zukünftig müssen deshalb technische Möglichkeiten und finanzielle Anreize geschaffen werden, um diesen teuren und kapazitätsbindenden Ausgleich zu reduzieren. Die technischen Möglichkeiten – allen voran Energiespeicher – sind allerdings teure Optionen. Anlagenbetreiber sollten daher verstärkt in die Pflicht genommen werden, gemäß einem vorab zu meldenden Fahrplan einzuspeisen. Unerwartete Mehreinspeisungen müssten dann abgedrosselt, Mindereinspeisungen über Reserve-Kraftwerke oder Speicher überbrückt werden.

Es muss allen Akteuren im Strommarkt klar sein, dass es nicht genügt, Windenergieanlagen zu installieren. Vielmehr muss es darum gehen, den eingespeisten Strom ökonomisch sinnvoll in das Gesamtsystem Europas zu integrieren, denn nur dann hat es auch einen ökologischen Nutzen.

5.2. NETZAUSBAU

Deutschland hat traditionell eine dezentrale Energiestruktur. Die Kraftwerke wurden in der Nähe der Verbrauchszentren gebaut. Dadurch werden teure Transportwege möglichst kurz gehalten. Die Übertragungsnetze sind daher nicht für einen systematischen Transport der Strommengen von einer Region in die andere konstruiert, sondern für einen gelegentlichen Ausgleich und eine Stabilisierung des Gesamtsystems. Damit unterscheidet sich die deutsche Stromversorgung fundamental von anderen, zum Beispiel der schwedischen oder auch der englischen. Hier liegen die Kraftwerke überwiegend im Norden während die Verbrauchsschwerpunkte im Süden des Landes liegen.

Mit dem verstärkten Windenergieausbau verändert sich die Situation. Windenergieanlagen werden überwiegend in den windreichen Küstenregionen im Norden und im Osten Deutschlands errichtet. In wenigen Stunden im Jahr wird eine hohe Leistung eingespeist, die teilweise regional nicht mehr abgenommen und daher – nicht nur bilanziell, sondern auch physisch - bundesweit verteilt werden muss. In einzelnen Netzregionen sind die Netze bei Starkwind bereits vollständig ausgelastet. Für das Jahr 2007 ermittelte die dena-Studie infolge der zunehmenden Einspeisung aus Windenergie Netzengpässe durch Überlastungen.

Windenergieausbau braucht daher Netzausbau. Um angesichts der weiter verstärkten Windenergieeinspeisung bis zum Jahr 2015 einen sicheren Netzbetrieb gewährleisten zu können, bedarf es danach unter anderem der Errichtung von sieben neuen 380 kV Doppelleitungen mit einer Trassenlänge von insgesamt rund 850 km. Damit verbunden sind bis 2015 Netzausbaukosten von rund 1,15 Mrd. Euro.

Dies bedeutet, dass schnellstens mit dem Netzausbau begonnen werden muss. Langwierige Genehmigungsverfahren müssen beschleunigt werden. Ein im Grundsatz begrüßenswerter Schritt ist das Gesetzesvorhaben zur Beschleunigung von Planungsvorhaben für Infrastrukturvorhaben. Eine Fokussierung auf Erdkabel statt Hochspannungsleitungen beim Netzausbau sollte hierbei jedoch aufgrund der damit verbundenen Kostensteigerungen vermieden werden.

Der windbedingte Netzausbau ist ein weiteres Beispiel dafür, dass es zukünftig nicht mehr allein um den Zubau neuer erneuerbare Energien-Kraftwerke gehen kann, sondern verstärkt das Gesamtsystem betrachtet werden muss.

5.3. LEISTUNGSANTEIL DER ERNEUERBAREN

Die Ausnutzungsdauer der Windkraftwerke ist abhängig von den Windverhältnissen und insgesamt relativ gering. Onshore-Windenergieanlagen erreichen heute in Deutschland rund 1.600 Volllaststunden im Jahr. Zum Vergleich: Laufwasserkraftanlagen laufen rund 6.000, Braunkohle-Kraftwerke rund 7.100 und Kernenergieanlagen rund 7.600 Volllaststunden im Jahr.

Wegen dieser geringen Ausnutzungsdauer und der Verpflichtung zur vorrangigen Abnahme ist es notwendig, dass bei steigendem Windenergieanteil in einem Versorgungsgebiet Reserve-Kraftwerke bereit stehen, die im Fall der Windflaute die Versorgung übernehmen können. Nach der dena-Netzstudie kann daher trotz des erheblichen Zubaus von Windenergieanlagen auf konventionelle Kraftwerke kaum verzichtet werden. Im Jahr 2015 müssen für den Fall der Windflaute rund 34.000 MW an konventionellen Kraftwerken in Reserve gehalten werden. Hinzu kommen bis zu 7.000 MW für den kurzfristigen Ausgleich zwischen Prognose und Ist-Einspeisung. Anders ausgedrückt: Bis zum Jahr 2015 können trotz 36.000 MW Windenergie nur zwei thermische Großkraftwerke vom Netz genommen werden.

Hier wird die Notwendigkeit deutlich, bei einem angestrebten deutlichen Anteil erneuerbarer Energien im Strommix durch intelligente Speicher- und Backup-Systeme eine Leistungsbereitstellung zu gewährleisten, wie sie am Markt benötigt wird, und nicht, wie sie aufgrund des Windangebotes momentan zur Verfügung steht.

6. MARKTINTEGRATION DER ERNEUERBAREN ENERGIEN - MODERNISIERUNG DES FÖRDERSYSTEMS

Die vorstehenden Ausführungen verdeutlichen, dass neben den Mehrkosten das Problem der Markt- und Systemintegration gelöst werden muss. Diese Faktoren beeinflussen die Zukunft der erneuerbaren Energien in einem entscheidenden Maße, damit erneuerbare Energien langfristig einen Beitrag zum Erzeugungsmix leisten können.

VDEW hat deshalb ein „Integrationsmodell Erneuerbare Energien" entwickelt. Es soll gewährleisten, dass die politisch vorgegebenen Ausbauziele für erneuerbare Energien marktwirtschaftlich und damit effizient erreicht werden.

Im Kern sieht das Modell vor, dass die Erzeuger von Strom aus erneuerbaren Energien ihren Strom selbständig am Markt verkaufen. Marktgetriebene Strukturen unterstützen die Erzeuger dabei. Für jede verkaufte Kilowattstunde erhalten sie ein „Grünstrom-Zertifikat", das sie zusätzlich gewinnbringend veräußern können. Alle Vertriebsunternehmen müssen einen bestimmten, langfristig definierten Anteil erneuerbarer Energien nachweisen („verbindliche Zielquote"). Der Nachweis erfolgt über die Zertifikate, die sie bei den Erzeugern kaufen. Bei Nichterfüllung der Quote wird eine vorab festgelegte Pönale fällig. Vorab soll eine EU-weite Potenzialanalyse zu erneuerbaren Energien erstellt werden.

7. ZUSAMMENFASSUNG UND AUSBLICK

Das EEG hat sich in den vergangenen Jahren als erfolgreiches Instrument für den raschen Zubau von erneuerbaren Energien erwiesen. Der quantitative Erfolg zeigt die Effektivität des EEG. Die Abnahmegarantie und das Vorrangprinzip für erneuerbare Energien, die im deutschen Fördersystem verankert sind, waren für den Beginn der Markteinführung mit geringen Anteilen der erneuerbaren Energien am Erzeugungsmix entworfen. Sie passen jedoch auf Dauer nicht mehr zu einem Elektrizitätsversorgungssystem mit einem hohen Anteil stochastischer Einspeisungen aus Windenergie. Darüber hinaus ist zweifelhaft, ob die Förderung langfristig mit der Schaffung eines EU-Binnenmarkts vereinbar ist. Angestrebt ist, den Anteil der erneuerbaren Energien bis 2020 auf 20 % zu erhöhen. Die erneuerbaren Energien können deshalb nicht auf Dauer am Markt vorbei gefördert werden.

Der EU-Binnenmarkt erfordert ein harmonisiertes Fördersystem, um Wettbewerbsverzerrungen zu vermeiden. Unter volkswirtschaftlichen Gesichtspunkten ist die Effizienz in einem Handelssystem mit Grünstrom-Zertifikaten größer, da erneuerbare Energien an europaweit effizienten Standorten genutzt werden können. Darüber hinaus entwickelt sich ein Wettbewerb zwischen den einzelnen Technologien. Maßgeblich wird deshalb in der Zukunft sein, frühzeitig Innovationsanreize zu setzen, um damit erneuerbare Energien in absehbarer Zeit in den Wettbewerbsmarkt zu überführen. Auf europäischer Ebene heißt dies auch, dass die Diskussionen über die quantitative Zielerreichung der Mitgliedstaaten und mögliche Diskussionen allein über verbindliche quantitative Ziele für den Zeitraum nach 2010 nicht weiterhelfen. Es geht vielmehr um eine notwendige Integration der Anlagen – wirtschaftlich, netztechnisch, aber auch hinsichtlich der Marktregeln (netzwirtschaftlich).

Hier kann das Integrationsmodell einen maßgeblichen Beitrag leisten, da es den zielgerichteten Ausbau der erneuerbaren Energien zu deutlich geringeren volkswirtschaftlichen Kosten gewährleistet und darüber hinaus eine nachhaltige Marktintegration der Erneuerbaren in einem europäischen Kontext sicherstellt. Dies sind die wesentlichen Kriterien, an denen jedes potenzielle europäische Fördermodell gemessen werden muss.

KAPITEL 5.2.2 | Lebenslauf

Dipl.-Ing. Werner Niederle

PERSÖNLICHE DATEN:

Jahrgang 1956

AUSBILDUNG:

Studium   Maschinenbau, Verkehrstechnik und Verkehrsmittel, TU Wien

BERUFLICHE TÄTIGKEIT:

1983 – 1990	freiberufliche Beratung im Bereich Luftreinhaltung im Verkehr in Österreich, zu Kraftfahrzeugantrieben und Wasserstofftechnologie, Erstellung von Verkehrsemissionskatastern
seit 1987	im deutschen Umweltbundesamt, Berlin
1987 – 2001	Aufbau des deutschen Schadstoffemissionsinventars des Verkehrs, Entwicklung von Computermodellen und Datenbanken
1992 – 2001	CO_2-Minderung im Verkehr: Bewertung, Maßnahmen und Instrumente (Deutschland und EU-weit), umweltorientiertes Flottenmanagement
1996 – 2001	Produktlebenszyklusanalyse von Kraftfahrzeugen
2001 – 2006	Strategien und Instrumente für erneuerbare Energien im Strom- und Wärm-markt (Deutschland und EU-weit), EEG
1987 – 2006	Internationale Beratung und Projektmanagement

Dr. Harry Lehmann

PERSÖNLICHE DATEN:

1980 – 1985	Mitglied der „UA1" Kollaboration unter Carlo Rubbia (Nobelpreis 1984); Suche und Entdeckung der intermediären Vektorbosonen am Proton-Antiproton-Speicherring des CERN
1983 – 1991	Leiter des Ingenieurbüros „UHL Data" – Systemanalyse und Simulation im Bereich Energie und Umwelttechnik
seit 1985	verschiedene Lehraufträge u. a. Universität Lüneburg; Fachhochschule Aachen
1991 – 2000	Leiter der Systemanalyse und Simulation am „Wuppertal Institut für Klima, Umwelt und Energie"
seit 2000	Vizepräsident „Eurosolar"
2000 – 2002	Mitglied der Enquete-Kommission des Deutschen Bundestages „Nachhaltige Energieversorgung unter den Bedingungen der Globalisierung und der Liberalisierung"
2000 – 2003	Unit Director „Solutions and Innovations", Greenpeace International
seit 2001	Mitglied des „World Renewable Energy Council"
2001 – 2004	Leiter des „Institute for Sustainable Solutions and Innovations"
seit 2004	Leiter des Fachbereichs „Umweltplanung und Nachhaltigkeitsstrategien" des Umweltbundesamtes, Deutschland
seit 2004	Vorsitzender des „Faktor 10 Club" zur Ressourcenproduktivität

Das Erneuerbare-Energien-Gesetz im europäischen Kontext

1. WARUM FÖRDERUNG DER ERNEUERBAREN ENERGIEN – BEGRÜNDUNG FÜR DIE NACHHALTIGE ENERGIENUTZUNG

Wissenschaftliche und politische Publikationen nennen den Ausbau der erneuerbaren Energien häufig als Maßnahme für den Klimaschutz. Tatsächlich dient er aber der Realisierung einer ganzen Reihe energie- und gesellschaftspolitischer Ziele, die weit über diesen unbestritten wichtigen Zweck hinausgehen. Seit einigen Jahrzehnten und insbesondere in den letzten Jahren hat in der öffentlichen Diskussion die Kostensteigerung bei fossilen Brennstoffen aufgrund der weltweiten Knappheit und Krisenanfälligkeit erhebliche Bedeutung erlangt. Darüber hinaus ist insbesondere beim Erdöl mittelfristig eine Verknappung durch die Überschreitung des weltweiten Fördermaximums zu erwarten, wodurch die Preise für alle fossilen Energieträger weiter ansteigen werden.

Die erneuerbaren Energien bieten die Möglichkeit, diese erschöpfbaren Energieressourcen zu schonen, auch für andere Nutzungsmöglichkeiten mit deutlich höherem Mehrwert. Dagegen sind die erneuerbaren Energien weltweit, dezentral und nach menschlichem Zeithorizont unerschöpflich verfügbar und bieten somit die Chance, die Abhängigkeit von und damit Konflikte um fossile Energieträger zu vermindern. Sie können eine langfristig stabile Energieversorgung sichern und auch in den ärmsten Ländern der Erde – die in großem Maße über Solarstrahlung, Wind oder Biomasse verfügen – eine energetisch autarke wirtschaftliche Entwicklung unterstützen. Die massiven Klimaschutz-, Umwelt- und Sicherheitsprobleme des fossilen und nuklearen Energiesystems sind bei der Nutzung erneuerbarer Energien nicht zu erwarten, wodurch auch die externen Kosten* der Energieversorgung deutlich gemindert werden. Gemeinsam mit einer sparsamen Nutzung und effizienten Umwandlung von Energie sind die erneuerbaren Energien die Basis einer nachhaltigen Energieversorgung.

Auf dieser umfassenden Argumentationsgrundlage hat sich auf internationaler Ebene die überwiegende Mehrheit der Staatengemeinschaft auf die Förderung der erneuerbaren Energien verständigt mit dem Ziel, ihren Anteil an der Energieversorgung substantiell zu erhöhen. Dies findet seinen Niederschlag in diversen im Rahmen des Weltgipfels für Nachhaltige Entwicklung 2002 in Johannesburg und der Renewables2004 in Bonn gegründeten internationalen Initiativen, aber auch in der Begründung verschiedener Regelungen wie der Richtlinie 2001/77/EG zur Förderung der Erneuerbaren Energien im Elektrizitätsbinnenmarkt oder dem Erneuerbare-Energien-Gesetz (EEG).

---

*Externe Kosten sind die Kosten, die nicht in den Preisen von Produkten oder Dienstleistungen erhalten sind, aber dennoch anfallen. Sie werden damit nicht dem Verursacher, sondern der Gesellschaft angelastet.

Um die oben genannten Ziele zu erreichen, müssen wir neben den nahe an der Wirtschaftlichkeit stehenden Techniken wie Wind oder Biomasse auch jene fördern, die erst mittel- bis langfristig erhebliche Entwicklungspotenziale bieten, dann aber einen erheblichen Anteil der Energieversorgung abdecken können. Dies gilt vor allem für die Photovoltaik, für die Geothermie und für die Solarthermie im Bereich der Wärmenutzung. Auch die Stromerzeugung aus Hochtemperatur-Solarthermie mittels konzentrierter Solarstrahlung stellt vor allem im Sonnengürtel der Erde bereits in naher Zukunft eine reelle Option dar.

Um diese unschlagbaren Vorteile der erneuerbaren Energien nutzen zu können, ist neben den heute noch bestehenden Kostennachteilen ein weiterer Aspekt zu betrachten: das fluktuierende Angebot insbesondere der Solarstrahlung und des Windes, welche eine plan- und regelbare Strom- und Wärmeerzeugung erschwert. Die Wärme aus Solarstrahlung kann in geeigneten Speichern aufbewahrt, Strom durch reversible Umwandlung in andere Energieformen gespeichert werden. Die Speicherung ist allerdings mit verschiedenen Begrenzungen konfrontiert: sie ist – vor allem bei Wärme – nur für einen begrenzten Zeitraum möglich und generell mit technischem Aufwand und Verlusten an nutzbarer Energie verbunden. Zudem hat sich das heutige Energiesystem auf Basis fossiler und nuklearer Wärmekraftwerke sowie Wasserkraftwerke für die Versorgung einer zwar schwankenden, dabei aber weitgehend vorhersehbaren Energienachfrage entwickelt. Die Stellglieder und das Management dieses Systems sind deshalb auf die Anforderungen eines fluktuierenden Energieangebots nicht vorbereitet. Dieses Problem ist jedoch lösbar, erfordert aber eine Weiterentwicklung des Energiesystems und seiner Regelung.

2. NACHHALTIGE FÖRDERUNG DER ERNEUERBAREN ENERGIEN – WARUM EINSPEISEVERGÜTUNG

Den oben dargestellten Zielen für den Ausbau der erneuerbaren Energien folgend, benötigen wir ein Instrument, das folgenden Anforderungen genügen muss:

- Alle Techniken zur Nutzung erneuerbarer Energien müssen gefördert werden, sowohl alle Sparten mit den jeweiligen technischen Varianten, als auch mögliche innovative (Weiter-)Entwicklungen.
- Der Aufbau von Industriebranchen und die Entwicklung neuer und innovativer Techniken erfordert eine langfristige und stabile investive Basis für die entsprechenden Unternehmen, welche durch die Förderung sichergestellt werden muss.
- Die Techniken zur Nutzung erneuerbarer Energien müssen systematisch an die Marktreife und an die Unabhängigkeit von Fördermitteln herangeführt werden. Zu diesem Zweck ist auch eine technologiespezifische Konkurrenzsituation in den jeweiligen Marktsegmenten sinnvoll und notwendig.

- Das Instrument soll sowohl eine effektive als auch effiziente Förderung der erneuerbaren Energien ermöglichen, um die gesetzten Ziele mit möglichst geringen volkswirtschaftlichen Kosten erreichen. Dies bedeutet weiter, es muss einfach sein, wenige Akteure einbeziehen, möglichst direkte und regelbare Wirkung auf den Fördergegenstand ausüben, wenig staatlichen Kontrollaufwand nach sich ziehen, die Transaktions- und Folgekosten (auch für den Staatshaushalt) sollen gering sein.
- Das Instrument soll vom Staatshaushalt und von kurzfristigen politischen Strömungen so weit wie möglich unabhängig sein.

Diese Anforderungen werden vom derzeit in Deutschland genutzten Erneuerbare-Energien-Gesetz (EEG) weitgehend erfüllt. Das zugrunde liegende Prinzip der Einspeisevergütung kann auf das jeweilige Ausbauziel differenziert eingestellt werden und erfüllt im Gegensatz zu anderen derzeit vorgeschlagenen oder in Europa genutzten Instrumenten die meisten der oben genannten Anforderungen, wie weiter unten dargelegt.

3. DAS ERNEUERBARE-ENERGIEN-GESETZ
3.1 Aufbau und wesentliche Elemente des Erneuerbare-Energien-Gesetzes

Das Erneuerbare-Energien-Gesetz trat am 29.3.2000 in Kraft. Neben einer Reihe von Änderungen, auf die hier nicht näher eingegangen wird, bereitete die Bundesregierung eine größere Novelle in den Jahren 2003/2004 vor, die am 21.7.2004 in Kraft trat. Der grundsätzliche Aufbau des Gesetzes wurde im Vergleich zur ersten Fassung nicht wesentlich geändert. Es besteht aus allgemeinen Regelungen, die den Zweck des Gesetzes, die Begriffe und die übergreifenden Verfahren festlegen sowie aus speziellen Regelungen, die die Vergütungsbedingungen und ihre Höhe nach Sparten der erneuerbaren Energien definieren.

Die wesentlichen Elemente und Merkmale des EEG sind:
- die grundsätzliche Ausrichtung des Gesetzes auf eine breite Förderung aller Sparten der erneuerbaren Energien im Strombereich zur Förderung einer nachhaltigen Energienutzung;
- die Definition einer privatrechtlichen Beziehung zwischen Anlagen- und Netzbetreiber; lediglich für Differenzen, die eine Gesetzesinterpretation erfordern, wird die Möglichkeit der Einrichtung einer staatlichen Clearing Stelle definiert; die Verpflichtung des Netzbetreibers zum Anschluss der Anlage an das Stromnetz sowie zur bevorzugten Abnahme und zur Vergütung des erzeugten Stroms;
- die Vergütungshöhe entspricht den tatsächlichen Gestehungskosten des Stroms über die jeweilige technische Lebensdauer, differenziert nach den relevanten und gemäß dem breiten Förderziel erforderlichen Parametern wie Anlagentyp, -größe und -standort;

- es wird nur Strom vergütet, der ausschließlich aus erneuerbaren Energiequellen gewonnen wurde (Ausschließlichkeitsprinzip);
- die gleichmäßige Verteilung der vom einzelnen Netzbetreiber vergüteten Strommengen und der dafür zu zahlenden Vergütungen auf alle Stromverbraucher (bundesweite Ausgleichsregelung);
- die Transparenz der Ausgleichsprozesse;
- die Begrenzung wettbewerbsschädlicher Belastung durch nach EEG vergütetem Strom bei energieintensiven Unternehmen (Härtefallregelung);
- die regelmäßige Überprüfung des Gesetzes im Rahmen des Erfahrungsberichtes an den deutschen Bundestag sowie die darauf beruhende rechtliche Umsetzung von gegebenenfalls erforderlichen Anpassungen.

3.2 Die Novelle zum Erneuerbare-Energien-Gesetz vom 21.7.2004

Die Novelle des EEG basierte im Wesentlichen auf drei Grundlagen, die nachfolgend erläutert werden:
1. Ergebnisse des Erfahrungsberichtes vom 16.7.2002;
2. Umsetzung der Richtlinie 2001/77/EG in nationales Recht;
3. Forderungen der vom EEG betroffenen Verbände und Interessensgruppen.

Ad 1) Die Erkenntnisse des Erfahrungsberichtes bezogen sich vor allem auf die Wirksamkeit des EEG auf den Ausbau und die Kostenentwicklung der erneuerbaren Energien. Wesentliche Einflussfaktoren sind die technische Differenzierung, die jeweilige Höhe sowie die jährliche Degression der Vergütung. Bei Biomasse wurde deutlich, dass bestimmte Anlagengrößen wegen unzureichender Differenzierung nicht zur Entwicklung kamen. Entsprechende Veränderungen zeigen nunmehr erhebliche Wirkung, z.b. die neu eingezogene Differenzierung von Anlagen bis 150 kW mit höherer Vergütung. Bei der Photovoltaik wurde das im Jahr 2000 ausgelaufene Hunderttausend-Dächer-Programm durch eine Erhöhung der Vergütung kompensiert. Zudem wurde die Vergütungshöhe standortabhängig differenziert, indem Strom aus Anlagen an Gebäuden oder Lärmschutzwänden je nach Anlagengröße um etwa neun bis zwölf Euro-Cent höher vergütet wird als Anlagen auf dem Boden. Anlagen, die an Fassaden angebracht werden, erhalten einen zusätzlichen Bonus von fünf Cent.

Ad 2) Die Umsetzung der Richtlinie 2001/77/EG betrifft unter anderem drei wesentliche Punkte:
- Die Definition der erneuerbaren Energien, vor allem der Biomasse nach Art. 2 Satz b der Richtlinie 2001/77/EG wurde auf den biogenen Anteil der Abfälle aus Industrie und Haushalten erweitert (§ 3 Abs. 1 EEG vom 21.7.2004). Dementsprechend gilt die Abnahme- und Übertragungspflicht nach § 4 Abs. 1 EEG für die dem Energieinhalt des biogenen Anteils entsprechende Strommenge. Dem Ausschließlichkeitsprinzip im EEG entsprechend werden jedoch die Stromanteile aus einer solchen

- Mischfeuerung grundsätzlich nicht vergütet.
- In Art. 5 der Richtlinie 2001/77/EG wird ein Herkunftsnachweis für Strom aus Anlagen zur Nutzung erneuerbarer Energien als Nachweis der Quelle des Stroms aus erneuerbaren Energien für den Hersteller definiert. Dieser wird im Wesentlichen in § 17 EEG vom 21.7.2004 umgesetzt. Im Herkunftsnachweis nach EEG sind jedoch verschiedene Konkretisierungen vorgenommen, z.b. sind Standort, Leistung und Inbetriebnahmezeitpunkt, aber auch die in einer bestimmten Zeitspanne erzeugte Strommenge sowie die gegebenenfalls nach EEG gezahlte Vergütung anzugeben. Im § 18 Doppelvermarktungsverbot wird für diesen Fall die Weitergabe des Nachweises untersagt.
- Regelungen zum Netzanschluss von Anlagen zur Nutzung erneuerbarer Energien (Art. 7 der Richtlinie 2001/77/EG) waren im EEG bereits enthalten. Sie wurden durch Konkretisierungen bei den Regelungen zur Abnahme- und Übertragungspflicht (§ 4 EEG) sowie der Vergütungspflicht (§ 5 EEG), zu den Netzkosten (§ 13 EEG), zur Ausgleichsregelung (§ 14 EEG) und zur Transparenz (§ 15 EEG) verbessert.

Ad 3) Die bisherigen Erfahrungen mit dem EEG zeigten, dass verschiedene im Gesetz definierte Regelungen in der Praxis zu unbefriedigenden Ergebnissen führten. Deshalb führte das fachlich zuständige Umweltministerium im Vorfeld zahlreiche Gespräche mit Vertretern der Verbände der Netzbetreiber, der erneuerbaren Energien, der betroffenen Unternehmen, anderer Ministerien sowie der Wissenschaft und berücksichtigte einschlägige wissenschaftliche Untersuchungen. Als Konsequenz daraus passte der Gesetzgeber die Vergütungssätze und die Rahmenbedingungen für die Vergütung an. So muss z.B. Strom aus Windenergieanlagen an Land, die nach einem vor Inbetriebnahme zu erstellenden Gutachten nicht mindestens 60 % des orts- und anlagenüblichen Referenzertrages erbringen werden, von den Netzbetreibern nicht mehr nach EEG vergütet werden. Die jährliche Degression der Vergütungssätze für Windenergieanlagen wurde außerdem von 1,5 % auf 2 % angehoben. Andererseits werden Windenergieanlagen auf See den höheren Kosten entsprechend – und in Abhängigkeit von Küstenabstand und Wassertiefe – höher vergütet als Windenergieanlagen an Land. Darüber hinaus führte der Gesetzgeber prozessuale Verbesserungen ein. Z.B. wurde durch eine Veröffentlichungspflicht der vergüteten Strommengen und der entsprechenden Zahlungen die Transparenz der Gesetzesfolgen für Verbraucher verbessert (§ 15 EEG) oder durch Klarstellung der Vergütungspflicht auch ohne Vertrag (§ 12 Abs. 1 EEG) viele frühere Streitfragen klargestellt. Schließlich vereinfachte der Gesetzgeber auch die besondere Ausgleichsregelung (§ 16 EEG) für die Vermeidung von Wettbewerbsschädigung von Unternehmen mit hohem Stromverbrauch deutlich.

3.3 Die Wirkungen des Erneuerbare-Energien-Gesetzes

Die Verabschiedung des Erneuerbare-Energien-Gesetzes im Jahr 2000 verstärkte gemeinsam mit anderen weiterhin wirksamen Instrumenten (Hunderttausend-Dächer-Programm, Marktanreizprogramm) den Wachstumsschub bei der Stromerzeugung aus erneuerbaren Energien, der bereits in der davor liegenden Förderperiode begonnen hatte. Auch im Bereich der Technologie- und Kostenentwicklung sowie hinsichtlich der Förderung der betroffenen Branchen und ihrer Unternehmen (Anlagenhersteller, Zulieferer sowie Planungs- und Logistikunternehmen) war das Erneuerbare-Energien-Gesetz erfolgreich.

Wesentliche Aussagen dazu lieferte der erste Erfahrungsbericht vom 28.6.2002 des Bundesumweltministeriums an den deutschen Bundestag gemäß § 12 EEG vom 29.3.2000. Er machte deutlich, dass das EEG (unterstützt durch andere parallel bestehende Instrumente) erhebliche Wirkungen auf den Ausbau der erneuerbaren Energien hat [EEG-Erfahrungsbericht 2002]:

- Im Jahr 2001 wurden knapp 18 Mrd. kWh Strom aus Anlagen zur Nutzung erneuerbarer Energien mit insgesamt rund 1,54 Mrd. € vergütet. Dies entspricht einem EEG-Anteil am deutschen Stromverbrauch von 3,9 % und einer mittleren Vergütung von 8,64 €-ct/kWh.
- Die Förderung der erneuerbaren Energien führte zu einer wirtschaftlichen Entwicklung der betroffenen Branchen, die insgesamt einen Umsatz von über 6 Mrd. € erzielten. Etwa 120.000 Menschen waren direkt oder indirekt in den betroffenen Betrieben beschäftigt.
- Die Kostensenkung bei den Anlagen aus erneuerbaren Energien, die bereits seit Beginn der Neunziger Jahre zu beobachten ist, hat das EEG zum Teil verstärkt. So haben sich die Systemkosten bei der Photovoltaik in den Neunziger Jahren halbiert. Im Jahresverlauf 2000 sanken die durchschnittlichen Nettokosten um 8 %. Insgesamt ist also von einer Kostendegression auszugehen, die Kostenentwicklung und die Wirtschaftlichkeit des Anlagenbetriebs ist jedoch stark von den branchentypischen Parametern abhängig, bei der Windenergienutzung z.B. von der Standortqualität und vom jährlichen Windangebot, bei der Biomassenutzung u.a. von den Kosten der Einsatzstoffe.
- Insbesondere bei der Windenergienutzung und der Photovoltaik sind erhebliche Anstrengungen der Hersteller zur Technologieentwicklung und zur Kostensenkung zu beobachten, die maßgeblich auf die stabile und langfristige Förderung durch das EEG und das davor wirksame Stromeinspeisungsgesetz zurückzuführen sind.

Durch die Novelle von 2004 erhielten vor allem die Photovoltaik und einige Biomassetechniken einen deutlichen Wachstumsschub. Die Stromerzeugung stieg von 6,7 % des Bruttostromverbrauches im Jahr 2000 auf 9,3 % im Jahr 2004. Die Wasserkraftnutzung stagnierte dabei nahezu wegen des weitgehend genutzten Potenzials, während die Stromerzeugung aus

Windenergie und Biomasse sich in diesem Zeitraum verdoppelte. Die Nutzung der Windenergie überwog 2004 erstmals die Wasserkraft. Die Stromerzeugung aus Photovoltaik nahm – auf niedrigem Niveau – sogar um den Faktor sieben zu [EE in Zahlen 06/2005].

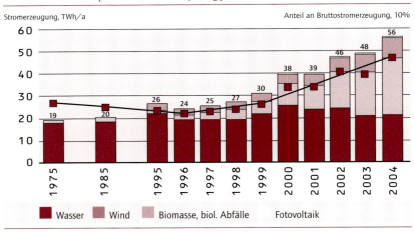

Abbildung 1: Zeitliche Entwicklung der Strombereitstellung aus erneuerbaren Energien von 1990-2004 [Nitsch et.al. 2005]

Abb. 1 zeigt die zeitliche Entwicklung der Stromerzeugung und den Anteil der erneuerbaren Energien an der Bruttostromerzeugung insgesamt [Nitsch et.al. 2005]. Im Jahr 2004 wurden demnach insgesamt 56 TWh Strom aus erneuerbaren Energien erzeugt, etwa 38,5 TWh wurden nach dem EEG vergütet. Dadurch stieg die EEG-Vergütung insgesamt auf knapp 3,6 Mrd. e. Damit wurden im Jahr 2004 Investitionen von schätzungsweise 4,9 Mrd. e ausgelöst, der Umsatz der an der Strombereitstellung aus erneuerbaren Energien beteiligten Unternehmen betrug etwa 8,7 Mrd. e. Bei einer Fortschreibung der stabilen Förderung durch das EEG bis zum Jahr 2020 wird der Anteil der Stromerzeugung aus erneuerbaren Energien am Bruttostromverbrauch über die Ziele der Bundesregierung (12,5 % bis zum Jahr 2010, 20 % bis zum Jahr 2020) hinaus auf über 25 % im Jahr 2020 ansteigen, die mögliche Bandbreite beträgt 23 bis 30 %. Die jährlichen Vergütungszahlungen steigen bis zum Jahr 2016 auf 8,2 Mrd. e, die tatsächlichen Mehrkosten (Differenz zum Marktwert des Stroms) werden jedoch nur etwa 4,2 Mrd. e betragen. Die Belastung eines durchschnittlichen deutschen Haushaltes (3500 kWh Stromverbrauch pro Jahr) steigt bis zum Jahr 2016 auf maximal 2,82 e/Monat. Danach werden sowohl die Vergütungszahlungen (bis 2020 auf 3,6 Mrd. e) als auch die Belastung der Haushalte kontinuierlich sinken [Nitsch et.al. 2005].

4. INSTRUMENTE ZUR FÖRDERUNG DER STROMERZEUGUNG AUS ERNEUERBAREN ENERGIEN IN EUROPA

4.1 Die Richtlinie 2001/77/EG

Die Richtlinie 2001/77/EG zur Förderung der Erneuerbaren Energiequellen im Strommarkt erlaubt den Mitgliedsstaaten, individuelle Regelungen für die Förderung der erneuerbaren Energien zu nutzen. Die Richtlinie setzt wichtige Rahmenbedingungen für die Wirksamkeit dieser Regelungen. Nach Art. 3 müssen die Mitgliedsstaaten geeignete Maßnahmen für die Förderung der erneuerbaren Energien setzen, um die in der Richtlinie festgelegten Richtziele der Mitgliedsstaaten für den jeweiligen Anteil der erneuerbaren Energien am Bruttostromverbrauch und für die Europäische Union insgesamt zu erreichen. Für die EU-25 wurde für das Jahr 2010 das Ausbauziel 21 % festgelegt, Deutschland hat sich verpflichtet, bis 2010 den Anteil des Jahres 2000 auf 12,5 % zu verdoppeln. Art. 6 der Richtlinie regelt den Abbau von Hemmnissen im Zusammenhang mit den Anlagen zur Erzeugung von Strom aus erneuerbaren Energien, z.b. durch Vereinfachung von Verwaltungsverfahren und Sicherstellung der Transparenz und Diskriminierungsfreiheit. Den vorrangigen Zugang für Strom aus erneuerbaren Energien zu elektrischen Netzen, die Sicherstellung seiner Übertragung und Verteilung sowie die diskriminierungsfreie Anlastung der Kosten für Netzanschluss und gegebenenfalls erforderlichen Netzausbau regelt der Art. 7.

In insgesamt sechs Berichten werden die Mitgliedsstaaten und die Kommission verpflichtet, regelmäßig über die Erfüllung der Richtlinie, z.B. über die Bemühungen der Mitgliedsstaaten zum Ausbau der erneuerbaren Energien und der dabei erzielten Fortschritte zu berichten.

Nach Art. 4 Abs. 2 musste die Kommission bis zum 27. Oktober 2005 einen Bericht über die in den Mitgliedsstaaten eingeführten Instrumente und ihre Wirkung vorlegen und kann optional einen Vorschlag für einen gemeinschaftlichen Rahmen für Förderinstrumente zu machen. Zur Vorbereitung dieses Berichtes hat die EU-Kommission bereits im Jahr 2004 eine Länderanalyse vorgelegt. In Deutschland hat sich der Anteil der erneuerbaren Energien an der Stromversorgung von 4,5 % im Jahr 1997 auf 8 % im Jahr 2002 erhöht. Bei der Fortsetzung der bisherigen Politik erachtet es auch die Kommission als realistisch, das Ziel des Jahres 2010 zu erreichen. Deutschland gehört damit neben Spanien, Dänemark und Finnland zu den wenigen Ländern in der EU-15, denen von der Europäischen Kommission bereits im Jahr 2004 bescheinigt wurde, dass sie bei unveränderter Förderpolitik die nationalen Ziele sicher erreichen werden. Für die anderen Länder der EU-15 kann dies bei der derzeitigen Politik nicht mit Sicherheit erwartet werden, für Portugal und Griechenland ist dies unwahrscheinlich [KOM(2004) 366 endgültig].

Die EU-Kommission hat den Bericht nach Art. 4 Abs. 2 gemeinsam mit dem nach Art. 8 der Richtlinie zum Jahresende 2005 fälligen zusammenfassenden Bericht über die Durchführung der Richtlinie, vor allem über die Fortschritte bei der Berücksichtigung der externen Kosten und über die Möglichkeit der Zielerreichung durch die Mitgliedsstaaten am 7. Dezember 2005 veröffentlicht [COM(2005) 627].

Wie bereits seit längerem von Energiekommissar Piebalgs deutlich gemacht wurde, schlägt die EU-Kommission aufgrund der Erkenntnisse aus den durchgeführten Studien keine Harmonisierung der europäischen Instrumente vor. Sie empfiehlt in ihrem Bericht stattdessen eine Koordinierung und engere Zusammenarbeit zwischen Mitgliedsstaaten mit ähnlichen Instrumenten, um ihre Wirkung zu verbessern und die Instrumente einander anzupassen. Weiter fordert sie unter anderem:
- höhere Stabilität der Förderung und verringerte Investitionsrisiken,
- die Beseitigung von administrativen Hemmnissen sowie beim Netzzugang,
- die Förderung einer Vielfalt von Techniken zur Nutzung erneuerbarer Energien,
- die Verbesserung der Kompatibilität der Förderung mit dem Elektrizitätsbinnenmarkt
- und die Förderung von Beschäftigung sowie lokaler und regionaler Strukturen.

Bereits im Jahr 2007 wird die EU-Kommission eine weitere Überprüfung der Richtlinienumsetzung vornehmen [COM(2005) 627].

Der Bericht beschreibt Vor- und Nachteile der wichtigsten, in den Mitgliedsstaaten bestehenden Instrumente Einspeisevergütung, Quote mit Zertifikatesystem, Ausschreibung und Steuerbegünstigung. Als prinzipielle Vorteile der Einspeisevergütung nennt er hohe Investitionssicherheit, Feinsteuerungsmöglichkeit und die Förderung neuer, erst langfristig verfügbarer Techniken. Dagegen sieht er eine europäische Harmonisierung von Einspeisevergütungen als schwierig an und befürchtet einen möglichen Konflikt mit Prinzipien des Binnenmarktes und eine mögliche Überförderung. Der Quote gesteht der Bericht das theoretische Potenzial zu, bei guter Abstimmung eine optimale Investition zu ermöglichen und Überförderung zu vermeiden; negativ schätzt er das Potenzial zur Förderung neuer Techniken und die zu erwartenden hohen administrativen Kosten ein.

Das Ergebnis der Analyse der Wirksamkeit der ausgeführten Fördersysteme unterscheidet sich teilweise von den prinzipiellen Überlegungen. Demnach führen Zertifikatssysteme vor allem bei Wind tendenziell zu einer deutlich höheren Förderung als Einspeisesysteme. Als Grund nennt der Bericht vor allem die hohen Risikozuschläge und die nicht ausgereiften Zertifikatmärkte, letzteres vor allem wegen der geringen Größe des nationalen (in diesem Fall: britischen) Marktes, und wegen der kurzen Implementierungszeit. Dies führt zu deutlich höheren Preisen bei den Zertifikaten im Vergleich zu den Vergütungssätzen bei Einspeisetarifen. Neben den Wirkungen der Instrumente selbst spielen auch andere Faktoren wie Verfügbarkeit und Bereitstellung von Biomasse, das Fehlen von Infrastruktur oder von ergänzenden Instrumenten eine wesentliche Rolle. Schließlich identifiziert der Bericht auch Probleme im Elektrizitätsbinnenmarkt, der national häufig von wenigen vertikal integrierten Unternehmen bestimmt wird, die auch das Übertragungs- und Verteilnetz beherrschen.

4.2 Einspeisevergütung versus Quote – Effektivität und Effizienz von Instrumenten

Neben Deutschland und Spanien nutzten im Jahr 2005 die meisten EU-25-Staaten sowie Bulgarien und Rumänien für die Förderung der erneuerbaren Energien Einspeisevergütungen zumindest als ein Instrument unter mehreren. In Großbritannien, Italien, Schweden, Belgien und Polen werden Quotenregelungen mit Zertifikatehandel genutzt. Ausschreibungen oder Steuerbegünstigungen als Hauptinstrument setzen nur einzelne Staaten ein, z.b. fördert Finnland Biomasse ausschließlich über Steuersenkungen.

Wesentliche Kriterien für die Wirksamkeit von Instrumenten sind ihre Effektivität gemessen an den Zielen der Förderung wie oben dargestellt sowie ihre (Kosten-) Effizienz, also der möglichst geringe volkswirtschaftliche Aufwand für die Erzeugung von Strom aus erneuerbaren Energien und für die Erreichung der Ausbauziele.

Die Effektivität der Einspeisevergütung wurde am Beispiel des EEG bereits erläutert. Sie ist sowohl durch die flexible, hinsichtlich Technik, Anlagengröße und Standort durch hoch differenzierte, die Mehrkosten der einzelnen Techniken gegenüber der fossilen Stromerzeugung deckende Vergütung als auch durch die stabile, langfristige Förderung begründet, welche das Risiko für die Investoren reduziert. Diese Aspekte haben auch entscheidenden Einfluss auf die Effizienz der Einspeisevergütung:

- Präzise den tatsächlichen Mehrkosten und den möglichen Lernkurveneffekten* angepasste Vergütungen (und ihre jährliche Absenkung) unter Berücksichtigung ausreichender (d.h. den Unternehmen Investitions- und Entwicklungsspielraum gebende) Renditen, führen zu intensiven Entwicklungsinvestitionen und damit zu den erwarteten Kostensenkungen. Dies hat auch der erste Erfahrungsbericht für das EEG gezeigt (siehe Abschnitt 3.3).
- Die regelmäßige Fortschreibung der Regelung verstärkt den Konkurrenzdruck zwischen den Anlagenherstellern und fördert damit technische Innovation und Kostensenkung.
- Die hohe Planungssicherheit und der hohe technische Entwicklungs-

---

*Minderung der Produktionskosten durch Lernfortschritte bei der (Weiter-)Entwicklung von Techniken

stand mindern die von den Banken und Versicherungen kalkulierten Risikoaufschläge für die Finanzierung der Projekte und der Versicherungen sowie die Zahl der Konkurse aufgrund von Fehlplanungen.
- Durch die starke Differenzierung der Vergütung können Mitnahmeeffekte weitgehend vermieden werden.
- Schließlich sind die erforderlichen Prozesse (z.b. bundesweite Ausgleichsregelung) relativ einfach und setzen auf bestehende Strukturen und Prozesse (in diesem Beispiel: der Netzbetreiber) auf, wodurch die Transaktionskosten gering bleiben.

Eine Quotenregelung mit Zertifikatehandel kann ihre Vorteile vor allem dann ausspielen, wenn das Förderziel unabhängig von bestimmter Technik ist, wie z.b. bei der Minderung der CO_2-Emission. Übertragen auf die Förderung der erneuerbaren Energien würde eine Quotenregelung in erster Linie bereits verfügbare und möglichst kostengünstige Technik an den besten Standorten fördern. Die Vernachlässigung der (Weiter-)Entwicklung der marktfernen, aber in Zukunft für eine nachhaltige Energieversorgung benötigten Techniken sowie Konzentrationsprozesse auf dem Markt wären die Folge. Um diese Effekte zu vermeiden, müsste die Quote z.B. nach Techniken oder auch regional differenziert werden, was die wesentliche Eigenart dieses Instruments tendenziell aufhebt und seine Wirksamkeit mindert. Alternativ müsste für die langfristige Förderung von marktfernen Techniken andere Instrumente unterstützend eingreifen, was zu einer inhomogenen Instrumentenlandschaft führte. Um die Effektivität sicher zu stellen, sind ferner rechtlich verbindliche und über das Zieljahr und die Ausbauziele hinausgehende langfristige Quotenziele erforderlich, die weitaus schwieriger durchsetzbar sind, als die heute definierten politischen Ziele.

Die Kosteneffizienz des Ausbaus der erneuerbaren Energien würde bei Nutzung der Quote in verschiedener Hinsicht nachteilig beeinflusst:
- Der bevorzugte Ausbau kostengünstiger Techniken berücksichtigt die dynamische Effizienz der Förderung nicht. Die Entwicklung neuer Techniken braucht Zeit. Wird die frühzeitige Entwicklung von Zukunftstechniken vernachlässigt, kommt es langfristig zu höheren Kosten, da die Techniken – wenn sie benötigt werden – nicht zur Verfügung stehen.
- Bei einem Quotenmodell bestehen wegen der volatilen Preisentwicklung der Zertifikate relativ hohe Risiken für geplante Projekte. Dies führt zu höheren Risikoaufschlägen bei den Kapitalkosten und damit zu hohen Kosten des Stroms aus erneuerbaren Energien. Ein Scheitern von Projekten ist wegen der höheren Risiken wahrscheinlicher als bei einer langfristig stabilen Förderung.
- Die oben beschriebene regionale Konzentration kann zu Zusatzkosten für Ergänzungs- und Ausgleichsmaßnahmen (z.B. im Stromnetz oder Umweltschutz) führen.

- Je weniger differenziert das Instrument gestaltet wird, umso größer ist die Wahrscheinlichkeit, dass die realen Kostenunterschiede zwischen verschiedenen Techniken oder Sparten zu Mitnahmeeffekten führen.
- Für den Aufbau und Betrieb des Zertifikatehandels ist ein zweiter Markt zu entwickeln, die Unternehmen müssen den Handel mit Zertifikaten durchführen, wodurch auf staatlicher und Unternehmensseite mit deutlich höheren Transaktionskosten zu rechnen ist.

Neben Effektivität und Effizienz sind weitere Parameter für die Bewertung der Wirksamkeit zu nennen, die sich an den Zielen der Förderung orientieren. Deutschland und die Europäische Union, aber auch international vor allem Entwicklungsländer verstehen die Förderung erneuerbarer Energien auch als Strukturpolitik. Durch die dezentrale Nutzung erneuerbarer Energien soll die wirtschaftliche Entwicklung lokal und regional unterstützt werden. Die Förderziele betreffen eine junge Technologie- und Unternehmenslandschaft, der damit eine stabile Entwicklung ermöglicht werden soll. Dies betrifft insbesondere die kleinen und mittleren Unternehmen (KMU), die auch für die dezentrale Wertschöpfung und Schaffung von Arbeitsplätzen in der Region von großer Bedeutung sind. Nicht zuletzt ist auch die internationale Wettbewerbsfähigkeit zu nennen, welche frühzeitig auf dem Markt agierende Unternehmen gewinnen können (first mover advantage). Auch dafür ist eine stabile Förderung in der Entwicklungsphase von neuen Techniken Voraussetzung.

Alle genannten Parameter werden durch die stabile und langfristig angelegten Förderung im Rahmen einer Einspeisevergütung vorteilhaft beeinflusst, während eine Quotenregelung mit handelbaren Zertifikaten in der Entwicklungsphase, in der sich die meisten Branchen der erneuerbaren Energien befinden, nachteilige Wirkung auf die Technologie- und Branchenentwicklung hat, die gegebenenfalls durch weitere Instrumente gezielt korrigiert werden müsste. Diese allgemeinen Überlegungen zu den Charakteristika der Instrumente machen deutlich, dass die Einspeisevergütung bis zum Erreichen der Marktreife im Vergleich zur Quote mit handelbaren Zertifikaten grundsätzlich die überlegene Lösung ist.

4.3 Die Wirksamkeit ausgeführter Instrumente in Mitgliedstaaten der EU

Neben den oben beschriebenen grundsätzlichen Wirkungsmechanismen eines Instruments ist vor allem die Ausgestaltung des Instruments in der konkreten Regelung von entscheidender Bedeutung für die Wirksamkeit. Obwohl nach den Erkenntnissen der EU-Kommission die Einspeisevergütung in Europa insgesamt bessere und kostengünstigere Förderergebnisse zeigt als z.B. die Quotenlösungen mit handelbaren Zertifikaten, sind nicht alle implementierten Modelle in allen Sparten ähnlich wirkungsvoll wie in Deutschland oder Spanien. Verschiedene Untersuchungen im Auftrag der EU-Kommission und nationaler Behörden haben sich mit der Wirksamkeit der praktisch ausgeführten Instrumente beschäftigt und dabei verschiedene der oben genannten Parameter untersucht.

Lehmann und Peter [2005] haben Ausschreibungsmodelle, Quoten und Einspeisetarife für die Förderung der Windenergienutzung auf See anhand von bisherigen Erfahrungen in europäischen Ländern (Dänemark, Deutschland, Frankreich, Großbritannien, Irland, Italien, Niederlande, Österreich und Spanien) anhand des Ausbaugrades (Effektivität) sowie der gesamten Kosten der Förderung und der Vergütung des erzeugten Stromes (Effizienz) untersucht. Diese Analysen führen zu ähnlichen Ergebnissen wie die der grundsätzlichen Wirkungsmechanismen der Instrumente im vorstehenden Abschnitt. Die Kosten der Stromerzeugung aus Windenergie bei der Förderung durch eine Quote mit Zertifikatehandel waren jeweils deutlich höher als die Kosten bei der Förderung mit Einspeisevergütung. Die Marktstimulation erfolgte nur durch zusätzliche Förderung (Niederlande) oder unter relativ hohen Kosten trotz guter Windverhältnisse (Großbritannien). Vorzeitige Quotenerfüllung führte zum Einbruch des Marktes (Italien). Einspeisetarife waren dann erfolgreich, wenn langfristig stabile Förderbedingungen, vor allem auch ohne politische Diskussionen über Änderungen, herrschten und die Vergütungen ausreichend hoch waren. Die hier ebenfalls untersuchten Ausschreibungsmodelle litten vor allem unter einem sehr variablen Marktgeschehen und unter spekulativem Vorgehen der Unternehmen (z.B. zu niedrige Kostenannahmen bei der Ausschreibung oder verzögerte Durchführung der Projekte um Kostensenkungspotenziale zu nutzen). Insgesamt kommt die Studie zu dem Schluss, dass alle Instrumente Markteingriffe darstellen, die nur dann die gewünschte Wirksamkeit erreichen, wenn sie kontinuierlich der Marktentwicklung und den Zielen entsprechend angepasst werden.

Ragwitz et.al. untersuchen seit 2004 im Auftrag des Umweltbundesamtes und des Bundesumweltministeriums [Ragwitz et.al. 2005] auf Basis umfassender Analysen der Nutzung erneuerbarer Energien in den Mitgliedstaaten der Europäischen Union und der verwendeten Förderinstrumente (z.B. [FORRES 2020]) am Beispiel von zehn Mitgliedsstaaten Effektivität, Effizienz und wesentliche Ausgestaltungsmerkmale von Instrumenten bis zum Jahr 2020. Zur Bewertung der Effektivität wird ein Effektivitätsindikator als Quotient der jährlich zusätzlich erzeugten Strommenge aus erneuerbaren Energien und des verbleibenden Ausbaupotenzials bis zum Jahr 2020 verwendet. Für die Effizienz wurde der zu erwartende jährliche Profit in €-ct/kWh gesetzt.

Das Ergebnis ähnelt auch hier der grundsätzlichen Analyse: sowohl für Wind als auch für Biomasse (letztere siehe [COM(2005) 627]) weisen die Länder mit Einspeisevergütung (Deutschland, Spanien, Frankreich und

Österreich) eine deutlich bessere Effektivität bei durchweg geringerer Profiterwartung auf, als die Staaten mit Quote und Zertifikatehandel (Großbritannien, Italien, Belgien, Schweden). Das schwedische Quotenmodell führte zwar zu geringen Profiterwartungen, allerdings auch zu einem stagnierendem Ausbau. In Abb. 2 sind die Verhältnisse für Windenergienutzung an Land dargestellt.

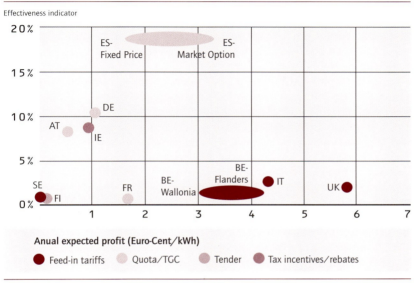

Abbildung. 2: Effektivität und jährlich erwarteter Profit der Instrumente zur Förderung von Windenergie an Land in ausgewählten Mitgliedsstaaten der Europäischen Union [Ragwitz et.al. 2005]

Eine neue Tendenz zeigt die Analyse im Rahmen von [Ragwitz et.al. 2005], wonach die in Großbritannien gezahlten Prämien (Zertifikatspreise) seit 2003 gesunken sind. Im gleichen Zeitraum haben sich allerdings die Strompreise verdoppelt, so dass der Ertrag für eine kWh Windstrom in Großbritannien heute bei etwa 13 e-ct/kWh liegt. Zur Zeit sind intensive Aktivitäten im Bereich von Planungen, Genehmigungen und Bau großer Windenergieparks an Land und auf See im Gange, während für andere Anlagen, die von der Marktreife noch weit entfernt sind, wie Photovoltaik- oder Kleinanlagen, eigene Instrumente vorgeschlagen und in Diskussion sind [neue energie 12/05].

In Deutschland hat der Verband der Elektrizitätswirtschaft (VDEW) im Juni 2005 ein Instrument vorgeschlagen, welches im Rahmen eines so genannten Integrationsmodells nach einer Übergangsphase von etwa sieben Jahren ein Quotenmodell mit handelbaren Zertifikaten vorsieht [VDEW 2005]. Das Ziel ist ein europaweit einheitliches Instrument, welches in erster Linie die großen marktnahen Potenziale der erneuerbaren Energien in Europa mit kurzfristig möglichst niedrigen Kosten nutzt. Die Förderung orientiert sich ausschließlich an einer möglichst kostengünstigen Minderung der CO_2-Emission aus der Energieversorgung und begünstigt große europäische Akteure, da vor allem diese von einem solchen Modell profitieren würden. Die Förderung marktferner Technik wie der Photovoltaik soll durch andere ergänzende Instrumente wie dem EEG erreicht werden.

Die volkswirtschaftliche Einsparung eines solchen Instrumentenwechsels bis zum Jahr 2020 hat Energy Environment Forecast Analysis GmbH (EEFA) im Auftrag des VDEW mit 5,5 Mrd. e errechnet. Dabei sind die kumulierten Einsparungen im Energiebereich lediglich 3,8 Mrd. e, der Rest sind mittelbare Effekte durch die Weitergabe der Einsparungen beim Strompreis an die Strom nutzenden Unternehmen. Diese Werte errechnen sich auf Basis von zum Teil fragwürdigen Annahmen zur Preis- und Kostenentwicklung für erneuerbaren Energien und fossile Brennstoffe. Die Autoren gehen zunächst von einem erneuten Absinken und danach moderaten Anstieg der Öl-, Gas- und Kohlepreise aus, bei Öl von heute knapp 60 $/Barrel auf 34 $/Barrel und nach 2010 auf etwa 46 $/Barrel [EEFA 2005].

Das wohl entscheidende Ergebnis ist jedoch die Aussage in der Studie, dass solche Effekte nur dadurch erzeugt werden können, dass lediglich die kostengünstigen Potenziale großer Windenergieparks und Biomassekraftwerke genutzt werden. Wollte man wie mit dem EEG den Zielen der Förderung erneuerbarer Energien entsprechend eine breite Palette von Techniken fördern, müsste dies über parallel weiterlaufende Instrumente wie dem EEG geschehen. Die mit dem Integrationsmodell erreichten Einsparungen würden hier wieder benötigt und es bleibt zumindest zweifelhaft, ob ein solches System in Summe tatsächlich zu geringeren volkswirtschaftlichen Kosten führt.

Das Umweltbundesamt hat das VDEW-Modell auf Basis der recht knappen publizierten Beschreibung analysiert und bewertet [UBA 2005]. Es kommt darin zu dem Ergebnis, dass ein Systemwechsel nach den Vorstellungen des VDEW nicht sinnvoll ist. Der Ausbau der erneuerbaren Energien würde dadurch voraussichtlich deutlich verlangsamt, eine reale Kostensenkung ist nicht zu erwarten, mitunter eher eine Kostensteigerung. Neben den o.a. grundsätzlichen Überlegungen zu den Charakteristika von Quote und Einspeisevergütung liegt dies vor allem an der vom VDEW vorgeschlagenen zentralisierten Nutzung großer Potenziale. Der Vorschlag berücksichtigt die dynamischen Effekte des heutigen Ausbaus im Rahmen des EEG nicht. Der erwarteten Kostenentlastung könnten Kostensteigerungen wegen des erforderlichen Netzausbaus oder Umweltschäden gegenüberstehen. Sowohl durch die Konzentration an zentralen Standorten als auch durch die vernachlässigte dezentrale Nutzung könnten Widerstände auftreten, hier wegen der entgangenen wirtschaftlichen Chancen, dort durch die übermäßige Belastung der Anwohner und der Natur. Nicht zuletzt ist aufgrund der Zentralisierung und der selektiven Nutzung bestimmter Techniken zu erwarten, dass die Technologiebasis und die damit verbundenen Arbeitsplätze und Exportchancen, die sich z.b. in Deutschland entwickelt haben, schrittweise verloren gehen.

Als Begründung für eine europäische Harmonisierung führt der VDEW u.a. an, dass der europäische Markt für Zertifikate im Vergleich zu nationalen Teilmärkten weitaus effizienter wäre, da durch die Harmonisierung eine Kostensenkung ausgelöst werde. Dies ist nahe liegend, aber kein spezifischer Vorteil der Quote. In Szenariorechnungen wurde gezeigt, dass europaweit harmonisierte Instrumente in den meisten Fällen zu geringeren Preisen für Strom aus erneuerbaren Energien führen als individuelle nationale Regelungen. Dies gilt auch für eine wirksame europaweit harmonisierte Einspeisevergütung – z.b. nach deutschem oder spanischem Vorbild. Die sich ergebenden Kostenunterschiede zwischen den untersuchten Instrumenten sind gering, wobei der Einspeisetarif bei der Kostensenkung tendenziell besser abschneidet als die anderen untersuchten Instrumente [Ragwitz et.al. 2005].

Ferner wird häufig (so auch vom VDEW [VDEW 2005] und im Bericht der EU-Kommission [COM(2005) 627]) die Kompatibilität von Förderinstrumenten mit dem Elektrizitätsbinnenmarkt angemahnt. Dieser ist, wie auch im Bericht der Kommission kritisch angemerkt, noch nicht wirklich ausgebildet. Abgesehen davon erfordert jedoch die Entwicklung einer neuen Technologiebasis wie die Nutzung erneuerbarer Energiequellen in jedem Fall einen steuernden Eingriff in den Markt, da anderweitig eine solche Entwicklung nicht möglich ist. Sollte also ein anderes Instrument als die Einspeisevergütung die Ziele der Richtlinie 2001/77/EG oder des EEG erfüllen, so müssten die Wirksamkeit und damit der Markteingriff ebenso stark sein.

Kann also der Umstand, dass das EEG steuernd in den Markt eingreift, an sich kein Argument gegen das EEG sein, stellt sich die Frage, ob das Instrument in unzulässiger Weise den fairen Zugang von Marktteilnehmern einschränkt – oder einzelne Marktteilnehmer über Gebühr begünstigt. Eine Einschränkung des Marktzugangs ergibt sich allerdings weder auf der Ebene der Stromerzeuger noch auf der Ebene der Netzbetreiber.

So haben alle EEG-Stromerzeuger in Deutschland die gleichen Rechte nach EEG – unabhängig davon, ob sie in Deutschland oder einem anderen EU-Staat ansässig sind. Nicht vollständig geklärt ist jedoch die Frage, ob bei Produzenten oder Lieferanten von EEG-Strom Mitnahmeeffekte auf den Strommärkten anderer Mitgliedstaaten möglich sind, indem sie den bereits in Deutschland geförderten (und statistisch gezählten) EEG–Strom in anderen Staaten als grünen Strom verkaufen. Allerdings haben diese Bedenken weniger mit dem Mechanismus der Einspeisevergütung im EEG zu tun als damit, dass es in Deutschland keine zentrale Stelle gibt, die durch die Ausgabe von Herkunftsnachweisen gemäß Art. 5 der Richtlinie 2001/77/EG für grünen Strom überwacht und Doppelzählungen ausschließt. Auch auf der Ebene der Netzbetreiber, die laut EEG zur Abnahme des EEG-Stroms verpflichtet sind und die daraus entstehenden Mehrkosten auf die Netznutzungsgebühren umlegen, ergeben sich keine Wettbewerbsverzerrungen. Da der Betrieb eines Übertragungsnetzes ebenso wie die Einspeiseverpflichtung auf ein geographisches Gebiet beschränkt sind und durch ein natürliches Monopol charakterisiert ist, wird kein Netzbetreiber gegenüber einem Mitbewerber diskriminiert.

4.4 WEITERENTWICKLUNG DER FÖRDERUNG ERNEUERBARER ENERGIEN

Nach § 20 Abs. 1 EEG muss das Bundesumweltministerium im Rahmen des Erfahrungsberichtes bis zum 31.12.2007 und danach alle vier Jahre im Einvernehmen mit dem Bundesministerium für Verbraucherschutz, Ernährung und Landwirtschaft und dem Bundesministerium für Wirtschaft dem Deutschen Bundestag über den Stand des Ausbaus und der Kostenentwicklung der erneuerbaren Energien berichten und gegebenenfalls eine Anpassung der Vergütung und der Degressionssätze vorschlagen. Im Erfahrungsbericht sind auch Speichertechnologien und eine ökologische Bewertung der Nutzung erneuerbarer Energien zu behandeln. Wie oben dargestellt, ist nach einem solchen Bericht mit weiteren Anpassungen des Gesetzes zu rechnen, die gegebenenfalls die Übernahme von EU-Regelungen in deutsches Recht sowie die Wünsche und Erwartungen der involvierten Akteure berücksichtigen wird. Im Folgenden werden derzeit absehbare Diskussionen kurz angerissen.

Um das Energiesystem im Hinblick auf eine nachhaltige Energieversorgung weiter zu entwickeln, sind Anpassungen in zwei Bereichen sinnvoll und notwendig. Der erste Bereich betrifft die Koordinierung und Harmonisierung der Instrumente zur Förderung erneuerbarer Energien in den Mitgliedsstaaten der Europäischen Union, der zweite die technischen, organisatorischen und rechtlichen Grundlagen für eine verbesserte Integration verschiedener dezentraler und zum Teil fluktuierender Quellen über die bestehenden (und zu ergänzenden) Kraftwerks- und Leitungssysteme („virtuelles" Kraftwerk).

Obwohl die EU-Kommission in der Kommunikation vom 7.12.2005 zurzeit einem Wettbewerb zwischen den verschiedenen Förderphilosophien Raum gibt, hält sie an der längerfristigen Harmonisierung fest und möchte die Wirkungen der Förderinstrumente bereits 2007 erneut untersuchen. Den Mitgliedsstaaten wird nahe gelegt, analog der kürzlich unterzeichneten gemeinsamen Erklärung zwischen Spanien und Deutschland zur gemeinsamen Weiterentwicklung und Förderung der in beiden Staaten genutzten Einspeiseregelungen [Feed-In Cooperation 2005] sowie anderer ähnlicher Bemühungen in Europa Kooperationen aufzubauen. Im Rahmen der Feed-In Cooperation wurde zwischen Spanien und Deutschland vereinbart, die erneuerbaren Energien auch weiterhin zu fördern und ihren weltweiten Anteil an der Primärenergieversorgung auszubauen. Die Partner wollen Einspeiseregelungen gemeinsam im Hinblick auf ihre Wirksamkeit und zur Unterstützung weiterer Kostensenkungen weiterentwickeln und andere Staaten in diesem Sinne unterstützen. Sie wollen Harmonisierungsmöglichkeiten zwischen den Instrumenten verschiedener Staaten aufzeigen und mit den Grundsätzen des internationalen Handels in Einklang bringen. Schließlich ist vereinbart, entsprechende gemeinsame Forschungen voran zu bringen, Initiativen Dritter in diesem Bereich zu unterstützen und in die eigenen Aktivitäten einzubinden.

Die Weiterentwicklung des EEG in diesem Sinne könnte in zweifacher Hinsicht erfolgen. Ein sicher schwieriges Unterfangen ist die Entwicklung eines harmonisierten europäischen Ansatzes, der die wesentlichen Kriterien für die Wirksamkeit berücksichtigt, dabei aber auf spezifischen Eigenarten und Hürden der Mitgliedsstaaten im administrativen Bereich Rücksicht nimmt. Eine zweite Möglichkeit bestünde in der Schaffung eines einheitlichen Austauschformates für Strom und Vergütungen, zu welchem jeder Mitgliedsstaat mit Einspeisevergütung eine Schnittstelle bereitstellt. In jedem Fall sind wesentliche Fragen zu klären, z.B. wie mit Unterschieden bei den Kosten für die Stromerzeugung aus erneuerbaren Energien umzugehen ist, wie die Konkurrenz zwischen den Staaten für die Weiterentwicklung der Technik und Kostensenkungen genutzt wird, ohne dass die für die Entwicklung der erneuerbaren Energien schädlichen Risiken überhand nehmen.

Von Netzbetreibern wird zu Recht die Frage thematisiert, wie der Ausgleich zwischen fluktuierender Nachfrage und fluktuierendem Stromangebot in Zukunft zu organisieren ist. Neben den technischen Fragen spielen hier organisatorische Fragen und Verantwortlichkeiten eine große Rolle. Das Grundprinzip des EEG, EEG-Strom zu jeder Zeit aus jeder Anlage zur Einspeisung zuzulassen, erscheint auf den ersten Blick als Widerspruch zu der Erforderlichkeit, in Zeiten schwacher Nachfrage nur so viele Stromerzeugungsanlagen am Netz zu belassen, wie zur Erzeugung des verbrauchten Stroms benötigt werden. In der Tat gewährt das EEG den Netzbetreibern jedoch zwei Optionen, um diese Situation zu bewältigen. Zum kurzfristigen Management kritischer Situationen können die Netzbetreiber eine Abschaltung auch von EEG-Anlagen verlangen. Für eine langfristige Optimierung ihres Netzbetriebes, etwa um weniger fossile Kraftwerke mit reduzierter Leistung in Warmreserve zu halten, steht ihnen der Weg vertraglicher Regelungen für die Zu- und Abschaltung von EEG-Anlagen im Rahmen eines Erzeugungsmanagements frei. So können Netzbetreiber mit den Betreibern von Windkraftanlagen vertragliche Vereinbarungen aushandeln, z.b. indem ein finanzieller Ausgleich für entgangene Einspeisevergütungen nach EEG angeboten wird. Solche Regelungen sind für alle Akteure ungewohnt und ihre Ausgestaltung hängt auch von der Detailinterpretation der gesetzlichen Rechte und Pflichten der Beteiligten ab. Diese Interpretation ist nicht nur Aufgabe der Gerichte in Fall zu Fall-Entscheidung, sondern selbstverständlich muss auch der Gesetzgeber regelmäßig prüfen, ob Verbesserungen auch auf der Ebene der Gesetze möglich sind.

Zur technischen Weiterentwicklung des Energiesystems hinsichtlich der Integration der erneuerbaren Energien stehen zahlreiche Lösungen zur Diskussion, die im EEG und in anderen relevanten Regelungen, z.b. dem Energiewirtschaftsgesetz (EnWG) ihren Niederschlag finden müssen. Fluktuierende Quellen fügen sich in den Nachfrageverlauf grundsätzlich gut ein, so dass die noch hohen Kosten zum Teil kompensiert werden können, z.b. indem Solarstrom, der bevorzugt in der Mittagszeit anfällt, als Spitzenlast an der Börse oder im Rahmen von Verträgen angeboten wird. Unterstützt wird dies durch die heute bereits hohe Genauigkeit der Vorhersage von Stromangeboten aus fluktuierenden Quellen. Diese Genauigkeit ist umso höher, je kürzer der Vorhersagezeitraum wird. Begrenzt wird diese Verbesserung durch die festgelegte Börsenschlusszeit für Angebote an den Spotmarkt.

Eine weitere Entwicklungsmöglichkeit für das EEG oder relevante Regelungen ist die Erfassung von technischen Möglichkeiten zum Ausgleich fluktuierender Quellen als Fördertatbestände. Diese können in drei Gruppen zusammengefasst werden:
- großräumiger Ausgleich dieser Quellen, vor allem auch Import von Strom aus erneuerbaren Energien aus Nachbarstaaten oder aus dem „Sonnengürtel" der Erde (Südeuropa, Nordafrika);
- Nutzung von regelbaren Kraftwerken oder Speichern zur Bereitstellung von Regelleistung;
- Beeinflussung des Nachfrageverhaltens der Verbraucher etwa durch Preisdifferenzierung des Stromangebots nach Angebot und Nachfrage.

Eine wesentliche Weiterentwicklung im EEG wie auch im Energiesystem selbst ist die gekoppelte Erzeugung von Strom, Wärme und Kälte (KWK-K), deren Entwicklung in Deutschland noch sehr zu wünschen übrig lässt. Die Schwierigkeiten einer wirksamen koordinierten Förderung von Strom- und Wärme-/Kälteerzeugung werden bereits beim derzeitigen EEG deutlich. Für die Förderung erneuerbarer Energien im Wärmemarkt wird die Bundesregierung ein Regenerativ-Wärmegesetz zur Förderung der Wärme aus erneuerbaren Energien analog zum EEG vorschlagen. Der Gesetzgeber muss weiterführende und die in Konkurrenz stehenden Nutzungen besser harmonisierenden und gemeinsam fördernde Mechanismen schaffen. In Zusammenhang damit steht auch die Erzeugung von Biogas und seine Einspeisung in das Gasnetz zur Nutzung an anderer Stelle. Damit wird es möglich, Erzeugung und Nutzung von Biogas räumlich und hinsichtlich der Form der Nutzung zu entkoppeln und damit flexibler zu gestalten. Zwar ist dieser Mechanismus bereits im EEG und im neuen Energiewirtschaftsgesetz angelegt, wird aber bislang – auch wegen der hohen Kosten – kaum genutzt.

5. ZUSAMMENFASSUNG UND FAZIT

Der Ausbau der erneuerbaren Energien dient gemäß einem weit gediehenen internationalem Konsens einem breiten Katalog von ökologischen, ökonomischen und sozialen Zielen: Klima- und Umweltschutz, Ressourcenschonung, Risikobegrenzung, Entwicklungschancen, weltweite Minderung der Armut und Strukturförderung werden mit der Förderung der erneuerbaren Energien angestrebt. Um diese Ziele zu erreichen, haben sich neben Deutschland die Mehrheit der Mitgliedsstaaten der Europäischen Union sowie zahlreiche Staaten weltweit für die Förderung der erneuerbaren Energien im Strommarkt durch eine Preisregelung auf Basis zugesicherter Vergütungen für den erzeugten Strom (Einspeisevergütung) festgelegt. Dieses Fördermodell ist bei sachgerechter Ausgestaltung nicht nur effektiv hinsichtlich der vielfältigen Ziele des Ausbaus erneuerbarer Energien, es ist zudem sehr effizient und stellt sicher, dass alle Techniken zur Nutzung erneuerbarer Energien gefördert und möglichst rasch an die Marktreife herangeführt werden.

Das Erneuerbare-Energien-Gesetz (EEG) vom 29.3.2000 wurde als Nachfolger des Stromeinspeisegesetzes von 1991 eingeführt und mit Wirksamkeit vom 21.7.2004 novelliert. Aufgrund der vielfältigen Anforderungen der EU-Richtlinie 2001/77/EG zur Förderung der Stromerzeugung aus erneuerbaren Energien, des ersten Erfahrungsberichts vom 28.6.2002 sowie der betroffenen Akteure entstand mit der Novelle ein komplexes, dabei aber hoch wirksames Instrument, welches dem Ausbau der erneuerbaren Energien in Deutschland einen neuen Schub verliehen hat. Damit hat die deutsche Industrie eine führende Stellung auf dem Weltmarkt insbesondere im Bereich der Windenergie und der Photovoltaik erreicht. Der Anteil der erneuerbaren Energien an der Bruttostromerzeugung hat sich zwischen den Jahren 2000 und 2004 verdoppelt.

Trotz der überwiegenden Nutzung dieses Instruments und der mittlerweile in Europa fundiert nachgewiesenen Wirksamkeit und Kosteneffizienz wird von Kritikern ein Modellwechsel gefordert. Dabei wird neben angeblich hohen Kosten eine fehlende Konformität zum Elektrizitätsbinnenmarkt moniert. So hat der VDEW ein so genanntes Integrationsmodell vorgeschlagen, eine Quotenlösung mit europaweit handelbaren Zertifikaten, wie es auch in einzelnen Mitgliedsstaaten genutzt wird. Abgesehen von der geringen – möglicherweise noch zu verbessernden – Kosteneffizienz der bislang genutzten Quotenlösungen fördert dieses Modell jedoch ausschließlich marktnahe und damit bereits konkurrenzfähige Techniken. Eine breite Förderung der Nutzung aller Quellen erneuerbarer Energien wie beim EEG ist mit einer Quotenregelung nicht möglich. Im Vordergrund steht vielmehr eine kurzfristige Kostenminimierung. Verschiedene Analysen im Auftrag der Europäischen Union sowie in Deutschland des Umweltbundesamtes und des Bundesumweltministeriums zeigen, dass in der Praxis die Zielvorgaben wahrscheinlich nicht erreicht werden können und die Kosteneffizienz nicht an die der Einspeisevergütungen heranreicht. Ein Systemwechsel würde deshalb die Ziele der Förderung erneuerbarer Energien gefährden. Der im Rahmen der Richtlinie 2001/77/EG erstellte Kommissionsbericht vom 7.12.2005 sieht deshalb auch von einem Vorschlag für ein europaweit harmonisiertes Instrument ab und verschiebt die Entscheidung auf das Jahr 2007, um den Mitgliedsstaaten die Chance einer Koordinierung und Verbesserung ihrer jeweiligen Instrumente zu geben.

Eine entsprechende Weiterentwicklung ist im Rahmen des nächsten Erfahrungsberichtes im Jahr 2007 auch für das EEG vorgesehen. Neben der technischen und wirtschaftlichen Analyse der Entwicklung des Ausbaus erneuerbarer Energien und der damit verbundenen Anpassung der Vergütungssätze und deren Degression muss diese durch das EEG bewirkte Heranführung der Techniken an den Markt auch mit dem tatsächlichen Eintritt in den Markt abgeschlossen werden. Im Rahmen einer europäischen Koordinierung und Harmonisierung müssen die Länder mit Einspeisevergütung die Kompatibilität der einzelstaatlichen Regelungen voranbringen, wie z.B. im Rahmen der spanisch-deutschen Feed-in Cooperation. Die Entwicklung einer europäischen Einspeiselösung steht hierbei im Vordergrund. In diesem Zusammenhang spielt der Austausch des Stroms aus erneuerbaren Energien und der dafür gezahlten Vergütungen – z.B. im Rahmen eines Systems von Herkunftsnachweisen wie in der Richtlinie 2001/77/EG angeregt – eine wichtige Rolle. Das Energiesystem muss durch bessere Integration der fluktuierenden Quellen mittels großräumiger Ausgleichsmechanismen, Regelkraftwerken und Speichersystemen sowie durch Lenkung des Verbrauchs weiterentwickelt werden. Das EEG und andere Regelwerke im Bereich des Energierechts müssen um Regelungen und Fördertatbestände erweitert werden, die diese Entwicklung unterstützen.

6. LITERATUR

[COM(2005) 627] Communication from the Commission: The support of electricity from renewable energy sources. Brussels, 07 December 2005

[EE in Zahlen 06/2005] Bundesministerium für Umwelt, Naturschutz und Reaktorsicherheit (Hrsg.): Erneuerbare Energien in Zahlen – nationale und internationale Entwicklung, Stand: Juni 2005. Berlin 2005. verfügbar auch unter www.erneuerbare-energien.de

[EEFA 2005] EEFA – Energy Environment Forecast Analysis GmbH (Hrsg.): Das Integrationsmodell für Erneuerbare Energiequellen – vom Staat zum Markt. Untersuchung im Auftrag des Verbandes der Elektrizitätswirtschaft – VDEW – e.V. Energie und Umwelt, Analysen 05. Berlin, Münster, Oktober 2005

[EEG-Erfahrungsbericht 2002] Deutscher Bundestag (Hrsg.): Unterrichtung durch die Bundesregierung Bericht über den Stand der Markteinführung und der Kostenentwicklung von Anlagen zur Erzeugung von Strom aus erneuerbaren Energien (Erfahrungsbericht zum EEG). Drucksache 14/9807 vom 16. 07. 2002

[Feed-In Cooperation 2005] Gemeinsame Erklärung zwischen dem Ministerium für Industrie, Fremdenverkehr und Handel des Königsreichs Spanien und dem Bundesministerium für Umwelt, Naturschutz und Reaktorsicherheit der Bundesrepublik Deutschland über die Entwicklung und Förderung eines Einspeisesystems zur intensiveren Nutzung der erneuerbaren Energiequellen bei der Stromerzeugung. Veröffentlicht auf www.erneuerbare-energien.de

[FORRES 2020] Ragwitz, M. et.al.: FORRES 2020 – Analysis of renewable energy's evolution up to 2020. Karlsruhe, January 2004

[KOM(2004) 366 endgültig] Mitteilung der Kommission an den Rat und das europäische Parlament. Der Anteil erneuerbarer Energien in der Europäische Union. Bericht der Kommission gemäß Artikel 3 der Richtlinie 2001/77/EG, Bewertung der Auswirkung von Rechtsinstrumenten und anderen Instrumenten der Gemeinschaftspolitik auf die Entwicklung des Beitrags erneuerbarer Energiequellen in der EU und Vorschläge für konkrete Maßnahmen. Brüssel, den 26.5.2004

[Lehmann, Peter 2005] Lehmann, H.; Peter, St.: Analyse der Vor- und Nachteile verschiedener Modelle zur Förderung des Ausbaus von Offshore-Windenergie in Deutschland (2005), Endbericht. Im Auftrag des Bundesministerium für Umwelt, Naturschutz und Reaktorsicherheit. Aktualisierte Fassung, Juni 2005. Veröffentlicht auf www.erneuerbare-energien.de

[neue energie 12/05] Quote in Not. In Großbritannien wächst der Unmut über das Quotenmodell. Die Energieversorger machen derweil prächtige Gewinne. neue energie, Dezember 2005, Seite 74 ff.

[Nitsch et.al. 2005] Nitsch, J.; Staiß, F.; Wenzel, B.; Fischedick, M.: Ausbau Erneuerbarer Energien im Stromsektor bis zum Jahr 2020. Vergütungszahlungen und Differenzkosten durch das Erneuerbare-Energien-Gesetz. Untersuchung im Auftrag des Bundesministeriums für Umwelt, Naturschutz und Reaktorsicherheit. Suttgart, Wuppertal, Dezember 2005

[Ragwitz et.al. 2005a] Ragwitz, M. et.al.: Monitoring and evaluation of policy instruments to support renewable electricity in EU Member States. A research project funded by the German Federal Ministry for the Environment, Nature Conservation and Nuclear Safety. Zwischenbericht vom Juni

2005 veröffentlicht auf www.erneuerbare-energien.de

[UBA 2006] Zertifikathandel für erneuerbare Energien statt EEG? Hintergrundpapier zum Diskussionsvorschlag des VDEW. Dessau, Januar 2006. Publikation voraussichtlich in UBA aktuell im März 2006.

[VDEW 2005] VDEW (Hrsg.): Diskussionsvorschlag zur zukünftigen Förderung Erneuerbarer Energien: „Ausbauziele effizient erreichen". Erschienen in: Energie kompakt. Fakten und Argumente für die Energiepolitik. Berlin, Juni 2005

Dr. Reinhard Loske

Dr. Reinhard Loske, MdB, ist politischer Koordinator des Arbeitskreises Umwelt und stellvertretender Vorsitzender der Bundestagsfraktion sowie Mitglied im Parteirat von Bündnis 90/Die Grünen. Der promovierte Volkswirt und habilitierte Politikwissenschaftler lehrt an der Freien Universität Berlin internationale Umwelt- und Entwicklungspolitik.

Frank Steffe

Frank Steffe ist Diplomökonom und seit 1999 Referent für Klimapolitik und fiskalische Instrumente der Umweltpolitik in der Bundestagsfraktion von Bündnis 90/Die Grünen. Zuvor war er Geschäftsführer des Fördervereins Ökologische Steuerreform (FÖS e.V.).

Von der ökologischen Steuerreform zur ökologischen Finanzreform – Erfahrungen und Handlungsbedarf

Es ist still geworden um die Ökologische Steuerreform. In Umweltverbänden und Wissenschaftskreisen findet sie zwar weiter, wenn auch leiser werdende, Unterstützung. Die politischen Parteien tun sich aber zunehmend schwer mit diesem unpopulären Projekt. Die beiden großen Volksparteien lassen die Ökologische Steuerreform achtlos liegen, ohne aber auf ihre fiskalischen Vorzüge verzichten zu wollen. Die FDP polemisiert weiter verbalradikal gegen die Ökosteuer, ohne eigene Antworten auf die adressierten Probleme zu geben. Und auch die Grünen fassen das Thema mitunter nur noch mit spitzen Fingern an. In der politischen wie auch der akademischen Debatte lässt sich aber auch ein Paradoxon beobachten: Es herrscht weitgehendes Einvernehmen über die Ziele einer Ökologischen Steuerreform, auch verwandte Ansätze wie die Erhöhung der Mehrwertsteuer zur Senkung der Lohnnebenkosten werden lebhaft diskutiert - nur über die Ökologische Steuerreform oder gar ihre Fortsetzung findet keine fundierte Debatte statt.

Dabei gilt nach wie vor: Die Preise für Energie- und Ressourcennutzung sagen nicht die ökologische Wahrheit. Fossile Energien – insbesondere Erdöl – sind knapp und endlich. Bei ihrer Verbrennung entstehen klimaschädigende Treibhausgase und Schadstoffe. Die daraus resultierenden gesellschaftlichen Kosten für Schutzmaßnahmen und die Beseitigung von Umweltschäden sind in den Preisen nicht enthalten. Die Preise für die Nutzung der meisten Energieträger sind deshalb langfristig zu niedrig, weil sie nur einen Teil der „wahren" Kosten widerspiegeln. Sie bieten daher zu wenig Anreize, Energieverschwendung zu vermeiden, vorhandene Energiesparpotenziale und erneuerbare Energien stärker zu nutzen. Mit der Ökologischen Steuerreform findet eine sogenannte Internalisierung externer Kosten statt, das heißt, die Umweltkosten werden zumindest teilweise einbezogen. Dieses war die Kernmotivation der rot-grünen Regierung zur Einführung der Ökologischen Steuerreform im Jahre 1999.

Sie ist ein erster erfolgreicher Schritt hin zu einer systematischen Einbeziehung von Natur und Umwelt in das Steuer- und Abgabensystem in Deutschland. Sie folgt dem Gedanken, das knappe und wertvolle Gut Umwelt, dessen zu starke Nutzung hohe externe Kosten für die gesamte Volkswirtschaft zur Folge hat, mit einem ökologisch gerechteren Preis zu versehen, um damit umweltschonendes Verhalten anzureizen. Mit den daraus resultierenden Steuereinnahmen wird die fiskalische Belastung des Faktors Arbeit gesenkt und somit ein Baustein zur Bekämpfung der Arbeitslosigkeit geliefert. Diese Verlagerung der Steuer- und Abgabenlast verringert die lange bestehende Absurdität, dass das zu schonende Gut „Umwelt" fiskalisch nur äußerst gering belastet ist und damit den Charakter eines Billigartikels erhalten hat, das durch hohe Arbeitslosigkeit im Übermaß vorhandene Gut „menschliche Arbeit" dagegen geradezu prohibitiv belastet wurde und immer noch wird.

Im Grundsatz geht es um eine Reform des gesamten Steuer- und Abgabensystems nach ökologischen Kriterien, um finanzielle Anreize für umweltfreundliches Produzieren und Konsumieren zu schaffen und die Umweltbelastung zu verringern. Das ist ein wichtiger Eckstein auf dem Weg zu einer ökologisch-sozialen Marktwirtschaft. Eine nachhaltige Steuer- und Finanzpolitik muss ökologisch schonendes Verhalten belohnen, umweltschädliches dagegen verteuern. Eine solche Ökologische Finanzreform ist auch ein Beitrag zu einer Verknüpfung von nachhaltiger Finanz- und Umweltpolitik und zu mehr Gerechtigkeit, in dem Klimaschutz und Umweltschonung einhergehen mit mehr Steuergerechtigkeit und dem sorgsamen Einsatz von Staatsausgaben.

RÜCKSCHAU UND BILANZ

Umwelt- oder ressourcenbezogene Steuern und Abgaben gab es bereits lange bevor über die Ökologische Steuerreform diskutiert wurde, etwa die Mineralölsteuer, die Abwasserabgabe oder den Kohlepfennig. Doch der Weg zur gesetzgeberischen Realisierung der Ökologischen Steuerreform war lang und beschwerlich. Am Anfang stand eine so einfache wie überzeugende Idee: Eine Reform, die gleichzeitig den Umweltschutz und die Bekämpfung der Arbeitslosigkeit voranbringt! Die Steuerlast wird vom Faktor Arbeit auf den Faktor Energieverbrauch verlagert, vom volkswirtschaftlich Nützlichen zum Schädlichen. Die sinkenden Lohnnebenkosten sorgen für neue Arbeitsplätze, die Verringerung des Energieverbrauches schont die Umwelt. Nach zunächst intensiven akademischen Diskussionen erreichte die Idee der Ökologischen Steuerreform in den 90er Jahren den politischen Raum und löste leidenschaftliche Kontroversen aus. Immerhin war es ihr vergönnt, zumindest prinzipiell Niederschlag in allen Programmen der im Bundestag vertretenen Parteien zu finden. Auch hatte sie prominente Befürworter bei der Union wie Wolfgang Schäuble, Klaus Töpfer und Angela Merkel. Die Ökologische Steuerreform schien kurzfristig gar geeignet als politisch-gesellschaftliches Konsensprojekt! Sie galt zeitweilig als modernes, ja avantgardistisches Modell einer fortschrittlichen marktkonformen Umweltpolitik: Weg vom staatlichen Dirigismus des Ordnungsrechtes, hin zur marktwirtschaftlichen Effizienz von Umweltsteuern. Dem steilen Aufstieg zum konsensualen Vorzeigeprojekt folgte aber bald der rasante Fall in den Wirren des populistischen Politalltages – die Umsetzung in Realpolitik scheiterte zunächst, nicht zuletzt durch den Druck des BDI, an einem Machtwort des damaligen Kanzlers Helmut Kohl.

KAPITEL 5.3 Von der ökologischen Steuerreform zur ökologischen Finanzreform

1998 kam eine neue Chance für die Ökologische Steuerreform: Die neu gewählte rot-grüne Bundesregierung machte sie zu einem zentralen Reformprojekt und beschloss, sie zum 1.4.1999 über fünf Jahre einzuführen. Dies fand große Unterstützung bei den Umweltverbänden, großen Teilen der Wirtschaftswissenschaften und Vordenkern wie Norbert Walter von der Deutschen Bank. Die Reform war aber auch von Anfang an umstritten und hart umkämpft: Opposition, der Medienboulevard, Auto- und Wirtschaftsverbände bekämpften sie mit Hingabe, viel Polemik und Populismus.

Trotz des massiven Widerstandes wurde die Ökologische Steuerreform planmäßig Schritt für Schritt umgesetzt und war gemessen an ihrer Zielsetzung sehr erfolgreich. Die Ökologische Steuerreform hat nach ihrer Einführung 1999 eine Trendwende eingeleitet: Die Abgabenlast auf den Faktor Arbeit ist gesunken und die Preisanreize zur Energieeinsparung haben ihre Wirkung entfaltet. Mit den Einnahmen aus der Ökosteuer konnten die Beiträge zur Rentenversicherung von 20,3 auf 19,5 Prozent in 2005 gesenkt werden. Ohne die schwierige demografische und konjunkturelle Entwicklung läge der Rentenbeitragssatz dank Ökosteuer sogar bei 18,6 Prozent, ohne Ökosteuer dagegen bei 21,2 Prozent. Gemeinsam mit dem hohen Ölpreis hat die Ökosteuer wichtige umwelt- und verkehrspolitische Trendwenden eingeleitet. Kraftstoffverbrauch und CO_2-Emissionen im Verkehr sind seit 1999 um insgesamt über zehn Prozent gesunken. Das Bewusstsein für einen sparsameren Umgang mit Energie ist deutlich gestiegen. Auf diese harten und weichen Lenkungswirkungen zielt die Ökologische Steuerreform. Bislang ging man davon aus, dass sie ihren Einfluss auf Umweltverbrauch und Innovationsklima erst mittelfristig entfaltet – der unerwartet starke Anstieg der Energiepreise aufgrund externer Faktoren hat diese Wirkung allerdings beschleunigt.

Das Deutsche Institut für Wirtschaftsforschung (DIW) hat der Ökologischen Steuerreform in Deutschland ein hervorragendes wissenschaftliches Zeugnis ausgestellt: Die Forscher kommen zu dem Schluss, dass sie ökologisch lenkt, neue Arbeitsplätze schafft, sozial- und wirtschaftsverträglich ist. Das DIW rechnet durch die ersten fünf Ökosteuerstufen von 1999 bis 2003 mit einem Rückgang der CO_2-Emissionen um 20–25 Millionen Tonnen und 250.000 neuen Arbeitsplätzen bis 2010.

Nicht vergessen darf man auch die diversen ökologischen Fördermaßnahmen innerhalb der Reform, die für weitere gezielte ökologische Verbesserungen sorgen: Hier sind beispielhaft die Steuerbefreiungen für effiziente Kraft-Wärme-Kopplungs-Anlagen (KWK), kleine Blockheizkraftwerke, moderne Gaskraftwerke und Biokraftstoffe, das aus Ökosteuermitteln finanzierte Förderprogramm für erneuerbare Energien in Höhe von 200 Millionen Euro, die Aufstockung des Altbausanierungsprogramms, die steuerliche Besserstellung schwefelarmer bzw. schwefelfreier Kraftstoffe sowie von Erdgas als Kraftstoff und die ermäßigten Ökosteuersätze für Bahn und Öffentlichen Personennahverkehr zu nennen.

Auch die Wettbewerbsfähigkeit der deutschen Industrie wurde berücksichtigt: Zur Vermeidung von Wettbewerbsnachteilen wurden für das Produzierende Gewerbe, Land- und Forstwirtschaft breite Sonderregelungen mit einem Gesamtvolumen von über fünf Milliarden Euro eingeführt: Es gilt dort ein ermäßigter Steuersatz von sechzig Prozent – bis 2002 zwanzig Prozent – des Regelsteuersatzes. Darüber hinaus greift für energieintensive Unternehmen der sogenannte Spitzenausgleich oder Nettobelastungsausgleich, der die Belastung dieser Unternehmen auf maximal drei Prozent des Regelsteuersatzes begrenzt. Damit wird der Wettbewerbssituation energieintensiver Unternehmen umfassend Rechnung getragen, eine Verlagerung von Produktionsstandorten ins Ausland aufgrund der Ökosteuer kann ausgeschlossen werden. Diese Regelung sorgt aber auch für Ineffizienzen bei der ökologischen Anreizwirkung und sollte daher überarbeitet werden.

Dennoch bleibt festzuhalten: Selten sind bei einem politischen Projekt die angepeilten positiven Wirkungen so exakt eingetreten wie bei der Ökologischen Steuerreform. Sie stärkt die Zukunfts-, Innovations- und Wettbewerbsfähigkeit unserer Gesellschaft und trägt zur Stabilisierung des Rentensystems bei.

AUSBLICK

Die Ökologische Steuerreform ist ein erster Schritt in die richtige Richtung, ausreichend ist er aber noch lange nicht. Das deutsche Steuer- und Finanzsystem ist noch nicht nachhaltig. Staatsverschuldung und Haushaltsdefizite belasten künftige Generationen mit hohen Zinslasten und schränken ihren finanziellen Spielraum ein. Es wird zu viel Geld für nicht zukunftsfähige Zwecke wie die Förderung der Steinkohle ausgegeben und zu wenig für Zukunftsinvestitionen in Bildung, Forschung oder Umwelttechnologien. Und trotz Ökologischer Steuerreform ist die Belastung auf den Faktor Arbeit durch Sozialabgaben immer noch zu hoch und erschwert den Kampf gegen die Arbeitslosigkeit, während die Steuerlast auf den Faktor Umwelt zu gering ist und damit die falschen Anreize für eine nicht nachhaltige Nutzung knapper Ressourcen setzt. Bei der ökologischen Modernisierung unseres Wirtschafts- und Gesellschaftssystems kommt der Ökologischen Steuerreform auch in Zukunft eine wichtige Rolle zu. Sie muss konsequent und verantwortungsbewusst zu einer Ökologischen Finanzreform weiterentwickelt werden.

Auch europäische Rahmensetzungen machen eine Überprüfung und Weiterentwicklung der Ökologischen Steuerreform zwingend erforderlich: Zum einen ist nach über zehn Jahren Kontroverse seit dem 1.1.2004 endlich eine EU-Energiesteuerrichtlinie in Kraft. Sie muss national umgesetzt werden, erfordert einige Veränderungen in der deutschen Energiebesteuerung und eröffnet neue Chancen zur Optimierung einzelner Regelungen. Zum anderen hat zum 1.1.2005 der europaweite Emissionshandel für viele

Unternehmen bzw. Anlagen aus der Energie- und Grundstoffindustrie begonnen. Daraus ergeben sich mit Blick auf die deutsche Ökosteuer und ihre Ausnahmeregelungen für die Industrie Überschneidungen, unterschiedliche Betroffenheiten und Korrekturbedarf.

Der Grundgedanke, die Steuer- und Abgabenlast vom Faktor Arbeit auf den Faktor Umwelt zu verlagern und damit zu einer Senkung der Arbeitskosten beizutragen, ist weiter uneingeschränkt richtig. Die Idee der Ökologischen Steuerreform braucht eine Zukunft und muss konsequent zu einer Ökologischen Finanzreform weiterentwickelt werden. Angesichts der Gefahren des Klimawandels und der Notwendigkeit, die Abhängigkeit von hohen Ölpreisen und unsicheren Lieferländern zu verringern, kann es zu einer konsequenten Politik „Weg vom Öl" keine Alternative geben. Aufgabe nachhaltiger Politik ist es, alles dafür zu tun, die Alternativen zu fossilen und nuklearen Energieträgern zu stärken: Erneuerbare Energien und nachwachsende Rohstoffe, Energie- und Ressourceneffizienz, Einsparung von Energie und Rohstoffen. Neben erfolgreichen Instrumenten wie dem Erneuerbare-Energien-Gesetz, Förderprogrammen, Informationskampagnen, Transparenz und neuen Systemen wie dem Emissionshandel brauchen wir dafür auch die richtigen Rahmenbedingungen einer nachhaltigen Finanzpolitik - eine umfassende Ökologische Finanzreform.

MEHRWERTSTEUER ODER ÖKOSTEUER?

Die Union hat im Wahlkampf aktiv mit einer Erhöhung der Mehrwertsteuer zur Senkung der Beiträge zur Arbeitslosenversicherung geworben. Dabei blieb leider zu wenig beachtet, welche grundsätzlichen Parallelen zur Ökologischen Steuerreform dieser Ansatz aufweist. In beiden Modellen wird eine Verbrauchssteuer erhöht, um mit den Einnahmen versicherungsfremde Leistungen der Sozialversicherungen zu finanzieren und somit die Lohnebenkosten zu senken. In Expertenkreisen wird diese Frage schon länger diskutiert und auch die frühere rot-grüne Landesregierung in Schleswig-Holstein hat sich die Idee einer derartig motivierten Mehrwertsteuererhöhung zu Eigen gemacht. Steuersystematisch ist zwischen beiden Varianten in der Tat kaum ein Unterschied auszumachen. Die Differenzen liegen in den sozialen, ökonomischen und ökologischen Wirkungen. Eine Mehrwertsteuererhöhung hat unbestreitbare Vorteile, da sie wettbewerbsneutral und einfach umsetzbar ist. Sie wirkt aber rein fiskalisch, dämpft die Binnenkonjunktur, belastet das heimische Handwerk und wirkt tendenziell sozial regressiv, insbesondere wenn auch der ermäßigte Satz angehoben wird. Die Öko- oder Energiesteuer verfolgt dagegen zusätzlich das ökologische Ziel der Energie- und Ressourcenschonung. Sie hat zwar auch sozial regressive Tendenzen, diese sind aber insoweit weniger weit reichend, als jeder Mensch die Möglichkeit hat, Energie einzusparen und von einer Erhöhung der Kraftstoffsteuer nicht alle Bürger gleichermaßen betroffen sind, man denke hier an die vielen Fußgänger und Radfahrer. Folglich sind beide Steuerarten in ihrer fiskalischen Wirkung verwandt, aber nur die Ökosteuer verfolgt weitere, volkswirtschaftlich sinnvolle Ziele. Es ist zu hoffen, dass es künftig wieder möglich sein wird, über diese beiden Modelle eine sachliche abwägende Debatte ohne Vorurteile und reflexhafte Ablehnung zu führen.

DIE DREI KÖRBE DER ÖKOLOGISCHEN FINANZREFORM

Eine umfassend verstandene Ökologische Finanzreform besteht aus drei Körben: Dem Abbau umweltschädlicher Subventionen, dem Schaffen von steuerlichen Anreizen für umweltfreundliches Verhalten und der Weiterentwicklung der bisherigen Ökologischen Steuerreform.

Der erste Korb der Ökologischen Finanzreform beschäftigt sich mit dem Abbau umweltschädlicher Subventionen – ein zentraler Baustein ökologischer Finanzpolitik. Die Abschaffung von steuerlichen Fehlanreizen zur Landschaftszersiedlung, zur Energieverschwendung, zur Ressourcenverschwendung oder zur Verkehrsförderung ist bereits für sich genommen ein umweltpolitischer Fortschritt. Überdies können die so freigesetzten Mittel für die Haushaltsanierung und für Zukunftsinvestitionen mobilisiert werden, so dass eine doppelte Dividende anfällt. Der Abbau umweltschädlicher Subventionen verbindet auf vorbildhafte Weise die drei Seiten der Nachhaltigkeit: Die Ökologie, weil ökologisch kontraproduktives Verhalten nicht weiter belohnt wird; die Ökonomie, weil staatlich verursachte Verzerrungen der Marktaktivitäten vermieden werden; und das Soziale, weil öffentliche Haushaltsmittel eingespart und sozial sinnvoller eingesetzt werden können.

Leider ist der Abbau von Subventionen immer nur so lange Konsens, bis tatsächlich damit begonnen wird. Daher sind die Fortschritte hier in den letzten Jahren nur begrenzt gewesen. Stets stößt die Politik auf hervorragend organisierte und kampfkräftige Interessenvertretungen, die jede Verschlechterung der eigenen Situation äußerst hartnäckig und wirksam bekämpfen. Es ist daher zu begrüßen, dass die Große Koalition die Eigenheimzulage gestrichen hat und die Entfernungspauschale kürzen will. Beides sind kostspielige Zersiedlungsprämien, die wir uns aus finanziellen und ökologischen Gründen nicht länger leisten können. Falsch ist aber, die Entfernungspauschale auf Distanzen von über zwanzig Kilometer zu beschränken, denn mit der Länge der Fahrwege steigen auch die ökologischen Folgekosten. Sinnvoller wäre eine lineare Kürzung oder gar Streichung der Pendlerpauschale. Notwendig ist aber gerade bei den umweltschädlichen Subventionen ein noch konsequenteres Vorgehen. Das betrifft nicht nur die Beihilfen für die Steinkohle, mit denen auch in den nächsten Jahren nicht zukunftsfähige Strukturen künstlich am Leben erhalten werden. Das Ziel muss hier sein, die Beihilfen bis 2010 auf Null herunter zu fahren.

Es geht auch darum, die weit reichenden Privilegien der Industrie bei der Ökosteuer, des Luftverkehrs bei Mineralöl- und Mehrwertsteuer und der Atomindustrie bei den steuerlichen Rückstellungen zu streichen. Zum ökologischen Umbau des Steuer- und Finanzsystems gehören außerdem die steuerliche Sonderbehandlung von Dienstwagen, das sogenannte Herstellerprivileg der Mineralölwirtschaft und die Mineralölsteuerbefreiung für den nicht-energetischen Verbrauch. Wenn dieser Weg des Abbaus umweltschädlicher Subventionen systematisch begangen wird, werden nicht nur dauerhaft erhebliche Mittel zur Sanierung der Haushalte frei. Auch die Umwelt profitiert davon und wir schaffen den dringend nötigen Spielraum für Zukunftsinvestitionen.

Der Korb zwei der Ökologischen Finanzreform enthält steuerliche Anreize für umweltfreundliche Verhaltensweisen und Investitionen. An erster Stelle steht hier das Verkehrswesen. Ein zukunftsfähiges, umweltfreundliches Mobilitätssystem braucht Chancengleichheit und fairen Wettbewerb. Zwischen Bahn- und Flugverkehr gibt es diesen aber aufgrund der eklatanten Unterschiede in der Besteuerung nicht. Der Flugverkehr ist steuerlich doppelt privilegiert: Er ist sowohl von der Mineralölsteuer als auch von der Mehrwertsteuer im grenzüberschreitenden Verkehr ausgenommen. Dies ist weder ökologisch noch fiskalisch gerecht. Für einen fairen Wettbewerb aller Verkehrsträger sollte die Bahn künftig nur den ermäßigten Mehrwertsteuersatz auf Bahntickets im Personenfernverkehr zahlen. Die Mehrwertsteuerbefreiung im grenzüberschreitenden Flugverkehr und die pauschale Kerosinsteuerbefreiung für den gewerblichen Flugverkehr sollten entfallen. Die Möglichkeiten der EU-Energiesteuerrichtlinie zur Einführung einer Kerosinsteuer auf Inlandsflüge müssen genutzt werden. Zugleich müssen mit möglichst vielen EU-Mitgliedsstaaten bilaterale Vereinbarungen über die gemeinsame Einführung einer Kerosinsteuer getroffen werden, um Ausweicheffekte zu vermeiden.

Die Kfz-Steuer ist eine sehr wichtige und wirksame Umweltsteuer. Sie muss aber nach ökologischen Kriterien reformiert werden. Sie soll sich künftig nicht mehr nach dem Hubraum sondern nach Verbrauch und CO_2-Ausstoß berechnen.

In der Stromerzeugung muss Wettbewerbsgleichheit der Energieträger hergestellt werden. Bislang sind Kohle und Uran in der Stromerzeugung steuerbefreit und damit im Vorteil. Durch die Befreiung des Erdgases von der Inputsteuer bei der Stromerzeugung können hier faire Rahmenbedingungen geschaffen werden und zugleich EU-Vorgaben umgesetzt werden.

Im dritten Korb der Ökologischen Finanzreform geht es um den Kern der Ökologischen Steuerreform. Bei Kraftstoffen, Heizstoffen und Strom kommen die Preis- und Anreizsignale seit Monaten aufgrund der hohen Ölpreise sehr massiv vom Markt. Eine weitere Erhöhung der Ökosteuer würde derzeit keine zusätzliche ökologische Wirkung erzielen und wäre fiskalisch sogar kontraproduktiv. Das Preisniveau der einzelnen Energieformen, die Ölpreisentwicklung und die Verbrauchstrends sollten aber kontinuierlich überprüft und evaluiert werden, daraus sind die nötigen Konsequenzen für die Ausgestaltung der künftigen steuerlichen Behandlung zu ziehen. Für die bestehende steuerliche Ungleichbehandlung von Diesel und Benzin gibt es auf Dauer keine sinnvolle ökologische oder fiskalische Begründung, sie setzt aber problematische Fehlanreize. Grundsätzlich ist es daher notwendig, Fahrzeuge mit Diesel- und Benzinmotoren sowohl bei der Kfz- als auch bei der Mineralölsteuer gleich zu behandeln, ohne die Gesamtbelastung der Dieselbesitzer zu erhöhen.

Die Ökosteuer-Sonderregelungen für das Produzierende Gewerbe müssen bis Ende 2006 überprüft und überarbeitet werden, da die Beihilfegenehmigung der EU-Kommission dann ausläuft und die Anforderungen der EU-Energiesteuerrichtlinie umgesetzt werden müssen. Ziel muss es sein, den Verwaltungsaufwand zu minimieren, die Zielgenauigkeit zu erhöhen und sie sinnvoll mit dem Emissionshandel zu kombinieren. Anlagen, die unter den Emissionshandel fallen, sollen auf lange Sicht von der Ökosteuer befreit werden. Für Verwaltungsgebäude und nicht vom Emissionshandel betroffene Anlagen gilt dies aber nicht. Eine pauschale Gewährung weit reichender Sonderregelungen wie bisher ohne Prüfung der individuellen Betroffenheit darf es dauerhaft nicht geben. Für besonders energie- und wettbewerbsintensive Betriebe müssen allerdings spezifische Sonderregelungen gelten, die sich an den Indikatoren der EU-Energiesteuerrichtlinie orientieren.

Im Rahmen der Ökologischen Finanzreform muss auch der gezielte Einsatz neuer fiskalischer Instrumente zur Reduzierung des Flächenverbrauchs auf dreißig Hektar pro Tag bis 2020 – eines der zentralen Ziele der Nachhaltigkeitsstrategie der Bundesregierung – genau geprüft werden: Neben der Abschaffung der Eigenheimzulage und der Senkung der Entfernungspauschale sollte dies beispielsweise die ökologisch orientierte Reform der Grundsteuer sein.

FAZIT

Moderne Umweltpolitik orientiert sich an den ökologischen Zielen und Notwendigkeiten. Bei der Wahl der Instrumente darf es kein „Entweder oder" geben: Zur Erreichung ambitionierter Umweltziele braucht man einen intelligenten, klug aufeinander abgestimmten Instrumentenmix. Die Handlungsspielräume für die Umweltpolitik sind ohnehin begrenzt, die ökonomischen und politischen Widerstände groß. Die Turbulenzen um die Ökologische Steuerreform sind hier ein eindringliches Beispiel. Umso notwendiger ist eine sachliche Debatte über den optimalen Einsatz der Instrumente – für einen ambitionierten, effizienten und möglichst marktkonformen Umweltschutz. Eine Ökologische Finanzreform ist dafür unverzichtbar.

LITERATURHINWEISE:

Deutsches Institut für Wirtschaftsforschung/Michael Kohlhaas: Gesamtwirtschaftliche Effekte der Ökologischen Steuerreform, Berlin 2005.

Ecologic: Wirkungen der Ökologischen Steuerreform auf Innovation und Marktdurchdringung, Berlin 2005.

Bundesfinanzministerium: Bilanz der Ökologischen Steuerreform, Berlin 2005.

Förderverein Ökologische Steuerreform e.V. (Hrsg.): Umsteuern – FÖS Memorandum 2004, München 2004.

KAPITEL 5.4 | Lebenslauf

Dr. Henning Friege

Dr. Henning Friege ist Chemiker. Er leitet seit 1999 als Generalbevollmächtigter den Bereich Umwelt und Entsorgung bei den Stadtwerken Düsseldorf AG und nimmt gleichzeitig die Geschäftsführung der Entsorgungsbeteiligungen der Stadtwerke wahr. In verschiedenen Positionen, u. a. als Abteilungsleiter beim Landesumweltamt NRW und als Beigeordneter der Landeshauptstadt Düsseldorf, hat er seit 1980 umfangreiche Erfahrungen in allen Bereichen des Umweltschutzes und darüber hinaus gesammelt. Ferner gehörte er von 1991 bis 1998 der Enquete-Kommission „Schutz des Menschen und der Umwelt" des Deutschen Bundestages an.

Michael Geßner

Michael Geßner ist Diplom-Geologe. Er ist seit 15 Jahren in den Bereichen Umweltschutz und Flächenrecycling tätig, u. a. drei Jahre als Niederlassungsleiter einer großen Ingenieurgesellschaft mit dem Schwerpunkt Altlastensanierung. Seit Anfang 2003 leitet Herr Geßner die Abteilung Umweltschutz und Gefahrenabwehr bei den Stadtwerken Düsseldorf AG und war u. a. verantwortlich für die Einführung des Emissionshandels. Ferner ist Herr Geßner öffentlich bestellter und vereidigter Sachverständiger der IHK Düsseldorf und zertifizierter Qaulitätsbeauftragter.

Die KWK-Regelung – Sichtweise eines kommunalen Betreibers

Die Kopplung der Erzeugung von Kraft (also in diesem Fall Strom) und Wärme (oder Dampf) ist untrennbar miteinander verbunden. Immer entsteht bei der Energieerzeugung auch oder ausschließlich Wärme. In der Erzeugung elektrischer Energie ist das nicht anders. Die gezielte Nutzung der Abwärme bei der Erzeugung von elektrischem Strom wird als Kraft-Wärme-Kopplung (KWK) bezeichnet. Mit KWK wird eine weitaus höhere Energieausbeute erzielt als bei bloßer Stromerzeugung, also auf der anderen Seite Energieeinsparung und Vermeidung von CO_2-Emissionen. KWK-Anlagen werden seit Jahrzehnten vor allem in Ballungsräumen errichtet oder in der Industrie zur Prozessdampfauskopplung und Stromerzeugung genutzt. Über das KWK-Gesetz wird der in diesen Anlagen erzeugte Strom zusätzlich gefördert, allerdings degressiv, für alte Anlagen nur noch bis 2006. Im folgenden Kapitel werden die technischen Grundlagen wie auch anstehende Entwicklungen der Kraft-Wärme-Kopplung erläutert und die Wettbewerbsfähigkeit unter verschiedenen Marktbedingungen geprüft.

5.4.1 TECHNISCHE GRUNDLAGEN DER KRAFT-WÄRME-KOPPLUNG

Abwärme nicht zu nutzen, entspricht einem Umgang mit unseren natürlichen Ressourcen, der aus Sicht nachhaltiger Unternehmens- und Wirtschaftspolitik nicht vertretbar ist. Hierbei ist es völlig unerheblich, welche Brennstoffart eingesetzt wird – ob nun fossile Energieträger wie Erdgas, Erdöl oder Kohle oder erneuerbare Energien aus Biogas, Biodiesel oder organischen Abfällen. Die entstehende Wärme soll nicht in Form umweltschädlicher Kondensationswolken oder gewässer-aufheizender Abwässer verschwendet, sondern verwertet werden. Der Einsatz in Kraft-Wärme-Kopplungsanlagen stellt die hocheffiziente Nutzung sicher (Schematische Darstellung siehe Abb. 1).

Aus flüssigen und gasförmigen Brennstoffen im Einsatz in Gasturbinen oder Motoren ist im Verhältnis zu anderen Energieträgern die größte Energiemenge zu gewinnen. Feste Brennstoffe wie Kohle und Holz werden üblicherweise eher in Wärmeerzeugungsanlagen zur Dampferzeugung eingesetzt. Die Stromerzeugung erfolgt dann in einem nachgeschalteten Prozess über eine Dampfturbine.

Um eine KWK-Anlage effektiv zu betreiben, muss ein Teil des erzeugten Dampfdruckes und der Nutzwärme abgeleitet und einem Verteilungssystem zur Verfügung gestellt werden. Die Stromausbeute verringert sich hier entsprechend etwas. Andernfalls wird nur Strom erzeugt und es handelt sich um ein so genanntes Kondensationskraftwerk, weil der Dampf am Ende der Turbine ohne weitere Nutzungsmöglichkeit auskondensiert. Eine Zwitterstellung nehmen so genannte Entnahme-Kondensationsmaschinen ein. Bei ihnen besteht die Möglichkeit, bei zeitweise fehlendem

Wärmebedarf, also z.b. bei Fernwärmenutzung für Wohnungsbeheizung im Sommer, ausschließlich Strom zu erzeugen. Durch die hohe Temperatur der Abgase einer Gasturbine von bis zu 600 °C wird heutzutage diese Energie in Gas- und Dampfturbinen zur Erzeugung von Dampf genutzt, der wiederum eine Dampfturbine antreibt. Diese Dampfturbine kann dann wiederum über den oben geschilderten Prozess zusätzlich zur Wärmeerzeugung genutzt werden. Auch hier führt die Auskopplung der Wärmeenergie zu einem schlechteren elektrischen Wirkungsgrad der Dampfturbine. Der Vorteil dieser Auskopplung liegt in der insgesamt viel höheren Energieausbeute von 5-8 kWh Nutzwärme je (eingebüßter) kWh Strom. Der elektrische Wirkungsgrad einer Kondensationsanlage liegt je nach eingesetztem Brennstoff, Anlagentyp und Anlagengröße durchschnittlich zwischen 20 und 50 %, erreicht aber in KWK-Anlagen durch die Wärmeauskopplung aufgrund des geschilderten physikalischen Effektes 80 bis 90 %.

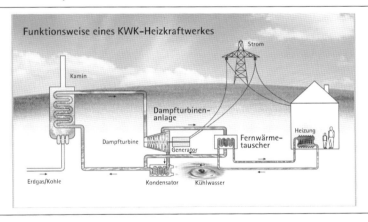

Abbildung 1: Schematische Darstellung einer KWK-Anlage

Der durch KWK zu erreichende Klimaschutzeffekt durch die Verringerung von Treibhausgasemissionen im Vergleich zu herkömmlichen Kondensationskraftwerken ist physikalisch begründet. Neben der erheblichen Steigerung des Wirkungsgrades (also der Energieausnutzung) wirkt insbesondere die Verdrängung von heizölgefeuerten Kleinanlagen über die Fernwärmeversorgung klimaschützend. Die CO_2-Emissionen können durch Wohnungsbeheizung über große KWK-GuD-Anlagen um bis zu 40 % gesenkt werden.

Im Bericht der Bundestags-Enqêtekomission „Nachhaltige Energieversorgung" vom Juli 2002 heißt es: „Auf Grund des hohen Kapitalbedarfs und der langen Investitionszyklen ist eine auf Langfristigkeit und Nachhaltigkeit ausgerichtete Orientierung der Energiewirtschaft unerlässlich. Der Energiestandort Deutschland mit seinen hohen Standards an Verlässlichkeit und Sicherheit muss erhalten bleiben, weshalb im Zuge des Reinvestitionszyklus der deutschen Kraftwerke neue Anlagen in Deutschland auf der Basis der effizientesten Technik errichtet werden müssen. Dabei sollen vor allem der Ausbau der Kraft-Wärme-Kopplung und die Markteinführung erneuerbarer Energien vorangetrieben werden."

5.4.2 FÖRDERINSTRUMENTE DER KRAFT-WÄRME-KOPPLUNG

Bestimmend für die Wettbewerbsposition von in Kraft-Wärme-Kopplung betriebenen Energieerzeugungsanlagen ist der jeweilige Strom- und Wärmemarkt. Durch die Auskopplung von Dampf(druck) aus dem Stromerzeugungsprozess verringert sich zwangsläufig die Stromausbeute gegenüber Kondensationsanlagen. Hier liegt der Grund für die Förderwürdigkeit von KWK-Anlagen. Die Wettbewerbsfähigkeit der Kraft-Wärme-Kopplung wird in Deutschland durch staatliche Förderinstrumente verbessert, da der politische Wille, die eingesetzten Energieträger optimal zu nutzen, seit Jahrzehnten ungebrochen ist.

Die Interessen der Fernwärmelieferanten werden in Deutschland durch die Arbeitsgemeinschaft Fernwärme (AGFW) vertreten, deren Argumentation von den Autoren geteilt wird: „Ansatzpunkt für die Politik in den siebziger Jahren waren die Ölkrisen. Sie motivierten die Politik, Fernwärme und die entsprechende Kraft-Wärme-Kopplung (überwiegend auf Kohlebasis) mit Förderprogrammen auszubauen. Es hat zwei ZIP (Zukunfts-Investitions)-Programme gegeben, zunächst eines über 890 Mio. DM, und dann ein zweites über 1,2 Mrd. DM. Der Fernwärmeausbau wurde durch politische Leitentscheidungen der Bundes- und Landespolitik fortgesetzt. Oft übte auch die Kommunalpolitik Druck auf Stadtwerke zum Ausbau von Fernwärme aus. Fernwärme wurde also nicht immer nach wirtschaftlichen Kriterien ausgebaut. Der Ausbau ist auf der Wärmeseite bisweilen durch Anschluss- und Benutzungszwang flankiert worden. Viele Unternehmen haben Anschluss- und Benutzungszwang abgelehnt, manche haben aber auch davon Gebrauch gemacht (bzw. ihren Gemeinden empfohlen, derartige Beschlüsse zu fassen). Daneben gibt es auch den privatrechtlichen »Anschluss- und Benutzungszwang«, darunter versteht man den Verkauf von Grundstücken mit einer entsprechenden Dienstbarkeit. Diese Grunddienstbarkeiten für Fernwärme sind durch ein Urteil des Oberlandesgerichts Schleswig vom 12. Juli 2000 in Zweifel gezogen worden. Das OLG ist der Auffassung, dass solch ein privatrechtlicher Anschluss- und Benutzungszwang grundsätzlich wettbewerbswidrig sei. Gegen das Urteil wurde Revision eingelegt. Nach der Wiedervereinigung gab es eine sehr intensive Förderung für die neuen Bundesländer. Dort ist in den Jahren 1992 bis 1995 ein Fördervolumen von 1,2 Mrd. DM bewegt worden.

Die nächste politische Willensentscheidung wurde – wie die Ostförderung auch – durch die Arbeitsgemeinschaft Fernwärme (AGFW) angestoßen: Es handelt sich um die Aufnahme der Kraft-Wärme-Kopplung im Energiewirtschaftsgesetz. In § 2 Abs. 4 EnWG ist unter den Kriterien der Umweltverträglichkeit ausdrücklich auf die Kraft-Wärme-Kopplung hingewiesen worden und es wurden mit den § 6 Abs. 3, 7 Abs. 2, 10 und 13 Schutzvorschriften für Kraft-Wärme-Kopplung aufgenommen. Sie sind dann später nicht sehr praktisch geworden, die meisten Unternehmen haben davon keinen Gebrauch gemacht, aber das gegenwärtige Energiewirtschaftsrecht bedeutet eine weichenstellende politische Willenserklärung, die heute und in den nächsten Jahren von höchster Bedeutung ist.

Erlassen wurde das Energiewirtschaftsgesetz als Art. 1 des „Gesetzes zur Neuregelung des Energiewirtschaftsrechts". Art. 3 Nr. 2 änderte das Stromeinspeisungsgesetz vom 7.12.1990. Dem Gesetz zur Neuregelung des Energiewirtschaftsrechts wurde der § 4 a über Selbstverpflichtungen zugunsten erneuerbarer Energien und Kraft-Wärme-Kopplung angefügt. Darin wird die Bundesregierung ermächtigt, Ziele für erneuerbare Energien und Kraft-Wärme-Kopplung festzusetzen. Zudem soll die Bundesregierung nach jeweils zwei Jahren dem Bundestag Bericht erstatten. Es kam weder zur Festsetzung dieser Ziele noch zu der verfügten Berichterstattung. Zu einer freiwilligen Selbstverpflichtung mit Unterstützung der Bundesregierung kam es erst nach einem längeren Diskussionsprozess (s. u.).

Das Grundmodell des Elektrizitäts-Wettbewerbs ist der verhandelte Netzzugang gemäß § 6. Die Betreiber von Elektrizitätsversorgungsnetzen müssen ihr Versorgungsnetz anderen Unternehmen für Durchleitungen zur Verfügung stellen. Der Netzbetreiber darf die Durchleitung verweigern, wenn die Durchleitung nicht möglich oder nicht zumutbar ist. § 6 Abs. 3 regelt die Zumutbarkeit näher. Bei der Beurteilung der Zumutbarkeit ist besonders zu berücksichtigen, inwieweit Elektrizität aus
- fernwärmeorientierten
- umwelt- und ressourcenschonenden
- technisch-wirtschaftlich sinnvollen

Kraft-Wärme-Kopplungs-Anlagen verdrängt und der wirtschaftliche Betrieb dieser Anlagen verhindert würde. KWK-Anlagen sind fernwärmeorientiert, wenn sie auf den Wärmebedarf (Wärmeanschlusswert) des Wärmeversorgungsgebietes ausgelegt sind und stromoptimiert betrieben werden. Damit nur Anlagen geschützt werden, die dem Gesetzeszweck der Umweltverträglichkeit im Einzelfall auch entsprechen, verlangt das Gesetz, dass die Kraft-Wärme-Kopplungs-Anlagen umwelt- und ressourcenschonend sind. Kraft-Wärme-Kopplungs-Anlagen werden im Gesetz besonders berücksichtigt, weil der Kraft-Wärme-Kopplungsprozess in erheblichem Maße zur Brennstoffeinsparung beiträgt. Nur fachgerecht konzipierte Fernwärme und Kraft-Wärme-Kopplung kann wirtschaftlich betrieben werden.

Nur solche Anlagen verdienen Schutz. Deshalb sind auch nur technisch-wirtschaftlich sinnvolle Kraft-Wärme-Kopplungs-Anlagen zu berücksichtigen. Wenn sich die Verluste aufgrund von Durchleitungen im Wettbewerb durch Verkauf von Strommengen an Dritte auffangen lassen, besteht kein Grund, die Durchleitung zu verweigern. Deshalb sind die Möglichkeiten zum Verkauf der Elektrizität aus Kraft-Wärme-Kopplungs-Anlagen an Dritte zu berücksichtigen. In Ergänzung zum verhandelten Netzzugang sieht das Gesetz eine „Netzzugangsalternative" vor. Dabei handelt es sich um ein Modell, das in der Diskussion als Single-Buyer bekannt geworden ist. Die Vorschrift über die Netzzugangsalternative enthält gemäß § 7 Abs. 2 S. 2 eine Querverweisung auf den erörterten § 6 Abs. 3. Das bedeutet: Bei der Netzzugangsalternative kann der Ankauf von Elektrizität verweigert werden, wenn dadurch Kraft-Wärme-Kopplung gefährdet wird. Da die Durchleitungs-Verweigerungs-Tatbestände durch den Bau von Direktleitungen umgangen werden können, sieht das neue Gesetz bei den Wegenutzungsverträgen gemäß § 13 Abs. 1 S. 2 vor, dass wiederum § 6 Abs. 3 entsprechend angewendet werden kann. Das bedeutet, dass die Gemeinden die Verlegung von Direktleitungen unterbinden können, die die Kraft-Wärme-Kopplung gefährden. Dies gilt aber nur bis spätestens 31.12.2005. Das Gesetz ordnet nicht ausdrücklich an, dass bei der allgemeinen Überprüfung der Netzzugangsregelung gemäß § 8 im Jahr 2003 auch eine Überprüfung der Folgen des Wettbewerbs für Fernwärme und Kraft-Wärme-Kopplung stattzufinden hat.

Dann folgte die ökologische Steuerreform, in der ebenfalls auf Fernwärme und Kraft-Wärme-Kopplung besondere Rücksicht genommen wurde. Reine Heizwerke zahlen, wie alle anderen produzierenden Gewerbe auch, einen geringeren Gassteuersatz. Das heißt, für Erdgas, das in Heizwerken für die Fernwärme verfeuert wird, zahlt man im Ergebnis eine geringere Steuer als für Gas, das für die Endverbraucher eingesetzt wird. Das gilt auch für viele Fälle des Wärme-Direkt-Service (Nahwärme). Kraft-Wärme-Kopplungsanlagen mit einem wahlweise Jahres- oder Monatsnutzungsgrad von > 70 % sind von jeder Mineralölbesteuerung ganz ausgenommen worden, also auch von der früheren Mineralölbesteuerung. Blockheizkraftwerke (BHKW) sind in bestimmten Fällen von der Stromsteuer ausgenommen, nämlich in Contractingfällen, wenn nicht mehr als zwei MW Anschlussleistung vorhanden ist.

Das „Gesetz für die Erhaltung, die Modernisierung und den Ausbau der Kraft-Wärme-Kopplung" (Kraft-Wärme-Kopplungsgesetz) vom 01. April 2002 ersetzte das bisherige „KWK-Vorschalt-Gesetz". Die Betreiber von Kraft-Wärme-Kopplungsanlagen haben demnach einen Anspruch auf eine Vergütung für den in das Netz der allgemeinen Versorgung eingespeisten KWK-Strom, der sich aus dem vereinbarten Preis und Zuschlagszahlungen gemäß der Tabelle 1 zusammensetzt. Begünstigt werden nur bereits bestehende KWK-Anlagen sowie neue Klein-KWK-Anlagen bis 2 MW elektrischer Leistung. Der deutsche Verband der Netzbetreiber schätzt den so entstehenden Förderbetrag allein für 2003 mit etwa 800 Mio. Euro.

in Euro-Cents	2002	2003	2004	2005	2006	2007	2008	2009	2010
alte Bestandsanlagen (Dauerinbetriebnahme bis 31.12.89)	1,53	1,53	1,38	1,38	0,97				
neue Bestandsanlagen (Dauerinbetriebnahme nach 31.12.89 bis zum Inkrafttreten)	1,53	1,53	1,38	1,38	1,23	1,23	0,82	0,56	
modernisierte Anlagen (Dauerinbetriebnahme nach Inkrafttreten)	1,74	1,74	1,74	1,69	1,69	1,64	1,64	1,59	1,59
Nach dem 01.04.2002 in Dauerbetrieb genommene Klein-KWK-Anlagen >50 bis 2000 kWelt	2,56	2,56	2,40	2,40	2,25	2,25	2,10	2,10	1,94
Nach dem 01.04.2002 in Dauerbetrieb genommene Klein-KWK-Anlagen £ 50 kWelt und Brennstoffzellen-Anlagen. (Klein-KWK-Anlagen müssen den Dauerbetrieb bis 31.12.2005 aufgenommen haben.)	5,11 Cents für einen Zeitraum von 10 Jahre ab Aufnahme des Dauerbetriebes. Der Zuschlag für Klein-KWK-Anlagen bis 2 MWelt (auch < 50 kWelt) steht unter dem Vorbehalt, dass aus diesen Anlagen insgesamt nur maximal 14 TWh gefördert werden.								

Tabelle 1: Zuschläge auf eingespeisten KWK-Strom

Ursprünglich war dieser KWK-Stromzuschlag als Instrument zum Ausgleich der Anfang dieses Jahrhunderts aufgrund sinkender Strompreise bestehenden Wettbewerbsnachteile von KWK-Anlagen geplant. Dieser Effekt der Liberalisierung des Energiemarktes hat sich allerdings in den letzten Jahren deutlich abgeschwächt.

Ein weiteres ökologisch begründetes Förderinstrument des Staates wurde in Form des Emissionszertifikatehandels 2005 umgesetzt. Hiervon sind KWK-Anlagen mit einer Feuerungsleistung von über 20 MW betroffen. Da KWK-Anlagen definitionsgemäß einen Beitrag zum Klimaschutz aufgrund der verbesserten Energieausnutzung liefern (s.o.), wurde im Zuteilungsgesetz für Emissionsrechte der ersten Handelsperiode eine bestimmte Zertifikatemenge über die Einführung einer benchmark-orientierten Zuteilung vorgesehen, der KWK-Anlagen begünstigte.

5.4.3 WETTBEWERBSFÄHIGKEIT DER KWK-ANLAGEN

Nach mehreren Jahren KWK-Förderung und veränderten Rahmenbedingungen macht es Sinn, die Wettbewerbsfähigkeit von KWK-Anlagen erneut zu beurteilen. Auch kommunale Energieversorgungsunternehmen müssen sich permanent der Frage der Wettbewerbsfähigkeit ihrer Energieerzeugungsanlagen in einem liberalisierten Markt, insbesondere unter dem Stichwort Unbundling im neuen Energie-Wirtschaftsgesetz, stellen. Weiterhin gibt es einen Investitionsstau in der Energiewirtschaft, der eine Erneuerung des im Durchschnitt mit etwa 25 bis 30 Jahren veralteten Kraftwerkparks der deutschen Energiewirtschaft notwendig macht.

In letzter Zeit wird viel über die Notwendigkeit einer Förderung von deutschen KWK-Anlagen diskutiert, wobei der Anteil der KWK-Förderung verschwindend gering ist, wie Abb. 2 zeigt. Diese Diskussionen sind durch unterschiedliche Anlagenstrukturen und Bestrebungen zur Gewinnmaximierung stark polarisiert geführt worden.

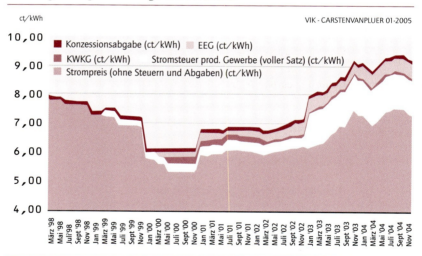

Abbildung 2: Durchschnittliche Industrie-Strompreisentwicklung für das produzierende Gewerbe in Deutschland:

Im Folgenden sollen die grundsätzlichen Wettbewerbsbedingungen und Fördereffekte für KWK-Anlagen dargestellt werden. Eine genaue Quantifizierung dieser Effekte würde den Rahmen und die Lesbarkeit dieses Beitrages bei weitem übersteigen und ist in der verwendeten Literatur zu verfolgen. Um eine Wärmeauskopplung betreiben zu können, versteht es sich von selbst, dass auch ein Wärmenutzer in der Umgebung der Anlage verfügbar sein muss. Aus dieser simplen Feststellung ergibt sich aber ein oft unterschätzter Wettbewerbsnachteil der Kraft-Wärme-Kopplungsanlagen. Nämlich die hohen, umweltrechtlich durchaus begründeten, Anforderungen an Emissionsminderungen für Lärm, Abgase usw. für diese Energieerzeugungsanlagen, z.b. in der Umgebung von Wohngebieten. Anlagen „auf der grünen Wiese" genießen gegenüber KWK-Anlagen somit einen deutlichen Betriebskosten- (Standort-) und somit Wettbewerbsvorteil.

Stromgeführte KWK-Anlagen, wie sie zum Beispiel bei den Stadtwerken Düsseldorf betrieben werden, sehen sich auch bei fehlendem Fernwärmebedarf (zum Beispiel im Sommer) vor das Problem gestellt, dass die Stromerzeugung nur in Kombination mit einer u.u. zeitweise gar nicht gewünschten Wärmeerzeugung möglich ist. Der Wettbewerbsnachteil gegenüber Kondensationsanlagen liegt auf der Hand.

Die nachfolgenden Überlegungen beziehen sich auf größere Anlagen mit Kapazitäten von 200 bis 300 MW oder mehr. Als kleinere Anlagen sollen hier Anlagen mit Erzeugungskapazitäten zwischen 10 und 50 MW gelten. Die Betriebssituation kleinerer Anlagen ist entscheidend von der Berücksichtigung der vermiedenen Netzkosten abhängig, um einen wirtschaftlichen Betrieb darstellen zu können - selbst unter den derzeit verhältnismäßig günstigen Marktbedingungen.

Man muss in der Betrachtung des wirtschaftlichen Anlagenbetriebes zwischen den Investitions- bzw. Kapitalkosten und den Betriebs- oder variablen Kosten unterscheiden. Wichtig ist die Normierung der betrachteten Brennstoffkosten, Produkterlöse und KWK-Förderungsmechanismen in ihrer Wirkung (zum Beispiel auf den unteren Heizwert), um eine Vergleichbarkeit herzustellen.

Für KWK-Anlagen ist grundsätzlich aufgrund der aufwändigeren Anlagenstruktur von einem höheren Investitionsvolumen im Vergleich zu einer Kondensationsanlage auszugehen.

Bei den variablen Kosten (Betriebskosten) sind insbesondere die Brennstoffkosten und die Produkterlöse für Strom- und Wärmeverkauf von Bedeutung. Häufig wird hierbei aber vernachlässigt, dass es zwischen Beschaffungsmarkt und Absatzmarkt in der Energiewirtschaft enge Zusammenhänge und gegenseitige Beeinflussungen gibt. Ein aktuelles Beispiel war Anfang 2005 der vorrangige Betrieb von auch älteren kohlegefeuerten Anlagen aufgrund des hohen Strompreises (Abb. 3), der auch ineffizientere Anlagen wettbewerbsfähig machte – selbst unter Berücksichtigung der höheren Emissionszertifikatekosten solcher Anlagen. Hier regelt der Strompreis die Brennstoffnachfrage.

KWK-Anlagen dürfen bei der Wärmebereitstellung auch im Rahmen der zweiten Emissionshandelsperiode keine Benachteiligung der Wettbewerbsposition im Vergleich zu nicht vom Emissionshandel betroffenen Anlagen erfahren. Bei KWK-Anlagen sollte daher sektorübergreifend eine Zuteilung an Berechtigungen im Umfang der in den Sektoren Haushalte, Gewerbe, Handel, Dienstleistungen vermiedenen Emissionen erfolgen. KWK-Bestandsanlagenbetreiber müssen die Wahl zwischen einem brennstoffspezifischen Produktbenchmark für Wärme und Strom, oder einer Zuteilung auf Basis historischer Emissionen in Verbindung mit der bestehenden Zuteilung gemäß ZuG 2007, § 14 Abs. 1 bekommen. Für KWK-Neuanlagen sollte unbedingt an der bisherigen Praxis der Zuteilung gemäß einem brennstoffspezifischen Produktbenchmark für Wärme und Strom festgehalten werden.

Die Betriebskosten werden für die vorliegende Fragestellung vorrangig durch die Stromkennzahl (Nettostrom zu Nettowärmeerzeugung) und den Nutzungsgrad (Stromkennzahl zu Brennstoffzufuhr) bestimmt. Der Nutzungsgrad und die Stromkennzahl sind für erdgasbetriebene KWK-Anlagen deutlich höher als für kohlebetriebene Anlagen. Hier macht sich der technische Nachteil der reinen Dampfturbinentechnik gegenüber der Gas- und Dampfturbinentechnik bemerkbar (s.o.). Die Stromkennzahl erhöht sich mit steigender Kapazität (Größe) der Energieerzeugungsanlage.

Die Förderung von KWK-Anlagen macht sich über die Befreiung von der Mineralölsteuer für Erdgas- und Heizölgefeuerte Anlagen deutlich bemerkbar, da diese Anlagen ansonsten von den massiven Preisausschlägen für diese Brennstoffe in den letzten Jahren noch stärker betroffen worden wären. Die Steuerentlastung bewirkt eine durchschnittliche Reduzierung der Brennstoffpreise um etwa 25 %, gleicht aber dennoch den Preisunterschied zu Braun- und Steinkohle nicht aus. Für die Wettbewerbsfähigkeit ist neben dem Brennstoffpreis auch der durch die Anlage erreichte Wirkungsgrad in der Ausnutzung des Brennstoff-Energieinhaltes bedeutend. Der Nachteil vergleichsweise hoher Erdgaspreise kann somit auch durch höhere Anlagennutzungsgrade ausgeglichen werden, die für große GuD-Anlagen zwischen 5 und 8 % über denen von steinkohlegefeuerten Anlagen liegen. Dennoch ist im KWK-internen Vergleich der Wettbewerbsfähigkeit von Kohle- mit Erdgasgefeuerten Anlagen ein Ausgleich der niedrigeren Kohlebrennstoffkosten nicht möglich. Erdgas weist trotz Steuersubventionierung und deutlich besserem durchschnittlichen Anlagennutzungsgrad in den Betriebskosten die schlechtere Wettbewerbsposition im Vergleich zu Stein- und Braunkohle auf.

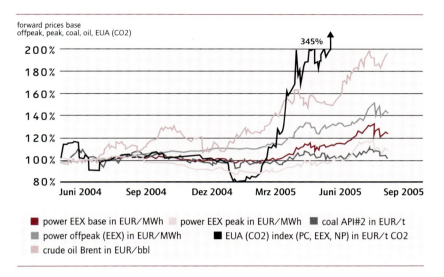

Abbildung 3: Terminmarktentwicklung für Brennstoffe, Strom, Fernwärme und CO2-Zertifikate seit 2004

Die schon erwähnte höhere Stromausbeute kommt den großen GuD-Anlagen im Rahmen der Einspeisevergütungen für KWK-Strom entgegen und verbessert die Wettbewerbsstellung gegenüber kohlebetriebenen KWK-Anlagen etwas. Da diese Vergütung den Großhandelspreisen für Grundlaststrom des vorigen Quartals der Stromhandelsbörse Leipzig folgt, unterliegt sie zum Teil erheblichen Schwankungen. Je höher die Stromkennziffer, desto größer ist die Wirkung der Preisschwankungen, wobei die Erlöse für KWK-Strom aus GuD-Anlagen deutlich über denen von steinkohlegefeuerten KWK-Anlagen liegen.

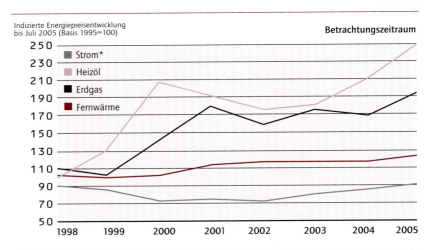

Abbildung 4: Preisentwicklung der Energieträger 1998 bis 2005 (Indizierung auf Basis 1995)

Wie in Abb. 4 zu erkennen ist, sind die Heizöl- und Erdgaspreise seit 1998 um beinahe 100 % gestiegen. Diese Preisentwicklung bewirkt für Erdgas-KWK-Anlagen einen Wettbewerbsvorteil gegenüber den Heizanlagen der Wohnraum- und Gebäudeheizungsanlagen, da diese einen deutlich schlechteren Nutzungsgrad aufweisen und keinen Steuervergünstigungen unterliegen.

5.4.4 FAZIT

Die im vorigen Kapitel geschilderten Einflüsse auf die Wettbewerbsposition von KWK-Anlagen lassen erkennen, dass eine Beurteilung der Notwendigkeit einer staatlichen Förderung von KWK-Anlagen nur unter Berücksichtigung aller relevanten Einzeleffekte und bezogen auf die unterschiedlichen Anlagentypen und Brennstoffeinsätze möglich ist.

Über eine differenzierte Betrachtung und Normierung der Einzelwerte und Erlöse auf eine einheitliche Bezugsgröße wie den Heizwert, wird erkennbar, dass die wirksamen Einzeleffekte sich durchaus nicht nur kumulieren, sondern zum Teil auch gegenseitig aufheben.

Es ist unstrittig, dass sich die wirtschaftliche Situation von KWK-Anlagen in den letzten 5 Jahren deutlich gebessert hat. Neben der Erlössituation auf der Stromseite ist für die wirtschaftliche Attraktivität von KWK-Anlagen auch die wärmeseitige Erlössituation von großer Bedeutung. Die Preissteigerungen erreichten wärmeseitig in den letzten Jahren bei weitem nicht die Größenordnung der Stromerlöse. Insgesamt wird deutlich, dass insbesondere erdgasgefeuerte KWK-Anlagen je nach Marktsituation (hier vorrangig die Höhe der marktpreisorientierten Einspeisevergütung und Brennstoffpreise) auch unter Vernachlässigung der Kapitalkosten eine staatliche Förderung zur Erhaltung ihrer Wettbewerbsfähigkeit benötigen. Diese Förderungen einzuschränken, weil derzeit auftretende Markteffekte (wie etwa hohe Strompreise) den Anlagenbetrieb auch zum Beispiel für GuD-Anlagen wirtschaftlich darstellen lassen, ist kurzfristig gedacht. Will man mit einem Förderinstrument die Investitionsbereitschaft – auch in kleinere Anlagen – fördern, sind kurzzeitige und schwer prognostizierbare Markteffekte keine Entscheidungsgrundlage.

Auf Basis der anstehenden wichtigen und notwendigen Investitionen in neue Energieerzeugungsanlagen kann es nicht nur darum gehen, bestehende KWK-Anlagen im Bestand und Betrieb zu fördern und somit wirtschaftlich betreibbar zu erhalten. Es ist eine wichtige politische Aufgabe, auch Investitionen in KWK-Anlagen zu fördern und hier Anreize zu schaffen, die ohne Förderinstrumente ihrer wirtschaftlichen Basis entzogen würden.

Eine optimierte Ausgestaltung des Instrumentes der KWK-Förderung muss den bisherigen Erfahrungen Rechnung tragen und für die ansonsten nicht wettbewerbsfähigen Kleinanlagen unter 50 MWth sowie auch die großen erdgasgefeuerten GuD-Anlagen einen Ausgleich schaffen. Weiterhin darf die notwendige Förderung der Investitionsbereitschaft in KWK-Anlagen vor dem Hintergrund der anstehenden Kraftwerksneubauten nicht unberücksichtigt bleiben. Die derzeitige Ansicht der Fachleute belegt, dass die Investition in KWK-Anlagen unter Berücksichtigung der Kapitalkosten nur dann wirtschaftlich darstellbar ist, wenn staatliche Förderung erfolgt.

Für diese aufgezeigten Fälle sind angepasste Förderinstrumente neben einer Berücksichtigung der Emissionsminderungsleistungen von KWK-Anlagen im Rahmen des Emissionshandels auch zukünftig dringend erforderlich.

Die Berücksichtigung der Einsparpotentiale der KWK-Anlagen im Emissionshandel sollte in Form einer sektorübergreifenden Zuteilung an Berechtigungen im Umfang der in den Sektoren Haushalte, Gewerbe, Handel, Dienstleistungen vermiedenen Emissionen erfolgen. KWK-Bestandsanlagenbetreiber müssen die Wahl zwischen einem brennstoffspezifischen Produktbenchmark für Wärme und Strom, oder einer Zuteilung auf Basis historischer Emissionen in Verbindung mit der bestehenden Zuteilung gemäß ZuG 2007, § 14 Abs. 1 bekommen. Für KWK-Neuanlagen sollte unbedingt an der bisherigen Praxis der Zuteilung gemäß einem brennstoffspezifischen Produktbenchmark für Wärme und Strom festgehalten werden. Ein nachhaltiger Wettbewerbsvorteil für KWK-Anlagen auch durch staatliche Förderung trägt erheblich zur Erreichung der Ziele bei Primärenergieeinsparung und Klimaschutz bei.

Prof. Dr. Dieter Ameling

1941	geboren und aufgewachsen im Osnabrücker Land
1961 – 67	TU Clausthal – Studium der Metallurgie und Werkstoffwissenschaften; Dipl.-Ing.
1967 – 71	TU Clausthal – Assistent
1971	TU Clausthal – Promotion zum Dr.-Ing.
1971 – 1998	Röhrenwerke Bous/Saar – Hamburger Stahlwerke, Stahlwerkschef – Thyssen Stahl AG, Leiter Werke Oberhausen und Hochfeld – Thyssen Stahl AG, Leiter Betriebswirtschaft – Saarstahl AG i. K., Vorstandsmitglied – Krupp VDM GmbH, Vorsitzender der Geschäftsführung
1997	Ernennung zum Honorarprofessor an der TU Clausthal
seit 01.04.1998	Stahlinstitut VDEh, Geschäftsführendes Vorstandsmitglied
seit 01.04.2000	Wirtschaftsvereinigung Stahl, Präsident, und Stahlinstitut VDEh, Vorsitzender
seit 01	2001	Bundesverband der Deutschen Industrie (BDI), Mitglied des Präsidiums

Der Emissionshandel - Fortschritt oder Rückschritt?

Anfang 2005 ist in der Europäischen Union der CO_2-Emissionshandel angelaufen. Kraftwerke und industrielle Produktionsanlagen müssen fortan jedes Jahr für ihre Emissionen ausreichend Erlaubnisse vorweisen. Einen großen Teil der Zertifikate bekommen sie kostenlos vom Staat zugeteilt, den Rest müssen sie kaufen. Durch eine Verknappung der insgesamt zur Verfügung stehenden CO_2-Rechte soll eine Verringerung der Emissionen herbeigeführt werden. Für die energieverbrauchende Industrie ist der Emissionshandel aber eine massive Belastung.

Seit jeher nehmen die Stahlerzeuger beträchtlichen Aufwand auf sich, ihren Energieverbrauch und damit ihre CO_2-Emissionen zu senken. Und dies mit Erfolg: Im Rahmen der Vereinbarung zur Klimavorsorge zwischen der Bundesregierung und der deutschen Wirtschaft vom 9. November 2000 hat sich die Stahlindustrie freiwillig selbst verpflichtet, ihre spezifischen CO_2-Emissionen je Tonne Rohstahl von 1990 bis 2012 um 22 % zu vermindern. Bis heute haben die Stahlerzeuger bereits eine Verringerung um 14,7 Prozent erreicht, Bild 1.

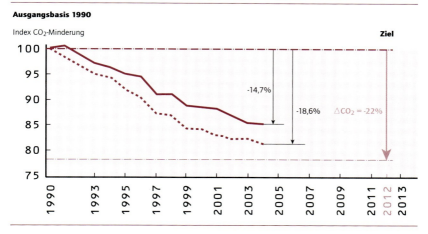

Abbildung 1: Klimavorsorge: Freiwillige Selbstverpflichtung der Stahlindustrie

Die dadurch erzielten Einsparungen entsprechen dem jährlichen CO_2-Ausstoß von sechs Millionen Personenkraftwagen. Seit 1960 ist der Primärenergieverbrauch je Tonne Rohstahl um 40 Prozent gesunken. Auch ohne Emissionshandel sind wir in der Klimavorsorge also gut zurecht gekommen. Kein Wunder: Für die energieintensive Industrie gehört die Verringerung ihrer hohen Energiekosten zum täglichen Geschäft. Was aber bringt dann noch der Emissionshandel? Ist er ökologisch sinnvoll oder nur unnötige und kostspielige Regulierung und Bürokratie?

DER EMISSIONSHANDEL VERTEUERT UND BREMST DADURCH INDUSTRIELLES WACHSTUM

Gingen die Senkung der Produktionskosten und Klimavorsorge bisher Hand in Hand, schlägt die Europäische Union mit dem Emissionshandel nun die entgegengesetzte Richtung ein: Indem sie die Unternehmen zum Kauf von Zertifikaten zwingt, verteuert sie den Brennstoffverbrauch und damit die Produktionskosten. Dies trifft vor allem die energieverbrauchende Industrie. Beispiel Stahlindustrie: Am Hochofen werden Koks und andere Kohlenstoffträger als Rohstoff zur Erzeugung von Roheisen eingesetzt. Die chemischen Reaktionen des Hochofenprozesses geben letztlich den Umfang des CO_2-Emissionen vor – naturwissenschaftlich-technische Grenzen, die auch der Emissionshandel nicht außer Kraft setzen kann. Um die Minderungsvorgaben zu erfüllen, muss das Unternehmen Zertifikate kaufen oder seine Produktion verringern.

Da sich der Stahlpreis am Weltmarkt bildet und nur 15 Prozent des Rohstahls in der Europäischen Union erzeugt werden, beeinträchtigt der Kauf von Zertifikaten die Wettbewerbsfähigkeit der Stahlerzeuger in der EU ganz erheblich. Stahlunternehmen aus den USA, Brasilien, China oder Indien sind von dem staatlich verordneten CO_2-Verknappungsregime nicht betroffen. Zwar werden in Deutschland prozessbedingte Emissionen zu Recht von Minderungsverpflichtungen freigestellt. Dies gilt aber nicht bei einem Wachstum der Produktion, wie wir sie im Rahmen des weltweiten Stahlbooms zurzeit erleben. Im Jahr 2004 hat der Weltstahlbedarf die Milliardentonnengrenze überschritten und wird in Zukunft weiter wachsen. Wollen Stahlerzeuger in Deutschland durch eine Ausweitung ihrer Produktion daran teilhaben, müssen sie für jede Tonne Rohstahl Emissionsrechte im Wert von 50 Euro zukaufen. Solche Mehrkosten von mehr als 10 Prozent lassen sich im Wettbewerb über den Preis nicht weiterreichen. Die Folge: Der Emissionshandel gerät zur Produktionsbeschränkung. Wachstum findet in anderen Ländern statt, Produktion und Arbeitsplätze wandern aus.

Bereits in der ersten Handelsperiode ist das Emissionsbudget der Wirtschaft um zwei Millionen t CO_2 verknappt worden. Zertifikate für neue Produktionsanlagen sind darin bereits enthalten. Für den Bau eines neuen Hüttenwerkes mit einer Erzeugung von 5 Millionen Tonnen Rohstahl wären Emissionsrechte von etwa 8,5 Millionen Tonnen CO_2 erforderlich. In der Reserve für neue Anlagen ist gerade mal ein Drittel dieser Menge vorgesehen - und dies für die gesamte Industrie! Eine Investition diesen Ausmaßes wäre folglich in der Stahlindustrie nicht mehr möglich. Industrielles Wachstum scheint in Deutschland offenbar nicht mehr auf dem Plan zu stehen.

Fast alle EU-Mitgliedstaaten haben ihrer Wirtschaft von vornherein ausreichend Emissionsrechte für Wachstum zugestanden. Wie eine Studie des CUTEC-Institutes in Clausthal-Zellerfeld belegt, verlangen nur Deutschland und Belgien ihrer Stahlindustrie Emissionsminderungen ab, Bild 2.

Der Emissionshandel - Fortschritt oder Rückschritt? | **KAPITEL 5.5**

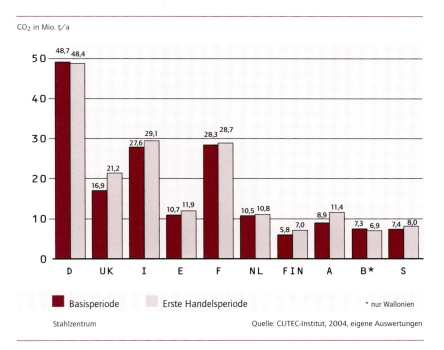

Abbildung 2: CO_2-Budget und Allokationsbasis der Stahlindustrie in der EU

Dies ist eine verkehrte Welt. Erst vor wenigen Jahren versuchten Europäische Kommission und Bundesregierung der deutschen Wirtschaft den Emissionshandel mit dem Argument schmackhaft zu machen, sie werde wegen ihrer Vorleistungen in Europa zu den Verkäufern von Emissionsrechten gehören. Stattdessen gerät sie europaweit ins Hintertreffen gegenüber jenen Staaten, für die der Emissionshandel eigentlich gedacht war. Denn Deutschland hätte des Emissionshandels gar nicht bedurft. Mehr als 90 Prozent seines Burden-Sharing-Zieles hat es bereits erfüllt. Die europäische Union als Ganzes ist hingegen weit von der Erfüllung ihres Zieles entfernt. Dabei hat Deutschland rund drei Viertel der gemeinsamen Minderungsverpflichtung übernommen.

IN SEINEN AUSWIRKUNGEN AUF DIE STROMPREISE IST DER EMISSIONSHANDEL NICHT KONTROLLIERBAR.

Doch der Emissionshandel verhindert nicht nur industrielles Wachstum, er hat auch verheerende Auswirkungen auf die Stromkosten. Wie in Kapitel 7.1 dargelegt, sind die Strompreise seit Einführung des Emissionshandels um rund 30 Prozent gestiegen, da sogar kostenfrei zugeteilte Emissionsrechte zu ihrem vollen Marktwert in die Strompreise einfließen, Bild 3.

KAPITEL 5.5 | Der Emissionshandel - Fortschritt oder Rückschritt?

Abbildung 3: Preisentwicklung der CO_2-Zertifikate treibt die Strompreise in die Höhe

Zwar lässt dies auch auf mangelnden Wettbewerb am Elektrizitätsmarkt schließen, denn am weltweiten Stahlmarkt ließe sich eine vergleichbare Kalkulation nicht durchsetzen. Jedoch ist offensichtlich, dass der Emissionshandel diese verhängnisvolle Entwicklung erst ausgelöst hat. Ohne Not werden der energie- und stromintensiven Industrie nun mehr als 1 Milliarde Euro zusätzliche Kosten aufgebürdet und ihre Wettbewerbsfähigkeit aufs Spiel gesetzt. In der Politik herrscht Ratlosigkeit. Dabei war sie vor Einführung des Emissionshandels hinlänglich gewarnt worden. Werden keine zufriedenstellende Lösungen für das Strompreisproblem gefunden, kann die Konsequenz nur lauten: Offensichtlich ist der Emissionshandel in seinen Auswirkungen nicht kontrollierbar und muss wieder abgeschafft werden.

DER EINFLUSS DER EUROPÄISCHEN UNION AUF DEN WELTWEITEN TREIBHAUSGASAUSSTOß IST ÄUßERST GERING.
Wenn der Emissionshandel die Wettbewerbsfähigkeit der Industrie schädigt und die Produktion ins Ausland verdrängt, ist auch der Klimavor-

sorge nicht gedient. Schließlich werden die damit verbundenen Emissionen nur verlagert, nicht vermieden. Ohnehin ist der Einfluss der Europäischen Union auf den weltweiten Treibhausgasausstoß begrenzt. Die Minderungen, die Europa im Rahmen des Kyoto-Protokolls unternimmt, liegen gemessen an den heutigen Emissionen bei allenfalls einem Prozent. Den Prognosen der Internationalen Energieagentur zufolge werden die CO_2-Emissionen bis 2030 um weitere 10 Milliarden auf 37 Milliarden Tonnen im Jahr steigen, Bild 4.

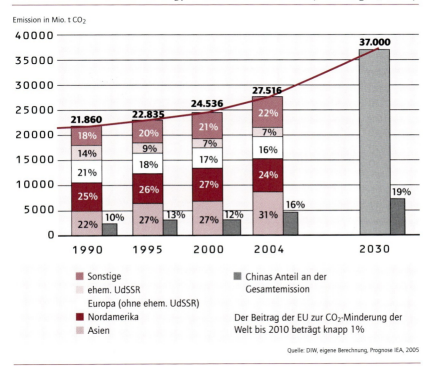

Abbildung 4: CO_2-Emissionen der Welt nach Regionen

Der Anteil Asiens wird sich beträchtlich erhöhen. Allein die Emissionen in China werden etwa 20 Prozent des weltweiten Volumens ausmachen. Der Primärenergieverbrauch im Reich der Mitte wird sich innerhalb von zehn Jahren bis 2010 auf 2,3 Milliarden Steinkohleeinheiten mehr als verdoppeln, die vor allem auf Kohle basierende Stromerzeugung im gleichen Zeitraum um 50 Prozent zunehmen. Über vier Milliarden Tonnen CO_2 werden schon heute in China jährlich emittiert. Dabei müsste das Land seinen Pro-Kopf-Ausstoß noch verdreifachen, bevor es an das Niveau von Industriestaaten wir Deutschland heranreicht, Bild 5.

KAPITEL 5.5 | Der Emissionshandel - Fortschritt oder Rückschritt?

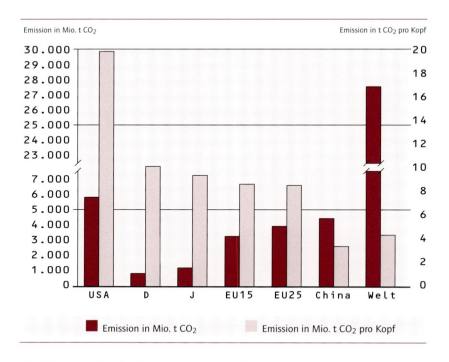

Abbildung 5: CO_2-Emissionen pro Kopf in ausgewählten Ländern und Regionen (2004)

Den Aufholbedarf der Schwellenländer kann die Europäische Union durch den Emissionshandel nicht einmal ansatzweise wettmachen. Die Alleingänge Deutschlands und Europas schaden aber der Industrie. Klimavorsorge kann nur unter Einschluss aller Staaten wirksam sein. Es ist freilich zweifelhaft, ob sich Länder wie China auf absolute Emissionsgrenzen wie im Kyoto-Protokoll und im Emissionshandel einlassen werden.

Mit Klimavorsorge Geld verdienen: Mit diesem Slogan wird versucht, der Öffentlichkeit die Idee des Emissionshandels zu verkaufen. Doch Geld am Geschäft mit der heißen Luft verdienen in erster Linie Banken, Börsen und Berater. Für die zur Teilnahme am Handel verpflichtete Industrie ist der Emissionshandel hingegen eine Wachstumsbremse, verteuert den Strom und verzerrt den internationalen Wettbewerb. Zudem können Erfolge in der Klimavorsorge nur global erzielt werden. Angesichts des klimapolitischen Alleingangs der Europäischen Union und des gleichzeitig weltweit steigenden Energieverbrauchs ist der Emissionshandel geradezu absurd. Ökologisch effektiv ist der Emissionshandel also nicht, sondern ausschließlich eine bürokratische Bewirtschaftung der Luft.

KAPITEL 6

Erfahrungen mit Förderinstrumenten für die regenerative Stromerzeugung in den EU-Mitgliedstaaten

Prof. Dr. Michael Häder

Michael Häder ist seit September 2003 als Professor für Volkswirtschaftslehre an der Fachhochschule Bochum tätig. Ein Schwerpunkt seiner Lehre und Forschung liegt in der Energiepolitik. Von 1998 bis 2003 war er bei der RWE AG in Essen als Referent für Energie- und Umweltpolitik beschäftigt. Seine berufliche Laufbahn abseits der Universität begann er als Referent für Energie- und Umweltpolitik bei einem unternehmerischen Berufsverband in Bonn. Vorher studierte er Volkswirtschaftslehre und promovierte als wissenschaftlicher Mitarbeiter am Institut für Genossenschaftswesen der Universität Münster im Forschungsgebiet der Umweltökonomie.

Erfahrungen mit Förderinstrumenten für die regenerative Stromerzeugung in den EU-Mitgliedstaaten

1. EINLEITUNG

Die Förderung der Stromerzeugung aus erneuerbaren Energiequellen geht in vielen Staaten der Europäischen Union bis in die 60er/70er Jahre zurück. Dabei stand lange Zeit die Förderung der Forschung und Entwicklung viel versprechender regenerativer Energietechnologien im Mittelpunkt; mit Beginn der 90er Jahre wurden jedoch zunehmend auch Instrumente installiert, mit denen die Markteinführung bestimmter Technologien gezielt angereizt werden sollte. So wurde bspw. in Deutschland im Jahr 1990 das Stromeinspeisungsgesetz verabschiedet, das (bestimmten) Erzeugern (bestimmten) regenerativ erzeugten Stroms ein Recht zur Einspeisung des Stroms in das öffentliche Netz und die Abnahme zu sichern, die an den durchschnittlichen Haushaltsstromtarif gekoppelte Entgelte vorsah. In ähnlicher Weise förderten schon früh auch Dänemark und Italien die regenerative Stromerzeugung über feste Vergütungen, später setzten z.B. auch Spanien, Griechenland und Portugal auf dieses Instrument. Andere Länder hingegen – wie bspw. Großbritannien, Frankreich, Finnland und die Niederlande – förderten die erneuerbare Stromerzeugung durch andere Instrumente, wie Ausschreibungen, steuerliche Anreize oder Quotensysteme.

KAPITEL 6 | Erfahrungen mit Förderinstrumenten für die regenerative Stromerzeugung in den EU-Mitgliedstaaten

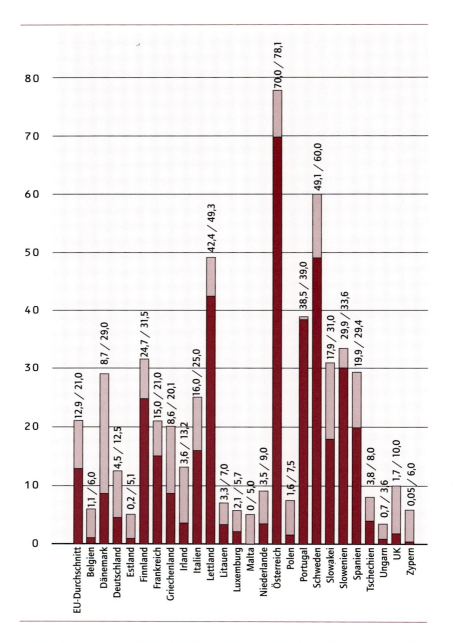

Abbildung 1: Ziele der EU 25-Mitgliedstaaten gemäß EU-Richtlinie 2001/77/EG, Quelle: www.e-control.at

Die europäische Union gab sich erst 2001 einen ersten gemeinschaftlichen Rahmen für die Förderung der Stromerzeugung aus erneuerbaren Energien. Dieser Rahmen sieht unter anderem die Steigerung des Anteils erneuerbar erzeugten Stroms am Bruttostromverbrauch von 13,9 % in 1997 auf rd. 22 % in 2010 in den EU 15-Mitgliedsstaaten vor. Für die erweiterte EU 25 gilt seit 2003 ein Ausbauziel von 21 % bis 2010. Im Anhang zur Richtlinie zur Förderung der Stromerzeugung aus erneuerbaren Energiequellen wird dieses EU-Ausbauziel auf nationale Richtziele zum Ausbau regenerativer Stromerzeugung herunter gebrochen (s. Abb.1/Beitrag Lackmann).

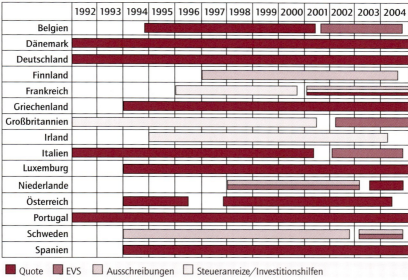

Tabelle 1: Fördermodelle in den EU 15-Staaten

Die Richtlinie gibt hingegen nicht vor, auf welche Weise und mit welchen Instrumenten die Mitgliedsstaaten ihre nicht verbindlichen nationalen Ziele sicherstellen sollen. In der Praxis haben sich in der Folge 15 bzw. 25 unterschiedliche nationale Förderrahmen für erneuerbare Energien entwickelt. Dabei greifen die EU 15-Mitgliedstaaten derzeit insb. auf zwei Instrumententypen, nämlich Einspeisevergütungs- und Quoten-/Zertifikatsysteme zurück (s. Tab.1). Einspeisevergütungen werden derzeit in 9 Ländern als Hauptförderinstrument eingesetzt, Quoten- und Zertifikatmodelle finden in 4 Ländern Anwendung. Demgegenüber befinden sich die ehemals durchaus verbreiteten Ausschreibungsmodelle zur Förderung regenerativer Stromerzeugung tendenziell auf dem Rückzug. Als Hauptförderinstrument verwendet derzeit allein Irland wettbewerbliche Ausschreibungen.

Frankreich und Großbritannien, die in den 90er Jahren ebenfalls Ausschreibungen als grundlegendes Förderinstrument einsetzten, haben ihre Strategien inzwischen geändert. Frankreich fördert die regenerative Stromerzeugung mit Leistungsgrößen bis 12 MW seit Juni 2001 mit fixen Einspeisevergütungen; allein Anlagen mit einer Leistung größer 12 MW werden weiterhin über Ausschreibungen gefördert. Das Vereinigte Königreich hat im April 2002 ein Quoten-/Zertifikatsystem eingeführt und nutzt wettbewerbliche Ausschreibungen zur Förderung des offshore-Windkraftausbaus. Finnland setzt als einziges Land in der EU 15 auf Steueranreize als Hauptinstrument zur EE-Förderung.

Im Folgenden werden die Erfahrungen mit den verschiedenen Instrumententypen in den EU-Mitgliedsstaaten dargestellt. Dabei werden insbesondere die Erfahrungen mit den beiden in der EU meist verbreiteten Einspeisevergütungssystemen (2.2) sowie Quoten-/Zertifikatmodellen (2.3) betrachtet. Zuvor jedoch wird erläutert, welche instrumentenunabhängigen Grundvoraussetzungen gegeben sein müssen, damit eine Förderung regenerativer Stromerzeugung überhaupt erfolgreich sein kann (2.1). Der Beitrag schließt mit einer Zusammenfassung der Ergebnisse (3.).

2. ERFAHRUNGEN MIT FÖRDERSYSTEMEN FÜR DIE REGENERATIVE STROMERZEUGUNG IN DER EU

2.1. Grundvoraussetzungen für einen erfolgreichen EE-Ausbau in der Stromerzeugung

Am 26. Mai 2004 hat die Europäische Kommission ihren ersten Bericht über die nationalen Fortschritte bei der Erreichung der Richtziele für den Ausbau erneuerbarer Energien am gesamten Energieverbrauch und am Stromverbrauch vorgelegt. In diesem Bericht teilt die EU-Kommission die EU 15-Mitgliedsstaaten in drei Gruppen ein je nach Wahrscheinlichkeit, mit den derzeit verabschiedeten politischen Maßnahmen die nationalen Ziele zu erreichen. Demnach befinden sich Deutschland, Dänemark, Spanien und Finnland auf dem „richtigen Kurs" zur Erfüllung der Richtziele. Zwei Länder – Griechenland und Portugal – sind dagegen weit von der Zielerfüllung entfernt. Während für Italien und Luxemburg eine Einschätzung derzeit nicht möglich schien, haben die noch verbliebenen Länder (Österreich, Belgien, Irland, Niederlande, Schweden, UK, Frankreich) nach Ansicht der Europäischen Kommission mit der Umsetzung geeigneter politischer Strategien begonnen, allerdings gibt es neben positiven hier auch negative Anzeichen zur Zielerreichung (Abb. 2).

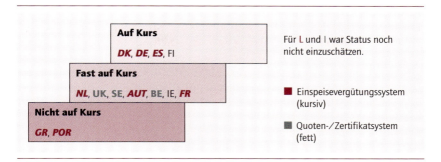

Abbildung 2: Fortschritte der Mitgliedsstaaten im Hinblick auf ihre nationalen Richtziele bis 2010

Interessanterweise befinden sich unter den vier „auf Kurs befindlichen" Ländern drei Staaten, die bei der Förderung auf Einspeisevergütungsmodelle setzen und kein Land, das die regenerative Stromerzeugung mit Quoten/Zertifikaten oder durch Ausschreibungen anreizt. Dieser Befund wird mancherorts gern als Beleg für die Überlegenheit der Förderung durch fixe Vergütungen angeführt. Eine solche Bewertung der Sachlage erscheint jedoch etwas vorschnell. Zum einen bestehen die Quoten-/Zertifikatlösungen in Belgien, Italien, Schweden und UK erst seit wenigen Jahren, während Deutschland, Dänemark und Spanien schon Anfang/Mitte der 90er Jahre Einspeiseförderungsmodelle installiert haben. Insofern könnten die EE-Ausbauerfolge in den letztgenannten Staaten auch (zum Großteil) dem frühzeitigen Einstieg in eine Förderung und weniger dem dabei verwendeten Instrument zuzuschreiben sein. Zum anderen zeigt ein Blick auf die Einstufung der EU-Mitgliedstaaten, dass mit Griechenland und Portugal zwei Staaten weit von der Zielerreichung entfernt sind, die wie Deutschland und Dänemark die regenerative Stromerzeugung über Einspeisevergütungen fördern. Insofern kann eine „natürliche Überlegenheit" von Einspeisevergütung – gegenüber anderen Instrumenten bei der Anreizung von EE-Investitionen jedenfalls nicht abgeleitet werden.

Vielmehr wird deutlich, dass zunächst unabhängig von der Instrumentenwahl bestimmte Grundvoraussetzungen gegeben sein müssen, damit ein EE-Ausbau erfolgreich sein kann. Hierzu zählen insbesondere gute genehmigungsrechtliche und netzspezifische Rahmenvorgaben. Bestehen hier größere Unsicherheiten, so können diese die Vorlaufzeiten eines Projektes bis zum Übergang in die Produktionsphase erheblich verzögern und damit die betriebswirtschaftliche Rentabilität des Investments wesentlich negativ beeinflussen. Einer Studie für die Europäische Kommission zufolge werden die genehmigungsrechtlichen Unsicherheiten von Windkraftanlagen als das wichtigste finanzielle Risiko für Projektentwickler und

Banken angesehen. In der Praxis könnten hier die Gegensätze kaum größer sein: in Griechenland mussten für die Genehmigung einer Windkraftanlage in der Vergangenheit über 35 verschiedene öffentliche Institutionen auf zentraler, regionaler, Bezirks- oder lokaler Ebene ihr Einverständnis erklären und insgesamt 11 nationale Gesetze oder Verordnungen befolgt werden. Demgegenüber werden in Deutschland und teilweise in Dänemark und Belgien bereits im Rahmen der Raumplanung Vorrangflächen für Windkraftanlagen ausgewiesen, die die Planungssicherheit für Investoren erhöhen und die Planungszeiten verringern.

Die Europäische Union kommt in ihrem o.g. Bericht zu dem Ergebnis, dass in mehreren Ländern der EU „die Etablierung der erneuerbaren Energien durch komplexe Lizenzverfahren, eine schlechte Einbeziehung des Stroms aus erneuerbaren Energien in die regionale und lokale Planung und undurchschaubare Netzanschlussbedingungen blockiert" wird. Dabei ist augenfällig, dass eine starke Korrelation zwischen den herrschenden nationalen verwaltungsrechtlichen und netzbezogenen Rahmenbedingungen und den nationalen Fortschritten beim Ausbau erneuerbarer Energien in der Stromerzeugung besteht. So werden neben Frankreich mit Griechenland und Portugal gerade jenen Staaten starke Hemmnisse attestiert, die sich noch weit weg von ihren nationalen EE-Ausbauzielen befinden. Andersherum weisen genau diejenigen Staaten gute genehmigungsrechtliche und netzspezifische Bedingungen auf, die sich nach Ansicht der EU-Kommission „auf Kurs" zur Erreichung der nationalen Ziele befinden.

2.2. Erfahrungen mit Einspeisevergütungsmodellen

Bei der Förderung der regenerativen Stromerzeugung greifen die meisten der EU 15- Staaten derzeit auf das Instrument der Einspeisevergütungen zurück. Kennzeichnend für Einspeisevergütungsmodelle ist eine Förderung, bei der der Erzeuger regenerativ hergestellten Stroms für die Einspeisung dieses Stroms einen fixen, vom Gesetzgeber garantierten (Mindest-)Preis erhält. Diese Preisgarantie wird in der Praxis regelmäßig mit einer Abnahmegarantie für den Grünstrom verbunden. Aufbauend auf diesen gemeinsamen Grundmerkmalen unterscheiden sich die nationalen Fördersysteme jedoch zum Teil erheblich bzgl. der Aspekte Förderhöhe und Förderdauer, Degression der Vergütung für Neuanlagen im Zeitablauf und der Differenzierung der Förderung nach Technologielinien/Anlagengrößen (s. Tab. 2). Während bspw. in Deutschland und Spanien eine Windkraftanlage über 20 Jahre gefördert wird, beschränkt sich diese in den Niederlanden oder Dänemark auf 10 Jahre. Die Vergütungssätze für Windkraftstrom differieren in einer Bandbreite von 4,8 ct./kWh in Dänemark bis hin zu 8,7 ct./kWh in Deutschland. Schließlich werden auch bei der Entwicklung der Vergütungssätze für Neuanlagen im Zeitablauf unterschiedliche Ansätze und Degressionen gewählt: einige Länder – wie die Niederlande, Spanien und Österreich – legen regelmäßig (meist jährlich) die Vergütungen neu fest. Andere Länder geben Degressionsschritte von vornherein vor. So werden bspw. die Vergütungen für neue Windkraftanlagen in Deutschland jährlich um 2 % reduziert, in Frankreich um 3,3 %.

Will man die empirischen Erfahrungen mit den angewandten Einspeisevergütungssystemen in den einzelnen Ländern auswerten, so bieten sich hierfür nicht sämtliche neun Länder an. So leidet der nur wenig ausgeprägte EE-Ausbau in Frankreich, Griechenland und Portugal unter den bereits angeführten verwaltungs- und netzspezifischen Hemmnissen. In den Niederlanden werden Einspeisevergütungen erst seit Juli 2003 gezahlt, so dass hier noch keine aufschlussreichen Erfahrungen vorliegen. Luxemburg ist als Markt so klein, dass er keine belastbaren Rückschlüsse auf die Wirkungen von Einspeisevergütungen erlaubt. Infolgedessen konzentrieren sich die weiteren Ausführungen auf die Erfahrungen mit Einspeisevergütungen in Dänemark, Deutschland, Spanien und Österreich. Dabei werden die jeweiligen Fördersysteme unter den Kriterien der Effektivität und der Effizienz der Förderung analysiert.

Für die Beurteilung eines installierten Fördersystems ist zunächst der Maßstab von zentraler Bedeutung, ob hierdurch Investitionen in den Bau und Betrieb von regenerativen Stromerzeugungsanlagen erfolgreich angereizt werden konnten. Diesbezüglich kann man den Einspeisevergütungssystemen in Dänemark, Deutschland, Spanien wie auch Österreich ein durchweg positives Testat erteilen. In allen vier Ländern hat die Förderung durch fixe Vergütungen zu einem Boom insbesondere bei der Windkraft geführt. Deutschland ist heute das Land mit der größten weltweit installierten Windkraftleistung i.H.v. 16.629 MW Ende 2004, Spanien dasjenige mit dem derzeit weltweit größten Kapazitätszubau (2004: 2.065 MW) und Dänemark wohl das Land mit dem größten Anteil Windkraftstrom an der heimischen Stromerzeugung (im Monat Januar 2005 lag die Windkraftstromproduktion bei 32 % der gesamten Stromerzeugung). Schließlich wurden auch in Österreich, das erst seit Anfang 2003 die regenerative Stromerzeugung durch garantierte Einspeiseentgelte fördert, große Zubauraten erreicht. So hat sich die installierte Windkraftkapazität innerhalb von zwei Jahren etwa verdreifacht.

Ursächlich für diesen starken Ausbau der Windkraft ist sicherlich das hohe Maß an Investitionssicherheit, das potenziellen Investoren dadurch gegeben wird, dass der Staat diesen z.T. über die gesamte Laufzeit des Investments das Preis- und Absatzrisiko vollständig abnimmt und zudem attraktive Förderhöhen offeriert. Darin liegt der aus Investorensicht große Vorteil dieses Instrumentes und es nimmt nicht wunder, dass EE-In-

Tabelle 2: Ausgestaltung des Fördersystems in EU-Staaten mit Einspeisevergütungssystem

KAPITEL 6 | Erfahrungen mit Förderinstrumenten für die regenerative Stromerzeugung in den EU-Mitgliedstaaten

Länder	Einführung des EVS	Höhe der Vergütung	Dauer der Förderung	Degression der Vergütung für Neuanlagen	Abnahme-garantie	Genehmigungs-verfahren	Netzspezifische Situation
Dänemark	1992; letzte Reform 2001	Vormaliges EVS wurde bis zur Einführung eines Quoten-/Zertifikatmodells durch Zahlungen an EE-Betreiber abgelöst, die aus Marktpreis für Strom + Bonus bestehen: Wind: max. 4,8 ct/kWh (Marktpreis+Bonus) Biomasse: 5,3 - 8 ct/kWh (fester Tarif + Bonus; nach Anlagengröße)	10 J., Wind off-shore max. 42.000 Voll-laststd.		Ja	Nur geringe Hemmnisse	Zunehmende Probleme
Deutschland	1991	Wind (onshore): 8,7 ct/kWh mind. 5 J.; danach 5,5 ct/kWh Wind (offshore): 9,1 ct/kWh mind. 12 J.; danach 6,19 ct/kWh Biomasse: 8,4 - 17,5 ct/kWh nach Anlagengröße/-Befeuerung Deponiegas etc.: 6,65 - 7,67 ct/kWh nach Anlagengröße Geothermie: 7,16 - 15 ct/kWh nach Anlagengröße Wasserkraft: 3,7 - 9,7 ct/kWh nach Anlagengröße PV: 45,7 - 62,4 ct/kWh nach Größe/Lage der Anlage	20 J. + Inbetriebnahmejahr Wasserkraft bis 5 MW: 30 J. Wasserkraft > 5 MW: 15 J. + Jahr der Inbetriebnahme	Jährliche Degression für Neuanlagen ab 2005: Wind: 2% (für offshore erstmalig 2008) Biomasse: 1,5% Gase: 1,5% Geothermie: 1% (ab 2010) Wasserkraft: 1% (für Anlagen > 5MW)	Ja	Rasche Genehmigungsverfahren	Zunehmende Netzengpässe
Frankreich	2001	Nur für Anlagen bis 12 MW: Wind: 8,38 ct/kWh für 5 J., danach 3,05 - 8,38 ct/kWh für 10 J. abhängig von Volllaststunden Biomasse: 4,9 - 6,47 ct/kWh (Bonus) Deponiegas: 4,6 - 5,8 ct/kWh Geothermie: 7,61 ct/kWh Wasserkraft: 5,49 - 6,1 ct/kWh (+ 1,52 ct/kWh im Winter) je nach Anlagengröße PV: 15,5 ct/kWh (Festland) 30,5 ct/kWh (Inseln)	Wind, Biomasse, Deponiegas: 15 J. PV, Wasserkraft: 20 J.	Wind: 3,3% p.a. (Senkung der Vergütung um 10%, wenn Anlagenkapazität 1.500 MW erreicht hat.)	Ja	Langwierige Genehmigungsverfahren	Netzanschluss-probleme
Griechenland	1994	In Abhängigkeit vom Endverbraucherstrompreis: 6,868 ct/kWh (im Verbundsystem); 7,973 ct/kWh (Inseln)	mind. 10 J.	Ermächtigung für Ministerium, EV zu senken	Ja	Sehr lange Genehmigungsverfahren	Netzkapazitätsprobleme in windreichen Regionen
Luxemburg	1994; letzte Reform 2001	Wind, Biomasse, Wasserkraft: 2,5 ct/kWh PV: 25 - 55 ct/kWh (nach Anlagengröße/Betreiber)	Wind, Biomasse, Wasserkraft: 10 J.; PV: 20 J.	Etablierung degressiver Entwicklung der EV	Ja	k.A.	k.A.

Länder	Einführung des EVS	Höhe der Vergütung	Dauer der Förderung	Degression der Vergütung für Neuanlagen	Abnahme-garantie	Genehmigungs-verfahren	Netzspezifische Situation
Niederlande	Juli 2003	Wind (onshore): 4,9 ct/kWh für max. 18.000 Volllaststd. Wind (offshore): 6,8 ct/kWh PV, Biomasse, Gezeitenkraft: je 6,8 ct/kWh Wasserkraft (< 50 MW): 6,8 ct/kWh (aber keine Energiesteuerbefreiung); Erhöhung der EV mit Auslaufen der Energiesteuerbefreiung für EE (insg. 2,9 ct/kWh) in zwei Stufen (1.7.04; 1.1.05)	10 J.	Jährliche Neufestsetzung der EV für Neuanlagen (im Voraus für 2-3 Jahre)	Ja	schwierige Genehmigungsverfahren (Änderung der Raumplanung)	gute Netzbedingungen
Österreich	2003 (bundeseinheitliches EVS)	Wind: 7,8 ct/kWh Biomasse/Biogas: 6,5 - 16,5 ct/kWh (nach Befeuerung/Anlagengröße) Deponiegas: 3 - 6 ct/kWh (nach Anlagengröße) Geothermie: 7 ct/kWh kleine Wasserkraft: 3,15 - 6,25 ct/kWh (in Abhängigkeit von Volumen der Stromeinspeisung) PV: 47-60 ct/kWh (nach Anlagengröße)	13 J.	Überprüfung der EV in Einspeisetarif-Verordnungen; E-OV 2002 regelt EV für Neuanlagen mit Inbetriebnahme 30.6.06; E-OV 2005 in Vorbereitung	Ja	gute Bedingungen bei Genehmigungsverfahren	durchschnittliche Netzbedingungen; allerdings Netzengpässe in den windhöffigsten Gebieten im Nord-Osten Österreichs
Portugal	seit 1988; letzte Reform 2001	Wind: 8,3 ct/kWh (erste 2.000 Volllaststd.), danach in Stufen abnehmend je weitere 200 Vstd.: 7,0; 6,0; 5,1; 4,3 ct/kWh Kleine Wasserkraft: 7,2 ct/kWh Gezeitenkraft: 22,4 ct/kWh PV 28,4 - 49,9 ct/kWh (nach Anlagengröße)	Keine Sicherheit über Förderdauer		Ja	langwierige Genehmigungsverfahren	In manchen Regionen Netzanschlussprobleme
Spanien	seit 1994; letzte Reformen 1998 und 2004	Zwei Alternativen: Fixe EV oder PoolPreis (PP) + Bonus: Wind: 6,21 ct/kWh/ 2,66 ct/kWh + PP Biomasse: 6,856,05 ct/kWh/ 2,51-3,32 ct/kWh (nach Befeuerung) Geothermie/Gezeitenkraft/kleine Wasserkraft: 6,49 ct/kWh/ 2,94 ct/kWh PV: 21,6-39,6 ct/kWh/ 36 - 18 ct/kWh (nach Anlagengröße) EE-Anlagen > 10 MW mit verpflichtender Stromprognose und Sanktionierung bei Abweichungen	20 J. (Förderung an Endverbraucherstrompreis gekoppelt und degressiv über diesen Zeitraum ausgestaltet)	Jährliche Neufestlegung des Bonus (für Neukontrakte); Überprüfung der Einspeiseregelungen in 2006 und nachfolgend alle vier Jahre;	Ja	Gute Rahmenbedingungen bei Genehmigungsverfahren	Zukünftig zunehmende Probleme bei Netzanschluss und Dispatching

vestoren und Kapitalgeber langfristig garantierte Einspeisevergütungen gemäß einer Studie im Auftrag der Europäischen Kommission für die stabilste Form der Förderung halten. Ursächlich für diesen starken Ausbau der Windkraft ist sicherlich das hohe Maß an Investitionssicherheit, das potenziellen Investoren dadurch gegeben wird, dass der Staat diesen z.t. über die gesamte Laufzeit des Investments das Preis- und Absatzrisiko vollständig abnimmt und zudem attraktive Förderhöhen offeriert. Darin liegt der aus Investorensicht große Vorteil dieses Instrumentes und es nimmt nicht wunder, dass EE-Investoren und Kapitalgeber langfristig garantierte Einspeisevergütungen gemäß einer Studie im Auftrag der Europäischen Kommission für die stabilste Form der Förderung halten.

Die Beurteilung der Effektivität eines Fördersystems sollte sich jedoch nicht allein darauf beschränken, ob durch die Förderung wirksam erneuerbare Erzeugungskapazitäten angereizt werden können. Gerade wenn der EE-Ausbau die Phase der Errichtung erster Kapazitäten verlassen hat und sich in einer breiten und dynamischen Diffusionsphase befindet, ist zudem von Bedeutung, ob angestrebte Ausbauziele auch sicher und präzise erreicht werden. So können bspw. bei einem in der Praxis weitaus stärkeren EE-Ausbau als dies politisch geplant war, Mehrkosten der EE-Förderung entstehen, die signifikante Zusatzbelastungen für die Volkswirtschaft bedeuten. Die Erfahrungen in Staaten mit dynamisch wachsenden Windkraftkapazitäten zeigen zudem deutlich die Notwendigkeit einer stärkeren Netzintegration dieser Anlagen auf. Für eine sachgerechte Planung von Netzausbau und -verstärkungen ist die Kenntnis der zu erwartenden Volumina aus regenerativer Stromeinspeisung unverzichtbar. Gleiches gilt für die Planung des gesamten Kraftwerksparks in einer Volkswirtschaft, der bspw. an die schwankende und nur begrenzt prognostizierbare Stromproduktion aus Windkraftanlagen angepasst weiter entwickelt werden muss, um eine stabile und effiziente Stromversorgung sicherstellen zu können. Insofern ist es netz- und kraftwerksplanerisch von erheblicher Bedeutung, dass EE-Ausbauziele möglichst sicher und genau erreicht werden. Insbesondere ein Überschießen des tatsächlichen EE-Ausbaus über die angestrebten Ziele kann zu erheblichen Friktionen für die Versorgungssicherheit im Netz führen.

Schaut man sich nun die Entwicklung des EE-Ausbaus in den o.g. Ländern mit Einspeiseförderung aus diesem Blickwinkel an, so ist festzustellen, dass diese in der Vergangenheit die politischen Ausbauziele z.T. weit übererfüllten. In Dänemark etwa hat sich die Windkraft derart stürmisch entwickelt, dass das nationale Richtziel zum EE-Ausbau für 2010 bereits nach 2005 erreicht werden könnte, obwohl die Politik im Jahr 2001 die Fördersätze um rd. 30 % gekürzt und somit die vorherige Ausbaudynamik gedämpft hat. Auch in Deutschland hat sich die Windkraft in der Vergangenheit weitaus stärker entwickelt als von der Politik erwartet. In der Gesetzesbegründung zum Stromeinspeisungsgesetz (StrEG) von 1990 etwa wurde davon ausgegangen, dass eine Verdopplung der StrEG-Einspeisung auf 2 Mrd. kWh für möglich gehalten werde. Tatsächlich wurde diese seinerzeit optimistische Schätzung bereits 1994 mit 2,3 Mrd. kWh erreicht und bis 1999 mit 7,9 Mrd. kWh fast dreimal übertroffen. Ebenfalls unpräzise dürfte die Ausbauförderung durch das derzeit gültige Erneuerbare-Energien-Gesetz (EEG) ausfallen. So ist im EEG als Ziel der Förderung ein Anteil von 12,5 % für erneuerbare Energien an der deutschen Stromversorgung im Jahr 2010 formuliert. Der jüngste Energiereport für das Bundesministerium für Wirtschaft und Arbeit geht hingegen davon aus, dass dieser Anteil mit 14,5 % weit darüber zu liegen kommen dürfte. In Österreich wird damit gerechnet, dass infolge der Einspeisevergütungsförderung das für 2008 angestrebte EE-Ausbauziel i.H.v. 4 % an der Stromerzeugung schon 2006 überschritten werden dürfte. Und in Spanien wurde ein für 2006 anvisiertes Zwischenziel beim Windkraftausbau von rd. 5.600 MW bereits im Jahr 2003 zu mehr als 10 % übererfüllt.

Die Erfahrungen mit Einspeisevergütungssystemen in den EU 15-Staaten zeigen also, dass dieses Instrument zwar sehr gut in der Lage ist, einen EE-Ausbau in der Stromerzeugung wirksam anzureizen, die angestrebten Ziele jedoch nur unpräzise erreicht werden. Interessanterweise liegen die Streufehler in allen vier o.g. Ländern im positiven Bereich, d.h. die Ausbauziele wurden z.T. erheblich übererfüllt. Dies mag aus Sicht mancher Interessengruppen begrüßt werden, ist aus gesamtwirtschaftlicher Sicht aber dann bedenklich, wenn hiermit erhebliche volkswirtschaftliche Mehrbelastungen verbunden sind. Diese steigen natürlich an, je größer der Anteil der regenerativen Stromerzeugung ist und je stärker die Zielabweichung ausfällt. Eine Übererfüllung des EE-Ausbauziels 2010 für die deutsche Stromerzeugung um 2%-Punkte etwa führt zu gesamtwirtschaftlichen Mehrkosten allein infolge der zu zahlenden höheren Einspeisevergütungen von über 800 Mio. € p.a.

Unter dem Kriterium der Effizienz ist es interessant zu untersuchen, inwieweit die in der Praxis befindlichen Einspeisevergütungsmodelle einen kosteneffizienten EE-Ausbau unterstützen und welche Wirkungen sie auf den technologischen Fortschritt haben. Maßstab einer erfolgreichen Förderpolitik ist hier, dass die geförderten Technologien möglichst rasch in die eigenständige Wettbewerbsfähigkeit im Markt geführt werden können.

Wie bereits ausgeführt, bieten langfristig garantierte Einspeisevergütungen den EE-Investoren ein hohes Maß an Investitionssicherheit. Diese Investitionssicherheit ist gerade in frühen Phasen der Technologieentwicklung von Bedeutung, wenn Hersteller und Betreiber von Anlagen noch in einem sehr unsicheren Marktumfeld mit zudem noch wenig reifen Technologien agieren. Wie die Beispiele Dänemark, Deutschland und Spanien zeigen, haben die dortigen, langfristig planbaren Einspeiseförderungen die Ausbildung einer Windkraftbranche und die technologische Weiterentwicklung einer noch jungen Technologie erheblich begünstigt. Insofern hat dieses Instrument als Mittel der Technologieförderung in der Entwicklungsphase der Windkrafttechnologie starke Impulse gesetzt.

Empirische Studien weisen jedoch darauf hin, dass in Märkten mit Einspeiseförderung mit zunehmender Marktpenetration der Druck zur Kostensenkung nachließ. So sind in Deutschland die Durchschnittspreise für Windturbinen und schlüsselfertige Anlagen im Zeitraum 1991 bis 1995 stetig um 8-9 % p.a. gesunken, verharrten aber danach auf einem relativ konstanten Niveau. Hierfür dürfte neben anderen Faktoren wesentlich mitverantwortlich sein, dass die Hersteller ihre Preise an das Niveau der Einspeisevergütungen anlegen konnten und sich der Anreiz zu Kostenreduktionen und zur Suche nach weiteren Lerneffekten verminderte. Aus Österreich wird in ähnlicher Weise berichtet, dass die Investitionskosten für Windkraftanlagen trotz technologischer Fortschritte seit einigen Jahren nicht sinken. Der österreichische Energiemarktregulator geht davon aus, dass inzwischen Überrenditen von 8 % der Investkosten realisiert werden, da die Anlagenpreise an die gezahlte Einspeisevergütung angelegt werden. Entsprechend wurde auch in Spanien und Dänemark beobachtet, dass Senkungen der Anlagenkosten zu einem guten Teil nicht die Mehrkosten für die Gesellschaft gemindert sondern die Renditen der Branche erhöht haben.

In diesem Punkt kommt ein erstes strukturelles Problem von Einspeisevergütungen zum Ausdruck, das mit steigendem Anteil regenerativer Energien an der Stromerzeugung an Bedeutung gewinnt und die ökonomische Effizienz des Instrumentes beeinträchtigen kann. Einspeisevergütungsmodelle kennen nämlich keinen Wettbewerb zwischen den Anlagenbetreibern um die Fördermittel. Ohne Konkurrenz aber ist der Druck zur Suche nach Kostensenkungspotenzialen tendenziell geringer. Statt miteinander in Wettbewerb zu stehen, bilden die Anlagenbetreiber (mit den Herstellern) sogar eine große Allianz, wenn es um die Festsetzung der Höhe und zeitlichen Dauer der Zahlung der Einspeiseentgelte durch den Regelsetzer geht. Gegenüber der Politik haben sie alle ein gemeinsames Interesse, die Kostensituation der jeweiligen EE-Technologie tendenziell überhöht darzustellen, um möglichst attraktive Bedingungen für ihre Branche auszuhandeln. Auch wenn diese These letztlich empirisch nicht zu überprüfen ist, so legt die tatsächliche Entwicklung des EE-Ausbaus in Dänemark, Deutschland, Österreich und Spanien doch die Vermutung nahe, dass hier in der Vergangenheit stets vergleichsweise üppige Entgelte gezahlt wurden.

Grundsätzlich kann die Politik versuchen, durch eine Reduzierung der Einspeisevergütungen im Zeitablauf die dynamische Effizienz der Förderung zu heben und weiteren Druck zur Suche nach Kostensenkungsmöglichkeiten auszuüben. In der Praxis wird dies auf unterschiedlichen Wegen versucht. Einige Länder (Niederlande, Österreich, Spanien) überprüfen die Höhe der garantierten Entgelte für neue Anlagenjahrgänge regelmäßig, bspw. jährlich; andere (Deutschland, Frankreich) geben feste Degressionssätze vor. Bei beiden Vorgehensweisen stellt sich aber das Problem, dass der Staat kaum verlässliche Informationen über den exakten Verlauf der Kostenkurven für unterschiedliche EE-Technologien zu generieren vermag. Und dieses Problem potenziert sich noch, wenn die für die Zukunft zu erwartenden Lerneffekte hinreichend genau abgeschätzt werden sollen. So unterscheiden sich die nationalen Degressionssätze bspw. bei der Windkraft signifikant voneinander. Während Österreich von Kostensenkungen in der Windkraft i.H.v. derzeit 5 % p.a. ausgeht, werden in Frankreich 3,3 % veranschlagt und in Deutschland gerade einmal 2% für realistisch gehalten. Die unterschiedlichen Reduktionssätze könnten nun auf unterschiedliche Kostensenkungsmöglichkeiten beim Neubau von Windkraftanlagen in den einzelnen Ländern zurückzuführen sein. Nach bisherigen Erfahrungen entfallen 65 - 85 % der Gesamtkosten einer Windkraftanlage auf die Kosten der Turbine. Der Markt für Windturbinen ist jedoch ein internationaler Markt, so dass Kostensenkungen für Turbinen auf die regionalen Märkte ähnlich ausstrahlen dürften. Damit aber müssten die stark unterschiedlichen Degressionssätze durch sehr unterschiedliche Kostenentwicklungen bei den übrigen Kostenfaktoren – wie Fundamenten, Netzanschluss etc. - erklärt werden. Dies erscheint zumindest zweifelhaft und unterstreicht die Probleme des Staates, die Kostendegression in der Branche durch die Entwicklung der Einspeisevergütungen adäquat abzubilden.

Die bestehenden Einspeisevergütungsmodelle sehen sich zudem noch einem zweiten strukturellen Nachteil gegenüber, wenn es darum geht, die EE-Technologien in die eigenständige Wettbewerbsfähigkeit im Markt zu führen. Durch das Modell der garantierten Abnahme und Vergütung des eingespeisten Stroms müssen sich die Betreiber regenerativer Stromerzeugungsanlagen überhaupt nicht mit dem Absatzmarkt befassen. Dieser Vorteil in der Entwicklungsphase einer Technologie wird zu einem Nachteil, wenn die Technologie die vollständige Marktreife erreicht hat und in den Wettbewerb entlassen werden soll. Derzeit haben EE-Anlagenbetreiber überhaupt keine Anreize, die Möglichkeiten der Vermarktung ihres Stroms auszuloten, nach Wegen zur Veredelung des Stroms zu suchen und sich auf den eigentlichen Zielpunkt des Marktes, den Kunden, auszurichten. Ebenso wenig werden Bemühungen unterstützt, die Kompatibilität der Anlagen mit den Anforderungen des Netzbetriebs zu fördern und auf diese Weise die Systemkosten des regenerativ erzeugten Stroms senken zu helfen. Ohne eine längerfristige Vorbereitung der EE-Anlagenbetreiber auf einen vollständigen Set betriebswirtschaftlicher Entscheidungen vom Betrieb der Anlage bis zum Verkauf der Produkte wird das Ziel einer vollständigen Integration dieser Technologien in den Strommarkt jedoch nicht erreicht werden können.

Dieses Problem wurde in der Praxis inzwischen erkannt und hat bspw. in Spanien dazu geführt, dass hier neben einer Einspeisevergütung ein Bonusmodell implementiert wurde, das den EE-Anlagenbetreibern neben dem variablen Strompreis im Markt allein einen festen Zuschlag (Bonus) garantiert. Seit Anfang 2005 müssen Anlagenbetreiber mit einer installierten Kapazität von über 10 MW zudem Prognosen für die Stromproduktion erstellen und werden bei deutlichen Abweichungen (> 20%) mit Strafzahlungen sanktioniert. In Österreich ist im Zuge einer Novelle des Ökostromgesetzes vorgesehen, eine eigene Gesellschaft zur Vermarktung von Ökoenergie zu gründen. Dies bedeutet zwar noch nicht die Eigenvermarktung des Stroms durch die Stromerzeuger, soll aber helfen, in einer Vorstufe nach effizienten Vermarktungsmöglichkeiten zu suchen.

2.3. Erfahrungen mit Quoten-/Zertifikatsmodellen

Bei Quoten-/Zertifikatsystemen werden die Produzenten, Verkäufer oder Endverbraucher von Strom dazu verpflichtet, einen bestimmten Anteil ihres Stromportfolios mit regenerativ erzeugter Elektrizität zu decken. Die Nicht-Erfüllung der Quote wird mit Strafzahlungen sanktioniert. Damit werden die Quotenverpflichteten zu Nachfragern von Zertifikaten, die von den Erzeugern von grünem Strom im Markt angeboten werden. Die EE-Anlagenbetreiber erzielen mithin zwei Entgelte im Markt: den Marktpreis für den produzierten Strom und den Preis für die im Markt gehandelten Grünstrom-Zertifikate.

Nach diesem Grundprinzip fördern derzeit vier Staaten – Belgien, Großbritannien, Italien und Schweden – den Ausbau der regenerativen Stromerzeugung. Sämtliche vier Quoten-/Zertifikatsysteme bestehen erst seit wenigen Jahren, so dass bisher nur begrenzte Erfahrungen mit ihnen vorliegen. So wurden die Fördersysteme in Italien und Großbritannien im Jahr 2002 implementiert und in Schweden in 2003. In Belgien gibt es drei regionale QZS. Nach Flandern in 2002 und Wallonien in 2003 hat zuletzt auch die Region Brüssel mit Beginn des Jahres 2005 ein Zertifikathandelssystem in Kraft gesetzt.

Die nationalen Fördersysteme unterscheiden sich in vielen Punkten voneinander (s. Tab.3). So sind in Großbritannien, Belgien und mittelbar in Schweden die Letztverbraucher versorgenden Energieversorgungsunternehmen zur Quotenerfüllung verpflichtet, in Italien sind es die Stromerzeuger und -importeure. Die Entwicklung der (national unterschiedlichen) Quoten im Zeitablauf ist in den Staaten für unterschiedliche Zeiträume vorgegeben. Während in Großbritannien die Quote bis zum Jahr 2027 festge-

Tabelle 3: Ausgestaltung des Fördersystems in EU-Staaten mit Quoten-/Zertifikatsystem

Erfahrungen mit Förderinstrumenten für die regenerative Stromerzeugung in den EU-Mitgliedstaaten | KAPITEL 6

Länder	Einführung des Quoten-/Zertifikatsystems	Entwicklung der Quote	Quotenverpflichtete	Sanktionierung	Marktrahmen (Mindestpreise, Banking/Borrowing)	Marktorganisation	Genehmigungsverfahren/Netzsituation
Belgien	2002/2003/2005	**Flandern**: 0,8% (2002), 1,2% (2003), 2% (2004), 6% (2010) **Wallonien**: 3% (2003); 4% (2004); 5% (2005); 6% (2006); 7% (2007); 12% (2010); Anmerkung: Quote enthält effiziente KWK und EE **Region Brüssel**: 2% (2004), 2,25% (2005), 2,5% (2006); Anmerkung: Quote enthält effiziente KWK und EE; Quote wurde für 2004 ausgesetzt; somit ist 2005 erstes Jahr der Quotenerfüllung	Energieversorgungsunternehmen	Flandern: 7,5 ct./kWh (2003); 10 ct./kWh (2004); 12,5 ct./kWh (2005) Wallonien: 7,5 ct./kWh (bis März 2003); 10 ct./kWh (ab April 2003) Region Brüssel: 7,5 ct./kWh (2004-2006); 10 ct./kWh (2007)	Mindestpreis: Wasserkraft, Wind (onshore): 5 ct./kWh Wind (offshore): 9 ct./kWh Biomasse: 2 ct./kWh PV: 15 ct./kWh Banking der Zertifikate für 5 J. möglich; Kein Borrowing	Flandern: Kontrolle/Verwaltung durch VREG; Wallonien: Kontrolle/Verwaltung durch CWapE Region Brüssel: Kontrolle/Verwaltung durch IBGE/BIM	durchschnittliche Bedingungen
Italien	2002	Referenzjahre 2001-2003: 2% 2004: 2,35% 2005: 2,7% 2006: 3,05% Anmerkung: nur Strom aus neuen EE-Anlagen (ab 1.4.99) erhalten Zertifikate Ziele 2007-09 in Vorbereitung; Quotenerfüllung folgt jeweils im Nachfolgejahr zum Referenzjahr	Stromerzeuger/-importeure	Strafhöhe nicht gesetzlich geregelt; Sanktionierung durch AEEG	EE-Anlage erhält Zertifikate für 8 Jahre; Biomasse-Anlagen und Abfall gefeuerte Anlagen können über längeren Zeitraum Zertifikate erhalten; Banking für 2 J. möglich	Kontrolle/Verwaltung durch AEEG	Langwierige Genehmigungsverfahren, hohe Netzanschlusskosten
Schweden	Mai 2003	2003: 7,4%; Anstieg jährlich wie folgt: 8,1%; 10,4%; 12,6%; 14,1%; 15,3%; 16%; 2010: 16,9%	Energieverbraucher	Sanktion i.H.v. 150% des durchschnittlichen Zertifikatpreises, aber maximal SEK 175 (2003); SEK 240 (2004); ab 2005 keine Obergrenze für Pönale	Unbeschränktes Banking	Kontrolle/Verwaltung durch SVE	Gute Netz- und administrative Bedingungen
Vereinigtes Königreich	April 2002	Quotenperiode: 1.4.- 31.3. Folgejahr: 2002/2003: 3%; Anstieg jährlich wie folgt: 4,3%; 4,9%; 5,5%; 6,7%; 7,9%; 9,1%; 9,7%; 2010/2011: 10,4% 2015/2016: 15,4% Stabilität der Quote bis 2027 garantiert	Energieversorgungsunternehmen	2002/2003: 3 p/kWh (an Entwicklung des Preisindex gekoppelt); Rückverteilung der Strafzahlungen an Quotenverpflichtete proportional zu Vorlage an Zertifikaten	Banking erlaubt bis zu 25% der Gesamtverpflichtung; Kein Borrowing	Bisher kein zentraler Handelsplatz; NFPA versteigert Zertifikate Kontrolle/Verwaltung durch Ofgem	durchschnittliche Bedingungen

schrieben wurde, haben in Schweden, Flandern und Wallonien die Quoten bisher einen Zeithorizont bis 2010. In der Region Brüssel und in Italien sind die Quotenhöhen momentan nur bis zum Jahr 2006 fixiert, Ziele für die nachfolgenden Jahre befinden sich in Vorbereitung. In Belgien und Großbritannien sind hohe absolute Pönalen je kWh vorgegeben, die einen Verstoß gegen die Quotenerfüllung effektiv sanktionieren. In Schweden ist die Höhe der Sanktion in Abhängigkeit vom durchschnittlichen Zertifikatpreis der Periode fixiert. In Italien ist die Strafhöhe gesetzlich nicht fixiert, sondern wird durch die dortige Aufsichtsbehörde festgelegt. Eine Besonderheit sieht das britische System bei der Verwendung der Einnahmen aus der Pönalisierung vor. Hier wird die Summe der Strafzahlungen an die Quotenverpflichteten proportional zu den von ihnen eingereichten Zertifikaten rückverteilt. Dies erhöht den Marktwert der Zertifikate und stärkt so den Anreiz zum Bau von regenerativen Stromerzeugungsanlagen. Gemeinsam ist allen vier Fördersystemen, dass sie ein Borrowing von Zertifikaten, d.h. die Quotenuntererfüllung in einer Periode mit der Absicht, diese in der Folgeperiode zu kompensieren, nicht erlauben. Demgegenüber sehen alle Fördersysteme Regelungen des Banking vor, die es den Quotenverpflichteten ermöglichen, überzählige Zertifikate in gewissem Rahmen in Folgeperioden einzusetzen.

Wirft man einen Blick auf die ersten Erfahrungen mit diesen QZS, so ist zu berücksichtigen, dass sämtliche Modelle erst wenige Jahre installiert sind und insofern die „neuen Spielregeln" zunächst kennen gelernt werden wollen und Vertrauen in die Beständigkeit und Funktionsweise des neuen Förderinstruments gewonnen werden muss. Gleichwohl deuten die jüngsten Erfahrungen darauf hin, dass mit diesen Modellen ein EE-Ausbau ebenfalls wirksam stimuliert und dabei angestrebte Ausbauziele prinzipiell auch sicher und zielgenau erreicht werden können.

Wie die Abbildung 3 verdeutlicht, wurden die Quotenvorgaben in den belgischen Regionen Flandern und Wallonien zunächst nur zu relativ geringen, dann aber stark steigenden Anteilen erfüllt. So wurde die Quote in Flandern in 2002 nur zu 37% mit Zertifikaten gedeckt, in 2003 etwa zur Hälfte und in 2004 zu rd. drei Viertel. Obwohl die EE-Quote von 0,8% in 2002 auf 2% in 2004 steil anstieg und in 2005 sogar 2,5% beträgt, könnte diese im laufenden Jahr Prognosen zufolge erstmalig fast vollständig durch Zertifikate erfüllt werden. Ebenso ist in Wallonien trotz stark ansteigender Quote ein zunehmender Quotendeckungsgrad zu beobachten. Vor dem Hintergrund einer erwarteten Verdopplung der regenerativen Stromerzeugungskapazitäten auf Basis der Quote von 295 MW in 2003 auf etwa 600 MW in 2007 wird davon ausgegangen, dass die jährlich um einen Prozentpunkt steigenden Quotenziele bis 2007 erreicht werden können.

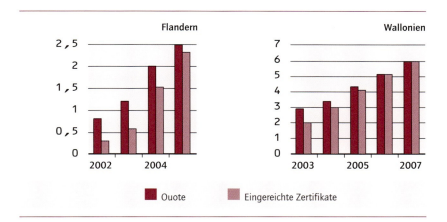

Abbildung 3: Quotenvorgabe und -erfüllung in Flandern und Wallonien (ab 2005 Prognose)

In Italien bezieht sich die Quote nicht auf den gesamten Anteil erneuerbarer Energien an der Stromerzeugung, sondern bildet nur den inkrementalen, wachsenden Anteil durch Zubau neuer, nach dem 1.4.1999 in Betrieb genommener Anlagen ab. Die in den Jahren 2002 bis 2004 zunächst konstant bei 2% fixierte Quote konnte in diesen Jahren jeweils erfüllt werden. Dabei stammte zunächst ein großer Anteil der Zertifikate aus solchen Anlagen, die noch nach dem alten Einspeiseförderungsprogramm des italienischen Staates gefördert werden, aber nach dem 1.4.1999 in Betrieb genommen wurden. Der Anteil der Stromproduktion aus neuen, nicht einspeisevergütungsgeförderten Anlagen nimmt jedoch stark zu und deckte in 2004 etwa 75% der Quote ab (Abb. 4). Insbesondere im Bereich der Windkraft befinden sich eine Vielzahl von Anlagen in der Planungs- und Inbetriebnahmephase. Es bleibt abzuwarten, ob die für das Jahr 2005 erstmals auf dann 2,5% ansteigende Quote vollständig durch neue, nicht nach dem alten Einspeisevergütungssystem geförderte Anlagen erfüllt werden kann.

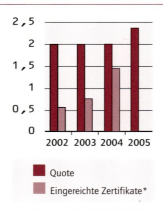

Abbildung 4: Quotenvorgabe und -erfüllung in Italien
* nur von privaten EE-Betreibern eingereichte Zertifikate

In Schweden wurden in der ersten Verpflichtungsperiode im Jahr 2003 mehr Grünstromzertifikate ausgestellt, als zur Quotenerfüllung, die bei 7,4 % lag, notwendig waren. Allerdings wurde die Quote selbst nur zu 79 % erfüllt, da viele Energieversorger es vorgezogen haben, die unbeschränkt gültigen Zertifikate für kommende Perioden zu sparen (s. Abb. 5).

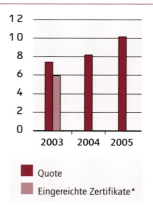

Abb. 5: Quotenvorgabe und -erfüllung in Schweden
* bisher keine Daten für 2004 und 2005

In Großbritannien haben attraktive Zertifikatpreise zu einem Boom bei der Nutzung von Deponiegas und der Windkraft geführt. So hat bspw.

der Zubau an neuen Windkraftkapazitäten von 96 MW in 2003 auf 240 MW in 2004 zugenommen. Für das Jahr 2005 werden gar neue Kapazitäten im Umfang von rund 600 MW prognostiziert. Trotzdem konnten in der Vergangenheit die vorgegebenen Quoten von 3 % bzw. 4,3 % nicht erreicht werden (s. Abb. 6). Und auch für die nähere Zukunft ist trotz des starken EE-Ausbaus angesichts ebenfalls stark wachsender Quoten nicht damit zu rechnen, dass die sehr ehrgeizigen EE-Ausbauziele erreicht werden können.

Insgesamt zeigt sich, dass die Quoten-/Zertifikatlösungen in der Lage sind, einen EE-Ausbau zu stimulieren und dabei angestrebte Ausbauziele tendenziell auch sicher und präzise zu erreichen. Nach einer ersten Phase der Unsicherheit bzgl. der Wirkungen des neuen Instruments und unter Einrechnung des notwendigen Zeitbedarfs für Planung und Bau neuer Anlagen ist derzeit ein starker Zubau an Anlagen in Belgien, Italien und Großbritannien zu beobachten. Für die Nachhaltigkeit des Zubaus ist es indes notwendig, dass ein langfristig stabiler Marktrahmen mit festen, weit in die Zukunft reichenden Quotenvorgaben und wirksamen Pönalen implementiert wird. Diesbezüglich besteht sicherlich ein Anpassungsbedarf bei den Fördersystemen in Italien, Schweden und Belgien.

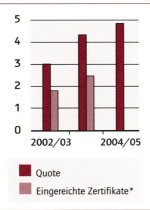

Abb.6: Quotenvorgabe und -erfüllung in Großbritannien
* bisher keine Daten für 2004/05

Mittels eines Quoten-/Zertifikatsystems können jedoch nicht Stromerzeugungsanlagen auf regenerativer Basis „aus dem Boden gestampft werden". Soll ein ehrgeiziges EE-Ausbauziel in gar zu kurzem Zeitraum erreicht werden, etwa weil in der Vergangenheit zu wenig für die Forcierung der EE-Verstromung getan wurde, so fällt es auch unter einem gut ausgestalteten Mengenmodell schwer, dieses Ziel zu erreichen. So dürfte für Belgien (trotz der derzeit absehbaren Erfolge durch die Quote) angesichts der beschränkten natürlichen Voraussetzungen für einen EE-Ausbau und des engen Zeitrahmens die Erreichung des nationalen Richtziels in 2010 schwierig werden. Aber auch in Großbritannien sind trotz der vglw. großen Potenziale der EE-Nutzung immense Anstrengungen nötig, um die längerfristigen Ziele zu erreichen.

Eine empirische Analyse der bestehenden Quoten-/Zertifikatsysteme unter dem Blickwinkel der ökonomischen Effizienz erscheint angesichts der noch kurzen Laufzeit der Programme und fehlender Daten derzeit nicht möglich. Jedoch legen verschiedene ökonomische Argumente die Vermutung nahe, dass dieses Instrument hinsichtlich der Kosteneffizienz und der raschen Hinführung marktnaher EE-Technologien in die eigenständige Wettbewerbsfähigkeit im Markt positiv zu beurteilen ist. Gibt es nur eine Quote, wie dies in Belgien, Großbritannien, Italien und Schweden der Fall ist, so werden sich tendenziell jene Optionen im Markt durchsetzen, die den regenerativ erzeugten Strom zu den geringsten Kosten anbieten können. Demnach werden zur Erfüllung der Quote die jeweils marktnahesten und preisgünstigsten Ausbaualternativen genutzt. Entsprechend ist bspw. in Großbritannien festzustellen, dass die Deponiegasverstromung, die Windkraft und die Biomasse-Mitverbrennung stark boomen. In Italien werden insbesondere Windkraft-, Biomasse- und Müllverbrennungsanlagen gebaut, in Schweden vornehmlich die Wasserkraft und die Windkraft genutzt. Zudem befinden sich die Betreiber regenerativer Stromerzeugungsanlagen stetig in Konkurrenz zueinander. Es ist anzunehmen, dass dieser nicht nur bei der Anlagenplanung und dem Anlagenbau sondern auch während des Anlagenbetriebs bestehende Wettbewerb starke Anreize zur Suche und raschen Umsetzung von Kostensenkungspotenzialen ausübt. Statt sicherer Einspeisevergütungen sieht sich der Anlagenbetreiber wettbewerblichen Rahmenbedingungen beim Absatz seiner Grünstromzertifikate wie auch seines Stroms gegenüber. Letzteres bedeutet zudem, dass sich Anlagenbetreiber von vornherein mit der Vermarktung ihres Produktes auseinander setzen müssen. Gerade unter dem Aspekt der Integration der EE-Stromerzeuger in den Strommarkt wird bspw. das Quoten-/Zertifikatsystem in Großbritannien schon heute als erfolgreich beurteilt.

Trotz dieser strukturellen Effizienzvorteile von Quoten-/Zertifikatsystemen wird in der öffentlichen Diskussion unter Hinweis auf höhere Windstrompreise in Großbritannien und Italien als in Deutschland angeführt, dass in der Praxis Effizienznachteile für Mengen- gegenüber Preislösungen bestünden. Ein solcher, einfacher Vergleich der Windstrompreise zwischen den Ländern ist jedoch nicht sachgerecht, wenn es um einen Effizienzvergleich beider Instrumente geht. So hängen die Kosten der Windstromproduktion von einer Vielzahl von Faktoren ab (z.B. Windhöffigkeit der Standorte, Praxis der Genehmigungsverfahren), die in diesen Vergleich keinen Eingang finden. Beispielsweise sind die durchschnittlichen Planungszeiten für den Bau von Windkraftanlagen in Italien mit 3,5 Jahren fast doppelt so lang wie in Deutschland (2 Jahre). Auch wird nicht darauf hingewiesen, dass bspw. der relativ hohe Windstrompreis in Italien bisher durch den Staat als Grenzanbieter von Zertifikaten zur Erfüllung der Quote markiert wurde. Der Staat hat hierzu Zertifikate verkauft, die ihm aus dem EE-Zubau unter dem zuvor bestehenden Einspeisevergütungssystem zufielen. Diese hat er zu den Differenzkosten zwischen der gezahlten Einspeisevergütung und dem Marktpreis des Stroms verkauft. Insofern bilden hier die Mehrkosten des alten italienischen Einspeiseförderungssystems den hohen Marktpreis der Zertifikate ab. Schließlich findet auch keine Beachtung, dass in Italien nur Zertifikate für die ersten acht Jahre des Anlagenbetriebs vergeben werden, in Deutschland hingegen die Förderung über 20 Jahre gezahlt wird. Vergleicht man aber den Barwert der Förderung für die Windkraft in Deutschland und Italien, so zeigt sich, dass die Förderung in Italien gar nicht so üppig ist, wie sie im Vergleich zur Förderung in Deutschland zu sein scheint. Für einen mittleren Standort (mit einem Ertrag entsprechend der im EEG definierten Referenzanlage) liegt die Förderung mit rund 3,5 ct./kWh in Italien weit unter jener in Deutschland mit 5 ct./kWh (Annahmen: Anlagenlaufzeit 20 Jahre, Zertifikatpreis acht Jahre lang bei 9,7 ct./kWh, Wert des Windstroms in Deutschland 3 ct./kWh, Abdiskontierung mit Inflationsrate i.H.v. 2%).

Unter dem Blickwinkel der Erreichung einer hohen Fördermitteleffizienz ist jedoch zu überlegen, inwieweit die bestehenden Quoten-/Zertifikatsysteme stärker technologiebezogen differenziert werden können und sollten. Müssen zur Erfüllung einer Quote eine Vielzahl von Technologien und Standorten mit breit streuenden Kosten der EE-Stromproduktion eingesetzt werden, so können bei einer undifferenzierten Quote preisgünstige EE-Stromerzeuger ggf. erhebliche Mitnahmeeffekte realisieren, da der Zertifikatspreis von den Kosten des Grenzanbieters im Markt abhängt. Um solche Überrenditen zu unterbinden, könnten bspw. technologiebezogene Differenzierungen bei der Dauer der Ausstellung von Zertifikaten vorgenommen werden. So werden in Italien bspw. für Windkraftanlagen Zertifikate für die ersten acht Betriebsjahre vergeben, für Biomasse- und Abfall gefeuerte Anlagen ist der Zeitraum hingegen weiter gefasst. Eine aktuelle Studie für den britischen Markt kommt zu dem Ergebnis, dass kurzfristig durchaus Spielraum für eine Reduzierung der Förderung der Onshore-Windkraft sowie bestimmter Deponiegasprojekte besteht, ohne hier einen kontinuierlichen EE-Ausbau zu gefährden. Eine analoge Diskussion zur Beschränkung der zeitlichen Vergabe von Zertifikaten zur Unterbindung von Mitnahmeeffekten wird derzeit auch in Schweden geführt. Bei der Einführung solcher Regeln ist jedoch großes Augenmerk darauf zu legen, dass das Vertrauen der Akteure in den Marktrahmen nicht beeinträchtigt wird und kostengünstige Alternativen zur Quotenerfüllung betriebswirtschaftlich nicht unattraktiv werden.

3. ZUSAMMENFASSUNG

Die Erfahrungen in den EU-Mitgliedstaaten zeigen zunächst, dass eine Grund legende Voraussetzung für die erfolgreiche Förderung erneuerbarer Energien in der Stromerzeugung planbare Genehmigungsverfahren sowie die Beseitigung netzspezifischer Hemmnisse sind. Auf diese Weise bleiben die Risiken in der Planungs- und Bauphase für einen potenziellen EE-Investor beherrschbar und können so als Basis für eine Stimulierung zum Bau von regenerativen Stromerzeugungsanlagen dienen.

Sind diese Voraussetzungen gegeben, so bedarf es darüber hinaus eines stabilen, langfristig verlässlichen Förderrahmens, um Investitionen in EE-Anlagen effektiv zu stimulieren. Einspeisevergütungssysteme bieten hier potenziellen EE-Investoren ein sehr hohes Maß an Planungs- und Investitionssicherheit, da sie den Investoren das gesamte Preis- und Absatzrisiko abnehmen. Diese hohe Investitionssicherheit hat in Ländern wie Dänemark, Deutschland und Spanien die technologische Weiterentwicklung der Windkraft in einer frühen Marktphase und die Ausbildung einer eigenständigen Windkraftindustrie erheblich begünstigt. Die ersten Erfahrungen mit den noch jungen Quoten-/Zertifikatsystemen unterstreichen indes, dass auch mit diesem Instrument der EE-Ausbau wirksam angereizt werden kann. In einigen Ländern (Belgien, Italien, Schweden) erscheint es jedoch für eine mittelfristig erfolgreiche Zielerreichung notwendig, den Marktrahmen langfristig weiter zu entwickeln, was insbesondere die Festsetzung von weit in die Zukunft reichenden Quotenvorgaben anbetrifft.

Mit fortschreitendem EE-Ausbau gewinnt zunehmend das Kriterium an Bedeutung, dass politisch angestrebte Ausbauziele auch möglichst zielgenau erreicht werden, um volkswirtschaftliche Mehrkosten einer Zielverfehlung nach oben wie nach unten in Grenzen zu halten. Die Analyse der Windkraftentwicklung in den maßgeblichen Ländern mit Einspeiseförderung zeigt, dass dieses Instrument tendenziell zum „Überschießen" neigt, während erste empirische Ergebnisse mit den bestehenden Quoten-/Zertifikatsystemen eine zunehmende Zielgenauigkeit anzeigen. Einspeisevergütungssysteme weisen zudem mit zunehmender Expansion erneuerbarer Energien und steigender Marktnähe der Technologien auf Grund des fehlenden Wettbewerbs zwischen den Anlagenbetreibern, der fehlenden Auseinandersetzung mit den Anforderungen des Absatzmarktes und der Informationsprobleme des Staates, Lerneffekte in der Entwicklung der Vergütungen adäquat abzubilden, strukturelle Nachteile auf. Auch wenn es für eine empirische Beurteilung der bestehenden Quoten-/Zertifikatsysteme aus ökonomischer Sicht noch zu früh ist, so legen doch verschiedene Argumente nahe, dass mit Nutzung dieses Instrumentes eine rasche Integration der regenerativen Energien in den wettbewerblichen Strommarkt besser stimuliert werden kann.

KAPITEL 6

Erfahrungen mit Förderinstrumenten für die regenerative Stromerzeugung in den EU-Mitgliedstaaten

Energiepolitik aus der Sicht verschiedener stromintensiver Branchen

Prof. Dr. Dieter Ameling

1941	geboren und aufgewachsen im Osnabrücker Land
1961 – 67	TU Clausthal – Studium der Metallurgie und Werkstoffwissenschaften; Dipl.-Ing.
1967 – 71	TU Clausthal – Assistent
1971	TU Clausthal – Promotion zum Dr.-Ing.
1971 – 1998	Röhrenwerke Bous/Saar – Hamburger Stahlwerke, Stahlwerkschef – Thyssen Stahl AG, Leiter Werke Oberhausen und Hochfeld – Thyssen Stahl AG, Leiter Betriebswirtschaft – Saarstahl AG i. K., Vorstandsmitglied – Krupp VDM GmbH, Vorsitzender der Geschäftsführung
1997	Ernennung zum Honorarprofessor an der TU Clausthal
seit 01.04.1998	Stahlinstitut VDEh, Geschäftsführendes Vorstandsmitglied
seit 01.04.2000	Wirtschaftsvereinigung Stahl, Präsident, und Stahlinstitut VDEh, Vorsitzender
seit 01|2001	Bundesverband der Deutschen Industrie (BDI), Mitglied des Präsidiums

Die Stahlindustrie

Die goldenen Zeiten der Strommarktliberalisierung waren von kurzer Dauer. Durfte sich die stromintensive Industrie in den Jahren nach 1998 noch über fallende Strompreise freuen, zeigt die Kurve mittlerweile nur noch nach oben. Längst sind die Preissenkungen infolge der Liberalisierung aufgezehrt. Daran ist der unzureichende Wettbewerb schuld. Auch der Staat hat den Produktionsfaktor Elektrizität durch seine zahlreichen Eingriffe in Energiemix und Energieverbrauch verteuert. Dies geht zu Lasten der energieintensiven Unternehmen, die sich im internationalen Wettbewerb behaupten müssen. Wenn industrielle Wertschöpfung in Deutschland gehalten werden soll, ist eine Umkehr in der Energiepolitik dringend erforderlich.

Die Stahlindustrie in Deutschland gehört zu jenen Industriezweigen, die in besonderem Maße auf kostengünstige Energie angewiesen sind. Neben Koks und Kohle als Rohstoffe für die Eisenerzreduktion setzen die Stahlerzeuger jährlich 20,9 Terawattstunden Strom und 3 Milliarden Kubikmeter Erdgas ein. Insgesamt lag der Primärenergieverbrauch im Jahr 2004 bei 28,5 Millionen Tonnen Steinkohleeinheiten, Bild 1. Dies sind fast sechs Prozent des gesamten Verbrauchs in Deutschland.

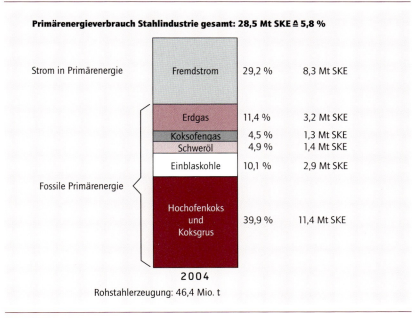

Abbildung 1: Primärenergieverbrauch der Stahlindustrie in Deutschland

Der Primärenergieverbrauch für die Erzeugung einer Tonne Rohstahl ist seit 1960 um annähernd 40 Prozent gesenkt worden. Vor allem der Anteil des Kokses am gesamten Energieträgereinsatz wurde deutlich verringert, während die Bedeutung des Fremdstroms deutlich zugenommen hat, Bild 2.

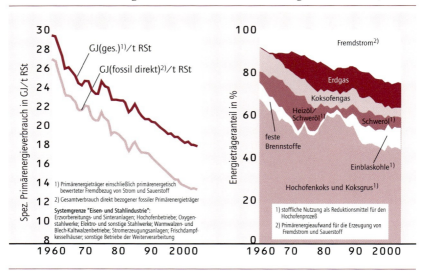

Abbildung 2: Energie-Effizienzindikator: Spez. Primärenergieverbrauch und Energieträgereinsatz der Stahlindustrie in Deutschland

Bei integrierten Hüttenwerken liegt der Anteil der Energie- und Reduktionsmittelkosten an den Gesamtkosten der Walzstahlerzeugung bei rund 30 Prozent. Damit sind sie höher als die Personal- und sonstigen Betriebskosten. Bei den Elektrostahlwerken, die mithilfe von Strom Schrott zu neuem Stahl erschmelzen, lagen die Energiekosten in den Jahren 1999 und 2005 zwischen 11 und 17 Prozent. Ein Anstieg der Stromkosten schlägt sich also merklich in den Produktionskosten nieder.

Zwar hatten die Stahlerzeuger in den vergangenen Jahren auch höhere Kosten für Rohstoffe wie Erz, Koks, Kohle und Schrott zu akzeptieren. Davon aber sind alle Stahlproduzenten der Welt gleichermaßen betroffen, so dass daraus keine internationale Wettbewerbsverzerrungen entstehen. Die Preisentwicklung bei Strom hingegen hängt hingegen maßgeblich von der regionalen Marktstruktur und den energiepolitischen Rahmenbedingungen ab. Hier ist Deutschland eine Hochpreisinsel.

Die gegenwärtigen Preissteigerungen für Strom lassen sich am Weltmarkt nicht weitergeben. Sie beeinträchtigen die internationale Wettbewerbsfähigkeit der Produzenten und wachsen sich zu einer ernsten Belastung des Industriestandortes aus. Denn die Stahlindustrie steht im Zentrum der industriellen Wertschöpfungskette. Die Schlüsselkunden der Stahlindustrie, wie die Weiterverarbeitung, die Automobilindustrie und der Maschinenbau, vereinigen zusammen ein Umsatzvolumen von 700 Milliarden Euro und rund 3,7 Millionen Beschäftigte auf sich.

DER WETTBEWERB AM STROMMARKT MUSS BELEBT WERDEN

Die Stahlerzeuger haben sich von der Liberalisierung der Energiemärkte einen Zuwachs an Wettbewerbsfähigkeit erwartet. Gegenwärtig zeichnet sich das Gegenteil ab. Die Industriestrompreise in Deutschland gehören zu den höchsten in der Europäischen Union, Bild 3.

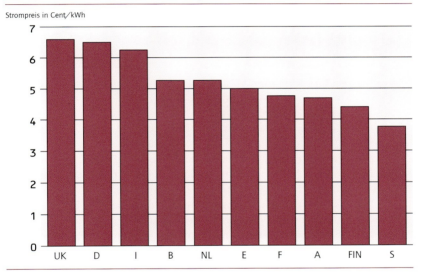

Abbildung 3: Strompreisvergleich für die energieintensive Industrie

Mittlerweile haben die Nettostrompreise das Niveau vor der Marktliberalisierung deutlich überschritten, Bild 4.

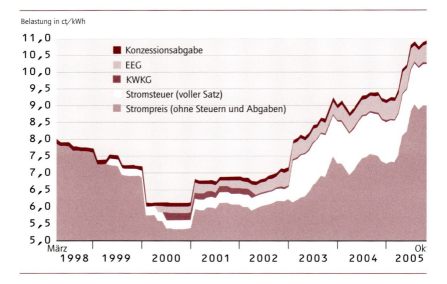

Abbildung 4: Strompreisindex für das produzierende Gewerbe

Allein im Jahr 2005 sind sie um 30 Prozent gestiegen. Dies sind Zusatzkosten von 150 Millionen Euro im Jahr, die 15 Prozent der jährlichen Investitionssumme in der Stahlindustrie entsprechen.

Diese Entwicklung kann durch Steigerungen bei den Brennstoffkosten nicht erklärt werden. Vielmehr ist fehlender Wettbewerb die Ursache. Mindestens 80 Prozent der Stromerzeugungskapazitäten konzentrieren sich auf die vier großen Verbundunternehmen. Da Strom nicht speicherbar oder substituierbar ist und die Nachfrager auf Preiserhöhungen nicht flexibel reagieren können, ist der Elektrizitätsmarkt anfällig für Marktmacht und strategisches Angebotsverhalten. Dies hat die Monopolkommission in ihrem jüngsten Gutachten festgestellt. Auch die GD Wettbewerb in der Europäischen Kommission kommt in ihrem Zwischenbericht vom 15. November 2005 über ihre Befragung zu den Energiemärkten zu dem Ergebnis, dass in vielen Mitgliedsstaaten die Konzentration der Stromerzeugung zu hoch ist. Außerdem herrsche an den Großhandelsmärkten zu wenig Transparenz über Stromerzeugung, Netzlast und Regel- und Reserveenergie. Die Preisbildung an der Strombörse EEX, an der sich der gesamte Strommarkt orientiert, sollte daher transparenter gestaltet werden.

Vor allem muss in Deutschland das neue Energiewirtschaftsgesetz den Wettbewerb in Schwung bringen. Die Entflechtung der Netze und die geplante Anreizregulierung sind so schnell wie möglich umzusetzen. Dadurch wird der Marktzugang für neue Anbieter verbessert. Zudem werden die im europäischen Vergleich zu hohen Netzentgelte auf ein wettbewerbsfähiges Niveau abgesenkt. Zusätzlich müssen die grenzüberschreitenden Leitungen ausgebaut werden, um einen europäischen Markt mit einer größeren Anzahl konkurrierender Anbieter zu schaffen. Die sehr unterschiedlichen Preisniveaus in den EU-Staaten zeigen deutlich, dass von einem integrierten Binnenmarkt noch keine Rede sein kann.

DIE STROMPREISSTEIGERUNGEN DURCH DEN EMISSIONSHANDEL MÜSSEN UNTERBUNDEN WERDEN

Die dramatische Lage am Strommarkt wird verschärft durch die verfehlte staatliche Energiepolitik. Vor allem die Einführung des Emissionsrechtehandels verteuert die Stahlproduktion nicht nur unmittelbar, sondern treibt auch die Stromkosten weiter in die Höhe. Dabei wird der Strom nicht nur durch die Kosten zugekaufter CO_2-Zertifikate verteuert. Vielmehr fließen kostenfrei zugeteilte Emissionsrechte zu ihrem vollen Marktwert in die Strompreise ein: Die Preise für Strom und CO_2-Zertifikate sind seit Beginn des Emissionshandels nahezu im Gleichklang gestiegen. Gerechtfertigt wird dieses Kalkül damit, dass der Emissionshandel die variablen Kosten des marktpreisbestimmenden Grenzkraftwerkes erhöht. Dies gelte auch, wenn gar keine Emissionsrechte für die Stromproduktion hinzugekauft werden müssen. Schließlich könnten kostenlos zugeteilte Zertifikate alternativ gewinnbringend am Markt verkauft werden, lautet die Argumentation, Bild 5

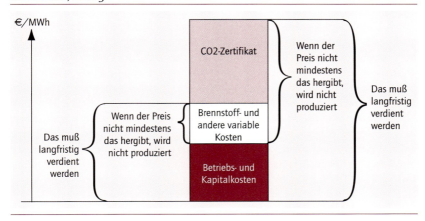

Abbildung 5: Das Kalkül der Opportunitätskosten

In der Folge werden für Strom Preisaufschläge von 10 Euro und mehr verlangt. Bei einem Gesamtstromverbrauch in Deutschland von 528 Terawattstunden im Jahr 2004 beschert der Emissionshandel auf diese Weise den Energieversorgern zusätzliche Gewinne von mehr als fünf Milliarden Euro, während den industriellen Verbrauchern im gleichen Umfang neue Kosten aufgebürdet werden, Bild 6.

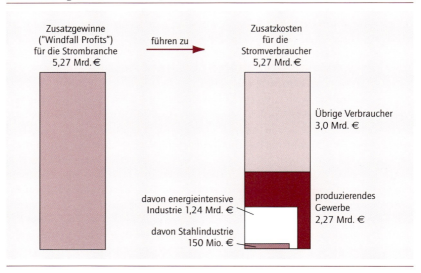

Abbildung 6: Stromkostenbelastung durch den Emissionshandel

Allein die energieintensive Industrie erfährt einen Kostenzuwachs von mehr als einer Milliarde Euro. Eine Umverteilung ausgerechnet zu Lasten derjenigen, die sich im globalen Wettbewerb behaupten müssen. Die Rechnung der Energieversorger geht auf, da am regional abgeschotteten Strommarkt eine unzureichende Wettbewerbsintensität herrscht. Dies zeigt sich auch daran, dass die Korrelation der Strom- und CO_2-Preise eine Einbahnstraße ist: Sinken die Notierungen für die Zertifikate, verharrt der Strompreise trotzdem auf hohem Niveau. Im Stahlsektor, der ebenfalls zur Teilnahme am Emissionshandel verpflichtet ist, wären Preissteigerungen auf Basis kostenfrei zugeteilter Zertifikate am Weltmarkt jedenfalls nicht durchsetzbar.

Die Politik hat die Warnungen vor der unheilvollen Verbindung zwischen Emissionshandel und unzureichendem Wettbewerb am Strommarkt in den Wind geschlagen. Zweifelsohne steht sie nun in der Pflicht, eine Lösung für dieses Problem herbeizuführen. Sie hat den Emissionshandel eingeführt und sogar versprochen, der Wirtschaft keine zusätzlichen Belastungen aufzubürden. Die Industrie hat den Emissionshandel nicht gewollt. Auch die Europäische Kommission darf sich der Dringlichkeit des Problems nicht mehr länger verschließen.

Drohungen aus der Politik, die Emissionsrechte künftig zu versteigern, wenn die Energieversorger die Einpreisung der Zertifikate nicht unterlassen, führen allerdings nicht weiter. Zwar könnte der Staat durch solche Maßnahmen seine Kasse aufbessern. Für die Verbraucher verringerten sich die Strompreise aber nicht. Zudem müsste die energieintensive Industrie, die schließlich auch direkt am Emissionshandel teilnimmt, für jede Tonne Kohlendioxid einen hohen Preis bezahlen. Stahlerzeugung wäre am Standort Deutschland dann nicht mehr möglich.

DIE STAATLICHEN EINGRIFFE IN DEN ENERGIEMIX BELASTEN DIE VOLKSWIRTSCHAFT

Auch andere staatliche Eingriffe in Energiemix und Energieverbrauch, wie die Förderung erneuerbarer Energien, der Kernkraftausstieg und die Ökosteuer belasten die Energiekosten der Industrie. Das Bundeswirtschaftsministerium hat die volkswirtschaftlichen Kosten des gegenwärtigen Kurses auf 256 Milliarden Euro beziffert – eine gigantische Geldverschwendung, die in Zeiten knapper Haushalte völlig unverständlich ist, Bild 7.

Primärenergie gesamt 14.173 PJ		2000		2020	
		PJ	%	Szenario I	Szenario II
Entwicklung Verbrauch:	Strom	5017	35,4	+ 8 %	+ 7 %
	Prozessenergie	2353	16,6	+ 5 %	- 10 %
	Verkehr	2664	18,8	- 4 %	-18 %
	Wärme	4139	29,2	- 3 %	-14 %
Energieträger:	Öl	5478	38,7	41 %	36 %
	Gas	2992	21,1	28 %	41 %
	Kohlen	3462	24,4	22 %	11 %
	Kernenergie	1849	13,0	4 %	2 %
	Erneuerb. Energien	392	2,8	4 %	10 %
CO_2-Emissionen:				- 16 %	- 40 %
Kosten/Preise				Günstige Weltmarktpreise unterstellt, Preisanstieg für Gas unberücksichtigt	
Gesamtzusatzkosten 2000 bis 2020:				**ca. 256 Mrd. Euro**	
Gesamtwirtschaftliche Auswirkungen: *Basis Prognos/EWI Gutachten 2001				Beschäftigungsabbau, Standortverlagerung für Energieintensive Industrie	

Abbildung 7: Der bisherige energiepolitische Kurs kostet die Volkswirtschaft 256 Mrd. Euro

Die zusätzlichen Kosten für die Förderung erneuerbarer Energien etwa lagen im Jahr 2004 bei 2,4 Milliarden Euro. In den kommenden Jahren werden sie sich mehr als verdoppeln. Bei der prognostizierten Preisentwicklung durch die erneuerbaren Energien liegt Deutschland in der EU an der Spitze, Bild 8.

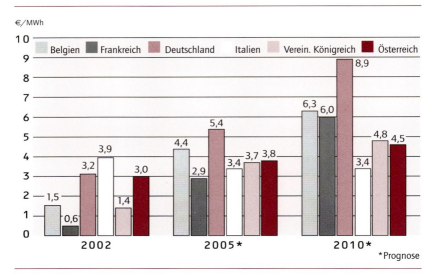

Abbildung 8: Preisentwicklung durch erneuerbare Energien

Zwar ist im vergangenen Jahr eine Belastungsbegrenzung für energieintensive Unternehmen eingeführt worden. Aber auch für sie wird im Jahr 2010 der Stand vor Einführung der Härtefallregelung wieder erreicht sein. Ein Ende dieser Entwicklung ist nicht abzusehen. Im vergangenen Jahr hat die Bundesregierung per Gesetz den Ausbau des Anteils erneuerbarer Energien an der Stromversorgung auf mindestens 20 Prozent im Jahr 2020 ausgerufen. Dies ist wirtschaftlich unvernünftig. So ist die Windenergie wegen ihrer geringen Energiedichte, ihrer unregelmäßigen Einspeisung sowie des erforderlichen Netzausbaus schlichtweg unwirtschaftlich. Zudem hat eine Studie der Deutschen Energie-Agentur (DENA) gezeigt, dass nach wie vor eine konventionelle Erzeugungsreserve von 92 % vorgehalten werden muss.

Auch der im Jahr 2000 beschlossene Ausstieg aus der Kernenergie ist mit hohen Kosten verbunden. Langfristig erhöht er den Strompreis um rund 10 Euro je Megawattstunde, Bild 9.

Die Stahlindustrie | KAPITEL 7.1

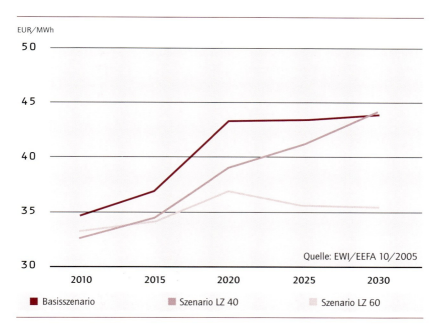

Abbildung 9: Entwicklung der Strompreise bei Verlängerung der Laufzeiten der Kernkraftwerke

Verzichtet wird auf die wichtigste Grundlastenergie und kostengünstigen Strom. Zudem ist fraglich, wie Deutschland ohne diese CO_2-freie Energiequelle seine Klimaziele einhalten will. Die Restlaufzeiten zu verlängern, wäre ein sinnvoller Schritt. Natürlich muss sich dies in Preissenkungen für die Verbraucher niederschlagen. Dabei darf es aber nicht bleiben. Langfristig müssen neue Kernkraftwerke nach neuestem Sicherheitsstandard gebaut werden. Ein Vorbild ist Finnland, wo gerade die Bauarbeiten an einem Kernkraftwerk der neuen Reaktor-Generation begonnen haben.

Deutschland darf den Anschluss in der Kernenergieforschung nicht verlieren. Sie hat eine wichtige Bedeutung für die industrielle Wertschöpfung im eigenen Lande. Das Abkommen, das Frankreich, Großbritannien, Japan, Kanada und die Vereinigten Staaten im Februar über die Entwicklung der vierten Kraftwerksgeneration abgeschlossen haben, findet bereits ohne Deutschland statt. Die Forschung zur Kernenergienutzung sollte wieder aufgenommen und als Studienfach attraktiv gemacht werden.

Insgesamt muss sich Deutschland auf den bewährten Energiemix rückbesinnen (Bild 10): Kernenergie und Braunkohle sichern eine kostengünstige Stromerzeugung in der Grundlast. Und auch die Steinkohle leistet einen wichtigen Beitrag, unter Kostengesichtspunkten wie auch durch die geringen internationalen Versorgungsrisiken. Während die Stromerzeugung aus Kernenergie ohnehin CO_2-frei erfolgt, können durch den Bau effizienterer Kohlekraftwerke mit höheren Wirkungsgraden die CO_2-Emissionen deutlich gesenkt werden.

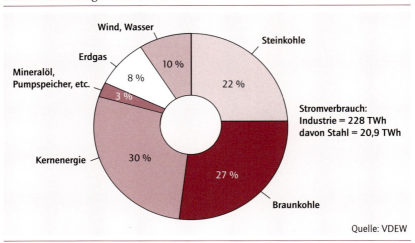

Abbildung 10: Kernenergie: neben Kohle wichtigster deutscher Stromlieferant

Zudem muss die energieintensive Industrie konsequent entlastet werden. Steuerermäßigungen für die Industrie, wie beispielsweise bei der Ökosteuer, sind – anders als oft fälschlicherweise behauptet – keine „Subventionen". Das Gegenteil ist der Fall: Sie sind eine notwendige Voraussetzung, damit trotz Einführung immer neuer staatlicher Belastungen auf den Energieverbrauch in Deutschland auch in Zukunft eine wettbewerbsfähige Industrieproduktion überhaupt noch möglich ist. Industrielle Wertschöpfung, die durch die staatliche Verteuerung der Energie verloren geht, kostet aus volkswirtschaftlicher Sicht viel mehr als die Verlagerung der Förderung auf das Steuersystem oder die Stufe der Endkonsumenten.

ERFORDERLICH IST EIN PARADIGMENWECHSEL IN DER ENERGIEPOLITIK

Stärker als bisher muss Energiepolitik wieder als Wirtschaftspolitik verstanden werden. Gerade die energieintensive Industrie büßt durch die gegenwärtige Entwicklung der Energiekosten an Wettbewerbsfähigkeit ein. Damit ist die Basis der industriellen Wertschöpfungskette bedroht. Die Energiepolitik muss sich künftig stärker darauf konzentrieren, den Wettbewerb am Strommarkt zu forcieren, statt den Strom durch Eingriffe in den Energiemix zu verteuern.

Dr.-Ing. Werner Marnette

Jahrgang 1945. Nach dem Studium der Metallhüttenkunde/Elektrometallurgie und einer vierjährigen Tätigkeit als wissenschaftlicher Assistent an der RWTH in Aachen mit anschließender Promotion begann seine berufliche Laufbahn 1978 als Betriebsassistent bei der NA.

1979 wechselte er zur Korf Stahl AG und kehrte ein Jahr später als Assistent des Vorstands zur NA zurück. 1986 folgte die Ernennung zum Betriebsdirektor und 1990 wurde er stellvertretendes sowie 1992 ordentliches Vorstandsmitglied.

Seit 4. Februar 1994 ist er Vorsitzender des Vorstands der NA. 1997 übernahm er darüber hinaus die Funktion des Arbeitsdirektors. Seit 1994 Mitglied im Präsidium und Vorstand der Wirtschaftsvereinigung Metalle, deren Präsident er von 1998 bis 2002 war. 1996 wurde er Mitglied des Plenums der Handelskammer Hamburg.

Von 1997 bis Ende 2000 war er Präsident des europäischen Dachverbandes der NE-Metallindustrie Eurometaux. Von 1998 bis 2002 war er Vorstands- und Präsidiumsmitglied des BDI. Von 1997 bis 2003 war er Mitglied des Aufsichtsrats der Hamburgischen Landesbank, heute HSH Nordbank AG. Seit Januar 2001 ist Dr. Werner Marnette Mitglied im Börsenrat und den Zulassungsgremien der Börse Hamburg.

Von Februar 2001 bis August 2005 war er Vorsitzender des Energieausschusses des Bundesverbands der Deutschen Industrie. Im Juni 2001 wurde er zum Vorsitzenden des Vorstandes des Industrieverbandes Hamburg e.V. gewählt und im Mai 2002 zum Vizepräses der Handelskammer Hamburg. Seit 2002 ist er Mitglied des Aufsichtsrats der Leoni AG und seit 2004 Vorsitzender des Beirats der HSH Nordbank AG.

Die Kupferindustrie

Energie ist ein wichtiger Rohstoff für die Industrie. Gerade Kupfererzeugung und -verarbeitung haben einen sehr hohen Energiebedarf. Die Herstellung von Nichteisen-Metallen aus ihren Vorstoffen umfasst eine große Anzahl verschiedener Verfahren, sowohl pyrometallurgischer Art (Schmelzprozesse) als auch hydrometallurgischer Art (Elektrolysen, Laugungs- und Fällprozesse). Ausgangsstoffe für die Metallerzeugung sind Erze, Erzkonzentrate und Sekundärrohstoffe aus dem Metallrecycling sowie Zwischenprodukte anderer Produktionszweige. Auf Grund technisch physikalischer Gegebenheiten sind alle Verfahren der Metallerzeugung energieintensiv. Die Schmelzprozesse finden meist im Hochtemperaturbereich über 1.000°C statt. Auch die Elektrolysen haben einen sehr hohen Bedarf an elektrischer Energie. Deshalb ist die Grundstoffindustrie seit langem bemüht, durch verbesserte Verfahren sowie fortlaufende Prozessoptimierung Energie zu sparen. Das Recycling von Metallen ist energetisch wesentlich günstiger als die Erzeugung aus primären Rohstoffen. Allein deswegen wurde bereits seit langem in der Metall erzeugenden Industrie das Recycling forciert. Heute werden bei einzelnen Metallen Recyclingraten von 40 bis 50 %, bei Blei und Aluminium sogar bis über 80 % erreicht. Die Aluminiumerzeugung hat die höchste Energieintensität. Dort liegt der jährliche Stromverbrauch bei bis zu 4 Mio. kWh je Mitarbeiter, in der Kupfererzeugung bei etwa 1 Mio kWh je Mitarbeiter.

Aufgrund ihrer hohen Energieintensität ist die Versorgung mit Strom und Erdgas zu international wettbewerbsfähigen Preisen lebensnotwendig für die gesamte Grundstoffindustrie. In der NE-Metallindustrie, die im Wesentlichen Kupfer, Aluminium und Zink erzeugt, stehen jetzt mehr als 110.000 Arbeitsplätze auf dem Spiel. Ob die NE-Metallerzeugung und -bearbeitung in Deutschland eine Zukunft hat, hängt davon ab, ob die energiepolitischen Weichen mit Nachruck in Richtung Wettbewerb auf den Energiemärkten gestellt werden. Stahl, NE-Metalle, chemische Grundstoffe, Zement, Glas und Papier sind das Fundament der deutschen Industrieproduktion. Die preisliche Wettbewerbsfähigkeit der Grundstoffindustrie bestimmt die Wettbewerbsfähigkeit der Exportbranchen Fahrzeugbau, Elektroindustrie und Maschinenbau. Somit beeinflussen die Energiekosten die Exportchancen und das Wachstumspotenzial der gesamten deutschen Wirtschaft.

1. PREISENTWICKLUNG

Die Entwicklung der Strompreise in Deutschland ist aus Sicht der energieintensiven NE-Metallindustrie höchst besorgniserregend (Bild 1). Im Vergleich der europäischen Industrienationen zahlen die deutschen Unternehmen Spitzenpreise für Strom und Erdgas. Nur in Italien sind die Strompreise noch höher als in Deutschland. Im Unterschied zu Haushalten und gewerblichen Kleinverbrauchern ist für energieintensive Abnehmer der eigentliche Energiepreis maßgeblich. So zahlten beispielsweise im November 2005 Großunternehmen mit einem Jahresverbrauch von mehr als 500 MWh einen Nettopreis von 55 €/MW. Davon entfielen 45 €/MWh für den eigentlichen Energiepreis und 10 €/MWh auf Durchleitung und staatliche Abgaben wie Ökosteuer, EEG und KWK. Bei einem Mittelständler mit 70 GWh Jahresverbrauch sieht es schon ganz anders aus. Der Strom kostete 50 €/MWh; Durchleitung und staatliche Abgaben schlugen mit 41 €/MWh zu Buche. Daraus folgt: Die NE-Metallerzeugung und andere vergleichbar energieintensive Unternehmen werden hauptsächlich durch die unaufhaltsam steigenden Preise an der so genannten Leipziger Energiebörse European Energy Exchange (EEX) belastet.

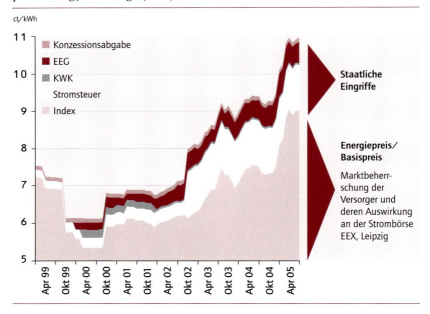

Abbildung 1: Dramatische Entwicklung der Strompreise in Deutschland

Seit Januar 2003 wurden die Grundlastpreise an der EEX verdoppelt. Während vor drei Jahren eine MWh Strom in Leipzig noch 24 € gekostet hatte, mussten Ende 2005 bis zu 53 € bezahlt werden. Dieser enorme Preisanstieg ist ohne fundamentale Begründung. Weder steigende Brennstoffkosten, wie die vier Stromerzeuger in ihrer Anzeigenkampagne vorgeben, noch der europäische Handel mit Emissionsrechten können diesen Anstieg rechtfertigen. Die Preissteigerungen für Erdöl und Erdgas wirken sich nur geringfügig auf die Kosten der Stromerzeugung aus. Denn angesichts sehr hoher Kapitalkosten machen die Brennstoffkosten nur den kleineren Teil der Gesamtkosten aus. Darüber hinaus basiert die Stromerzeugung in Deutschland zu über 60 % auf Braunkohle, Kernenergie und regenerativen Energiequellen, deren Preise stabil sind. Doch an der EEX sind die Strompreise im Vergleich zur Entwicklung der Brennstoffpreise weit überproportional gestiegen. Während die Notierung für die Grundlast-lieferung im Jahr 2006 im Jahresverlauf um 50 % anzog, haben sich die durchschnittlichen Brennstoffkosten im gleichen Zeitraum nur um gut 10 % erhöht. Untersuchungen zeigen, dass in den Niederlanden und Großbritannien die Großhandelspreise für Strom eng mit dem Erdgaspreis korreliert sind. Dagegen lässt sich die Entwicklung der deutschen Strompreise im Jahr 2005 fast vollständig auf die Preisentwicklung der CO_2-Zertifikate zurückführen.

An der Strombörse bewegt sich der Markt fortlaufend nur in eine Richtung – nach oben. Selbst die im Bundestagswahlkampf 2005 diskutierte Laufzeitverlängerung der Kernkraftwerke brachte keine Entspannung, obwohl sich dadurch das Angebot an preiswertem Strom spürbar erhöht hätte. In der anderen Richtung sorgt jedoch an der EEX jede Nachricht für einen Preisaufschlag. So nannten die Energiekonzerne im Sommer 2005 die Trockenheit in Spanien als Begründung für steigende Strompreise in Deutschland – für die Lieferung im Kalenderjahr 2006. Insgesamt liegt der Börsenpreis weit über den Erzeugungskosten. Diese betragen nach konservativer Schätzung etwa 24 €/MWh. Die Differenz zum Börsenpreis von über 50 €/MWh verbuchen die Energiekonzerne als Gewinn.

Nicht nur der eigentliche Strompreis erklimmt schwindelerregende Höhen. Auch die Netznutzungsentgelte haben sich von den Kosten entkoppelt. Seit 2001 sind die Entgelte im Übertragungsnetz der vier Regelzonen um bis 48 % gestiegen. Für die Stromverbraucher – auch für Großkunden – ist die Berechnung der Netzentgelte ein Buch mit sieben Siegeln. Das gilt besonders für die Verteilung der Regelenergiekosten. Diese werden nicht verursachergerecht, sondern von den Konzernen pauschal in Rechnung gestellt. Auch werden von den Energiekonzernen häufig gestiegene Regelenergiekosten ins Feld geführt, wenn es darum geht, die Strompreiserhöhungen zu begründen. Schließlich müssten die Konzerne, allen voran Vattenfall, den Windstrom von der Küste über weite Strecken zu den Verbrauchern ins Binnenland transportieren. Dieses Argument ist nicht stichhaltig, da die Kosten für Regelenenergie nur etwa 5 % der gesamten Netznutzungsentgelte von rund 20 Mrd. € ausmachen. Gleichwohl ist die verursachergerechte Aufteilung notwendig. Denn warum soll die energieintensive Industrie als Kunde von Grundlastkraftwerken dafür bezahlen, dass die stark schwankende Einspeisung der Windräder einen hohen Aufwand an Regelenergie erzeugt.

Auf dem so genannten deutschen Erdgasmarkt steigen die Preise ebenfalls dramatisch. Allein im Jahr 2005 mussten gewerbliche Kunden fast 30 % mehr als im Vorjahr bezahlen. Für Anfang 2006 sind erneute Preiserhöhungen von mindestens 10 % angekündigt. Die Gasverteiler begründen die Preiserhöhungen mit der Ölpreisbindung. Richtig ist, dass in den Versorgungsverträgen der Ferngasgesellschaften die Erdgaspreise an den Rohölpreis gekoppelt sind. Doch dies ist kein Naturgesetz. Die Versorger sind auch nicht gezwungen, die Ölpreisbindung mit den Gasgesellschaften an die deutschen Gaskunden weiterzureichen. Gegen die Bindung an das Rohöl spricht, dass sich der Erdgasmarkt längst vom Erdölmarkt abgekoppelt hat. Heutzutage ist Erdgas ist kein alleiniges Beiprodukt der Ölförderung mehr, sondern Erdgas wird überwiegend aus Quellen ohne Ölförderung gewonnen. Richtig ist auch, dass Erdgas durch Erdöl substituiert werden kann, wodurch die Preise beider Produkte verbunden sind. Erdgas kann aber genauso gut durch Steinkohle und andere Energieträger ersetzt werden, deren Preise keinesfalls mit Gleitklauseln an den Ölpreis gekoppelt sind. Noch undurchsichtiger als der eigentliche Gaspreis, der vom Statistischen Bundesamt als Grenzübergangspreis ermittelt wird, sind die Netznutzungsentgelte beim Gas. Während 2005 der Importpreis um 37 ct/kWh zunahm, stieg der Abnahmepreis für gewerbliche Kunden überproportional um 89 ct/kWh. Diese Differenz versickert bei der Durchleitung und verwandelt sich zum Gewinn der Versorger. Angesichts des großen weltweit funktionierenden Marktes für Flüssiggas (LNG) macht es schon sehr nachdenklich, dass sich die deutschen Gasverteiler nicht darum bemühen, mehr LNG zu importieren, obwohl großtechnische Hafenanlagen zum Umschlag von LNG an der deutschen Nordseeküste vorhanden sind.

2. URSACHEN DER PREISENTWICKLUNG

Der so genannte deutsche Energiemarkt wird von der Verkettung ökologisch ausgerichteter Energiepolitik mit einseitigen Konzerninteressen der Energiewirtschaft bestimmt. Die rot-grüne Bundesregierung hat aus ideologischen Gründen Deutschland in die Rolle des Musterschülers beim Klimaschutz getrieben. Die große Koalition will diese ideologische Politik offenbar fortsetzen. Sie möchte die CO_2-Emissionen bis 2020 (über das Kyotoziel hinaus) sogar um 30 % gegenüber dem Referenzjahr 1990 reduzieren. Diese Politik der neuen Bundesregierung wird begleitet von einer Fortsetzung der übermäßigen Förderung Erneuerbarer Energien und dem weltweit einmaligen, schnellen Ausstieg aus der Kernenergie. In Schweden, wo Ministerpräsident Olof Palme 1982 den raschen Ausstieg aus der Kernenergie per Gesetz postulieren ließ, stammen nach wie vor 45 % der Stromerzeugung aus Kernkraftwerken.

Die Ökosteuer und die EEG-Umlage verteuern massiv Strom und Gas für die Industrie. Die Kostenbelastung aus dem Erneuerbare Energien Gesetz überstieg bereits im Jahr 2004 mit einem Volumen von 3,6 Mrd. € die Höhe der Kohlesubventionen. Diese Belastung zeigt, dass Dauersubventionen, insbesondere für die technisch ausgereifte Windregie, nicht der richtige Weg sind. Etwas mehr als ein Drittel der weltweiten Windkraftkapazität steht in Deutschland. Während das Potenzial für neue Anlagen im Binnenland ausgeschöpft ist, locken seit der Novellierung des EEG extrem hohe Fördersätze zum Bau neuer Anlagen auf offener See. Nach Schätzung des Verbandes der Netzbetreiber wird das Umlagevolumen von 1,2 Mrd. e im Jahr 2000 auf voraussichtlich 7,9 Mrd. e im Jahr 2010 steigen. Aber die Kosten für die Stromverbraucher erschöpfen sich nicht in der ständig wachsenden EEG-Umlage. Höhere Netzkosten für den Transport der Windenergie zu den Verbrauchszentren und der unwirtschaftliche Betrieb konventioneller Kraftwerke zum Ausgleich der wetterabhängigen Windenergieeinspeisung verteuern zusätzlich den Strom.

Durch die in unseren Breitengraden absurde Förderung der Fotovoltaik sind weitere Belastungen für die Verbraucher programmiert. In Deutschland befindet sich heute bereits ein Fünftel der weltweit installierten Leistung. Jede Kilowattstunde Solarstrom wird mit mindestens 43 ct vergütet – und das bei exponentiellem Wachstum der deutschen Kapazität. Ohne energiepolitische Kursänderung wird Deutschland nicht nur Weltmeister bei der Wind- und Solarenergie, sondern auch absolut Weltmeister beim Export von Arbeitsplätzen werden. Denn trotz der verbesserten Härtefallregelung stellt die EEG-Umlage für die deutsche Industrie eine außerordentlich hohe Belastung dar, die kein Wettbewerber sonst – innerhalb und außerhalb der EU – zu tragen hat.

Die einseitigen Interessen der Energiekonzerne verschärfen die Energiesituation für die Industrie. Vom Strom- oder Gasmarkt kann in Deutschland keine Rede sein. Aus Sicht der Verbraucher ist der Wettbewerb zum Erliegen gekommen. Die millionenschweren Werbekampagnen der Stromerzeuger, die den Bürgern vorgaukeln sollen, es gäbe ein echtes Marktgeschehen, werden jedoch in Fernsehen und Presse noch intensiviert. Die Mediakosten der vier Stromerzeuger wachsen umgekehrt proportional zur Wettbewerbsintensität des deutschen Strommarktes.

Nach der Liberalisierung im Jahr 1998 hat sich mit politischer Unterstützung ein Oligopol von vier marktbeherrschenden Anbietern gebildet. Sie verfügen über 80 % der inländischen Erzeugungskapazität und beherrschen die Überlandnetze. Durch vertikale Beteiligung an Stadtwerken werden die einzelnen Strommärkte gegen den Marktzutritt Dritter abgeschottet. Selbst große industrielle Verbraucher haben gravierende Probleme, Strom zu wirtschaftlich tragfähigen Bedingungen einzukaufen. Die Beschaffung für mehre Standorte in unterschiedlichen Regelzonen scheitert erfahrungsgemäß an den Vertriebspraktiken der Konzerne: Entweder gehen auf Ausschreibungen keine Gebote auswärtiger Stromerzeuger ein, oder der heimische Erzeuger macht das vermeintlich beste Angebot. Die Energiekonzerne zeigen keinerlei Verhandlungsbereitschaft und kalkulieren ihre Angebote auf Grundlage fragwürdiger EEX-Preise.

Mit ihrer Preissetzung wiegen sich die Energiekonzerne in Sicherheit. Schließlich ist der deutsche Markt gegen ausländische Anbieter wie eine Insel abgeschottet. Der internationale Stromtransfer bleibt im Nadelöhr der Kuppelstellen hängen. Aus Eigeninteresse sperren sich die Versorger gegen eine effizientere Nutzung der Kuppelkapazitäten. Da die großen Vier als Übertragungsnetzbetreiber entscheiden, zu welchen Konditionen Strom über die Grenzen fließt, ist der Stromimport aus Polen und anderen Staaten möglich – allerdings nur zu deutschen Preisen.

Die Vergreisung der deutschen Kraftwerke verschärft die Situation. Während die Energiekonzerne ihre Gewinne nutzen, um sich an ausländischen Energieunternehmen zu beteiligen, gehen im Inland Schritt für Schritt alte Kraftwerke ohne aureichenden Ersatz vom Netz. Alle bislang mit höchstem PR-Rummel angekündigten Neubaupläne, einschließlich kleiner, neuer und ausländischer Anbieter, werden die Kapazitätslücke von voraussichtlich 40 GW im Jahr 2020 nicht schließen können. Wesentlicher Grund ist der Ausstieg aus der Kernenergie. Denn damit geht die Hälfte der Grundlasterzeugung verloren. Diese lässt sich weder durch Erneuerbare Energien noch durch Kraftwärmekopplung ersetzen. Dem Verzicht auf die Kerntechnik liegt kein langfristiges Versorgungskonzept zugrunde, wodurch die deutsche Energieversorgung völlig in Frage gestellt ist. Heute vermeidet die Kernenergie rund 150 Mio. Tonnen CO_2-Emissionen und leistet damit einen entscheidenden Beitrag zum Klimaschutz.

Das Geschehen an der Leipziger Energiebörse EEX spottet jeder Beschreibung. Obwohl die Energieversorger nur 14% der Anteile an der EEX halten, kontrollieren sie den Aufsichtsrat. Auch der Börsenrat, das öffentlich-rechtliche Aufsichtsgremium, wird von den Energieversorgern dominiert. Im Vergleich zu den internationalen Aktien- und Rohstoffbörsen fehlt es somit der EEX an jeglicher Unabhängigkeit. Bislang konnte die öffentliche Handelsüberwachungsstelle keine Manipulationsfälle beobachten. Jedoch sind Handel und Preisfindung für Außenstehende kaum zu durchschauen. Kritikern des Leipziger Systems wird öffentlich kaufmännische Inkompetenz vorgeworfen. Dennoch mangelt es der EEX an Transparenz. Weder auf dem Spot- noch auf dem Terminmarkt wird von der Börse veröffentlicht, welche Gebote zum Kauf und Verkauf von Strom vorliegen. Das Handelsgeschehen wird ganz überwiegend von den vier Erzeugern und deren eigenen Handelshäusern geprägt. Diese haben im Gegensatz zur Situation an der Osloer Strombörse Nord Pool einen systmatischen Infomationsvorsprung vor den anderen Handelsteilnehmern. Nur die Erzeuger wissen genau, wann Kraftwerke vom Netz gehen und Leitungen abgeklemmt werden. Bislang wurden alle Versuche, mehr Informationen über das Handelsgeschehen und über Kraftwerke und Netze zu veröffentlichen, von den Energieversorgern im Börsenrat blockiert.

Auf dem Spotmarkt wurden 2005 nur rund 14% des deutschen Stromverbrauchs gehandelt. Der Terminmarkt hat ein Handelsumfang, der etwa einem Drittel des deutschen Stromverbrauchs entspricht. An der skandinavischen Strombörse Nord Pool wird hingegen ein Vielfaches des jährlichen Verbrauchs gehandelt. Auch müssen die Energiekonzerne dort Informationen über Kraftwerks- und Netzausfälle unverzüglich melden. Die Preisbildung an der EEX ist für die industriellen Stromverbraucher nicht nachvollziehbar. Auch die Bürger und Verbraucherverbände haben das Vertrauen in die EEX verloren.

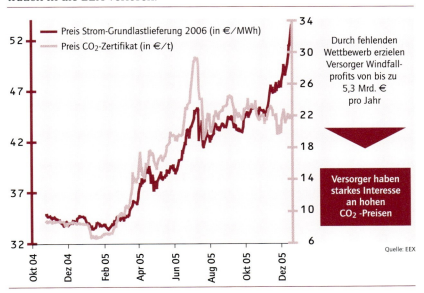

Abbildung 2: CO_2-Preis und Strompreis

Die Einführung des CO_2-Emissionshandels hat den Energiekonzernen einen willkommenen Vorwand geliefert, die Strompreise erneut kräftig zu erhöhen (Bild 2). Die Erzeuger sind aufgrund ihrer marktbeherrschenden Stellung in der Lage, den Wert der CO_2-Zertfikate vollständig als Opportunitätskosten einzupreisen. Steigt der CO_2-Preis um einen Euro, dann erhöht sich der Strompreis um rund 50 Cent. Auf diesem Weg erzielen die vier Energiekonzerne in Deutschland Windfallprofits von bis zu 5,3 Mrd. € jährlich. Nach Ansicht der Monopolkommission kommt diese Form der Einpreisung einer missbräuchlicher Ausnutzung von Marktmacht gleich. Die ebenfalls am Emissionshandel teilnehmenden Unternehmen der Grundstoffindustrie können dies nicht, da sie ihre Produkte im weltweiten Wettbewerb absetzen müssen. Wegen der CO_2-Einpreisung hat die Wirtschaftsvereinigung Metalle Klage beim Bundesverfassungsgericht erhoben. Schließlich sollten die Industrieunternehmen durch die kostenlose Zuteilung der Zertifikate nicht zusätzlich belastet werden. Derzeit hat der Handel mit CO_2-Zertifikaten an der Energiebörse EEX schwere Mängel. Die Einpreisung der Zertifikate in den Strompreis erfolgt auf sehr schmaler Mengenbasis; für nur rund 10 % des gesamten Großhandelsmarktes werden die Preise an der EEX fixiert. Der Preisbestimmung für die CO_2-Zertifikate liegen noch geringere Mengen zugrunde; an vielen Handelstagen finden keine Transaktionen statt. Die Folge der geringen Liquidität sind stark schwankende Preise, die leicht beeinflussbar sind. Anfang dieses Jahres kostete das Recht, eine Tonne CO_2 ausstoßen zu dürfen, 8 €. Im August waren es 30 €, im Dezember 2005 rund 20 €. Damit fehlt den energieintensiven Unternehmen jegliche Planungssicherheit.

3. FOLGEN FÜR DIE ENERGIEINTENSIVE INDUSTRIE

Aufgrund des fehlenden Wettbewerbs erzielen die vier Energiekonzerne traumhafte Renditen, die aber voll zulasten der gesamten deutschen Wirtschaft gehen. Die dramatische gestiegenen Großhandelspreise führen zu Ergebnissprüngen bei den Versorgern. Mit ihrer Geschäftspolitik setzen die Energiekonzerne den Industriestandort Deutschland bewusst aufs Spiel und sägen am Ast, auf dem sie sitzen. Denn rund ein Viertel des deutschen Stromverbrauchs entfällt auf die energieintensive Industrie. Allein die NE-Metallindustrie kommt auf einen Jahresverbrauch von 18 TWh. Die überhöhten Energiepreise gefährden in dieser Branche 110.000 Arbeitsplätze und zwingen die Unternehmen zur Abwanderung ins Ausland. In der gesamten energieintensive Industrie sind über 600.000 Arbeitsplätze bedroht. Trotz der marktbeherrschenden Stellung des staatlichen EdF-Konzerns in Frankreich sind dort derartig industriefeindliche Verhältnisse wie in Deutschland völlig unbekannt.

Dramatisches Beispiel ist die besonders energieintensive Aluminiumindustrie am Standort Deutschland. Die Erzeugung von Rohaluminium in Deutschland ist von dauerhaft wettbewerbsfähigen Strompreisen abhängig. Von der Schließung der Hamburger Aluminium-Werk GmbH (HAW) sind insgesamt 1.000 Arbeitsplätze betroffen. Allerdings hätte die Schließung des HAW vermieden werden können. Zwischen dem Preisangebot von Vattenfall, das sich am Börsenpreis der EEX orientierte, und der Preisforderung von HAW klaffte eine Lücke von 15 €/MWh. Doch HAW hat nichts Unmögliches gefordert. Ein Lieferpreis von 30 €/MWh hätte den Betrieb der Schmelzflusselektrolyse mittelfristig gesichert. Dieser Preis liegt über den durchschnittlichen Erzeugungskosten von 24 €/MWh in Deutschland und hätte Vattenfall Europe somit einen guten Gewinn ermöglicht.

Die hohe Energieintensität der Kupferindustrie zeigt sich am Beispiel der Norddeutschen Affinerie AG (NA) in Hamburg. Konzernweit beträgt der jährliche Energieverbrauch rund 1 Mio. kWh Strom und gut eine halbe Mio. kWh Erdgas. Daher bedeutet jeder Cent Strompreiserhöhung für die NA Mehrkosten von 10 Mio. € und beim Erdgas von 5 Mio. €. Daraus resultiert eine wirtschaftliche Belastung, die auch in guten Geschäftsjahren kaum noch tragbar sein wird. Die Preisentwicklung für Strom und Erdgas in Deutschland bringt nicht nur die Aluminiumindustrie in Gefahr, sondern erzwingt die Auswanderung der gesamten energieintensiven Grundstoffindustrie in die Nachbarländer. Für Deutschlands Rolle als Musterschüler im Klimaschutz und hohe Renditen der Energiewirtschaft zahlen die energieintensive Industrie und jeder Bürger einen hohen Preis. Der gesellschaftliche Nutzen dieser Politik ist gering. Neben dem Verlust an internationaler Wettbewerbsfähigkeit, Arbeitsplätzen sowie Forschung und Entwicklung in Deutschland ist auch dem Klima wenig geholfen. Denn wenn eine der umweltfreundlichsten Aluminiumhütten der Welt ihre Produktion in Deutschland einstellen muss, werden die Gießereien und Verarbeiter das Metall von Produzenten importieren müssen, die in weiten Teilen der Welt unterhalb der deutschen Umwelt- und Arbeitsschutzstandards arbeiten. Die Schließung der HAW ist also als ein erster erzwungener Schritt zur Desindustrialisierung mit dem Verlust von Millionen Arbeitsplätzen zu betrachten.

4. HANDLUNGSNOTWENDIGKEIT

Die wettbewerbsfeindliche Ausrichtung des deutschen Energiesektors muss schleunigst gestoppt werden. Energie ist Rohstoff für die Industrie. Ohne bezahlbare Energie wird die Grundstoffindustrie in Deutschland innerhalb kürzester Zeit abgetötet werden. Deshalb müsste die neue Bundesregierung, die allen Bürgern feierlich gelobt hat, das ihr vordinglichstes Ziel die Schaffung von Arbeitsplätzen sei, umgehend für effektiven Wettbewerb im Energiesektor sorgen. Auch die EU-Kommission steht in der Verantwortung. Sie muss sich stärker für den grenzüberschreitenden Stromwettbewerb in Europa einsetzen. Beispielsweise ist die unzureichende Kapazität der internationalen Kuppelstellen unverzüglich zu erhöhen und das Engpassmanagement marktkonform zu gestalten, um den Markteintritt ausländischer Stromanbieter in Deutschland zu erleichtern. Für die internationale Akzeptanz der EEX wird es entscheidend sein, den Einfluss der Energiekonzerne zu senken. Die Preisentwicklung in Leipzig dokumentiert bislang nur eines: die marktbeherrschende Stellung der vier Energiekonzerne in Deutschland. Die vollständige Einpreisung der CO_2-Zertifikate in den Strompreis hat selbst für Laien verständlich die missbräuchliche Ausnutzung ihrer Marktmacht entlarvt. Bis zum heutigen Tage fehlt es der EEX an Liquidität und Transparenz, um einen marktkonformen und fairen Strompreis für Industrie und Bürger zu garantieren.

Dieser eklatante Missbrauch der Marktmacht muss schleunigst gestoppt werden. Energie muss auch in Deutschland wieder planbar zu internatio-

nal wettbewerbsfähigen Preisen zur Verfügung stehen. Um dies zu erreichen, ist die deutsche Energiepolitik ohne wenn und aber auf Wettbewerb auszurichten. Dies umfasst:
- die vollständige Öffnung des EU-Binnenmarktes,
- die Schaffung von Transparenz an der Energiebörse EEX beim Strom- und Zertifikathandel,
- ein hartes Durchgreifen der Bundesnetzagentur bei der Netzregulierung,
- den Erhalt der Option Kernenergie und Rücknahme der Mehrfachbelastung durch klimapolitische Instrumente und
- die degressive Gestaltung und Deckelung der Subventionen für Erneuerbare Energie.

An der Energiebörse EEX ist der Strompreis binnen Jahresfrist um 50% gestiegen, im Vergleich zu Anfang 2003 hat er sich verdoppelt. Auch Erdgas hat sich dramatisch verteuert. Kernursachen sind die arbeitsplatzfeindliche Energiepolitik der rot-grünen Bundesregierung und die verantwortungslose Preisgestaltung der Energieversorger. Die Mehrfachbelastung der Klimaschutzinstrumente Ökosteuer, EEG, KWK und Emissionshandel verteuert den Energieeinsatz wie in keinem anderen Industrieland. Hinzu kommt der fehlenden Wettbewerb auf dem deutschen Strommarkt. Ein Oligopol von vier Energiekonzernen herrscht über Stromerzeugung und -verteilung. Auch die EEX wird von den Versorgern kontrolliert. Durch die vollständige Einpreisung der CO_2-Zertifikate erzielen die Energiekonzerne Windfallprofits von bis zu 5,3 Mrd. € im Jahr.

Die Energiepreisentwicklung beschneidet die internationale Wettbewerbsfähigkeit der energieintensiven Industrie in Deutschland in unerträglichem Maße. Über 600.000 Arbeitsplätze sind bewusst zur Disposition gestellt worden. Die Stilllegung der Hamburger Aluminiumhütte ist der Beginn gezielter Desindustrialisierung. Es besteht dringendster politischer Handlungsbedarf seitens der EU-Kommission und der neuen Bundesregierung, effektiven Wettbewerb auf den Strom- und Gasmärkten herzustellen. Denn Wettbewerb und Effizienz auf den Energiemärkten sind der Motor wirtschaftlichen Wachstums und der Schaffung neuer Arbeitsplätze.

Die Kupferindustrie | **KAPITEL 7.2**

Heinz-Peter Schlüter

Heinz-Peter Schlüter, geboren am 16.10.1949 in Neuruppin, ist Unternehmensgründer und Vorstandsvorsitzender der TRIMET ALUMINIUM AG, Düsseldorf/Essen. Ehemals ausschließlich auf Metallhandel ausgerichtet, hat Schlüter durch Übernahmen nicht nur die Aluminiumproduktion am Standort Essen, sondern neben dem Recyclingbetrieb in Gelsenkirchen auch zwei Druckgießereien in Ostdeutschland vor der Schließung bewahrt. Bei der Schaffung von Arbeitsplätzen zählt die TRIMET zu den Top 15 Unternehmen des Mittelstandes. Heinz-Peter Schlüter gehört zu den wenigen Unternehmern in Deutschland, die am deutschen Produktionsstandort festhalten und aller Widrigkeiten zum Trotz in Deutschland produzieren, Arbeitsplätze schaffen und ihre Steuern bezahlen.

Die Aluminiumindustrie

Zunehmend hat es den Eindruck, als wolle die deutsche Politik die Aluminiumproduktion unseres Landes stilllegen, und damit eine Kettenreaktion zur Vernichtung abertausender Arbeitsplätze auslösen. Fakt ist: In den letzten Jahren sind die deutschen Aluminiumproduzenten gebeutelt worden wie nie zuvor, und erst zur Jahreswende 2005/2006 legten die politisch Verantwortlichen noch ein paar Millionen ideologisch begründeter Kosten drauf.

Seit 1998 muss die Aluminiumwirtschaft Strompreissteigerungen von bis zu 70 Prozent hinnehmen. Extrem belastend wirken sich aus: die Ökosteuer, das Erneuerbare-Energien-Gesetz (EEG), das Kraft-Wärme-Kopplungs-Gesetz (KWK-Gesetz) und besondere „Regelenergieabgaben", nicht zuletzt die weiteren Aufschläge durch den CO_2-Zertifikatehandel.

Nun haben Aluminiumhütten zum Strom als Energie keine Alternative, und der Strompreis macht rund 35 bis 40 % der Produktionskosten für Primäraluminium aus. Für die Herstellung von Aluminium ist Strom also der größte Kostenfaktor in der Produktion, so dass selbst ökonomisch erfolgreiche Betriebe, wie die TRIMET ALUMINIUM AG, massive Anstrengungen unternehmen müssen, um weiterhin wirtschaftlich arbeiten zu können. Doch das muss allen Kostentreibern klar sein: Steigen die politisch initiierten Zusatzkosten weiter, wird es in Deutschland auf Dauer keine Aluminiumhütte mehr geben.

DIE DEUTSCHE ENERGIEPOLITIK VERURSACHT WETTBEWERBSNACHTEILE

Die Politik verteuert mit ökologischer Willkür das deutsche Aluminium, koste es, was es wolle! Dabei stehen die deutschen Aluminiumhersteller in scharfem internationalem Wettbewerb. Die erhöhten Strompreise können nicht an die Kunden durchgereicht werden. Die meisten europäischen Aluminiumhersteller beziehen ihren Strom weitaus günstiger und können deshalb wettbewerbsfähiger produzieren und sie liefern damit Aluminium zu günstigeren Herstellungskosten.

Bevor die Politik sich der permanenten Erhöhung der Strompreise annahm, basierte die Energiepolitik in Deutschland auf den drei soliden Säulen: Versorgungssicherheit, Wettbewerbsfähigkeit und Umweltschonung. Die drei Säulen standen für eine gute Statik im Markt. Unter rot-grüner Politik freilich hat sich der Schwerpunkt des politischen Handelns zu Lasten der Wettbewerbsfähigkeit der Unternehmen verschoben, und auch die aktuelle große Koalition in Berlin geht offensichtlich nicht daran, die Fehler der Vergangenheit zu korrigieren. Für einen Großteil der Energiepolitik ist weiterhin das Umwelt- und nicht das Wirtschaftsministerium zuständig.

Beispiel Ökosteuer: Sie wurde als politisches Instrument konzipiert, um den Energieverbrauch von Haushalten zu steuern, oder besser, um hohen Energieverbrauch zu sanktionieren. Die privaten Verbraucher sollten zum durchaus sinnvollen Energiesparen angeregt werden. In allen Haushalten gibt es in der Tat ein erhebliches Potenzial, das konsumtive Vergeuden von Strom zu reduzieren. Dass Strom für Alu-Hütten aber ein Rohstoff ist und Aluminiumproduzenten alleine schon aus betriebswirtschaftlichen Gründen ein fundamentales Interesse daran haben, ihre Produktions- beziehungsweise Stromkosten so weit wie möglich zu senken, wurde dabei nicht bedacht.

Zugleich sieht die Ökobilanz von Aluminium insgesamt überaus günstig aus – denn das Metall ist zu 100 Prozent recycelbar. Beim Recycling werden gegenüber der Primärproduktion 95 Prozent an Energie eingespart. Die Recyclingquote ist steigend und beträgt im Verkehrssektor schon über 90 Prozent. Ein hoher Energiegebrauch in den Hütten ist also nicht gleichzusetzen mit Energievergeudung. Im Vergleich mit anderen Industrienationen ist die Effizienz der Energieverwendung in Deutschland zum Beispiel deutlich besser als in den USA und auch besser als in den übrigen europäischen Ländern.

Die energieintensiven Industrien am Standort Deutschland sind im globalen Maßstab ökologisch vorbildlich, wären ohne politische Preisaufschläge wirtschaftlich und sie sind nicht zuletzt technisch gut aufgestellt. Vor diesem Hintergrund zeugt eine Sanktionierung des Energiebedarfs von energieintensiven Unternehmen nicht von wirtschaftlichem und umwelttechnischem Sachverstand.

Mit den Abgaben für erneuerbare Energien, die der Aluminiumwirtschaft hierzulande teuer zu stehen kommen, wird die Wettbewerbsfähigkeit der gesunden energieintensiven Industrie aufs Spiel gesetzt. Zugleich wird eine ohne Geldgeschenke nicht wettbewerbsfähige Industrie höchstgradig subventioniert. Und das mit finanziellen Mitteln, die der Aluminiumproduktion dann für Investitionen in Reparaturen und neue Kapazitäten fehlen.

Die Förderung der alternativen Energien in Form garantierter Abnahmen ist ein gravierender Systemfehler. Das Erreichen von Wettbewerbsfähigkeit von zum Beispiel Windstrom spielt im EEG-Gesetz keine Rolle. Gefördert wird der, der ein Windrad baut, ohne Bewertung der Effizienz. Die Förderung der Windenergie in Deutschland könnte nach Ansicht der WirtschaftsVereinigung Metalle (WVM) schon bald die Sicherheit der Stromversorgung gefährden. Anlass für diese Annahme sind die Ergebnisse der Studie zu den Auswirkungen der Windstromeinspeisung in das inländische Stromnetz. Federführend hierfür war die Deutsche Energie Agentur (dena). Danach sind Investitionen von rund einer Milliarde Euro nötig, um die drastisch angestiegene Windstrommenge im deutschen Stromnetz abzutransportieren. Die Ballung der Windanlagen entlang der Küsten und in der norddeutschen Tiefebene führt bereits heute zu erheblichen Transportproblemen. Müssen witterungsbedingt, wie letztens nach Schäden an den Stromnetzen, die Windräder abgeschaltet werden, beanspruchen die Betreiber von Windenergieanlagen für ihre Produktionsausfälle Vergütungen von den Netzbetreibern – und damit von allen Stromverbrauchern. Das größte Paradoxon ist, dass unsere Aluminiumhütten eine Art der Stromerzeugung sponsern, die sie selber niemals nutzen könnten, da sie auf eine konstante Stromversorgung angewiesen sind, rund um die Uhr, 365 Tage im Jahr. Auch wenn kein Wind weht oder gerade ein Orkan wütet.

Besonderes Kopfzerbrechen bereitet den Aluminiumproduzenten auch der Emissionshandel. Seit Januar 2005 fließen Kosten für CO_2-Zertifikate in die Strompreise ein. Die von der alten Bundesregierung bei der Einführung gesehene Preisspanne von bis zu fünf Euro pro Tonne CO_2 wurde bereits mit Preisen bis zu 30 Euro pro Tonne weit übertroffen. Die Werte der von der Regierung an die Energieversorger kostenlos abgegebenen CO_2-Zertifikate werden, aller Proteste zum Trotz, auf Basis der Börsennotierungen in die Strompreise eingerechnet.

So erhöht der Anstieg des Preises für ein CO_2-Zertifikat um 10 Euro den Preis für eine Megawattstunde Strom, deren Herstellkosten in Deutschland zwischen 20 und 25 Euro liegen, um sieben Euro. Die Einführung des CO_2-Handels hat demzufolge neben dem geplanten Ausstieg aus der Kernenergie und die Zurückhaltung der Stromerzeuger bei Investitionen in neue Kraftwerke zu einem dramatischen Anstieg der Stromkosten geführt.

Zusammen mit den politisch motivierten Abgaben und Steuern treffen diese Entwicklungen die vier noch in Deutschland produzierenden Aluminiumhütten mit ganzer Härte. Die Beschlüsse der Norsk Hydro zur Schließung der Aluminiumhütten in Hamburg (bereits stillgelegt zum 31.12.2005) und Stade sowie Überlegungen zur Schließung zweier weiterer Hütten dürften in dem Anstieg der Strompreise und den im internationalen Vergleich einzigartigen, ordnungspolitisch motivierten Zusatzabgaben ihren nicht einzigen, aber wesentlichen Grund haben.

EIN KONKRETES BEISPIEL

Erlaubt sei, anhand der TRIMET ALUMINIUM AG ein konkretes Beispiel zu geben:

Die TRIMET ALUMINIUM AG hat eine lückenlose Kreislaufwirtschaft aufgebaut, mit der sie ihren Kunden maßgeschneiderte Produkte und Dienstleistungen aus einer Hand anbieten kann. Die TRIMET-Gruppe wurde kontinuierlich und strategisch ausgebaut. Das Geschäftsmodell verbindet mittlerweile Handel, Produktion, Verarbeitung und Recycling von Aluminium in einem funktionierenden Kreislauf. Das Netzwerk der verschiedenen Geschäftsfelder macht die Gruppe unabhängig von kurzfristigen Marktpreisschwankungen.

Ohne falsche Bescheidenheit kann gesagt werden, dass TRIMET das alles geschafft hat, obwohl die Standortbedingungen alles andere als ideal sind. Alleine die Hütte in Essen benötigt 2.500 Giga-Wattstunden Strom jährlich. Das ist so viel, wie alle anderen Essener Gewerbebetriebe und die Privathaushalte dieser 600.000-Einwohner-Stadt zusammen benötigen. Im Gegensatz zu Privathaushalten unterliegt die Stromabnahme bei der Aluminiumproduktion freilich nur vernachlässigbaren Schwankungen. Für die Energieversorger und die Netzbetreiber sind Alu-Hütten mit dieser spezifischen Abnahmecharakteristik ein idealer Kunde.

in Euro	Ökosteuer	EEG	KWK	Regelenergie	Gesamt
2000	110000,00	1800000,00	1600000,00	-	3510000,00
2001	110000,00	7200000,00	6500000,00	-	13810000,00
2002	128000,00	9900000,00	1400000,00	660000,00	12088000,00
2003	1570000,00	8050000,00	630000,00	1600000,00	11850000,00
2004	1570000,00	1650000,00	630000,00	1700000,00	5550000,00
2000 – 2004	3488000,00	28600000,00	10760000,00	3960000,00	46808000,00
2005	1570000,00	2550000,00	630000,00	2700000,00	7450000,00
	5058000,00	31150000,00	11390000,00	6660000,00	54258000,00

Tabelle 1: Trimet Tabelle: Belastungen

In den letzten sechs Jahren musste TRIMET in der Essener Hütte über 54 Millionen Euro an Ökosteuer, Abgaben für erneuerbare Energien, Kraft-Wärme-Kopplung sowie für Regelenergie bezahlen. Der Entzug dieser Geldmittel hat das Unternehmen geschwächt und die Investitionskraft stark beeinträchtigt. Auch neu eingeführte Härtefallregelungen, die Wettbewerbsverzerrungen reduzieren sollten, brachten wenig Milderung. Im Gegenteil, die Belastungen sind sogar wieder gestiegen. Darüber hinaus hat die Einpreisung der CO_2-Zertifikatskosten den Strompreis zusätzlich in die Höhe getrieben. Wenn die Hütten nicht entlastet werden – nicht etwa subventioniert – wenn sie wieder nur die wirklichen Marktpreise für Strom bezahlen müssten, könnten sie das bislang fehlgeleitete Geld in Arbeit schaffende und die Zukunft sichernde Investitionen stecken. Oder, aber das sei nur wegen des eindrucksvollen Bildes gesagt: TRIMET könnte jedem seiner Mitarbeiter einen deftigen Gehaltszuschlag bezahlen – jedes Jahr 20.000 Euro. Diese enorme Summe ist auch der Grund dafür, warum TRIMET auf den Bau eines neuen Werkes verzichten musste und zurzeit keine neuen Arbeitsplätze schaffen kann.

SCHWARZ-ROT IN DER VERANTWORTUNG

Positive Impulse hat die Aluminiumindustrie von der neuen Bundesregierung erwartet. Wie sich jetzt herauskristallisiert, bisher vergeblich. Die erneuerbaren Energien sollen weiter kräftig subventioniert werden. Beträgt ihr Anteil an der Stromerzeugung in Deutschland derzeit rund neun Prozent, soll er bis zum Jahr 2020 mindestens 20 Prozent erreichen. Ein Vorhaben, das jeden Unternehmer aus der energieintensiven Industrie nur in Sorge versetzen kann. Zu allem Überfluss erhöhte die schwarz-rote Koalition für das Jahr 2006 die EEG-Abgabe auf 1,72 Euro je Megawattstunde. Grundlage dieser Belastung ist die zehnprozentige Deckelung aus der letzten Rot-Grünen EEG-Novelle unter Federführung des BMU. 2005 betrug sie noch 0,99 Euro je Megawattstunde. Das alleine ist ein dramatischer Anstieg – von über 70 Prozent im Vergleich zum Vorjahr. Für die Aluminiumhütte in Essen bedeutet diese Entscheidung eine neuerliche Mehrbelastung von rund vier Millionen Euro über der Grundbelastung von 0,05 Cent/kWh (0,5 EUR MWh), das macht allein 6.500 Euro pro Mitarbeiter.

Dabei setzte sich Schwarz-Rot im Koalitionsvertrag das Ziel, „die EEG-Härtefallregelung unverzüglich so umzugestalten, dass die stromintensive Industrie eine verlässlich kalkulierbare Grundlage erhält und ihre wirtschaftliche Belastung auf 0,05 Cent pro kWh begrenzt wird." Ursprünglich war die Deckelung für die energieintensive Industrie 2004 tatsächlich auf 50 Cent pro Megawattstunde festgeschrieben worden. Damit beträgt der Gesamtanstieg gegenüber der 2004 vereinbarten Lösung 320 Prozent! Dieser massive Entzug von Finanzmitteln zehrt ein Unternehmen schlicht aus.

Natürlich begrüßen Unternehmer eine Politik, die Ressourcen schonen will. Dabei darf sich der Schwerpunkt des politischen Handelns aber nicht drastisch zu Lasten der Wettbewerbsfähigkeit deutscher Unternehmen verschieben. Tausende Arbeitsplätze sind in Gefahr, die Schaffung tausender Arbeitsplätze wird verhindert: Der potenziell halben Million neu zu schaffender Arbeitsplätze im Bereich der erneuerbaren Energien bis zum Jahr 2020 stehen heute konkret rund 800.000 Arbeitsplätze in den energieintensiven Industrien gegenüber. Durch eine weitere Steigerung der Stromsteuer – oder durch den Wegfall von Härtefallregelungen – wären diese Arbeitsplätze unmittelbar bedroht, und zwar ab sofort. Stillgelegte Betriebe zahlen weder Steuern oder EEG-Abgaben, noch beschäftigen sie Menschen.

ZUERST STERBEN DIE HÜTTEN, DANN DIE WEITERVERARBEITER – ES DROHT EIN DOMINOEFFEKT

Heute dient Aluminium nicht nur als vielseitig verwendbarer Werkstoff, der in allen Lebensbereichen des Menschen benötigt wird, sondern auch als ein Treiber des technischen Fortschritts. Die Aluminiumindustrie leistet einen erheblichen Beitrag zu Wohlstand und Innovation. So wird, in Zusammenarbeit mit Partnern aus anderen Industriezweigen wie Automotive und Verpackung, ein Großteil der Anlageninvestitionen in den Bereich der anwendungsgerichteten Forschung und Entwicklung gesteckt. Das hält die internationale Wettbewerbsfähigkeit aufrecht und sichert die heimischen Wirtschaftsstandorte.

Sterben die Hütten, dann wäre ein Dominoeffekt unausweichlich. Fehlen die bislang in Deutschland hergestellten Speziallegierungen, dann fehlt es den deutschen Verarbeitern in der Automobilindustrie und anderswo an dem Material, auf das sie angewiesen sind. Dann gehen auch bei den Produzenten von Felgen und Motor-Komponenten, bei den Herstellern von Sicherheitsteilen und bei anderen Unternehmen „die Lichter aus". Noch generieren deren Aluminiumprodukte und die den Verarbeitern zuzuordnenden Dienstleister eine sehr hohe Wertschöpfung und stehen gemeinsam in einer Wertschöpfungskette, die für Deutschland wichtig ist. Werden energieintensive Produktionen und die angegliederten Fertigungs- und Dienstleistungen mit hoher Wertschöpfung gar in den Nicht-Kyoto-Raum verdrängt, wäre der ökologische Nutzen der deutschen Umweltpolitik zusätzlich ad absurdum geführt.

Die Aluminiumproduzenten und die auf sie angewiesenen Verarbeiter erwarten von der Bundesregierung eine Kurskorrektur der deutschen Energiepolitik, um die Arbeitsplätze in den energieintensiven – insbesondere der Aluminium produzierenden Industrie – nachhaltig zu sichern. Energiepolitik muss in Zukunft wieder als Standortpolitik verstanden werden. Das sei, zum Wohle unseres Landes, allen gewünscht.

Die Chancen der Effizienzsteigerung

KAPITEL 8

KAPITEL 8.1 | Lebenslauf

Stephan Kohler

Stephan Kohler, Jahrgang 1952, ist seit Oktober 2000 Geschäftsführer der Deutschen Energie-Agentur GmbH (dena).

Nach seinen Tätigkeiten beim TÜV Bayern, Abteilung Kerntechnik/Strahlenschutz, sowie MAN Neue Technologien (beide München) und der Hochtemperatur Reaktorbau GmbH (HRB) in Mannheim, wechselte er im Jahr 1981 zum Öko-Institut Freiburg. Nach seiner Mitarbeit an der Deutschen Risikostudie Kernkraftwerke Phase B übernahm er im Jahr 1983 die Leitung des Fachbereichs Energie, sowie ab 1988 den Aufbau des Umwelt-Informationsbüros (Ökoinform) in Moskau.

Im Jahr 1991 wurde er Geschäftsführer der vom Land Niedersachsen und der VEBA AG neu gegründeten Niedersächsischen Energie-Agentur in Hannover. Von 1982 bis 1984 war er Vorstandsmitglied im Bundesverband Bürgerinitiativen Umweltschutz (BBU), von 1991 bis 1993 Vorstandsmitglied des Öko-Instituts Freiburg und von 1995 bis 1997 Mitglied im Beirat des BUND (Bund für Umwelt und Naturschutz Deutschland e.V.). Vom Februar 2000 bis März 2001 war er Vorsitzender des Vereins der Energie-Agenturen Deutschlands (EAD e.V.). Seit Juni 2001 ist er Mitglied des Advisory Committee des Weltrats für Erneuerbare Energien.

Neben Veröffentlichungen zu energiewirtschaftlichen und energiepolitischen Themen sowie der Erarbeitung von Energiewende-Szenarien ist er Autor der Bücher „Die Energiewende ist möglich" und „Sonnenenergie-Wirtschaft" sowie Mitherausgeber des Buches „Neue Wege zum Klimaschutz".

Energieeffizienz als politisches Instrument

EINFÜHRUNG

Das Thema Energie rückt in neuester Zeit wieder stärker in den Mittelpunkt des öffentlichen Interesses, allerdings fast ausschließlich mit negativen Schlagzeilen. Die öffentliche Debatte reicht vom regionalen Stromausfall nach einem Eisregen im Münsterland bis hin zum strategisch relevanten rasanten Anstieg des Energieverbrauchs in Ländern wie China und Indien.

Wie stark politisches Geschehen und Energiefrage zusammenhängen, zeigen auch die aktuellen Entwicklungen im Streit mit dem Iran über dessen zukünftige Atompolitik. Die in diesem Fall offensichtliche Verbindung zwischen militärischer und friedlicher Nutzung der Atomenergie könnte eine schwere Energiekrise auslösen, da der Iran über wichtige Erdgas- und Ölvorkommen verfügt. Ein, auch nur zeitweiliger, Ausfall dieser Vorkommen würde die weltweite Energieversorgung empfindlich treffen. In einem solchen Fall wären Ölpreise von 100 US-Dollar und darüber zu erwarten. Aber auch zerstörerische Umwelteinflüsse wie Hurrikans können die Energiepreise erheblich in die Höhe treiben, wenn Unwetter, wie im Jahr 2005, Ölplattformen oder Raffinerien beschädigen oder zerstören.

Es wird immer deutlicher, dass ein hoher Energieverbrauch auch eine hohe Abhängigkeit von Energie verursacht. Um eine problemlose Energieversorgung zu gewährleisten, wären weltweit extrem stabile technische, politische und wirtschaftliche Rahmenbedingungen nötig. Davon sind wir zur Zeit weit entfernt. Ganz im Gegenteil werden zukünftig die mit dem Klimawandel einhergehenden negativen Auswirkungen auf die Lebensbedingungen von Millionen von Menschen die Krisenanfälligkeit noch weiter steigern. Der Rückgang und die zunehmende Erschöpfung unserer Energieversorgung aus stabilen Regionen, wie z.B. der Nordsee, und der damit verbundenen zunehmenden Verschiebung unserer Versorgungsabhängigkeit in politisch instabile Regionen, wie den Mittleren und Nahen Osten, erhöhen die politischen Risiken in einem erheblichen Umfang.

Unser Problem besteht eindeutig darin, dass wir mit unserer heutigen Art des Wirtschaftens die Welt nicht stabiler machen, sondern genau das Gegenteil. Aufgrund unserer extrem energie- und materialintensiven Gesellschaft haben wir ein sehr labiles und krisenanfälliges System geschaffen, das notgedrungen zu erheblichen wirtschaftlichen und politischen Konflikten führen muss. Besonders relevant wird dieses Thema natürlich für ein so rohstoffarmes Land wie Deutschland, das außer Kohle keine größeren Vorkommen an fossilen Energieträgern hat.

1. LÖSUNGSSTRATEGIEN FÜR DIE ZUKUNFT

Lösungsstrategien für unsere zukünftige „Energieversorgung" müssen so angelegt sein, dass sie eine Minimierung aller Risiken beinhalten. Sie müssen weltweit umsetzbar sein und eine Lösung für Industrie-, aber auch für Entwicklungsländer darstellen. Viele Analysen auf nationaler und internationaler Ebene kommen zu dem Ergebnis, dass versorgungs- oder angebotsorientierte Konzepte, die auf die Ausweitung des Energieangebots ausgerichtet sind, genau nicht zu diesem Ziel führen. Szenarien, die eine Verdoppelung des Energieverbrauchs in den nächsten 20 bis 30 Jahren beinhalten, führen zu einer weiteren Zerstörung des Klimas, erhöhen das weltweite nukleare Risiko in einem unerträglichen Ausmaß und führen aufgrund der hohen Energiepreise zu wirtschaftlichen Rahmenbedingungen, die für die Industrieländer problematisch, aber für die Entwicklungsländer katastrophale Auswirkungen nach sich ziehen. Diese „Energiewachstumspfade" lösen besonders ein Problem nicht: die extreme Krisenanfälligkeit und Instabilität aufgrund des hohen Energie- und Materialeinsatzes. Deshalb müssen, so schnell wie möglich, Strategien umgesetzt werden, die das Problem beseitigen, es also an der Wurzel packen.

Dafür kommen nur Strategien in Frage, die die Energieeffizienz auf allen Ebenen, aber besonders auf der Nachfrageseite, vorantreiben – und dies nicht nur verbal, sondern konkret. Das beinhaltet und erfordert eine grundlegende Umorientierung unserer Strategie und Betrachtungsweise, denn: Es geht nicht um die Energieversorgung, sondern um die effiziente Bereitstellung von Energiedienstleistungen. Zugespitzt formuliert heißt das: Eine Gesellschaft, ein einzelner Mensch oder ein Unternehmen, hat primär kein Interesse an Energieträgern, also an einer Kilowattstunde Strom oder einem Liter Öl oder Benzin, sondern an der Bereitstellung von Dienstleistungen wie z.B. behaglich temperierten Wohnraum, gekühlte Nahrungsmittel, Produktion von Waren und Gütern oder die Befriedigung von Mobilitätsbedürfnissen. Die Bereitstellung dieser Dienstleistungen erfolgt durch die Kombination der Faktoren Know-how, Technik, Kapital und Energie. Die Weltwirtschaft konzentriert sich derzeit zu stark auf den Faktor „Energie", also auf die Ausweitung des Energieangebotes.

2. GLOBALE EFFIZIENZSTRATEGIEN SIND NÖTIG

Unter Berücksichtigung und Achtung der bestehenden kulturellen, wirtschaftlichen, sozialen und klimatischen Rahmenbedingungen können und müssen Energieeffizienzstrategien überall in der Welt umgesetzt werden, egal ob in Deutschland, Russland, China oder Kuba. Eine strategische Energiepolitik, die das Thema Energieeffizienz in den Vordergrund ihrer Überlegungen stellt, hat den Vorteil, dass Probleme und Risiken nicht verlagert oder ausgetauscht, sondern grundsätzlich gelöst werden. Mit der Umsetzung von Effizienzstrategien werden aber auch flächendeckend qualifizierte Arbeitsplätze geschaffen, wodurch ein Beitrag zur Lösung des fast weltweiten Problem der Arbeitslosigkeit geleistet werden kann. Wie drängend die Umsetzung von Energieeffizienzstrategien weltweit ist, zeigen folgende Beispiele:

Beispiel: Russland

In Russland werden die Energiepreise in erheblichem Umfang subventioniert: Die Preise für Erdgas und Erdöl für Haushalts- und Industriekunden liegen oftmals unter der Hälfte des Weltmarktpreises. Darüber hinaus werden z.B. die Heizkosten für private Haushalte in einem erheblichen Umfang noch zusätzlich aus kommunalen Mitteln subventioniert. Dabei könnte der Energieverbrauch in den Wohngebäuden durch Effizienzmaßnahmen um weit über 50 Prozent reduziert werden. Eine breit angelegte Gebäudesanierung würde nicht nur den Energieverbrauch in Russland drastisch reduzieren, sondern auch die Arbeitslosigkeit verringern, die der Zusammenbruch von alten Industriebranchen in weiten Teilen des Landes verursacht hat.

Beispiel: Kuba

In Kuba wird Strom u.a. in alten und ineffizienten Ölkraftwerken erzeugt, die oftmals nur einen Wirkungsgrad von nur 30 Prozent aufweisen; zusätzlich liegen die Netzverluste bei 19 Prozent. Gleichzeitig subventioniert der Staat die Strompreise für die Haushaltskunden erheblich, da diese nicht in der Lage sind, die hohen Stromkosten zu bezahlen. Der Staat wendet also erhebliche Mittel auf, um den Import von teurem Öl zu subventionieren. Dabei besteht auch in Kuba auf der Nachfrageseite ein immenses Einsparpotential: Durch den Ersatz von alten Kühlschränken durch moderne und energieeffiziente Geräte könnte der Stromverbrauch um ca. 70 Prozent reduziert werden. Anstatt weiterhin die hohen Ölpreise zu subventionieren, wäre die Finanzierung einer Effizienzstrategie aus den eingesparten Energiekosten, z.B. über ein Contracting-Modell, viel sinnvoller und nachhaltiger. Die Investitionen in neue Kühlschränke hätten sich innerhalb von vier Jahren wieder amortisiert.

Beispiel: China

In China findet derzeit ein Bauboom von bisher nicht bekanntem Ausmaß statt. Experten gehen davon aus, dass sich im Zeitraum 2015/2020 rund 50 Prozent der weltweiten Bautätigkeiten in China abspielen werden. Der heute realisierte Effizienzstandard weist allerdings ein sehr schlechtes Niveau auf und bleibt weit hinter dem zurück, was technisch und wirtschaftlich möglich wäre. Aller Voraussicht nach wird diese Entwicklung anhalten und zu einem erheblichen Anstieg des Energieverbrauchs führen.

Kurzfristig betreibt China die Sicherung der eigenen Energieversorgung durch den Abschluss von Importverträgen für Erdgas und Erdöl. Weit wichtiger wäre jedoch, dass schnellstmöglich hohe Effizienzstandards und Programme umgesetzt werden, die die hohe Energieträgerabhängigkeit reduzieren. Würde der heute wirtschaftliche Niedrigenergiehausstandard im Wohngebäudebereich in China bei den Neubauten umgesetzt, so könnte die Energienachfrage im Vergleich zum derzeitigen Standard um rund 60 Prozent reduziert werden. Gleichzeitig könnten damit die massiven sozialen Probleme bekämpft werden, die aus den hohen Energiepreisen resultieren und derzeit in vielen chinesischen Provinzen anzutreffen sind.

Diese Beispiele könnten beliebig erweitert werden, da sie in unterschiedlicher Ausprägung auf fast jedes Land dieser Welt zutreffen. Sie zeigen, dass nachfrageorientierte Energieeffizienzstrategien global wirksame Strategien für wirtschaftliche Entwicklung und verbesserten Klimaschutz sind und keine realitätsferne Öko-Phantasien. Deshalb ist die konkrete Umsetzung von Effizienzmaßnahmen von großer Bedeutung, was nachfolgend exemplarisch für Deutschland konkret aufgezeigt werden soll.

3. ENERGIEEFFIZIENZ IN DEUTSCHLAND

Deutschland liegt im Vergleich mit anderen Ländern in der Spitzengruppe beim Thema Energieeffizienz. So weit so gut. Gleichzeitig reicht diese Positionierung nicht aus, um unsere eigenen Klimaschutz-Zielsetzungen bzw. die Kriterien einer Nachhaltigkeitsstrategie zu erfüllen, unabhängig davon, ob andere Länder, wie z.B. die USA, bezüglich Energieeffizienz weit hinter uns liegen.

Eine Effizienzstrategie muss auf der Nachfrageseite beginnen, um den Energiezufuhr für die nachgefragten Dienstleistungen möglichst weitgehend zu minimieren. Darauf aufbauend sind dann die Versorgungskonzepte und Systeme auszuwählen, mit denen der „Restenergiebedarf" optimal gedeckt werden kann. Wie groß das wirtschaftliche Effizienzpotential auf der Nachfrageseite ist, soll am Beispiel des Elektrizitäts- und Gebäudebereichs in Deutschland aufgezeigt werden:

3.1 Effizienzpotenziale im Elektrizitätsbereich

Im Elektrizitätsbereich besteht derzeit ein wirtschaftliches Einsparpotential von ungefähr 25 Prozent in allen Anwendungs- und Verbrauchssektoren. Interessant dabei ist, dass neben den privaten Haushalten auch in der Industrie, im Gewerbebereich und im Dienstleistungssektor ungenutzte Einsparpotentiale vorhanden sind. Das technische Einsparpotential liegt bei fast 50 Prozent des heutigen Stromverbrauchs. Betrachtet man die Entwicklung der Stromversorgung bis zum Jahr 2030, so könnte die in Abbildung 1 dargestellte Entwicklung erzielt werden.

Energieeffizienz als politisches Instrument | KAPITEL 8.1

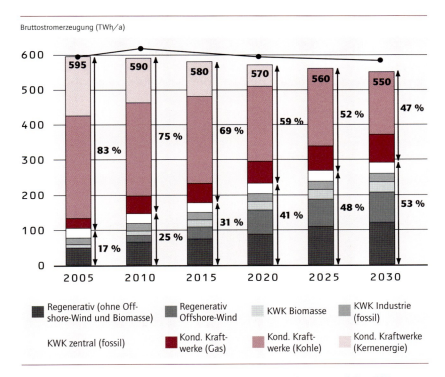

Abbildung 1: dena-Szenario zur Stromversorgung in Deutschland bis 2030, rote Linie: Entwicklung der Bruttostromerzeugung gemäß Energiereport IV – Die Entwicklung der Energiemärkte bis zum Jahr 2030. Energiewirtschaftliche Referenzprognose. Im Auftrag des Bundesministeriums für Wirtschaft und Arbeit. Köln, Basel, April 2005

Trotz des unterstellten Zuwachses in neuen Anwendungsbereichen und des prognostizierten Wirtschaftswachstums ist eine absolute Reduktion der Stromnachfrage zu erreichen; aber nur bei einer konsequenten Anwendung von wirtschaftlichen Effizienztechniken.

Gleichzeitig kann die Stromnachfrage dann zu einem großen Teil mit regenerativen Energiequellen und mit Kraftwerken abgedeckt werden, die auf Basis der Kraft-Wärme-Kopplung betrieben werden. Bei Verwirklichung dieses Szenarios können die CO_2-Emissionen von derzeit 290 Millionen Tonnen auf 195 Millionen Tonnen im Jahr 2030 reduziert werden, ohne den weiteren Einsatz von Atomkraftwerken. Deshalb sollte viel mehr über die Rahmenbedingungen diskutiert werden, die für die Realisierung dieses Szenarios konkret erforderlich sind, als über die Verlängerung der Restlaufzeit von Atomkraftwerken.

3.2 Effizienzpotenziale im Gebäudebereich

Im Gebäudebereich sind ebenfalls erhebliche Einsparpotentiale zu erzielen (siehe Abb. 2). Besonders interessant dabei ist, dass in den nächsten 15 bis 20 Jahren rund 50 Prozent des Gebäudebestandes in Deutschland zur Sanierung und Renovierung anstehen, was optimal zur Realisierung der vorhandenen Einsparpotentiale genutzt werden kann. Gebäude, die während der verstärkten Bautätigkeit in Deutschland nach dem 2. Weltkrieg entstanden sind, also in den fünfziger und sechziger Jahre, kommen nunmehr in den Sanierungszyklus.

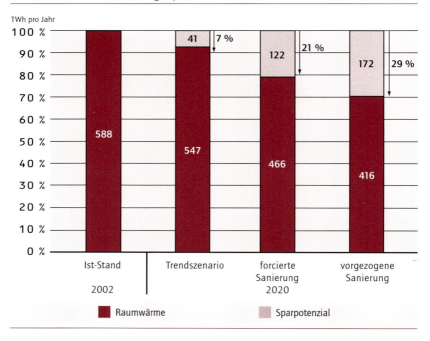

Abbildung 2: Bereich Gebäude: Energieeffizienz- und Einsparpotenziale bei der Raumwärmebereitstellung in Wohngebäuden.

Die besondere Herausforderung besteht jetzt darin, die Hausbesitzer von den wirtschaftlichen Vorteilen einer energetischen Optimierung zu überzeugen, die leider noch nicht selbstverständlich ist. Bisher versäumen rund zwei Drittel der Hausbesitzer die Sanierung ihres Gebäudes mit einer optimalen und wirtschaftlich rentablen energetischen Sanierung zu koppeln. Dieses Potenzial muss zukünftig aktiviert werden – die hohen Ölpreise werden ihren Teil dazu beitragen.

Neben den konkreten wirtschaftlichen Vorteilen für jeden Einzelnen hat eine Effizienzstrategie im Gebäudebereich auch sehr positive Auswirkungen für die Schaffung von Arbeitsplätzen (siehe Abb. 3) besonders im Mittelstand und bei Handwerksbetrieben.

Bei einer konsequenten Ausschöpfung aller wirtschaftlichen Einsparpotenziale im Wohngebäudebereich (Sanierungseffizienz 100%) könnten bis zum Jahr 2020:
- der Endenergiebedarf für Raumwärme im Wohngebäudebereich bis zum Jahr 2020 um rd. 20% reduziert werden
- das jährliche Investitionsvolumen fast verdreifacht werden (29 Mrd. statt 11 Mrd.)
- die CO_2-Einsparung bis zum Jahr 2020 mehr als verdreifacht werden (35 Mio. t statt 11 Mio. t.)
- die Anzahl von Arbeitsplätzen in der Gebäudesanierung mehr als verdoppelt werden 140.000 auf 370.000 Stellen pro Jahr)

Abbildung 3: Positive Ergebnisse einer Effizienzstrategie.

4. ENERGIEEFFIZIENZ – EIN BEKANNTES THEMA, ABER NOCH KEIN SELBSTLÄUFER

Diese beiden Beispiele zeigen, dass sich Politik und Wirtschaft zukünftig noch mehr engagieren müssen. Wie die konkrete Ausgestaltung aussehen kann, ist schon oft beschrieben und mit vielen einzelnen umgesetzten Maßnahmen auch in der Praxis belegt worden. So überzeugend sich die Szenarien und die damit verbundenen positiven Auswirkungen auch darstellen, ein Selbstläufer sind Energieeffizienz-Maßnahmen nicht und ihre Durchsetzung ist alles andere als einfach.

Energieeffizienz hat zwar theoretisch einen hohen Stellwert, doch bei der konkreten Umsetzung im Alltag bestehen noch erhebliche Defizite. Interessant ist dabei die Wahrnehmung der eigenen Position, aber auch die Zuweisung von Verantwortlichkeiten. Die Deutschen sind nach ihrer überwiegenden Selbsteinschätzung ein Volk der Energiesparer. Klimaschutz hat bei der Bevölkerung einen hohen Stellenwert. Auf die Nachfrage, wer für den Klimaschutz etwas unternehmen kann und muss, nennen aber fast 90 Prozent der Befragten die Industrie, über 80 Prozent die Politik und nur unter zehn Prozent sehen die Möglichkeit zum eigenen Handeln, was aber eine völlig falsche Einschätzung der Situation ist. Gerade auf der Nachfrageseite, also bei jedem einzelnen Haushalts- oder Gewerbekunden, gibt es noch ein erhebliches Einsparpotential. In der Öffentlichkeit gibt es zurzeit eine breite Debatte über die hohen Strompreise in Deutschland, die bis hin zur Verunglimpfung der Geschäftspolitik der Energieversorgungsunternehmen reicht, die der "Abzockerei" bezichtigt werden. Dabei verhalten sie sich völlig systemkonform, indem sie die Preise von ihren Kunden nehmen, die sie realisieren können, in einem zunehmend europäischen Strommarkt. Der Verweis auf monopolartige Strukturen greift dabei so lange nicht, wie die Stromverbraucher ihre eigenen Einsparpotentiale nicht nutzen. Die oftmals auch von Verbraucher- und Umweltschützern dargestellte Situation zur „Alternativlosigkeit" der Stromkunden ist so nicht richtig. Es besteht eine Alternative zum Strombezug: nämlich Stromeffizienz.

Ein Vier-Personenhaushalt könnte derzeit durchschnittlich über 200 € pro Jahr durch die unterschiedlichsten Energieeffizienz-Maßnahmen sparen, also durch die Verminderung des Strombezugs. Dazu gehört die Vermeidung von Stand by-Verlusten genauso wie eine effiziente Beleuchtung oder der Ersatz von alten durch hocheffiziente neue Elektrogeräte. Dabei ist allerdings nicht zu unterstellen, dass die Verbraucher die Realisierung der Einsparpotentiale boykottieren oder aus „böser" Absicht nicht umsetzen. Es bestehen oftmals schlichtweg Wissensdefizite, also fehlende oder sich widersprechende Informationen. Die Umsetzung einer Energieeffizienzstrategie muss deshalb durch eine ganze Palette von zielgruppenspezifischer Maßnahmen, Instrumente und Kampagnen erfolgen.

5. AUF DIE REALISIERUNG KOMMT ES AN: DENA-BEISPIELE FÜR EFFIZIENZPROJEKTE

Grundsätzlich bestehen folgende Instrumente zur Realisierung einer Effizienzstrategie:
1. Gesetzliche Maßnahmen und Verordnungen (Ordnungsrecht)
2. Finanzielle Fördermaßnahmen und Programme
3. Marktorientierte Strategien.

Auch hier gilt: Auf den richtigen Mix kommt es an. Jedes dieser Instrumente hat Vor- und Nachteile, die durch ein abgestimmtes Programm so kombiniert werden müssen, dass sie in ihrer gegenseitigen Ergänzung ein sinnvolles Ganzes ergeben.

Neben dem Ordnungsrecht und den Förderprogrammen kommt aber den marktorientierten Instrumenten zukünftig eine noch wichtigere Bedeutung zu. Viele Experten bestätigen, dass Effizienzmaßnahmen für den Verbraucher sehr wirtschaftlich und bei steigenden Energiepreisen auch wichtiger denn je sind. Hier muss also gar nicht unbedingt das Ordnungsrecht bemüht werden oder Förderprogramme finanziert werden, denn der Verbraucher kann durch Informations- und Motivationskampagnen in die Lage versetzt werden, die richtige Entscheidung zu treffen, z.B. beim Kauf eines neuen Elektrogerätes oder bei der Sanierung seines Hauses.

Es muss Markttransparenz für die Verbraucher geschaffen werden: Informationen sollten zielgruppenorientiert aufbereitet werden und 'just in time' und 'just in place' dem Kunden zur Verfügung gestellt werden. Heute sind nicht mehr generelle Kampagnen zum Klimaschutz erforderlich, sondern attraktive Kampagnen, die trotz Informationsüberflutung vom Kunden wahrgenommen werden und ihm seine individuellen Vorteile aufzeigen.

5.1. Energieeffizienz attraktiv machen: Die Initiative EnergieEffizienz

Die Initiative EnergieEffizienz, eine Kampagne der Deutschen Energie-Agentur GmbH (dena), der vier großen Energieunternehmen und des Bundeswirtschaftsministeriums ist ein gutes Beispiel dafür. Die Initiative erarbeitet Informationsmaterial für die verschiedenen Verbrauchergruppen, also private Haushalte, Gewerbe und Industrie sowie für den Dienstleistungssektor und bringt diese Informationen zielgruppengerecht an den Verbraucher. Dafür hat die Initiative EnergieEffizienz, zum Beispiel für den Bereich privaten Haushalte, den Weg über eine Kooperation mit dem Elektrofachhandel gewählt, da sich über 60 Prozent der Käufer von Elektrogeräten erst im Geschäft für ein konkretes Gerät entscheiden. Hier kann mit entsprechender qualifizierter Beratung dann auch das Thema „Energieverbrauch" in die Kaufentscheidung mit einbezogen werden.

5.2 ENERGIEEFFIZIENZ BALD MIT GÜTESIEGEL: DER ENERGIEAUSWEIS FÜR GEBÄUDE

Wie realisiert man die Effizienzpotentiale im Gebäudebestand, z.B. in den rund 17 Millionen Wohngebäuden in Deutschland. Neben vielen anderen notwendigen Maßnahmen kommt auch in diesem Sektor der Information und Markttransparenz eine wichtige Bedeutung zu.

Markttransparenz hat dabei zwei Ausrichtungen. Zum einen soll durch die Markttransparenz jedem Mieter oder Käufer einer Immobilie oder einer Wohnung aufgezeigt werden, in welchem energietechnischen Zustand sich das Gebäude befindet. Damit kann er seine zukünftigen Energiekosten besser abschätzen oder eben auch auf ein anderes Objekt auszuweichen.

Die überwiegende Mehrzahl der Hausbesitzer, aber auch der Mieter haben bei einer Befragung angegeben, dass die Energiekosten in Zukunft ein wesentliches Kriterium für die Kauf- oder Mietentscheidung sein wird. Markttransparenz ist aber auch für den Hausbesitzer im Bereich der möglichen Maßnahmen erforderlich, um den energietechnischen Zustand des Gebäudes zu verbessern.

Für die Erreichung dieser notwendigen Markttransparenz ist die Einführung des bedarfsorientierten Gebäudeenergiepasses (GEP) das richtige Instrument. Mit diesem GEP wird die derzeitige Situation des Gebäudes dargestellt und zwar objektiv und verbraucherunabhängig. Außerdem bekommt der Hausbesitzer konkrete auf das Haus bezogene Sanierungsvorschläge. Dass diese Strategie erfolgreich ist, wurde in einem großen Feldtest der dena bewiesen, bei dem rund 4.000 bedarfsorientierte Gebäudeenergiepässe ausgestellt wurden.

Es wurden folgende wesentliche Ergebnisse erzielt:
- Der Energiepass trifft überwiegend auf eine hohe Akzeptanz.
- Die im Energiepass enthaltenen Informationen werden vom Kunden verstanden.
- Der Energiepass liefert eine gute Informationsqualität bei niedrigen Kosten.

Die vorgeschlagenen Sanierungsmaßnahmen stoßen auf eine hohe Akzeptanz und werden realisiert.

Der bedarfsorientierte Gebäudeenergiepass eignet sich also nachweislich sehr gut, um einen wichtigen Beitrag zur Mobilisierung der Effizienzpotentiale im Gebäudebereich zu leisten.

Am Beispiel des Gebäudeenergieausweises wird auch die gute Kombinierbarkeit zwischen Ordnungsrecht und einem marktorientierten Instrument ersichtlich. Der Gebäudeenergiepass wird per Gesetz jetzt auch für alle bestehenden Gebäude vorgeschrieben, die neu vermietet oder verkauft werden. Durch die sehr gute Kundenorientierung soll er aber auch von den Hausbesitzern auf freiwilliger Basis genutzt werden, die ihre Immobilie selbst bewohnen und zum Beispiel eine neutrale Information darüber erhalten möchten, wie sie bei der anstehenden Sanierung den Effizienzstandard verbessern können. Die Einführung des Gebäudeenergiepasses wird von den zuständigen Ministerien, aber auch von maßgeblichen Industrieunternehmen unterstützt.

Ein wirklich wichtiger Impuls für diesen Bereich kommt dieses Jahr auch durch das neue Förderprogramm der Bundesregierung, mit dem rund 1,4 Milliarden Euro jährlich zur Verfügung stehen. Mit dieser finanziellen Unterstützung können zusätzliche Anreize geschaffen werden, denn Hausbesitzer können durch diese Förderung anspruchsvolle Maßnahmen zur energetischen Gebäudesanierung umzusetzen.

FAZIT

Die möglichst schnelle Realisierung von Energieeffizienzstrategien steht also aktuell auf der politischen Tagesordnung und ist das Thema der Zukunft. Energieeffizienz ist nicht nur das wirksamste Instrument für den Klimaschutz, sondern schafft außerdem Arbeitsplätze und minimiert die hohen Energiekosten eines jeden Einzelnen, die zunehmend oftmals ein soziales Problem darstellen. Ohne eine global wirksame Effizienzstrategie können wir krisenhafte Entwicklungen auf den Weltenergiemärkten und die Klimakatastrophe nicht verhindern.

Allein der Zuwachs der chinesischen CO_2-Emissionen im Jahr 2004 lag bei knapp unter 800 Millionen Tonnen, was ungefähr den gesamten CO_2-Emissionen Deutschlands im Jahr 2004 entspricht. Das bedeutet aber nicht, dass wir uns in Deutschland zurücklehnen können – ganz im Gegenteil. Die Realisierung der vorhandenen Effizienzpotentiale in Deutschland ist aufgrund unserer hohen Energie-Importabhängigkeit dringend erforderlich.

Handlungsbedarf besteht aber auch aus klimapolitischer Sicht. Richtig ist, dass Deutschland nur mit knapp drei Prozent an den weltweiten CO_2-Emissionen beteiligt ist. Richtig ist aber auch, dass wir mit rund zehn Tonnen CO_2-Emissionen pro Kopf einen sehr hohen spezifischen Wert aufweisen. Würde jeder Mensch auf dieser Welt einen so hohen Wert für sich in Anspruch nehmen, so wäre die Klimakatastrophe unausweichlich.

Die Energieeinsparpotenziale sind immens und liegen in allen Anwendungsbereichen vor, weltweit. Heute geht es um die konkrete Umsetzung und Mobilisierung dieser Potenziale. Dafür müssen die entsprechenden Rahmenbedingungen geschaffen werden.

Die professionelle Erschließung der Energieeffizienzmärkte ist eine wichtige Aufgabe, die unter Einbeziehung aller Akteure – national und international geleistet werden kann – wenn der politische Wille vorhanden ist.

DIE DEUTSCHE ENERGIE-AGENTUR GMBH (DENA)

Die Deutsche Energie-Agentur GmbH (dena) ist das bundesweite Kompetenzzentrum für Energieeffizienz und regenerative Energien. Ihre zentralen Ziele sind die rationelle und damit umweltschonende Gewinnung, Umwandlung und Anwendung von Energie sowie die Entwicklung zukunftsfähiger Energiesysteme unter besonderer Berücksichtigung der verstärkten Nutzung von regenerativen Energien.

Dafür initiiert, koordiniert und realisiert die dena innovative Projekte und Kampagnen auf nationaler und internationaler Ebene. Sie informiert Endverbraucher, kooperiert mit allen gesellschaftlichen Kräften in Politik und Wirtschaft und entwickelt Strategien für die zukünftige Energieversorgung. Ihre Gesellschafter sind die Bundesrepublik Deutschland und die KfW Bankengruppe.

Ein ständiger Service der dena:

Kostenlose bundesweite Energie-Hotline 08000 736 734 sowie das Wissensportal www.thema-energie.de.

Dr.-Ing. E.h. Fritz Brickwedde

Dr.-Ing. E.h. Fritz Brickwedde (*23.07.1948) wurde durch das Kuratorium zum verantwortlichen Generalsekretär bestellt. Zu den Aufgaben des Generalsekretärs gehört die Vertretung des Kuratoriums in den laufenden Geschäften und die Leitung der Geschäftsstelle.
Fritz Brickwedde studierte an der Westfälischen Wilhelms-Universität in Münster Geschichte, Politikwissenschaften und Publizistik und arbeitete nach seinem Examen als Akademiedozent und Fachbereichsleiter am Franz-Hitze-Haus, der Akademie des Bistums Münster, als Leiter der Volkshochschule Georgsmarienhütte und als Dezernent für Schule und Kultur, Landschaftspflege und Regionalplanung beim Landkreis Emsland. Dort war er auch für die Koordination des Umweltschutzes zuständig.

Bevor er mit Gründung der DBU am 1. März 1991 als Generalsekretär die Aufbauarbeit begann, war er Sprecher der niedersächsischen Landesregierung und Leiter der Presse- und Informationsstelle unter Ministerpräsident Dr. Ernst Albrecht.

Am 23. Oktober 2002 hat die Brandenburgische Technische Universität Cottbus, Fakultät für Umweltwissenschaften und Verfahrenstechnik, Herrn Brickwedde die Ehrendoktorwürde („Dr.-Ing. E.h.") für seine „Leistungen im wissenschaftlich fundierten Umwelt-, Natur- und Kulturschutz" verliehen.

Seit dem 20.12.2004 ist Fritz Brickwedde Träger des Verdienstkreuzes erster Klasse des Verdienstordens der Bundesrepublik Deutschland. Mit dieser Auszeichnung wurde vor allem sein breites ehrenamtliches Engagement zugunsten der neuen Bundesländer gewürdigt.

Förderbeispiele der Deutschen Bundesstiftung Umwelt

Eine zukunftsfähige Energieversorgung die einerseits den Anforderungen des Umweltschutzes genügt, andrerseits den wirtschaftlichen und sozialen Gesichtspunkten gerecht wird, basiert zentral auf den folgenden drei Säulen:
- einer effizienteren Endenergienutzung
- einer verstärkten Nutzung erneuerbarer Energien
- einer Optimierung sämtlicher Energieumwandlungsprozesse.

Im Rahmen ihrer Förderarbeit unterstützt die Deutsche Bundesstiftung Umwelt (DBU) innovative Projekte in allen drei genannten Bereichen. Maßgebliche Impulse gehen dabei von kleinen und mittleren Unternehmen aus, deren Forschungs- und Entwicklungsvorhaben die DBU besonders fördert. In den genannten Bereichen hat die Umweltstiftung mehr als 700 Projekte mit einem Fördervolumen von über 100 Mio. € unterstützt.

Zahlreiche Beispiele aus der Förderarbeit der DBU zeigen, dass die Potentiale zur Verbesserung der Energieeffizienz bei weitem nicht ausgeschöpft sind. Die Möglichkeiten erstrecken sich hier über den gesamten Bereich der Produkte und Verfahren. Sei es ein Netzgerät für Haussprechanlagen, dessen Stromverbrauch im Stand-by-Modus um 80-90 % reduziert werden konnte oder ein linear-motorbetriebenes Folienreckverfahren, dessen Stromverluste um mehr als 50 % reduziert wurden.

Ein besonders anschauliches Beispiel in Sachen Energieeffizienz ist die Entwicklung eines besonders Energie sparenden Hifi-Verstärkers durch die Firma T+A elektroakustik in Herford.

Konventionelle HiFi-Systeme arbeiten alles andere als energieeffizient. Die Zahl der Verstärkerkanäle erhöht den Stromverbrauch dieser Anlagen. Nur etwa 5 % der zugeführten Leistung wird an den Lautsprecher abgegeben, die restlichen 95 % gehen als Abwärme an die Umgebung verloren.

Bisher mussten die Netzteile der HiFi-Verstärker ständig eine konstante Maximalspannung vorhalten, um auch die Spitzenpegel unverzerrt übertragen zu können. Bei der Leis-tung für Zimmerlautstärke von etwa 2 Watt ist diese Versorgungsspan-nung aber viel höher als notwendig. Diese Überversorgung ist die wesentliche Ursache für den schlechten Wirkungsgrad. Die Folge: Verlustleistungen pro Kanal von 50 Watt und mehr.

Mit einem speziellen Netzteil und Peripheriesystemen der Firma T+A elektroakustik GmbH & Co. KG in Herford lässt sich bei HiFi-Verstärkern gegenüber Standard-geräten erheblich Energie einsparen. Die verbesserte Energieeffizienz wird durch eine intelligente Steuerung des Verstärkernetzteiles erreicht: Beim neu entwickelten T+A-Verstärker analysiert ein digitaler Signalprozessor laufend das Musik-signal und kalkuliert jeweils aktuell die notwendige Verstärkerbetriebs-spannung. Ein steuerbares Schaltnetzteil passt dann die Versorgungsspannung für die Verstärker an den tatsächlichen Bedarf an (vgl. Abb. 1). Die Überversorgung der Endstufen wird so vermieden.

Abbildung 1: Ein spezielles Verstärkernetzteil sorgt für den energieeffizienten Betrieb des HiFi-Systems

Das Energie sparende Verfahren kann kostenneutral realisiert werden, da dem Mehr-aufwand für die Herstellung Materialeinsparungen für das Kühlsystem und das Gerätegehäuse sowie geringere Transportkosten gegenüber stehen. Das neue System zeichnet sich nicht nur durch eine hohe Energieeffizienz aus, sondern auch durch besonders gute Klangeigenschaften. Die Entwicklung dieses intelligenten Verstärkernetzteils wurde erst durch die rasante Entwicklung der Mikroelektronik möglich. Noch vor wenigen Jahren wäre weder die Rechenleistung für den digitalen Signalprozessor noch für die Steuerung des Verstärkernetzteils zu vertretbaren Kosten darstellbar gewesen. Bemerkenswert auch die Reaktion des amerikanischen Marktes auf diese Innovation. Obwohl die amerikanischen Verbraucher nicht unbedingt für eine Vorliebe Energie sparender Techniken bekannt sind, verzeichnete die Firma T+A eine ungewöhnlich starke Nachfrage auf diesem Markt. Recherchen ergaben, dass der amerikanische Verbraucher von der High-tech-Stromversorgung auf ein insgesamt technologisch hochwertiges Gerät schließt. Ein klassisches Beispiel dafür, wie positive Umweltmerkmale einen Wettbewerbsvorsprung verschaffen können.

Ein erhebliches Potential zur Verbesserung der Energieeffizienz ist auch im Gebäudebereich zu sehen. Die Zukunft liegt hier in Deutschland in der Sanierung des baulichen Bestandes. Immerhin resultieren etwa 40 % des gesamtdeutschen Endenergiebedarfs aus Energieverbräuchen für Raumbeheizung, Warmwasserbereitung und Strombereitstellung in Gebäuden. Systematische Untersuchungen zeigen, dass bei älteren Gebäuden rund 85 % des Energiebedarfs eingespart werden könnte, wenn sie konsequent dem Stand der Technik entsprechend saniert würden. Im Mittelpunkt stehen dabei Gebäude, die bis zu den 70er Jahren errichtet wurden.

Beispielhaft ist hier die Sanierung eines Mehrfamilienhauses aus den 50er Jahren im Brunksviertel in Ludwigshafen (vgl. Abb. 2 u. 3). Durch eine hochwertige Wärmedämmung, den Ersatz der einfach verglasten Fenster durch eine passivhaustaugliche Drei-Scheiben-Wärmeschutzverglasung, den Einbau einer zentralen Zu- und Abluftanlage mit Wärmerückgewinnung und den Einsatz eines neuartigen Putzes mit der Eigenschaft der Latentwärmespeicherung konnte demonstriert werden, dass es möglich ist, den Heizwärmebedarf des Gebäudes von ca. 240 kWh/m_a auf weniger als 25 kWh/m_a zu reduzieren. Die energetische Sanierung derartiger Gebäude führt grundsätzlich zu einer win-win Situation: für die Mieter führt die Sanierung zu einer hohen Wohn- und Lebensqualität bei tragbaren Mieten und deutlich reduzierten Wohnnebenkosten. Für den Investor bzw. das Wohnungsunternehmen verbessert sich die Wettbewerbssituation und damit die Vermietbarkeit der Wohnungsbestände. Gleichzeitig erhöht sich durch die energetische Modernisierung der Netto-Mietertrag und über die Ertragswertsteigerung auch der Unternehmenswert insgesamt.

Abbildung 2: 3-l Haus Ludwigshafen, Abbildung 3: Fenster mit Schiebeladen

Die Förderarbeit der Umweltstiftung zielt im Baubereich einerseits darauf ab, anhand von herausragenden Demonstrationsprojekten das technisch und wirtschaftlich machbare aufzuzeigen. Andrerseits werden gezielt Projekt gefördert, die darauf abzielen, den aktuellen Stand des Wissens zielgruppenorientiert an die Bauschaffenden zu vermitteln. Angesichts der

Heterogenität dieser Branche und der Vielzahl kleiner und kleinsten Unternehmen stellt dies eine besondere Herausforderung dar, die in enger Kooperation mit Handwerkskammern und anderen geeigneten Bildungsträgern gemeistert werden muss.

Auch bei der Nutzung erneuerbarer Energien wurden in der zurückliegenden Dekade erhebliche Fortschritte erzielt. Die Innovationsstärke dieser Branche zeigt sich nicht nur in der weithin sichtbaren rasanten Entwicklung der Windenergie. Auch in den anderen Bereichen wurden deutliche Fortschritte erzielt, was sich in einer steigenden Qualität der Anlagen bei gleichzeitig geringeren Anlagenkosten, widerspiegelt.

So konnte z. B. die Firma SOLVIS aus Braunschweig durch die Integration von Solaranlage und Heizkessel die erforderlichen Investitionskosten eines solchen Systems um etwa 1.000 € reduzieren und gleichzeitig die Wärmeverluste der Anlage und den erforderlichen Materialeinsatz reduzieren. Herkömmliche Heizzentralen für Ein- und Zweifamilienhäuser bestehen aus einem Heizkessel und einem Warmwasserspeicher. Die Einbindung von Solarenergie ist aufgrund fehlender Anschlüsse und Steuerungstechniken in der Regel nicht möglich. Dies führt dazu, dass derzeit bei der Wärmeerzeugung durch Sonnenkollektoren ein zweiter Warmwasserbehälter und die entsprechende Regelungstechnik installiert wird. Durch diese unnötige „Doppelinstallation" entstehen zusätzliche Kosten, ein erhöhter Wartungsaufwand und hohe Materialverbräuche.

Die Firma SOLVIS aus Braunschweig hat einen kompakten Solar-Heizkessel entwickelt, der die Funktion eines Brennwertkessels mit einem Warmwasserpufferspeicher und einem integrierten Solarwärmeaustauscher in einem Gerät verbindet (vgl. Abb. 4)

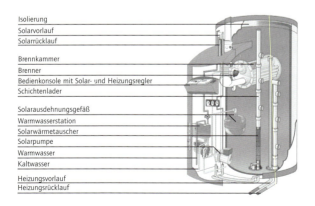

Abbildung 4 SolvisMax-Schema

Neben der Nützung von Wind-, Wasser- und Solarenergie hat sich in den zurückliegenden Jahren auch die energetische Biomassenutzung insbesondere zur Wärmeversorgung etabliert. Waren traditionell Kleinfeuerungsanlagen in Form von offenen Kaminen oder Scheitholzfeuerung insbesondere im ländlichen Bereich zu finden, wurden in den zurückliegenden Jahren zunehmend Holzhackschnitzelfeuerungen mittlerer Leistung in kleinen Nahwärmenetzen erfolgreich eingesetzt. Pionierarbeit leistete Anfang der 90er Jahre die Firma Wodtke aus Tübingen bei der Entwicklung emissionsarmer Holzpelletfeuerungen mit Hilfe der Umweltstiftung. Derzeit ist zu beobachten, dass solche besonders emissionsarmen Holzfeuerungen verstärkt in Zentralheizungen eingesetzt werden.

Neben der Erhöhung der Energieeffizienz und einer verstärkten Nutzung erneuerbarer Energien gilt es, sämtliche Energieumwandlungsprozesse zu verbessern. Neben der Modernisierung des deutschen Kraftwerksparks ist hier insbesondere die Einführung Energie sparender Fahrzeugantriebe von herausragender Bedeutung. Dies angesichts des immer größer werdenden Anteils des Verkehrssektors am Gesamtenergieverbrauch. Werden langfristig völlig neuartige Fahrzeugantriebe, wie der Elektroantrieb mit Brennstoffzelle diskutiert, können als mittelfristige Perspektive insbesondere konventionelle Antriebe deutlich verbessert werden. Die Firma Meta Motoren- und Energietechnik GmbH in Herzogenrath hat eine neuartige Technologie zur Laststeuerung von Ottomotoren entwickelt und erprobt. Dieses Verfahren kombiniert eine variable Steuerung der Einlassventile mit einer lastabhängigen Zu- und Abschaltung einzelner Motorzylinder. Dabei wird die ver-lust-reiche Drosselung, bei der besonders im niedrigen Lastbereich bis zu 50 % der Kraftstoffenergie verloren geht, durch eine variable Laststeuerung der Einlass-ventile ersetzt. Zusätzlich wird der Verbrennungsprozess dadurch verbessert, dass einzelne Zylinder des Motors entsprechend der gewünschten Fahrleistung zu- oder abgeschaltet werden.

Ein Serienfahrzeug der oberen Mittelklasse wurde mit dieser neuen Technik ausgerüstet. Bei dem Fahrzeugtest auf dem Rollenprüfstand konnte der Ver-brauch um 13 % vermindert werden, im realen Stadtbetrieb betrug der Minder-verbrauch zum Teil 19 % (vgl. Abb. 5).

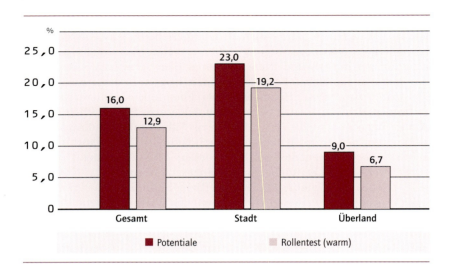

Abbildung 5: Kraftstoffeinsparung – Vergleich: technisches Potenzial/Testergebnis

Die Abgaswerte liegen bei den Stickoxid-Emissionen um bis zu 50 % niedriger als beim Basismotor. Bei ungefähr gleichem Kohlendioxid-Ausstoß entstehen im Gegensatz zum direkteinspritzenden Dieselmotor keine Partikelemissionen. Die Mehrkosten liegen etwa halb so hoch wie der Aufschlag für einen Dieselmotor gegenüber einem vergleichbaren Ottomotor. Die Technik ist besonders geeignet für Mittel- und Oberklassefahrzeuge.

Rainer Brinkmann

Rainer Brinkmann, Jg. 1958, Vorsitzender des Beirats „Energie Impuls OWL", eines Zusammenschlusses von etwa 80 Unternehmen zur Förderung der Zukunftsenergien. Von 1998 bis 2002 gehörte er dem Deutschen Bundestag an und war dort Mitglied der Enquete-Kommission „Nachhaltige Energieversorgung unter den besonderen Bedingungen der Globalisierung und Liberalisierung".

Beispiele für Endverbraucher aus Privathaushalten

Das Wuppertal-Institut hat in einer Veröffentlichung die effiziente Energieverwendung folgendermaßen definiert. „Effiziente Energieverwendung bedeutet, nur soviel Strom, Gas, Heizöl, Benzin und andere Endenergie für die Herstellung von Produkten und Dienstleistungen und die Befriedigung unserer Bedürfnisse aufzuwenden wie technisch notwendig und wirtschaftlich sinnvoll."

Damit wird deutlich zum Ausdruck gebracht, wie die weitere Forschung und Entwicklung ausgerichtet sein müsste. Es geht darum unsere Bedürfnisse und unseren Komfort mit weniger Primärenergie sicherzustellen. Dafür ist in erster Linie Intelligenz und Know-How erforderlich. Die Potenziale beim privaten Endverbraucher werden häufig zu gering eingeschätzt. Allein der stationäre – ohne den Verkehrsbereich-Verbrauch der privaten Haushalte beträgt fast 30% des Gesamtenergieverbrauchs in Deutschland. Die Europäische Union geht davon aus, dass durch Effizienzmaßnahmen in den privaten Haushalten 22% des Energieverbrauchs eingespart werden können.

Struktur des Energieverbrauchs in Deutschland im Jahr 2003			
	In Mio. tSKE[1]	InPJ[2]	Anteil am EEV[3] in %
Primärenergieverbrauch	491,4	14.402	
Endenergieverbrauch	314,2	9.206	100,0
davon:			
• Industrie[1]	79,2	2.323	25,2
• Verkehr	88,5	2.595	28,2
• Haushalte	94,3	2.764	30,0
• Gewerbe, Handel, Dienstleistungen	52,2	1.524	16,6

1) Verarbeitendes Gewerbe und übriger Bergbau: Vorläufige Angaben; Stand: 04.10.2004; Quelle: Arbeitsgemeinschaft Energiebilanzen

Durch eine Effizienzsteigerung in den privaten Haushalten kann in erster Linie der Verbrauch von Erdgas und Strom reduziert werden. Die Potenziale der effizienten Energieverwendung sind enorm, wie die folgenden heute schon realisierten Beispiele verdeutlichen:
- Kühl- und Gefriergeräte verbrauchen heute im Durchschnitt ein Drittel weniger als vor zehn Jahren, kosten aber im Kaufkraftvergleich eher weniger als damals. Die heute sparsamsten Geräte verbrauchen nur halb soviel wie der heutige Durchschnitt, und technisch ist noch mehr Einsparung möglich.

- Passivhäuser brauchen nur 20 % der Heizenergie eines Neubaus nach der Energieeinsparverordnung. Die Mehrkosten hierfür amortisieren sich nach wenigen Jahren.
- Mehrere Hersteller bieten bereits „3-Liter-Autos" an. Mit Leichtbauweise, Hybridantrieb etc. können auch Mittelklassemodelle in absehbarer Zeit solche niedrigen Verbrauchswerte erreichen.

Die Energieproduktivität kann mit großem wirtschaftlichen Nutzen weiter gesteigert werden. Klimapolitisch ist dies eine Pflichtaufgabe. Mehrere Studien gehen davon aus, dass eine jährliche Steigerung der Energieeffizienz um 3 % möglich ist. Neue Entwicklungen auch in der Beleuchtungstechnik lassen weiter quantitative Sprünge zu. Die Bundesregierung hat in ihrem Klimabericht die Einsparpotenziale bezogen auf Treibhausgasemissionen berechnet. Selbst bei der zu optimistischen Annahme, dass der Rohölpreis wieder bei dem Niveau von 2003 landen würde, wäre die Wirkung durch die schon beschlossenen Maßnahmen beachtlich.

Abschätzung der CO_2-Einsparmaßnahmen ab 2005 im Bereich private Haushalte im Zeitraum 2008-2012

	CO_2-Minderungspotenzial in Mio. t
Öffentlichkeitsarbeit, Beratung, Innovation	0,7
• Ausbau der Deutschen Energie-Agentur (dena) als Kompetenzzentrum für Energieeffizienz	
• Durchführung von breit angelegten Öffentlichkeitskampagnen - Weiterbildungs- und Qualitätsoffensive (Investoren, Handwerk, Planer, Bauherren)	
• Ausbau der Ressortforschung des BMVB für Innovationen zur Steigerung der Energieeffizienz; Verbesserung der Bauprodukte	
• Ausbau des Energieeinspar-Contracting im Wärmemarkt	
Fördermaßnahmen	2,8
• KfW-Programme im Gebäudebereich	1,6
• Marktanreizprogramm Biomasse	0,8
• Marktanreizprogramm Sonne	0,2
• Vor-Ort-Beratung	0,1
• Stadtumbau	0,1
Ordnungsrechtliche Maßnahmen	0,4
• Einführung der EnEV 2006 und Energieausweise	
• Änderung des Wohneigentumsgesetzes	
Autonome Minderungseffekte*	1,3 - 1,5
Summe	5,3

• Bei der Abschätzung der autonomen Effekte wurde der Studie für das Referenzjahr 2000 ein Energiepreisniveau von 29 US-Dollar je Barrel Rohöl zugrunde gelegt. Für die weitere Entwicklung wurde eine langfristige, mittlere, reale Steigerung von 1,5 Prozent pro Jahr unterstellt, so dass sich für das Jahr 2030 ein Preis von 45 US-Dollar je Barrel ergab. Die erwarteten Effekte würden sich in Abhängigkeit mit Veränderung des Energiepreises ebenfalls ändern.
• Quelle: Bundesregierung 2005

Neben bewährten Energieeffizienztechniken eröffnen sich durch neu entwickelte Techniken zusätzliche Potenziale zur Energieeinsparung. Eine dieser Technologien ist die weiße Beleuchtung mittels LEDs, die seit der Erfindung der blauen LED Anfang der neunziger Jahre erst möglich wurde. Seitdem nimmt diese Technologie einen rasanten Aufschwung und dringt in immer weitere Bereiche vor. Im Zusammenhang mit Klima- und Ressourcenschutz stehen die Bemühungen um eine effiziente Nutzung von elektrischer Energie an zentraler Stelle. Der Beleuchtung kommt wegen ihrem flächendeckenden Einsatz in allen Wirtschafts- und Lebensbereichen eine besondere Bedeutung zu: Beleuchtung mit künstlichem Licht trägt beispielsweise im Kleinverbrauchssektor in erheblichem Maße zum Stromverbrauch bei. Durch diese Entwicklung hat die Beleuchtung in Gebäuden einen erheblichen Entwicklungssprung gemacht, da über mehr als hundert Jahre die Glühlampe praktisch als einziges Beleuchtungsinstrument zur Verfügung stand.

Mehr als 30% aller CO_2-Emissionen werden in Deutschland durch Raumheizung in Wohn-, Produktions- und Bürogebäuden verursacht. Hinzu kommen indirekte Emissionen aus dem Stromverbrauch für Haustechnik. Hier besteht ein großes Potenzial für Emissionsminderungen und Verringerung der Importabhängigkeit von fossilen Energieträgern. Durch die Wärmeschutzverordnung, die jetzt gültige Energieeinsparverordnung und durch gezielte Förderung von Wärmedämmungen durch die öffentliche Hand, hat sich hier ein Markt entwickelt, dem die Bauwirtschaft samt Zuliefererbereiche schnell gerecht geworden ist. Allerdings ergeben sich zum Teil immer noch erhebliche Lücken im Vollzug. Zum Nachweis der Einhaltung der Energieeinsparverordnung reicht es immer noch aus, bei der Beantragung des Bauvorhabens die entsprechenden Pläne vorzulegen. Ob diese beim Bau auch eingehalten werden, wird nicht überprüft. Daher macht die Einführung des Energiepasses wirklich Sinn, da mögliche Nutzer rechtzeitig den späteren Energieverbrauch erkennen und vergleichen können. Angesichts der rasant steigenden Preise für fossile Energieträger zur Raumbeheizung steigen die Anstrengungen der Gebäudebesitzer zur besseren Wärmedämmung.

Gleichzeitig ist zur Zeit eine erhöhte Nachfrage nach alternativen Heizungssystemen zu beobachten. Hier rangieren alle Arten von Holzheizungen in der Gunst der Verbraucher an erster Stelle. Aber auch die Installation von Kollektorflächen zur solaren Erwärmung des Brauchwassers hat Hochkonjunktur.

Höhere Energiepreise und die Energiesparverordnung werden die Verbreitung dieser Techniken und alle Formen der optimierten Wärmedämmung und der mechanischen Wohnungslüftung in der Zukunft fördern. Verbesserungswürdig sind die Kredite und Zuschüsse, die über die Lebensdauer der Investitionen zwar die Wirtschaftlichkeit sicherstellen aber noch nicht ausreichend attraktiv sind.

Einen großen Boom erleben zur Zeit die Büros und Handwerker, die sich auf „kleine" aber höchst wirksame Maßnahmen spezialisiert haben. So amortisiert sich die nachträgliche Dämmung von Jalousienkästen innerhalb weniger Jahre.

Grundsätzlich ist anzumerken, dass neben finanziellen Anreizen zur nachträglichen Wärmedämmung verstärkt ordnungsrechtliche Maßnahmen ergriffen werden müssen, um in diesem Sektor den Energieverbrauch signifikant zu senken. Neben dem bereits angesprochen Vollzugsdefizit bei der Energieeinsparverordnung bedarf es auch gesetzlicher Regelungen zur optimierten Bauleitplanung. Das Ziel einer solaren Architektur ist noch weit entfernt, sollt aber dennoch angestrebt werden.

Dabei ist dieses Prinzip schon seit Jahrtausenden bekannt. Folgende Bestandteile müssen in Zukunft beim Bauen beachtet werden:
- Optimierte Ausrichtung der Gebäude nach der Sonneneinstrahlung,
- Optimierung des Verhältnisses von Oberfläche zu Volumen der Gebäude, um den Wärmeverlust zu verringern,
- Unterteilung des Gebäudes nach Nutzungszonen und den dort gewünschten Raumtemperaturen,
- Berücksichtigung von Speichermassen im Gebäudeinneren,
- Berücksichtigung von geregelter Belüftung, um die Wärme nicht aus dem Gebäude zu „vertreiben",
- Einbau von Wärmetauschern um einen Austausch von Wärme innerhalb des Gebäudes zu ermöglichen (z.B. die Abwärme vom Brauchwasser für die Beheizung zu nutzen)
- Berücksichtigung von Wintergärten, Atrien oder anderen Pufferzonen
- Ausrichtung und Konzentration der Fensterflächen nach Südosten bis Südwesten.

Eine große Herausforderung besteht bei der energetischen Sanierung vieler größerer Gebäude aus den sechziger und siebziger Jahren. Diese wurden häufig in einer Bauweise errichtet, die den „Plattenbauten" in der ehemaligen DDR sehr nahe kam. Betonfertigteile waren häufig die wichtigsten Baustoffe und Kenntnisse über Kältebrücken waren nur sehr gering vorhanden. Viele Wohnungsbaugesellschaften und Unternehmen bereiten sich zur Zeit auf die Sanierung dieser Gebäude vor. Es wäre eine Aufgabe der Hoch- und Fachhochschulen, hier das notwendige „Know-how" zu vermitteln, um zugleich eine optimale energetische Sanierung zu generieren.

Die Energieversorger können im Interesse einer zufriedenen Kundschaft eine örtliche Beratung anbieten, die zu verstärkter Akzeptanz des energieeffizienten Hauses führen wird. Auch das Verbraucherverhalten selbst ist ein unterschätzter „Energiefresser". Bis heute sind die Zählereinrichtungen für Strom, Gas und Wasser im Normalfall im Keller, auf dem Boden oder in schwer zugänglichen Nischen versteckt. Ein Display im Hausflur, mit der Anzeige der jeweils aktuellen Energieverbräuche, würde eine Verhaltensänderung bewirken.

In den letzten Jahren hat es eine Reihe von Initiativen und Kampagnen zur Energieeinsparung in den Haushalten gegeben. Diese wurden z.T. von regionalen Energieversorgern, von Energieagenturen und von der Deutschen Energieagentur getragen. Die Deutsche Energieagentur (DENA) hat eine Zwischenbilanz gezogen und dabei beachtliche Ergebnisse vorzuweisen gehabt.

KAPITEL 8.3 | Beispiele für Endverbraucher aus Privathaushalten

Im Themenbereich Stand-by stieg das Bewusstsein im Hinblick auf den Stromverbrauch durch den Bereitschaftsmodus. Während im Frühjahr 2003 noch 23% der Befragten angaben, dass der Stromverbrauch durch den Stand-by-Betrieb vernachlässigt werden kann, waren es Ende 2004 nur noch 17%. Weitestgehend stabil blieben hingegen die Angaben zu den Ausschaltgewohnheiten. Rund ein Viertel der Verbraucher schalten ihren Fernseher oder ihre HiFi-Anlage auch weiterhin allein mit der Fernbedienung aus. Um 7% gestiegen ist allerdings der Einsatz von schaltbaren Steckdosenleisten, die Ende 2004 von 61% der Befragten genutzt werden – insbesondere für PC und Peripheriegeräte. Während ein niedriger Stromverbrauch beim Kauf eines Fernsehers für die Verbraucher eine untergeordnete Rolle spielte, wurden gleichzeitig die Energieeffizienz-Eigenschaften wie „echter Aus-Schalter am Gerät" (56%), Energieverbrauch (45%) oder „Kennzeichnung des Gerätes als energieeffizient" (32%) auf Nachfrage von vielen Verbrauchern als „sehr wichtig" eingestuft. Auch hier gab es im Kampagnenverlauf eine deutlich positive Tendenz. Damit hat die DENA einen Bereich angepackt, der seit Jahren in der Diskussion ist, aber noch nicht konsequent bearbeitet wurde. Die „Stand-by-Schaltungen" vieler elektrischer Geräte verbrauchen in deutschen Haushalten etwa so viel Strom, wie ein Großkraftwerk produziert. Hier bedarf es ebenfalls einer weiterhin verstärkten Aufklärung und gesetzlicher Regelungen um diese unnötigen Verbrauchsquellen zu reduzieren. Auch die Einführung der Effizienzklassen bei Haushaltsgeräten haben zu Einsparerfolgen geführt. Es ist jedoch nicht einzusehen, warum immer noch Geräte verkauft werden dürfen, die der schlechtesten Effizienzklasse zuzurechnen sind.

In den letzten beiden Jahrzehnten des vergangenen Jahrhunderts ist es erfolgreich gelungen, die Abfallsortierung in den Haushalten zu implementieren. Vom Kindergarten bis zur Volkshochschule machten alle Bildungseinrichtungen mit und diese „Schulungen" haben dazu geführt, dass ein Umweltbewusstsein in den Köpfen der Menschen verankert wurde. Heute könnte es eine ähnliche Kampagne geben. Beispielhafte Vorbilder liegen vor. So haben ganze Schulklassen über Monate hinweg den Energieverbrauch ihres Elternhauses aufgezeichnet und das Ergebnis war ein regelrechter Wettbewerb der Schülerinnen und Schüler untereinander wer, die größten Einsparpotenziale generieren konnte. Gerade angesichts drastisch steigender Energiekosten ist der Zeitpunkt sehr günstig für derartige Kampagnen.

Die vollständige Substitution des Bestandes durch energieeffiziente Technologien und Geräten wird jedoch aufgrund verschiedenster Hemmnisse nicht gelingen. Ein entscheidender Faktor ist gerade im Haushalt immer noch die Ästhetik. Ein Gerät wird eher wegen seines Designs als wegen seines kostengünstigen Betriebs gekauft. Die Werbe- und Marketingstrategien der heterogenen Anbieter verstärken diesen Trend.

FAZIT:
Während in der nationalen Diskussion der Focus auf dem zukünftigen Energiemix gerichtet ist, lohnt es sich über alle Bereiche der Energieeffizienzsteigerung nachzudenken. Hier ist der private Haushalt besonders zu berücksichtigen, weil die Potenziale erheblich und die Kosten relativ niedrig sind. Außerdem ist es eine Verpflichtung der Politik, ihren Teil beizutragen, die immens steigenden Belastungen durch den privaten Energieverbrauch zu stoppen. Es ist ein Maßnahmenbündel zu ergreifen, dass Forschung und Entwicklung ebenso beinhalten muss wie ein Programm zur Veränderung des Verbraucherverhaltens.

KAPITEL 9

Anforderungen an eine umweltverträgliche, wirtschaftliche, sozialverträgliche und zukunftsfähige Energieerzeugung

KAPITEL 9.1 | Lebenslauf

Gert von der Groeben

PERSÖNLICHE DATEN:

Geboren am	06.10.1944
Geburtsort	Bernburg an der Saale
Familienstand	verheiratet, drei Kinder

AUSBILDUNG:

1951 – 1964	Volksschule, Gymnasium, Abitur in Bonn 1964
1964 – 1969	Studium: Rechtswissenschaft, Philosophie und Sozialwissenschaften in Hamburg und Bonn Volljurist

BERUFLICHE TÄTIGKEIT:

1973 – 1984	Beamter im Bundesministerium für Raumordnung, Bauwesen und Städtebau; Bundeskanzleramt; Bundesministerium für Forschung und Technologie
1985 – 1987	Mitarbeiter von Bundeskanzler a.D. Helmut Schmidt
1987 – 1998	Referent der SPD-Bundestagsfraktion für Energie- und Umweltpolitik
seit 1999	Generalbevollmächtigter VEBA AG/E.ON AG Mitglied der SPD seit 1976

Eckpunkte einer europäisch orientierten Energiepolitik

1. EINFÜHRUNG

Seit dem letzten deutschen Energieprogramm von 1991 hat sich die Energiewelt grundlegend gewandelt: 1997 haben sich die Industrieländer auf der Klimakonferenz in Kyoto zur Verminderung ihrer CO_2-Emissionen bereit erklärt und dies 2004 in Montreal bekräftigt; 1998 wurden die Energiemärkte Europas liberalisiert und ein großer, europäischer Binnenmarkt für Energie entstand, der in 2004 auf 25 Mitgliedsländer vergrößert wurde und bis 2007 vollständig geöffnet werden soll; seit September 2001 hat die Verschärfung der weltpolitischen Lage unsere Energieversorgung neuen Risiken ausgesetzt; zugleich schlägt sich die weltweit, vor allem aus China und Indien, nachhaltig anziehende Energienachfrage in steigenden Energiepreisen nieder. Die jüngste Debatte um die russischen Gaslieferungen zeigt schlaglichtartig die Abhängigkeit der EU von Importen. Versorgungssicherheit bekommt in der politischen Debatte endlich wieder wesentliche Bedeutung.

Bei derart weitreichenden Veränderungen ist es notwendig, programmatische Orientierungen für die künftige deutsche Energiepolitik im europäischen Markt zu geben. Bisher fehlt ein belastbares Konzept der Bundesregierung zur künftigen Energiepolitik.

Deshalb muss geklärt werden, welche Weichenstellungen in den nächsten Jahren nötig sind, um im offenen europäischen Wettbewerb langfristig eine effiziente, zuverlässige und umweltverträgliche Energieversorgung in Deutschland zu gewährleisten.

2. DIE EUROPÄISCHE DIMENSION

Die deutsche Energiepolitik muss in europäischen Dimensionen handeln: Sie muss eine führende, aktiv gestaltende Rolle in Europa übernehmen und dem zunehmenden Interventionismus der Europäischen Kommission entgegenwirken. Denn die Europäische Kommission verfolgt, nachdem sie die großen Richtungsentscheidungen zum Energiebinnenmarkt und zur Klimapolitik getroffen und deren Umsetzung auf den Weg gebracht hat, zunehmend eine Politik lenkender und kontrollierender Eingriffe in die Energiemärkte, die im Ergebnis weit über das Ziel eines funktionierenden Binnenmarkts hinauszugehen drohen.

In ihrer „Medium Term Vision for the Internal Electricity Market" (von März 2004) wird z.B. zur Verringerung der Marktkonzentration in vielen Mitgliedsstaaten u.a. eine zwangsweise Veräußerung von Kapazitäten vorgeschlagen. Um die Systemsicherheit bei Netzen zu erhöhen und die Strom- und Gaslieferungen langfristig zu gewährleisten, setzt die Kommission auf eine Politik der Investitionskontrolle und -lenkung. Nachfrageseitig möchte sie durch Zielvorgaben die Entwicklung des Energieverbrauchs steuern. Die Förderung erneuerbarer Energien will sie ausbauen.

KAPITEL 9.1 | Eckpunkte einer europäisch orientierten Energiepolitik

Eine Umsetzung dieses Programms würde zur Überregulierung der Märkte und zur Zentralisierung von immer mehr energiepolitischen Zuständigkeiten bei der Europäischen Kommission führen – und im Ergebnis den mit der Liberalisierung neu geschaffenen Markt wieder unter staatliche Lenkung stellen. Auch eine Übertragung energiepolitischer Kompetenzen auf die Kommission, wie sie im „Energiekapitel" des Verfassungsvertrages für Europa vorgesehen war, ließ eine stark interventionistische Politik befürchten.

Dabei sind auch im siebten Jahr der Liberalisierung die ökonomischen und ökologischen Potentiale des Binnenmarktes für Energie noch nicht ausgeschöpft. Laut 3. Benchmarkingbericht der Europäischen Kommission hat sich der Wettbewerb in Europa noch nicht zufriedenstellend entwickelt. Deshalb ist eine europäische Strategie mit folgenden Kernelementen nötig:

- Der europäische Energiemarkt braucht **gleiche Wettbewerbsbedingungen**. In allen Mitgliedsländern ist funktionierender Wettbewerb notwendig. Der Staat muss sich auch als Eigentümer von Energieunternehmen zurückziehen. Effiziente europäische Strukturen können nur entstehen, wenn grenzüberschreitende Kapitalbeteiligungen ohne nationalstaatliche Behinderung möglich sind.
- Der europäische Energiemarkt braucht **einheitliche steuerliche** Rahmenbedingungen. Weiterhin sind die deutschen Energiesteuersätze überdurchschnittlich hoch. Nötig ist eine wirksame Harmonisierung mit engen Bandbreiten ohne sektorale oder regionale Ausnahmen.
- Der europäische Energiemarkt braucht in den einzelnen Ländern eine den nationalen Verhältnissen jeweils angepasste **Regulierung**. Die Regulierung muß schlank und effizient sein und sich auf die Netze konzentrieren, also auf den Bereich, der nicht oder nur eingeschränkt im Wettbewerb stehen kann. Außerdem muß die Regulierung den noch sehr unterschiedlichen nationalen Marktstrukturen Rechnung tragen. Sinnvoll ist allenfalls eine Abstimmung der nationalen Regulierungsbehörden, um einheitliche Grundsätze zu gewährleisten. Die „Sector Inquiry" der EU-Kommission wird dazu Vorschläge im Februar 2006 machen, die dann intensiv zu diskutieren sind.
- Der europäische Energiemarkt braucht **harmonisierte Regeln für die staatliche Förderung neuer Energietechnologien** und deren Finanzierung. Nur so können die unterschiedlichen Standortvorteile im Binnenmarkt optimal genutzt werden. Ziel der Förderung muss es sein, dass die neuen Energien mittelfristig aus eigener Kraft wettbewerbsfähig werden, damit sie nachhaltig zur europäischen Energieversorgung beitragen können. 25 verschiedene Fördersysteme für erneuerbare Energien dürfen kein Dauerzustand sein. Ein einheitlicher Wettbewerbsmarkt ist damit nicht erreichbar.

- Der europäische Wettbewerb braucht eine **marktkonforme Klimapolitik**. Deshalb muss der Emissionshandel in allen Mitgliedsländern etabliert und zu einem funktionierenden europäischen Markt entwickelt werden. CO_2-Minderungsprojekte im Ausland (JI/CDM) müssen ohne Einschränkung einbezogen werden. Auch den Sektoren „Verkehr" und „Haushalte" muss ein angemessener Beitrag abverlangt werden. Bei der europaweiten Umsetzung des Emissionshandels kommt es darauf an, dass alle Mitgliedsländer ihren Unternehmen vergleichbare Belastungen auferlegen, um Wettbewerbsverzerrungen zu vermeiden. Es muss eine ausreichende Menge an CO_2-Zertifikaten von der EU-Kommission in den Markt gebracht werden, um Preisvolatilitäten zügig abzubauen. Andernfalls kann ein langfristig ausgelegtes Handelssystem mit Zertifikaten keinen Erfolg haben.
- Die europäische Energieversorgung braucht **Investitionen**. Europa steht vor einer umfassenden Erneuerung von Energieerzeugung und Infrastruktur. Die IEA hält bis 2030 Investitionen von über 500 Mrd. $ allein für die Stromerzeugung der EU-15 für erforderlich. Für die Gaswirtschaft schätzt die IEA die notwendigen Investitionen auf 465 Mrd $.
- Hinzu kommen Investitionen für die Modernisierung der Energiestrukturen in den Beitrittsländern in beachtlicher Größenordnung. Um das nötige Kapital für diese Aufgaben zu mobilisieren, sind attraktive Investitionsbedingungen erforderlich.
- Der europäische Energiemarkt braucht eine **Energie-Außenpolitik**. Daher sollte die Kommission ihren Energiedialog mit den Partnerländern intensivieren und die Investitions- und Beteiligungsmöglichkeiten europäischer Unternehmen verbessern. Bei der internationalen Gasbeschaffung ist auf stabile Durchleitungsbedingungen in den Transitländern, deren Anzahl zunehmen wird, hinzuwirken. Die Dringlichkeit belegt der jüngste Lieferstreit zwischen Russland und der Ukraine, der auch gefährliche Auswirkungen auf die westlichen EU-Mitgliedsstaaten hätte haben können.

Deutschland hat als großer, zentraler und attraktiver Energiestandort ein fundamentales Interesse daran, die weitere Entwicklung des europäischen Marktes wesentlich mitzugestalten. Wenn die deutsche Energiepolitik weiterhin vor allem nach innen schaut, überlässt sie Europas Energiezukunft – und damit auch ihre eigene – anderen. Auf nationaler Ebene kann heute nur noch das zukunftsfähig sein, was mit dem europäischen Markt vereinbar ist. Nationale Alleingänge sind alsbald Vergangenheit.

2. DIE NATIONALE DIMENSION

Bis in die 80er Jahre bestand in Deutschland ein Konsens zwischen Politik und Unternehmen über die Grundrichtungen der Energiepolitik. Auf dieser Basis ist es gelungen, eine Energieversorgung aufzubauen, die sich hinsichtlich Wirtschaftlichkeit, Versorgungssicherheit und Umweltverträglichkeit im internationalen Vergleich sehr gut sehen lassen kann. Seit den 90er Jahren stehen allerdings die Rolle der Kernenergie, die Höhe von Steuern und Abgaben auf Energie und der künftige Energiemix im Dissens.

Es ist notwendig, wieder für eine ausgewogene Balance von ökonomischen und ökologischen Zielen zu sorgen, um Strukturbrüche und eine Gefährdung der Versorgungssicherheit aber auch der Wettbewerbsfähigkeit der deutschen Wirtschaft zu vermeiden.

Liberalisierung und Wettbewerb

Die Liberalisierung der deutschen Energiemärkte war eine erfolgreiche ordnungspolitische Reform. Sowohl im Strom- als auch im Gasmarkt wurden dynamische Wettbewerbsprozesse ausgelöst. Dies kam der Volkswirtschaft in Form sinkender Energiepreise seit 1998 zugute. Erst in 2005 ist aufgrund drastisch gestiegener Rohstoffpreise die Preisbelastung angestiegen.

Zugleich steht die Energiepolitik vor der Aufgabe, den neuen Regulierungsrahmen so zu justieren, dass sich die notwendigen Investitionen in einen hohen Qualitätsstandard wirtschaftlich lohnen. Daraus ergeben sich für die Regulierung folgende Grundsätze:

- Die Regulierungsbehörde regelt den Netzzugang und die Systematik der Netzentgelte; die anderen Stufen der Versorgung bedürfen keiner Regulierung, weil sie im Wettbewerb stehen.
- Die Regulierung erfolgt anhand klarer, allgemeiner Regeln der nachträglichen Missbrauchsaufsicht; um Rechtssicherheit zu gewährleisten, wird von Einzelgenehmigungen abgesehen.
- Um die Investitionsbereitschaft der Netzbetreiber zu erhalten, muss die Regulierung eine kapitalmarktorientierte Verzinsung des eingesetzten Kapitals gewähren; maßgeblich ist dafür das Prinzip der Netto-Substanzerhaltung, ein seit langem von den staatlichen Tarifgenehmigungsbehörden verwendetes und betriebswirtschaftlich anerkanntes Verfahren.

Auf dieser Grundlage können Regulierungsbehörde und Netzbetreiber konstruktiv zusammenwirken, um die Netze diskriminierungsfrei für Dritte zu öffnen und zugleich ein unternehmerisches Engagement bei Pflege und Ausbau der Netzqualität zu erhalten.

Bis Mitte 2006 wird die Netzagentur ihre Vorschläge zu den Netzentgeltsystemen vorlegen müssen.

Versorgungssicherheit

Die energiepolitische Antwort, die auf die Ölkrisen der 70er Jahre gegeben wurde, bleibt richtig: Steigerung der Effizienz von Energieangebot und -nachfrage sowie Risikostreuung durch Diversifizierung im Energiemix. Braun- und Steinkohle sind als Rückgrat einer sicheren und wirtschaftlichen Stromerzeugung noch auf Jahrzehnte unverzichtbar. Angesichts der weltweit großen, vergleichsweise kostengünstig erschließbaren CO_2-Verminderungspotentiale, die sich bei Kohlekraftwerken bieten, wäre es auch klimapolitisch nicht zu verantworten, nur auf regenerative Energien und Erdgas zu setzen. Diese Potentiale können durch den Emissionshandel erschlossen werden. Auch werden die Bemühungen fortgesetzt, durch CO_2-Abscheidung emissionsfreie Kohlekraftwerke zu entwickeln. Dabei handelt es sich um eine langfristige Technologieoption, deren künftige Wirtschaftlichkeit angesichts der umfangreichen Investitionen derzeit noch nicht verlässlich abgeschätzt werden kann.

Der Versorgungsbeitrag von Erdgas wird weiter zunehmen. Allerdings sollte ein sprunghafter Anstieg der Gasverstromung, wie der britische „Dash for Gas" in den 90er Jahren, im importabhängigen Deutschland vermieden werden. 80 % des benötigten Erdgases müssen von wenigen Produzentenländern (Norwegen, Niederlande und Russland) importiert werden, und diese Quote wird, bei zunehmendem Anteil russischer Importe, in der Zukunft weiter ansteigen. Um so wichtiger wird es, dass sich heimische Unternehmen Zugang zu eigenen Erdgasquellen im Ausland erschließen. Ein Beispiel dafür ist die Vereinbarung von E.ON mit Gazprom, eine neue Pipeline durch die Ostsee zu bauen und eine Einstiegsmöglichkeit in den russischen Markt durch einen direkten Zugang zur Gasproduktion in Russland zu eröffnen. Die Verhandlungen dazu laufen.

Mit der Kernenergie-Verständigung wurde in Deutschland die Betriebszeit der Anlagen auf etwa 32 Jahre begrenzt. Die neue Bundesregierung hat diesen Kompromiss bestätigt und zur Grundlage ihrer Energiepolitik gemacht. Andere europäische Länder haben den Ausstiegspfad verlassen und investieren wieder in Kernkraftwerke. So wird Finnland einen weiteren Reaktor bauen. Auch Frankreich hat Planungen zum Bau eines neuen EPR begonnen und will 2006 endgültig über den Bau entscheiden. Außerdem wird in Frankreich die Lebensdauer der Anlagen deutlich verlängert. Auch in Ungarn, Tschechien, der Slowakei und Slowenien – den Beitrittsländern mit Kernenergie – gibt es keine Überlegungen, die Laufzeiten der Kernkraftwerke zu begrenzen. Im Gegenteil, auch diese Länder setzen weiter auf Kernenergie.

In Europa hat eine Debatte um eine klimapolitische Neubewertung der Kernenergie begonnen. Tony Blair hat sie von England aus angestoßen. Sie muss auch in Deutschland nüchtern und ohne Denkverbote geführt werden.

Bei den regenerativen Energien wird das Ziel der Bundesregierung, deren Anteil an der Stromerzeugung bis 2010 auf 12,5 % zu steigern, durch die im europäischen Vergleich üppig ausgestattete Förderung übertroffen werden. Dazu werden auch Wind-Offshore-Projekte beitragen. Noch stellen sich hier aber schwierige technische und wirtschaftliche Probleme, insbesondere bei Korrosionsschutz und Wartung. Außerdem sind Investitionen in Milliardenhöhe in die Netz-Infrastruktur erforderlich, um den Abfluss großer Strommengen zu ermöglichen. Für diese Investitionen sind wegen des komplizierten Planungsrechts lange Vorlaufzeiten erforderlich. Parallel sind auch Fortschritte bei Energiespeichern nötig, um größere Mengen stark schwankender Energie im System aufzunehmen. Das weitergehende Ziel der Bundesregierung, bis 2020 ein Fünftel der Strombedarfs regenerativ zu erzeugen, ist ohne massive volkswirtschaftliche Belastungen nicht zu erreichen.

Umwelt- und Klimapolitik

Wirksame Klimapolitik braucht einen langen Atem. Selbst wenn das Kyoto-Protokoll so umgesetzt würde, wie es 1997 vereinbart wurde, könnte es für sich genommen den befürchteten Temperaturanstieg nur marginal beeinflussen. Kyoto ist nur der erste Schritt einer langfristig angelegten Strategie, die nicht nur alle Industrieländer, sondern auch die großen Entwicklungsländer einbeziehen muss. Internationale Anstrengungen müssen sich auch nach der Montrealkonferenz vom November 2005 darauf konzentrieren, zunächst die USA für eine Mitwirkung zu gewinnen.

Deutschland gehört zu den weltweit sehr wenigen Ländern, die ihre CO_2-Emissionen, wie in Kyoto verabredet, tatsächlich vermindert haben. Diese Vorreiterrolle stößt an ihre Grenzen: Je höher die wirtschaftlichen Kosten sind, die ein Vorreiter zu verkraften hat, um so weniger wird es anderen Ländern attraktiv erscheinen, ihm nachzueifern.

Deutschland wird wahrscheinlich mit dem Emissionshandel sein Ziel im Rahmen des EU-Burdensharings knapp erreichen. Eine weitere Verminderung der deutschen CO_2-Emissionen um 30 % bis 2020 bleibt sehr ehrgeizig und kann nur aufgestockt werden, wozu sich die EU insgesamt zu einer Verminderung um 25 bis 30 % verpflichtet. An dieser Konditionierung muss festgehalten werden, um weiter zunehmende Wettbewerbsverzerrungen in Europa zu Lasten des deutschen Standortes zu vermeiden.

Das zentrale Instrument der europäischen und deutschen Klimapolitik ist nunmehr der Emissionshandel. Dieses System ist mit dem Wettbewerb grundsätzlich vereinbar, weil es den beteiligten Unternehmen den Spielraum gibt, die kostengünstigsten Wege zur CO_2-Verringerung in grundsätzlich freier unternehmerischer Entscheidung zu wählen.

Dabei ist die Allokation der Emissionsrechte und deren sukzessive Verminderung so zu regeln, dass die Unternehmen sich an diese Vorgaben ohne wirtschaftliche Friktionen anpassen können. Dies ist mit dem deutschen Allokationsplan insgesamt gelungen. Aber im europäischen Rahmen sind die hohen Zertifikatspreise zu einem wirtschaftlichen Problem geworden, das nur durch mehr Liquidität im Zertifikatsmarkt lösbar ist. Ab 2012 brauchen wir ein weltweit funktionsfähiges System, der EU-Alleingang stößt an seine wirtschaftlichen Grenzen.

Im übrigen: Bei einem funktionsfähigen Emissionshandel werden die Unternehmen selbst die aus ihrer Sicht kostengünstigen Lösungen zur CO_2-Verminderung wählen. Dann entfällt die klimapolitische Rechtfertigung für die staatliche Förderung bestimmter Energietechnologien und ebenso auch der Ökosteuer, soweit sie in Bereichen erhoben wird, die dem Emissionshandel unterliegen.

Ökosteuer

Die Ökosteuer – ein deutscher Alleingang - hat das Energiesteueraufkommen innerhalb von 5 Jahren um knapp 19 Mrd. € auf 57 Mrd. € gesteigert. Unter dem Stichwort von der „doppelten Dividende" wird das Ziel verfolgt, durch relative Verteuerung des Faktors Energie und relative Verbilligung des Faktors Arbeit sowohl dem Umweltschutz (Ressourcenschonung) als auch der Beschäftigung (Reduktion Arbeitskosten) positive Impulse zu versetzen.

Die Zielerreichung bei der Beschäftigung ist bisher nicht überzeugend. Es ist deutlich geworden, dass die Ökosteuer allenfalls im Verkehrssektor Verbrauchseinschränkungen bewirken bzw. die marktbedingten Preissignale verstärken kann. In allen übrigen Bereichen hat sie zu höheren Energiekosten geführt und behindert damit Wachstumskraft und Wettbewerbsfähigkeit der Wirtschaft. Zwar konnte die ökosteuerfinanzierte Erhöhung des Bundeszuschusses zur Sozialversicherung einen weiteren Anstieg der Sozialbeiträge verhindern. Allerdings hat dies den Reformdruck gemildert und ein langfristig nicht nachhaltiges Sozialversicherungskonzept scheinbar stabilisiert.

Die bisherige Bilanz zeigt: Wirksam ist die Ökosteuer – zusammen mit dem höheren Ölpreis – allenfalls im Verkehr. Deshalb sollte sie künftig auf diesen Sektor beschränkt werden. Die Besteuerung des vergleichsweise umwelt- und klimafreundlichen Energieträgers Erdgas im Kraftwerkssektor sollte in jedem Fall abgeschafft werden.

Erneuerbare-Energien-Gesetz

In 2004 wird das Bruttofördervolumen des EEG insgesamt fast 3,4 Mrd. € erreichen. Wird der Wert des Stroms, der bei den erneuerbaren Energien im Durchschnitt nur ein Drittel des Fördersatzes beträgt, abgezogen, ergibt sich für dieses Jahr ein Subventionsvolumen in Höhe von 2,2 Mrd. €. Hinzu kommen weitere Kosten für das Ausregeln der Einspeisung (rd. 200 Mio €/a) sowie für den notwendigen Netzausbau (rund 50 Mio €/a). Für die

Windenergie ergeben sich damit CO_2-Vermeidungskosten in Höhe von mindestens 75 e/t – weit mehr, als für CO_2-Vermeidungsmaßnahmen im bestehenden Kraftwerkspark aufzuwenden sind.

Eine Reihe von Gutachten hat Konzeption und Wirksamkeit des EEG fundiert in Zweifel gezogen:
- Der wissenschaftliche Beirat des BMWA hält eine Förderung erneuerbarer Energien bei gleichzeitig etabliertem Emissionshandel für klimapolitisch unwirksam. Außerdem bemängelt der Beirat die vergleichsweise hohen CO_2-Vermeidungskosten erneuerbarer Energien.
- RWI, EWI und IE Leipzig (für das BMWA) und das Bremer Energieinstitut (für die Hans-Böckler-Stiftung des DGB) sehen darüber hinaus eine gesamtwirtschaftlich negative Beschäftigungsbilanz des EEG.

Es ist deshalb bedauerlich, dass die neue Bundesregierung erst Ende 2006 eine Überprüfung des Fördersystems plant und das auch noch eingeschränkt auf die bisherige Systematik.

In Deutschland ist m.E. eine Umorientierung der Förderung von Festpreisen auf wettbewerbsorientierte Systeme wie Ausschreibungen, Bonusmodelle oder Quoten notwendig. Ziel muss es sein, den erneuerbaren Energien einen festen und langfristig ausbaufähigen Platz im Energiemix zu verschaffen. Wettbewerbsfähig können sie nur werden, wenn sie sich im Wettbewerb auch behaupten. Der Effizienz- und Vermarktungsdruck des Wettbewerbs gibt Entwicklungsimpulse, wie sie dauerhaft keine staatliche Förderung ersetzen kann.

Kraft-Wärme-Kopplung

Technologisch betrachtet ist die finanzielle Förderung der Kraft-Wärmekopplung in Höhe von jährlich 750 Mio e nicht geboten, weil es sich um eine konventionelle Kraftwerkstechnik handelt, die seit vielen Jahren etabliert ist. Ihr Vorteil liegt in der Reduzierung des Energieverbrauchs und der damit verbundenen Vermeidung von CO_2-Emissionen.

Dieser Vorteil wird jedoch nur dann erreicht, wenn ein gleichzeitiger Strom- und Nutzwärmebedarf vorhanden ist. Ein gleichmäßig hoher Wärmebedarf existiert vor allem im industriellen Bereich, z. B. in der chemischen Industrie. Bei der Nah- und Fernwärmeversorgung privater Haushalte kommt es dagegen zu einem im Jahresverlauf stark schwankenden Wärmebedarf. Hinzu kommt, dass in diesem Segment die Wärme über größere Entfernungen transportiert werden muss, womit zusätzliche Energieaufwendungen für den Wärmetransport notwendig werden. Mit anderen Worten: Wo KWK wirtschaftlich ist, ist sie auch ökologisch vorteilhaft - und wo sie unwirtschaftlich ist, ist sie auch ökologisch ohne großen Gewinn. Auch unter ökologischen Gesichtspunkten kann also die weitere Entwicklung der KWK dem Markt überlassen werden. Die in 2005 anstehende Überprüfung des KWK-Gesetzes sollte deshalb zu dessen Abschaffung spätestens bis 2010 führen.

4. ZUSAMMENFASSUNG

Zusammenfassend lassen sich 10 Thesen zur zukünftigen Energie- und Klimapolitik formulieren:
1. Die Bundesregierung muss den deutschen Energieinteressen mehr als bisher in **Europa** Geltung verschaffen.
2. **Risikostreuung durch einen breiten Energiemix** ist in einer Zeit zunehmender weltpolitischer Spannungen bei weltweit nachhaltig wachsender Energienachfrage mehr denn je ohne Alternative. Für Deutschland als Energieimporteur wird dabei auch eine direkte Beteiligung heimischer Unternehmen an Energiequellen im Ausland immer wichtiger.
3. In Europa hat eine Debatte um eine klimapolitische Neubewertung der **Kernenergie** begonnen. Sie muss auch in Deutschland nüchtern und ohne Denkverbote geführt werden.
4. **Erneuerbare Energien** werden nur dann nachhaltig zur Versorgung beitragen, wenn sie systematischer als bisher an die Wirtschaftlichkeit herangeführt werden.
5. Deutschland hat in Europa eine **klimapolitische Vorreiterrolle** übernommen. Bevor wir uns noch ehrgeizigere Ziele setzen, müssen andere Länder – vor allem in Europa – mit substantiellen Beiträgen aufschließen.
6. Nach der Einführung des **Emissionshandels** müssen die bisherigen klimapolitischen Instrumente (EEG, KWK-Förderung, Ökosteuer) auf Konsistenz überprüft werden.
7. Nur Energienetze brauchen eine staatliche **Regulierung**, soweit sie, wie beim Ferngastransport, nicht im Wettbewerb stehen. Die Black outs in verschiedenen Ländern haben Infrastrukturmängel deutlich werden lassen. Diese Regulierung muss gewährleisten, dass mit Investitionen in die Netze Renditen erzielt werden können, die dem Rentabilitätsanspruch des Kapitalmarkts entsprechen.
8. Modernisierung führt immer zu Effizienzgewinnen. Darin liegt energie- und klimapolitisch die große Chance der **Investitionswelle**, die auf die europäische und deutsche Energiewirtschaft in den nächsten 10-20 Jahren zurollt. Unter klaren und wirtschaftlich vernünftigen Rahmenbedingungen wird die Energiewirtschaft investieren.
9. Notwendig ist darüber hinaus eine **Welle technologischer Innovationen**, die zur Entlastung des Klimas beitragen. Die Energieforschung muss intensiviert werden und alle Optionen berücksichtigen.
10. Große Effizienzreserven liegen auch in der **Energienutzung** von Industrie, Verkehr und Haushalten. Ein Teil des Ökosteueraufkommens sollte für Anreize zum Energiesparen verwendet werden.

Dr. Alfred Richmann

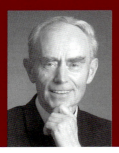

STUDIUM:

der Volkswirtschaftslehre an der Georg-August-Universität, Göttingen

BERUFLICHE TÄTIGKEIT:

als wissenschaftlicher Assistent bzw Oberassistent: am Volkswirtschaftlichen Seminar der Georg-August-Universität Göttingen

bei der Esso AG in Hamburg im Bereich Öffentlichkeitsarbeit

als Referatsleiter bis 2001 beim Deutschen Industrie- und Handelstag in Bonn im Bereich Energie

Seit 01.04.2001 Geschäftsführer des VIK Verband der Industriellen Energie- und Kraftwirtschaft e.V., Essen

Die Sichtweise des VIK – Verband der Industriellen Energie- und Kraftwirtschaft

1. AUFGABEN VON VERBÄNDEN

Ein wesentliches Kennzeichen moderner Gesellschaften ist deren komplexe Struktur. Deutschland ist ein gutes Beispiel. Es besitzt bspw. im Wirtschaftssektor eine große Anzahl unterschiedlicher Betriebe und Betriebsstrukturen. Diese verfolgen z. T. sehr gegensätzliche Unternehmensstrategien. So haben gerade die Energieerzeugung und -bereitstellung in den letzten Jahren verdeutlicht, wie unterschiedlich Ziele bei der Energieversorgung sein können. Während ein Teil der Wirtschaft an hohen Energiepreisen interessiert ist, ist der weitaus größere Teil auf niedrige Energiepreise angewiesen.

Die Politik ist in diesem Spannungsfeld daran interessiert, ein Optimum an Informationen und Entscheidungsgrundlagen zu erhalten, um auf dieser Basis gemeinwohlorientierte Gesetze zu verabschieden, einen funktionierenden Gesetzesvollzug zu ermöglichen sowie wirtschaftlichen und sozialen Fortschritt zu fördern.

Ein derartiger Input ist für staatliche Entscheidungsträger umso wertvoller, je umfassender diese auf eine breit gefächerte Akzeptanz der betroffenen Einrichtungen, Unternehmen und Personen angewiesen sind. Hier hat es während der letzten Jahre eine beschleunigte Entwicklung gegeben, ausgehend von breit getragenen Mandatsträgern in Gesamtverbänden über partikulare Branchenvertretungen bis hin zu einem direkten individuellen Unternehmenslobbying. Aus dem Blickwinkel individueller Unternehmenspolitik verspricht die Beeinflussung politischer Entwicklungen zugunsten spezieller Unternehmensanforderungen und -ziele dabei zunächst den größten Gewinn. Sie verursacht zwar vergleichsweise viel individuellen Aufwand, ermöglicht gleichzeitig aber auch eine relativ schnelle Vorgehensweise, da umfangreiche Abstimmungsprozesse mit zahlreichen sonstigen Betroffenen nicht erforderlich sind. Eine derartige Vorgehensweise läuft indes Gefahr, nur kurzfristig erfolgreich zu sein. Schließlich kommen andere Unternehmen mit gegensätzlichen Unternehmenszielen gar nicht umhin, entsprechend zu verfahren und ebenfalls ihr direktes Lobbying zu intensivieren.

Das Ergebnis ist ein „inflationäres" Ansteigen direkter politischer Einflussnahme, welches zwangsläufig zu einer Patt-Situation und zu ihrer jeweiligen Entwertung führt. Entscheidungswillige Politiker kommen angesichts einer derartigen Informationsflut gar nicht umhin, derart singuläre Vorschläge unbeachtet zu lassen.

Der VIK verkörpert als Fachverband der industriellen Energie- und Kraftwirtschaft einen großen Kreis von Industrie- und Gewerbebetrieben. Groß deswegen, weil im VIK Unternehmen unterschiedlicher Größenordnung aus den Branchen Chemie, Stahl, Papier, Zement, Aluminium, Glas,

Nahrungsmittel, Maschinenbau etc. bundesweit zusammengefunden haben, und das seit ca. 50 Jahren.

Kennzeichnend für diese Unternehmen und Branchen ist zum einen ihr überdurchschnittlich hoher Energiekostenanteil. Er liegt trotz weitgehend ausgeschöpfter Effizienzpotenziale zwischen 10 und 15 % und ist damit 5- bis 7-fach höher als der Durchschnitt des produzierenden Gewerbes. Überdies sind diese Betriebe in das Marktgeschehen des internationalen Wettbewerbs eingebunden. Ihre Produkte werden mittlerweile an vielen Orten der Welt in vergleichbarer Qualität hergestellt. Vor dem Hintergrund permanent gestiegener Preise für Energie (mehr als 50 % Preisanstieg im Jahr 2005) gehört es mittlerweile zum Betriebsalltag, Produktionskapazitäten in solchen Regionen zu errichten, die geringe Produktionskosten und damit eine höhere Rendite in Aussicht stellen. Kennzeichnend für die meisten dieser internationalen Regionen ist jedoch deren essentielle Vernachlässigung anspruchsvoller Umweltstandards, wie sie in Deutschland obligatorisch sind.

Aus Sicht eines flächendeckend tätigen und besonders betroffenen Energiefachverbandes der energiekostensensiblen Industrie sind daher Aktivitäten zwingend erforderlich, welche dieser Industrie-Erosion entgegenwirken. Schließlich arbeiten in den genannten Branchen des VIK nach den Zahlen des Statistischen Bundesamtes ca. 700.000 direkt beschäftigte Personen. Infolge intensiver Input-Output-Verflechtungen stehen mit diesen Beschäftigten ca. weitere 3 -5 Personen im vor- und nachgelagerten Dienstleistungs- und Produktionsbereich im direkten Verbund. Durch die teilweise oder vollkommene Standortstilllegung integrierter Betriebe der Grundstoff- und Halbfertigproduktion entstehen daher schier unlösbare Beschäftigungsprobleme

2. DAS NEUE ENERGIEWIRTSCHAFTSGESETZ

Aufgrund der wenig wettbewerbsgerechten Marktstruktur in der Energieerzeugung (wenige Großunternehmen bilden ein enges Oligopol) ist es nicht mit einer politischen Maßnahme allein getan, um Abhilfe zu schaffen. Stattdessen ist eine Reihe von Aktivitäten erforderlich. Ausgangspunkt ist dabei die wettbewerbsgerechte Umsetzung des neuen Energiewirtschaftsgesetzes (EnWG).

Dieses neue Regelwerk eröffnet für die Strom- und Erdgasversorgung mit dem Übergang zum regulierten Netzzugang einen vollkommen anderen Ordnungsrahmen. Mit der Zielstellung einer möglichst sicheren, preisgünstigen, verbraucherfreundlichen, effizienten und umweltverträglichen Versorgung mit Elektrizität und Gas (EnWG § 1 Abs. 1) strebt das Gesetz eine umfassende wettbewerbliche Entwicklung auf den Strom- und Gasmärkten an. Allerdings geht es bei diesem Gesetz im Wesentlichen um die Regulierung der Netze, die zur Sicherstellung eines wirksamen und unverfälschten Wettbewerbs bei der Versorgung mit Elektrizität und Gas führen soll (EnWG § 1 Abs. 2). Die anderen Bereiche des Strom- und Gasmarktes – Erzeugung, Exploration, Förderung, Import, Handel, Vertrieb – werden zunächst nur über die positiven Auswirkungen, die ein funktionsfähiger und nicht diskriminierender Netzzugang auf den Markt an sich ausüben kann, von den Regelungen des Gesetzes berührt. Damit konzentriert sich das EnWG auf einen Bereich, der zwar einen wesentlichen, aber doch nicht den bedeutendsten Anteil auf der Rechnung eines Strom- und Gaskunden ausmacht.

In Umsetzung des Energiewirtschaftsgesetzes sowie den zwischenzeitlich ebenfalls in Kraft getretenen vier Verordnungen Stromnetzentgeltverordnung (StromNEV), Stromnetzzugangs-Verordnung (StromNZV), Gasnetzentgeltverordnung (GasNEV), Gasnetzzugangsverordnung (GasNZV) ergeben sich aus VIK-Sicht folgende notwendige Handlungsleitlinien, die wegen ihrer großen Anzahl abgekürzt wie folgt lauten:

- Bestimmung wettbewerbsgerechter und wettbewerbsfördernder Netznutzungsentgelte
- die Entwicklung eines dynamischen Anreizmodells für die Entgeltregulierung
- Angemessene Ausstattung der Bundesnetzagentur, damit diese innerhalb der vom EnWG vorgesehenen Fristen ihre Aufgaben wahrnehmen kann
- Schnelle Korrektur der noch vorhandenen Defizite und Widersprüche in den bereits bestehenden EnWG-Verordnungen
  - **Gas**
  z. B. die dem EU-Recht widersprechende Ausnahme bei „Rucksackregel", Bilanzausgleich, Gasbeschaffenheit, Regeln für Kosten- und Entgeltwälzung
  - **Strom**
  z. B. verzögertes Inkrafttreten der regelzonenübergreifenden Regelenergieausschreibung, verspätete Abschaffung der Bundestarifordnung Elektrizität (BTOElt)
- zeitnahe Verabschiedung weiterer Verordnungen, insbesondere Novellierung der Verordnung über Allgemeine Bedingungen für die Elektrizitätsversorgung von Tarifkunden (AVBEltV) und der Verordnung über Allgemeine Bedingungen für die Gasversorgung von Tarifkunden (AVBGasV): Insbesondere von Bedeutung: Haftungsregelungen angepasst auf Industriekunden, Abschaffung der Baukostenzuschüsse, Verordnung zum Mess- und Zählerwesen
- Einleitung eines Monitoringprozesses zum Gasspeicherzugang mit dem Ziel, bei fehlendem Wettbewerb eine entsprechende Verordnung zu initiieren

- Verbesserte Regelungen gegen Insiderhandel und Marktmissbrauch beim Energiebörsenhandel
- Ausbau der Engpässe an den Grenzkuppelstellen durch Überarbeitung der EU-Verordnung zum grenzüberschreitenden Stromhandel im Sinne der Mittelverwendung aus Engpassauktionierungen zur Erweiterung der Kapazitäten.

3. WEITERE GRUNDLEGENDE ENERGIEPOLITISCHE MAßNAHMEN

Neben dem Energiewirtschaftsgesetz gibt es aus der Sicht der energiekostensensiblen Industrie weiteren energiepolitischen Handlungsbedarf:

1. Instrumentenbereinigung

- Abstimmung klima- und umweltpolitischer Instrumente, um gegeneinander laufende Effekte (z. B. Belastung des Kraft-Wärme-Kopplungs-Stroms durch Erneuerbare-Energien-Gesetz) und Mehrfachbelastungen (z. B. Addition von Ökosteuer und CO_2-Zertifikatskosten) zu verhindern, durch „Anschieben" eines koordinierten Gesetzespakets
- Keine Übererfüllung internationaler umwelt- und klimapolitischer Zielvorgaben
- Beendigung der Vorreiterrolle Deutschlands und der nationalen Alleingänge.

2. Emissionshandel

- Maßnahmen gegen Mitnahmeeffekte („Windfall Profits") der Elektrizitätserzeuger zu Lasten der Kunden (die durch die Einpreisung der Zertifikate in den Strompreis entstehen)
- Analyse/Bewertung des EU-Emissionshandels in der Pilotphase 2005-2008 als Basis einer grundsätzlich anderen Ausgestaltung ab 2008 (u. a. volle Berücksichtigung von Clean Development Mechanism (CDM) und Joint Implementation (JI)).

3. Erneuerbare-Energien-Gesetz (EEG)

- Umgestaltung des EEG unter Maßgabe der folgenden Kriterien, mit dem Ziel, erneuerbare Energien dazu zu befähigen, im Strommarkt ohne Dauersubventionen konkurrenzfähig zu sein:
- Erhöhung der Effizienz der Förderung: Wettbewerb der Energieträger untereinander, Pflicht der Erzeuger zur eigenständigen Vermarktung
- Begrenzung der Belastung: klar definierte, planbare Belastungsbegrenzung (analog KWK-Gesetz, höchstens 0,05 Ct/kWh) Deckelung der Gesamt-Förderkosten (inkl. Netzausbau-, Regelenergiekosten)
- Verschiebung des Schwerpunktes auf F+E-Förderung
- Mindestens folgende Probleme des bestehenden EEG unverzüglich ausräumen:

- Belastung von in Werksnetzen erzeugtem und verbrauchtem Strom mit der EEG-Abgabe
- Nur verzögerte Antragsmöglichkeit bei der Härtefallregelung durch Ausschluss von Anträgen auf Basis von Prognosedaten.

4. Kraft-Wärme-Kopplung (KWK)
- Gleichbehandlung industrieller und öffentlicher Kraft-Wärme-Kopplungsanlagen
- Fördervoraussetzung darf ausschließlich die Ressourcenschonung sein.

5. Energiesteuern
- Ausschöpfung aller wettbewerbsgerechten Vollzugsspielräume der EU-Energiesteuerrichtlinie (z. B. Sondertatbestände für energieintensive Unternehmen, Freistellung des rohstofflichen Einsatzes von Energie und von „dual use"-Anwendungen)
- hilfsweise Beibehaltung der bestehenden Ökosteuer-Sondervorschriften für das produzierende Gewerbe.

6. Energiemix
- Anstöße zur Entwicklung eines nationalen Energieprogramms
- Verankerung von Braun- und Steinkohle aufgrund ihrer langfristigen Verfügbarkeit als wichtige Stützpfeiler auch im zukünftigen Energiemix
- Ausstieg aus dem „Kernenergie-Ausstieg" und angemessene Weitergabe der daraus entstehenden „Windfall Profits" bei den Elektrizitätserzeugern in Form von Preissenkungen für energieintensive Verbraucher
- Schaffung langfristiger Zukunftsoptionen für moderne Kernkraftwerkstechniken (z. B. HTR; ITER) als langfristige Alternative zu fossilen Energieträgern
- Genehmigungserleichterungen schaffen für den Ausbau dezentraler Versorgungsstrukturen (zur Vermeidung steigender Energiepreise).

Olaf Tschimpke

Olaf Tschimpke wurde auf der Bundesvertreterversammlung des NABU am 21. Juni 2003 in Kassel zum NABU-Präsidenten gewählt. Zuvor war er schon insgesamt 18 Jahre für den NABU als Landesgeschäftsführer (1985) und Vorsitzender des NABU Niedersachsen (2000) tätig. In den Verband (damals noch DBV) trat Tschimpke 1976 ein. Sein Studium absolvierte er in Gießen und widmete sich vor seiner Tätigkeit beim NABU Forschungsarbeiten über Umweltprobleme und Fragen der umweltverträglichen Landnutzung in Sri Lanka und Tansania. Von 1995 – 2001 war Olaf Tschimpke nebenberuflich als Lehrbeauftragter für das Fachgebiet Umweltpolitik an der Fachhochschule Hildesheim-Holzminden tätig. Seit 2004 ist Olaf Tschimpke Kuratoriumsvorsitzender der Stiftung Naturschutzgeschichte, Mitglied im Kuratorium der Michael-Otto-Stiftung, sowie Mitglied im Aufsichtsrat des Wuppertal Institutes und Mitglied im ZDF-Fernsehrat. Der 1955 geborene Diplom-Geograph ist verheiratet und hat drei Kinder.

Die Sichtweise eines Umweltverbandes

1. PROBLEM UND HERAUSFORDERUNG

Angesichts der Erkenntnisse über den menschengemachten Klimawandel liegt auf der Hand, dass unsere heutige Energieversorgung weder umweltverträglich noch zukunftsfähig sein kann. Dadurch, dass wir in wenigen Jahrzehnten so viele fossile Energieträger verbrannt haben wie in Millionen von Jahren entstanden sind, haben wir wichtige Kreisläufe des Ökosystems Erde aus dem Ruder laufen lassen. Die Nutzung der fossilen Ressourcen verbunden mit den resultierenden CO_2-Emissionen im derzeitigen Umfang kann daher nicht umweltverträglich sein.

Selbst wenn es in den kommenden 2 Jahrzehnten – wie uns die Energiewirtschaft vorrechnet – gelingt, CO_2-arme Kohlekraftwerke zu entwickeln und Lagerstätten für abgetrenntes Kohlendioxid bereit zu stellen, bliebe unsere Energieversorgung nicht-nachhaltig. Denn wir würden mit unserem Ressourcenverbrauch weiter auf Kosten nachfolgender Generationen leben und wirtschaften. Und es bleibt wahr, dass unsere fossilen Ressourcen im Prinzip viel zu kostbar dafür sind, sie einfach zu verbrennen.

Streng genommen umweltverträglich und zukunftsfähig ist Ressourcennutzung nur dann, wenn wir unserer Erde nur so viel entnehmen, wie im gleichen Zeitraum nachgebildet wird. Unter dieser Vorgabe ist im Prinzip nur die Nutzung Erneuerbarer Energien möglich. Deshalb ist die große Herausforderung in diesem Jahrhundert, unsere Energieversorgung praktisch vollständig auf diese Energieträger umzustellen.

Es muss an dieser Stellen betont werden, dass der Weg in eine nachhaltige Energieversorgung tatsächlich auf 3 Säulen beruhen muss. Denn, dass der Umstieg auf Erneuerbare Energien zügig und weitgehend gelingt, setzt voraus, dass die beiden anderen Säulen – Energieeinsparung und Energieeffizienz – ebenso konsequent verfolgt werden. Es ist weitgehend unstrittig, dass der sparsame Umgang mit und die effiziente Nutzung von Energie nicht nur umweltverträglich, sondern in der Regel eben auch wirtschaftlich ist. Daher soll das Hauptaugenmerk dieses Aufsatzes auf den Energieträgern liegen.

2. UMWELTVERTRÄGLICHKEIT
2.1. Energieversorgung und Klimawandel

Der Klimawandel ist die zentrale Herausforderung des 21. Jahrhunderts. Wissenschaft und Politik sind sich inzwischen weitgehend einig, dass die Erhöhung der mittleren globalen Temperatur verglichen mit vorindustriellem Niveau auf unter 2 Grad Celsius begrenzt werden muss, um die schlimmsten Konsequenzen zu verhindern. 0,7 Grad Temperaturerhöhung werden bereits heute gemessen. Den größten Anteil am anthropogenen Treibhauseffekt hat Kohlendioxid (CO_2). Dessen Emissionen stammen, sieht man einmal von der natürlichen Atmung der Erdbewohner ab, fast ausschließlich aus der energetischen Nutzung – also Verbrennung – unserer fossilen Ressourcen Kohle, Öl und Gas. Daher ist die Umgestaltung unserer Energieversorgung der wichtigste Hebel, dem Klimawandel wirksam entgegen zu steuern.

In Deutschland sparen Erneuerbare Energien heute bereits jährlich 70 Millionen Tonnen CO_2 ein. Ohne sie würden wir heute über 8 Prozent mehr CO_2 ausstoßen und hätten erhebliche Probleme, unsere Reduktionsverpflichtungen nach dem Kioto-Protokoll bis 2012 zu erfüllen. Der größte Anteil der Einsparungen – ebenso wie die meisten Emissionen - fällt dabei auf den Stromsektor, gefolgt von der Wärmeerzeugung.

Langfristig – bis Mitte dieses Jahrhunderts – müssen die weltweitweiten CO_2-Emissionen nach Erkenntnissen der Klimaforschung um mindestens 50 Prozent reduziert werden, soll das 2-Grad-Ziel erreicht werden. Das bedeutet wiederum eine Reduktion um 80 Prozent in den Industrieländern. Daran wird deutlich, dass es nicht einfach darum geht, die Erneuerbaren weiter auszubauen. Sie müssen vielmehr bis zur Mitte unseres Jahrhunderts unsere Energieversorgung, die bis dahin Effizienzsprünge gemacht haben muss, dominieren.

2.2. Zu angeblichen Alternativen

Häufig wird die Möglichkeit thematisiert, Klimaschutz auch mit Hilfe der Atomenergienutzung zu betreiben. Die Enquete-Kommission des Deutschen Bundestages „Nachhaltige Energieversorgung" ist dieser Frage nachgegangen und hat festgestellt, dass allein in Deutschland 50 neue Atomkraftwerke notwendig wären, um unsere Klimaschutzziele auf diesem Weg zu erreichen. Weltweit wäre sogar eine vierstellige Zahl notwendig – eine geradezu groteske Vorstellung. Ganz abgesehen davon stünden dafür gar keine Uranressourcen zur Verfügung. Das heißt, selbst wenn man in Deutschland dieses Risiko einginge, wäre dieser mehr als zweifelhafte Klimaschutzweg auf den Rest der Welt nicht übertragbar.

Wollte man die Atomenergienutzung also weiter ausbauen – zum Beispiel damit sie einen spürbaren Beitrag zum Klimaschutz leisten kann – müsste man in großem Stil in die Brütertechnologie einsteigen – mit völlig unkalkulierbaren Sicherheitsrisiken. Aus gutem Grund haben wir uns in den 80er Jahren dagegen entschieden, denn die Brütertechnologie ist schwer zu beherrschen, insbesondere durch die aufwändige Kühlung mit flüssigem Natrium. Zudem bedeutet sie den massiven Einstieg in die Plutoniumwirtschaft u.a. mit unkalkulierbaren Gefahren durch Verbreitung von Plutonium als atomwaffenfähigem Material. Die gesellschaftlichen Konflikte, die auch bei uns mit dem Wiedereinstieg in die Atomenergienutzung verbunden wären, seien an dieser Stelle nur erwähnt.

Auch andere häufig diskutierte Alternativen sind bei näherem Hinsehen keine – jedenfalls keine verlässlichen. Das CO_2-freie Kohlekraftwerk ist genau genommen allenfalls ein CO_2-armes und führt unterm Strich sogar zu einem Anstieg unseres Ressourcenverbrauchs, denn der Prozess der Abtrennung des CO_2 ist energieaufwändig und erfordert damit zusätzlichen Primärenergieeinsatz. Da die Technik als Ganzes erst in frühestens 2 Jahrzehnten bereit stehen wird, kann sie auch gar keine Beiträge für kurz- und mittelfristige Reduktionsziele leisten. Und ob die seit Jahrzehnten immer wieder gepriesene Kernfusion, deren Erforschung schon Milliarden verschlungen hat, jemals als Alternative zur Verfügung stehen wird, ist mehr als fraglich. Dass sie in 50 Jahren einsatzbereit sein wird, hat die entsprechende Lobby auch schon vor mehr als 20 Jahren verkündet.

3. WIRTSCHAFTLICHKEIT UND SOZIALVERTRÄGLICHKEIT
3.1. Eine Frage der Vorsorge

Von Kritikern einer Strategie, die vor allem auf Erneuerbare Energien setzt, wird häufig entgegnet, sie sei nicht wirtschaftlich und wegen resultierender hoher Kosten für den Endverbraucher auch nicht sozialverträglich. Doch länger als kurzfristig gedacht, ist eine solche Argumentation nicht haltbar.

Der weltweite Energiebedarf steigt seit Jahren drastisch und an diesem Trend wird sich vorerst nichts ändern. Daher geht der Trend nicht nur mittel- sondern auch langfristig zu höheren Erdöl- und Erdgaspreisen. Politische Konflikte in der Nahostregion sowie das rasante Wachstum insbesondere von Schwellenländern wie China und Indien fungieren als Preistreiber. Die in der EU vorhandenen Energieressourcen weisen jedoch einen Abwärtstrend auf, Importe dagegen steigen an. Unterm Strich bedeutet dieser Trend eine sich ständig verschärfende Konkurrenz um die verbleibenden Ressourcen und damit nicht nur absehbar ansteigende Energiepreise, sondern auch steigende Unsicherheiten bei der Versorgung. Erwähnt werden sollte an dieser Stelle, dass dies nicht nur fossile, sondern auch nukleare Energieträger betrifft, denn auch Uran ist ein importierter Energieträger.

Erneuerbare Energien hingegen sind in erster Linie eine heimische Quelle und ihr Ausbau verringert somit Stück für Stück die Importabhängigkeit unserer Energieversorgung. Preise für Erneuerbare Energien mögen heute noch relativ hoch sein, doch sind sie ziemlich sicher kalkulierbar und weisen zudem einen verlässlichen Abwärtstrend auf. Zudem nimmt damit die Importabhängigkeit unserer Energieversorgung – insbesondere von potenziellen Krisenregionen – kontinuierlich ab. Und bezüglich der Preise von Alternativen lässt sich schon heute verlässlich sagen, dass Strom aus CO_2-armen Kohlekraftwerken mindestens genauso teuer, wahrscheinlich sogar teurer sein wird als der aus Erneuerbaren Energien.

3.2. Energiepolitik und Standortfragen

Häufig begegnet den Verfechtern einer auf Effizienz und Erneuerbaren Energien setzenden Energiepolitik das Argument, dass ein solcher Umbau insbesondere wegen steigender Energiepreise den Standort Deutschland gefährden würde. Im vorangegangenen Absatz ist bereits darauf hingewiesen worden, dass dies Argument längerfristig aller Voraussicht nach nicht greift. Eine ganz andere Frage ist zudem, welchen Wirtschaftsfaktor die Energiebranche selbst in Deutschland darstellt. Der konventionelle Energiesektor konnte in der Vergangenheit noch Impulse im Hinblick auf effiziente Kraftwerkstechnik setzen, die auch für den Export und damit den Erhalt von Arbeitsplätzen in der Branche interessant sind. Doch längst gehört dieser Sektor nicht mehr zu den wachstumsträchtigen. Die Beschäftigung weist seit langem einen Abwärtstrend auf und eine Trendwende ist auch für die Zukunft nicht mehr zu erwarten, werden doch in modernen Großkraftwerken immer weniger Arbeitskräfte gebraucht.

Ganz anders sieht es insbesondere bei den Erneuerbaren Energien aus, wo der Ausbau der vergangenen Jahre zu einem bemerkenswerten Beschäftigungsausbau geführt hat. Etwa 130.000 Menschen arbeiten gegenwärtig in dieser Branche. Laut einer Umfrage des Bundesverbandes Erneuerbare Energien (BEE) will jedes zweite der befragten Unternehmen der Branche die Mitarbeiterzahl in den nächsten fünf Jahren um 30 bis 100 Prozent vergrößern.

Wie bedeutend dieser Bereich für die Wirtschaft ist, zeigen auch die Umsätze. 2004 gab es einen Gesamtumsatz mit Erneuerbaren Energien von rund 11,6 Mrd. Euro. Davon fallen etwa 6,5 Mrd. Euro auf die Errichtung von Anlagen und 5,1 Mrd. Euro auf deren Betrieb.

Und die Vorreiterrolle Deutschlands hat noch einen weiteren Effekt: Die Erneuerbaren Energien sind ein Exportschlager. Bereits heute liegt das Exportvolumen bei über 2 Mrd. Euro pro Jahr. Den größten Anteil daran hat gegenwärtig die Windenergie, von der inzwischen mehr exportiert als in Deutschland installiert wird. Das zeigt einmal mehr, dass wir mit dem Ausbau der Erneuerbaren nicht allein stehen, sondern Deutschland Zeichen gesetzt hat, die andere Länder inzwischen zum Nachahmen bewegt haben. So führt die Vorreiterrolle nicht nur zu ökologischen Gewinnen sondern nutzt dem Standort Deutschland, indem ein stabiler, wachstumskräftiger und zudem arbeitsplatzintensiver Wirtschaftszweig aufgebaut werden konnte.

3.3. Zur Frage der Strompreise

Die Strompreise in Deutschland sind in der jüngeren Vergangenheit in der Tat kräftig gestiegen. Sucht man nach Erklärungen dafür, werden vor allem staatliche Förderprogramme – also die Umlagen nach dem Kraft-Wärme-Kopplungsgesetz und dem Erneuerbaren-Energien-Gesetz – thematisiert. Doch die Wirklichkeit sieht anders aus.

Im Jahr 2004 betrug die EEG-Umlage 0,54 Cent pro Kilowattstunde, was bei einem durchschnittlichen Strompreis von 18 Cent rund 3 Prozent ausmacht. Zusammen mit der Umlage für die KWK-Förderung machten die Mehrkosten 0,84 Cent pro Kilowattstunde oder gut 4,5 Prozent des Strompreises aus. Für einen 4-Personen-Haushalt sind das rund 2 Euro im Monat – unter sozialen Aspekten also durchaus vertretbar. 60 Prozent der Stromkosten hingegen gehen auf Erzeugung (aus fossilen und nuklearen Energieträgern), Transport und Vertrieb zurück. Und hier haben die Energieversorger kräftig aufgeschlagen, denn an den Strompreiserhöhungen der vergangenen Jahre hatten die Erneuerbaren Energien nach Angaben des BMU nur einen Anteil zwischen 7 und 18%.

Erwähnt werden muss an dieser Stelle auch, dass sich die vorgenannten Zahlen nur auf die Haushaltskunden beziehen, die die Hauptlast der Kosten für Erneuerbare Energien tragen. Die so genannte Härtefallregelung sorgt hingegen dafür, dass die Industrie – insbesondere das energieintensive produzierende Gewerbe – nicht übermäßig oder besser gesagt nur marginal belastet wird. Klagen darüber, dass die von Erneuerbaren Energien verursachten Strompreissteigerungen Deutschland als Standort für produzierendes Gewerbe gefährden, gehören daher in die Welt der Märchen verbannt.

3.4. Die Frage der Gerechtigkeit

Mit unserem Pfad der Ressourcenausbeutung leben wir auf Kosten nicht nur kommender Generationen sondern auch weiter Teile der heutigen Erdbevölkerung. Zugang zu den Ressourcen haben eben bei weitem nicht alle, sonst wären Entwicklung und Reichtum auf dieser Welt nicht so ungerecht verteilt. Und bliebe es beim Kohlekraftwerk als Standard, würde diese Ungerechtigkeit weiter zementiert und weite Teile dieses Welt von der Energieversorgung abgeschnitten bleiben. Erst die breite Etablierung Erneuerbarer Energien kann hieran etwas ändern. Und noch mehr Chancen bieten sich langfristig: Da der gemeinhin ärmere Sonnengürtel der Erde nun einmal zumindest mit Sonnenergie reich gesegnet ist, bieten sich Perspektiven für einen langfristigen Nord-Süd-Ausgleich.

4. ZUKUNFTSFÄHIGE ENERGIEVERSORGUNG – EIN FAZIT

Eine zukunftsfähige Energieversorgung muss alle Aspekte der Nachhaltigkeit im Auge behalten. Dieses vermeintliche Argument von Kritikern einer Energiewende spricht bei genauerem Beleuchten nicht gegen, sondern für den Umstieg auf Erneuerbare Energien. Er ist nicht nur umweltschonend (was kaum ein Kritiker bestreitet), sondern auch in mehrerer Hinsicht wirtschaftlich vernünftig, sobald man die Kurzsichtigkeit wirtschaftlichen Denkens ablegt. Und sozialverträglich ist er – insbesondere global betrachtet – allemal.

Die Sichtweise eines Umweltverbandes

Mit wachsender Erkenntnis über den Klimawandel und zunehmender Konfrontation mit dessen Folgen nimmt glücklicherweise auch die Erkenntnis zu, dass der Umstieg auf Erneuerbare Energien ohne Alternative ist und wir keine Zeit mehr verlieren dürfen. Dies belegen nicht zuletzt auch Passagen der schwarz-roten Koalitionsvereinbarung vom November 2005. Zukünftig kommt es darauf an, zügig voran zu schreiten und Ausbauerfolge hier und anderswo zu erzielen – mit den heutigen Kritikern oder wenn es sein muss ohne sie.

Axel Moritz

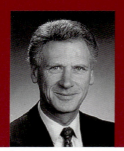

PERSÖNLICHE DATEN:

1946   geboren in Bad Homburg

AUSBILDUNG:

1952 – 1965   Schulausbildung
1965 - 1968   Ausbildung in Starkstromtechnik
1971 - 1974   Pfalzwerke AG Ludwigshafen, Energiewirtschaft

BERUFLICHE TÄTIGKEIT:

1971 - 1974   Pfalzwerke AG Ludwigshafen, Energiewirtschaft
seit 1974   Verschiedene Aufgaben in energietechnischen/
                energiewirtschaftlichen Bereichen
derzeit   u. a. zuständig als Vice President für
                Energieversorgungskonzepte der BASF-Gruppe und
                energiewirtschaftliche/energiepolitische Grundsatzfragen

Nachhaltigkeit aus der Sicht der Industrie

Die deutsche chemische Industrie bekennt sich voll und ganz zu den Grundprinzipien des Sustainable Development. Innerhalb der Industrie hat sich die deutsche Chemie und die BASF mit an die Spitze derer gestellt, die Nachhaltigkeit zu ihrer Unternehmensphilosophie gemacht haben, denn es ist unsere feste Überzeugung, dass wir als Industrie nur langfristig eine Chance haben, national und international erfolgreich zu sein, wenn wir neben dem wirtschaftlichen Handeln auch auf die beiden anderen Säulen der Nachhaltigkeit, den Umweltschutz und die Sozialverträglichkeit, ausgewogen achten.

Dieses gilt selbstverständlich nicht nur für unser gesamtes unternehmerisches Handeln, sondern auch im Hinblick auf den Einsatz von Energien für deren Umwandlung bzw. Erzeugung.

Wenn wir uns insbesondere mit Blick auf die Energieerzeugung und Energiepolitik vor Augen halten, wie in Deutschland in den letzten 20 Jahren politische Entscheidungen getroffen und Gesetze verabschiedet wurden, so lässt sich feststellen, dass diese häufig nur sehr eingeschränkt mit nachhaltigem Handeln im Sinne von Umweltverträglichkeit, Wirtschaftlichkeit und Sozialverträglichkeit zu tun haben.

Entscheidungen und Gesetzesinitiativen wurden zwar fast immer mit Nachhaltigkeit begründet, nachhaltig waren sie in der Regel jedoch immer nur bei der Erreichung eines bestimmten Schwerpunktzieles, zum Beispiel beim Umweltschutz.

So wurde, um nur einige Beispiele zu nennen, der Kernenergieausstieg beschlossen, begründet mit Umwelt- und Gesundheitsschutz, ohne dabei die wirtschaftlichen Auswirkungen und die Konsequenzen im Hinblick auf die Sozialverträglichkeit sorgfältig in die Entscheidung einzubeziehen. Dass der vorzeitige Ausstieg und die Stilllegung der preiswertesten Stromerzeugungsanlagen natürlich die Stromkosten und damit die Preise in die Höhe treiben wird und dies nicht ohne Wirkung auf die Wettbewerbsfähigkeit energieintensiver Produktionen und damit auch auf Arbeitsplätze sein wird, wurde teilweise gezielt verdrängt. Selbst der Einfluss auf die CO_2-Emissionen wurde heruntergespielt und so getan, als ob erst durch den Ausstieg aus der Kernenergie erhöhtes Energiesparen erfolgen wird.

So wurde zum Beispiel auch der CO_2-Emissionshandel eingeführt mit dem Ziel, Umweltschutz durch wirtschaftlich gesteuerte Reduktion von CO_2-Emissionen zu erreichen. Gleichzeitig wurden, ohne Erfahrung mit einem derart komplexen System gesammelt zu haben, massive Verwerfungen in Kauf genommen. So sind beispielsweise, angestoßen durch den Emissionshandel, die Strompreise massiv angestiegen, verbunden mit großen wirtschaftlichen Problemen für viele Verbraucher und Arbeitsplätze. Es wurden hier, wie häufig, die weitergehenden Konsequenzen und Probleme einer Umweltschutzmaßnahme auf die Bereiche Wirtschaftlichkeit und Soziales bewusst verdrängt oder in Kauf genommen.

Ähnlich verhält es sich auch mit der gesetzlichen Regelung zur regenerativen Energieerzeugung, die losgelöst von Wirtschaftlichkeit und Sozialverträglichkeit massiv gefördert wird. Die uneingeschränkte Vorrangregelung für regenerative Energie, losgelöst von wirtschaftlichen und sozialverträglichen Konsequenzen, führt, um ein Beispiel aus der eigenen Erfahrung zu erwähnen, zu grotesken Auswirkungen. So sollen bestehende Kraft-Wärme-Kopplungsanlagen mit Strom-Einspeisungen in das Netz zurückgefahren, ja sogar abgestellt werden, wenn es durch regenerative Energien zeitweise zu Netzengpässen kommt. Die Konsequenz wären höhere CO_2-Emissionen, Einschränkungen im Produktionsprozess des Standortes und damit verbunden negative wirtschaftliche Konsequenzen. Hieraus kann man lernen, dass gesetzliche Regelungen, wie zum Beispiel der Vorrang erneuerbarer Energien, ohne ausreichende Berücksichtigung der Nachhaltigkeit zu betriebs- und volkswirtschaftlichen Fehlsteuerungen führen können.

Es kann auch nicht richtig sein, die Förderung und den massiven Ausbau von Photovoltaik-Anlagen im Rahmen des Erneuerbare Energien-Gesetzes als wichtigen Beitrag für Umweltschutz und Energieerzeugung zu bezeichnen, wenn mit dem gleichen Geld, das wir hierfür ausgeben, über Kyoto-Instrumente fast 100 Mal soviel Klimagas eingespart werden könnte. Damit wird bei gleichzeitig begrenzter Ressource Kapital dem Ziel, möglichst viel und effizient CO_2 zu reduzieren, ein Bärendienst geleistet. Da gleichzeitig die Photovoltaik in unseren Klimazonen auch nur einen sehr sehr begrenzten Beitrag zur Energieversorgung leisten kann und Ersatzkapazitäten für Zeiten ohne Sonneneinstrahlung zur Verfügung gestellt werden müssen, ist selbst in Bezug auf Ressourcenschonung kaum ein positiver Ansatz zu erkennen. Auch mit Blick auf die Sozialverträglichkeit ist Skepsis angebracht. Hier bleibt anzumerken, dass nicht nur die Industrie, sondern auch die privaten Verbraucher neben hohen Steuersätzen hohe Abgaben für regenerative Energien bezahlen müssen. In Zeiten, in denen viele privaten Haushalte bereits stark von Kostensteigerungen belastet werden, kommt dieser Aufschlag noch hinzu, was sicherlich nicht sozialverträglich ist.

Die Reihe einseitig ausgerichteter getroffener Entscheidungen lässt sich beliebig fortsetzen. Dabei lassen sich sicherlich auch viele negative Beispiele aus anderen Sektoren finden. So werden Entscheidungen in der Industrie verständlicherweise mit Schwerpunkt auf Wirtschaftlichkeit getroffen, während Umweltschutz und Sozialverträglichkeit dabei häufig stärker zurücktreten müssen. Auch hier gilt, dass sich unausgewogenes Ausrichten auf nur eine Säule der Nachhaltigkeit längerfristig nicht auszahlen wird.

Was können wir aus all den Erfahrungen lernen, für eine Anforderung an eine umweltverträgliche, wirtschaftliche und sozialverträgliche Energieerzeugung? Zunächst ist uns allen bewusst, dass die fossilen Primärenergieträger endlich sind. Als erster fossiler Energieträger wird weltweit das Erdöl knapp werden, während das Erdgas noch länger zur Verfügung steht. Die Kohlenvorräte der Erde reichen allerdings noch mehrere 100 Jahre. Die knapper werdenden fossilen Ressourcen bei gleichzeitig steigendem Energiehunger der Weltbevölkerung werden nicht ohne großen Einfluss auf Umwelt, Wirtschaftlichkeit und Sozialverträglichkeit sein. Bereits heute führt die Verknappung beim Öl zu massiven Preissteigerungen, verbunden mit Verteilungskämpfen und Verschärfung der sozialen Probleme, insbesondere in den ärmeren Ländern. Neben dem sparsamen Umgang mit Energie muss die möglichst rationale Erzeugung deshalb hohe Priorität haben.

Wenn wir über Nachhaltigkeit mit Schwerpunkt Energieerzeugung reden, dann müssen wir zunächst an moderne Kraft-Wärme-Kopplungsanlagen denken, aber auch an Kraftwerke und Kesselanlagen mit sehr hohen Wirkungsgraden. Wenn wir von zukunftsfähiger Energieerzeugung reden, dann dürfen wir aber auch die regenerativen Energien nicht vergessen, auch wenn deren Beitrag für die industrielle Energieerzeugung wegen der noch fehlenden Wirtschaftlichkeit und der klimatischen Abhängigkeiten heute noch in breiter Front kaum Anwendung finden wird. Es gibt allerdings schon heute eine Reihe von Nischen, die gezielt genutzt werden sollten, so zum Beispiel in der Papierindustrie die fallweise Nutzung von Biobrennstoffen, die gleichzeitig Abfallstoffe bei industriellem Prozess sind.

Neben den regenerativen Energien, die zum technisch/wirtschaftlichen Durchbruch sicherlich noch 10 bis 15 Jahre brauchen, benötigen wir weltweit weiter die Kernenergie. Diese wird für eine Übergangsphase, bis wir den Einstieg in andere CO_2-freie Technologien gefunden haben, weiter benötigt werden.

Aus Gründen der Nachhaltigkeit und Versorgungssicherheit werden wir allerdings nicht auf fossile Energieträger wie Erdgas und Kohle verzichten können. Bei der gewaltigen Herausforderung, die die Klimaveränderung für unsere Welt mit sich bringt, muss beim Einsatz fossiler Energieträger zukünftig zentrales Thema jedoch eine möglichst am Ende CO_2-freie Energieerzeugung sein.

Da wir allein mit regenerativen Energien keine nachhaltige Energieerzeugung erreichen können, die Kernenergie auf Dauer keine befriedigende Lösung insbesondere wegen der Probleme mit der Endlagerung darstellt und als langfristig verfügbarer fossiler Energieträger nur die Kohle zur Verfügung steht, werden wir verstärkt unser Augenmerk auf die Kohle lenken müssen. Hier brauchen wir dann jedoch eine sehr effiziente und umweltfreundliche Energieerzeugung auf Basis Kohle, was auf dem Umweg über die Kohlevergasung möglich ist. Die Vergasung bietet technologisch den Vorteil, auf effizientere Weise als über andere Technologien das CO_2 aus dem Prozess auszuschleusen. Was fehlt, ist die Beantwortung der Frage, was machen wir mit dem CO_2. Die einzigste Antwort, die wir heute hierzu kennen, ist die Sequestrierung. Ob dies in großem Stil ohne negative Konsequenzen jedoch gelingt, muss noch erforscht und erprobt werden.

Gelingt es uns am Ende, klare technische Antworten auf die globalen Energieprobleme zu finden und Technologien zu entwickeln, die eine auch „bezahlbare" CO_2-freie Energieerzeugung gewährleisten, dann lässt sich unser Energiebedarf langfristig umweltfreundlich, wirtschaftlich und sozialverträglich sichern.

Dies wäre dann die Basis, auf die eine Industrie aufbauen kann und die Voraussetzung für wachsenden Wohlstand der Weltbevölkerung ist.

Wir als Industrie sind aufgerufen, durch Innovation und Engagement Antworten zu finden, die die Welt braucht. Hier wollen auch wir gerne unseren Beitrag leisten.

Nachhaltigkeit aus der Sicht der Industrie — KAPITEL 9.4

Prof. Dr. Walter Blum

Jahrgang 1937. Nach dem Studium der Physik in Frankfurt, Princeton und München Promotion 1966 über ein Thema der experimentellen Elementarteilchenphysik. Entwicklung von Nachweisgeräten und Durchführung von Experimenten im Rahmen des Max-Planck-Instituts für Physik in München und am Europäischen Kernfor-schungs-zentrum CERN in Genf. Verschiedene Leitungsaufgaben im Rahmen der weltweiten Forschungsprojekte. Verwaltungstätigkeit 1993-96 als Stellvertretender Leiter der Abteilung für Experimentalphysik des CERN. 1977 Habilitation, dann außerplanmäßiger Professor an der Ludwig-Maximilians-Universität München, seither Lehrtätigkeit. Zahlreiche wissenschaftliche Publikationen auf dem Gebiet der Elementarteilchenphysik.

- Seit 1998 ehrenamtliche Mitarbeit in der Deutschen Physikalischen Gesellschaft und ihrem Arbeitskreis Energie, sowie dessen Vorsitzender seit 2002. Koordinator der vorgestellten Studie.

Die Sichtweise der Wissenschaft

1. PRÄZISIERUNG DES THEMAS

Wenn „die Wissenschaft" gefragt wird, welche „Anforderungen an eine umweltverträgliche, wirtschaftliche, sozialverträgliche und zukunftsfähige Energieerzeugung" sie hat, oder wie solche Anforderungen aus ihrer Sicht aussehen sollen, muss man das Thema präzisieren. Zunächst einmal hat die Wissenschaft keine eigenen Anforderungen zu stellen etwa in dem Sinn, wie eine Gewerkschaft Lohnforderungen stellt oder eine Umweltorganisation den Schutz des Wattenmeeres verlangen mag. Solange eine wissenschaftliche Arbeit nicht durch Interessen gelenkt wird, werden ihre Aussagen eher vom Typ „Wenn ... , dann ... " sein und nicht vom Typ „Es ist zu fordern, dass... " Viele Politiker können sich das gar nicht vorstellen.

Ferner ist die Wissenschaft stark spezialisiert, und zum Thema der Energieerzeugung können viele Zweige etwas Nützliches beitragen, z.B. die Volkswirtschaft und die Ingenieurwissenschaft, und über die Sozialverträglichkeit wissen die politischen Wissenschaften und die Psychologie etwas zu sagen. Aus meiner Sicht als Physiker und aus der Sicht der Deutschen Physikalischen Gesellschaft sind an dem Thema folgende Schwerpunkte wichtig:

- Bei der Umweltverträglichkeit muss der Klimaschutz an oberster Stelle stehen, weil der durch den Menschen verursachte Klimawandel das am schwersten wiegende Umweltproblem ist. Bei ungebremster Fortsetzung der bisherigen Energieerzeugung würde sich das weltweite Klima so stark erwärmen, dass sich die Pflanzen- und die Tierwelt nicht mehr genügend schnell anpassen könnten. Die für die Menschen zu tragenden Lasten wären für viele Völker von katastrophalen Ausmaßen und insgesamt höher als die erforderlichen Anstrengungen des Klimaschutzes bei der Energieerzeugung und beim Verbrauch.
- Bei der Zukunftsfähigkeit in einem weiteren Sinn kommt die Endlichkeit der Öl- und Gasreserven als Problem hinzu, sowie etwas, was man als „die technische Machbarkeit" bezeichnen kann. Es kann ja nicht jede Wunschvorstellung von einer bequemen Technik der Energieerzeugung ohne weiteres verwirklicht werden, auch nicht dann, „wenn man nur genügend viel Geld in die Entwicklung steckt". Dieser Aspekt wird von vielen Enthusiasten unterschätzt. Wollen und Können fallen nicht zusammen. Neue Techniken erfordern Aufwand und Zeit, ehe sie beginnen können, am Markt in den technisch-wirtschaftlichen Wettbewerb mit anderen Techniken einzutreten. Weder ist der technische Erfolg garantiert, noch der wirtschaftliche. Das ist aus physikalischer Sicht eine wichtige Aufgabe – sich unter den technischen Möglichkeiten dessen, was machbar erscheint, zu orientieren.

Solche Orientierung fällt um so schwerer, je weiter hinein in die Zukunft sie sich erstrecken soll. Für die nächsten 15 Jahre etwa (bis 2020) ist die Entwicklung noch recht gut überschaubar, das liegt an der langen Lebensdauer der Investitionen und der beobachteten Entwicklungsrate aufkommender neuer Techniken. Das Klimaproblem und die Endlichkeit der Öl- und Gasreserven sind allerdings Jahrhundertprobleme, und viele Lösungsmöglichkeiten werden sich erst in einigen Jahrzehnten erschließen. Doch soll in dem vorliegenden Beitrag, schon wegen der gebotenen Kürze, die Betonung auf der unmittelbaren Zukunft bis ca. 2020 liegen.

Die Bedürfnisse des Menschen können mit mehr oder mit weniger Endenergie befriedigt werden, die Effizienz, mit der das geschieht, die also bestimmt, wieviel Endenergie überhaupt gebraucht wird, ist die wichtigste Größe in der langfristigen Entwicklung der Energiefrage. Das wird im Kapitel 8 des vorliegenden Buches behandelt.

2. KLIMASCHUTZ UND ENERGIEVERSORGUNG IN DEUTSCHLAND 1990 – 2020

Unter diesem Titel hat im vergangenen Jahr die Deutsche Physikalische Gesellschaft eine Studie [1] herausgebracht, die hier vorgestellt werden soll. Die deutsche Klimaschutzpolitik ist unter anderem darauf gerichtet, den Ausstoß von Kohlendioxid (CO_2), dem wichtigsten Treibhausgas, das bei jedweder Verbrennung von Kohle, Öl oder Ergas entsteht, so weit wie möglich zu reduzieren. Als Bezugsjahr, auch im internationalen Rahmen, gilt das Jahr 1990, in dem Deutschland rund eine Milliarde Tonnen CO_2 in die Atmosphäre entließ. Dies liegt jetzt 15 Jahre zurück. In dieser Zeit sind außerordentliche Anstrengun-gen seitens des Staates und der Industrie zur Verminderung der Treibhausgas-Emissionen unternommen worden. In der Studie wird der Fortschritt dieser 15 Jahre analysiert und im Hinblick auf die Zukunft interpretiert.

Als Zeitrahmen für den Blick nach vorn wurde in der Studie die gleiche Zeitspanne gewählt: wieder 15 Jahre. Es ist die Zeit, in der zahlreiche bis jetzt getroffene Maßnahmen wirksam werden müssen. 2020 ist das Jahr, auf das wahrscheinlich die nächste Kyoto-Verpflichtung bezogen sein wird. Die nächsten 15 Jahre sind etwas leichter zu überschauen als noch längere Zeitspannen insofern, als ausgearbeitete Pläne existieren für den Ausbau der wichtigsten der erneuerbaren Energien, der Windkraft. Auch sind die Finanzierungszusagen des Erneuerbare-Energien-Gesetzes durch diesen Zeitraum hindurch wirksam. Schließlich ist dies auch etwa die Zeit, innerhalb derer die Kernkraftwerke nach dem 2004 novellierten Atomgesetz abzuschalten sind.

Aus diesen Gründen ist die Zeitspanne der Studie gegeben durch die ca. 30 Jahre von 1990 bis ca. 2020. In der Zeit danach werden neue Instrumente der CO_2-freien Energiegewinnung hinzukommen. Außer den weiter unten noch zu behandelnden solarthermischen Kraftwerken sowie den Kraftwerken auf der Basis fossiler Brennstoffe, deren Kohlendioxid zurückgehalten wird, ist hier in erster Linie die Fusion zu nennen.

Klimasituation und die daraus resultierende Aufgabe
Der durch den Menschen verursachte Beitrag zum Klimawandel ist nicht mehr bloß eine wissenschaftliche Hypothese sondern eine erwiesene Tatsache. Seit Anfang der 1980er Jahre in der öffentlichen Diskussion, ist der Klimawandel inzwischen so weit verstanden worden, dass eine befriedigende Übereinstimmung der Theorie mit den Messdaten besteht und diese gut erklärt werden. Die durch den Menschen verursachten Veränderungen zeichnen sich deutlich ab. Es ist erwiesen, dass die Treibhausgase (CO_2, CH_4, N_2O, HFC, CF_4, C_2F_6 u.a.) in der Atmosphäre durch die industrielle Tätigkeit des Menschen rapide zugenommen haben und dass sie dadurch die Atmosphäre erwärmt haben und über viele Jahrzehnte weiter erwärmen werden, bedingt durch ihre lange Verweildauer in der Atmosphäre.

Die Klimarahmenkonvention der Vereinten Nationen von 1994 und das Kyoto-Protokoll, das 1997 angenommen wurde und 2005 in Kraft trat, sind völkerrechtliche Verträge für ein weltweites koordiniertes Vorgehen mit dem Ziel, die jährlichen Emissionen der Treibhausgase zunächst zu stabilisieren und zur Mitte des 21. Jahrhunderts auf die Hälfte ihrer Werte von 1990 zu bringen. Nur so lässt sich voraussichtlich die Erwärmung der Erde gegen Ende des Jahrhunderts auf 2 Grad Celsius begrenzen, was allgemein als Obergrenze dafür gilt, dass sich die Pflanzen- und Tierwelt durch Evolution noch an die Klimaveränderung anpassen kann. Eine so starke oder noch stärkere Erwärmung ist für die Menschheit mit hohen Schäden verbunden, die eine verantwortliche Politik so weit wie irgend möglich zu begrenzen hat.

Bei der angestrebten Halbierung der jährlichen globalen Emission von Treibhausgasen bis zur Jahrhundertmitte ist der unterschiedliche Grad der technischen und wirtschaftlichen Entwicklung der Länder dieser Welt ins Auge zu fassen. Die sich am Anfang oder in der Mitte ihrer Entwicklung befinden, haben selbst bei voller Berücksichtigung des Klimaproblems noch eine Zunahme ihrer Emissionen vor sich. Dies ergibt sich aus einem elementaren Recht auf Gleichbehandlung der Völker und der zu erwartenden gewaltigen Bevölkerungsentwicklung. Es ist im Rahmen der Enquete-Kommission abgeschätzt worden, dass die Industrieländer, deren Emissionen allein die Hälfte der gesamten Weltemissionen ausmachen, ihre Emissionen bis zur Jahrhundertmitte sogar um 80% zu senken haben, damit die Welt als Ganzes ihre Emissionen auf die Hälfte herunterbringen kann. Obwohl die globale Klimapolitik noch nicht zu einer allgemeinen Anerkennung derart strenger weltweiter Verpflichtungen gekommen ist, darf dieses langfristige Ziel nicht aus den Augen verloren werden. Die unmittelbaren Ziele der Industrieländer sind vorläufig nicht so radikal, aber dennoch äußerst anspruchsvoll.

An der gigantischen Aufgabe haben Deutschland und Europa ihren Anteil zu leisten, nicht nur in der Verringerung der eigenen Treibhausgas-Emissionen und einer aktiven internationalen Klimapolitik, sondern auch durch das Aufzeigen von Wegen, wie den Herausforderungen des Klimaproblems entsprochen werden kann. Dazu müssen auch in Deutschland die Techniken der Energieeinsparung und der Effizienzverbesserung vorangebracht werden. Innovative Verfahren der Energieumwandlung müssen entwickelt werden, wobei bis 2020 erneuerbare Energien und CO_2-Abscheidung im Vordergrund stehen. Die Zeitdauer, bis diese Verfahren für die CO_2-Verminderung wirksam werden können, ist ein Hauptgegenstand der Studie. Es stellt sich heraus, dass die Zeitdauer allgemein stark unterschätzt wurde.

Ergebnis von 15 Jahren Klimapolitik – der Trend

Wenn man die jährlichen deutschen CO_2-Emissionen seit 1990 graphisch darstellt, so ergibt sich Abbildung 1. Man erkennt, dass die Emissionen in den ersten beiden Jahren um 8,5 % zurückgegangen sind, was allgemein als Effekt der Neuordnung der Industrie in den neuen Bundesländern bekannt ist. Diese schnelle Verminderung ist aber nicht so weiter gegangen. Die eingezeichnete Gerade zeigt an, dass die Emissionen von 1992 bis 2004 durch eine gleichmäßige mittlere Abnahme von 0,6 % p.a. beschrieben werden können.

Das nationale CO_2-Reduktionsziel „minus 25 % von 1990 bis 2005" ist ebenfalls in Abbildung 1 zu sehen. Dieses Ziel wurde vom Kabinett beschlossen 1995, war Teil des Koalitionsvertrages 1998, Zentralpunkt des Nationalen Klimaschutzprogramms vom 18.10.2000, Gegenstand der Vereinbarungen zwischen der Bundesregierung und der deutschen Wirtschaft vom 9.11.2000 sowie vom 14.5.2001. Es ist still um dieses Ziel geworden, seit feststeht, dass es verfehlt wird. Die zweieinhalbfache Verminderungsrate der jährlichen CO_2- Emissionen zwischen 1992 und 2005 wäre erforderlich gewesen (1,5 % p.a. statt 0,6 % p.a.), um es zu erreichen. Die ersten 15 Jahre endeten mit einer Zielverfehlung um rund einhundert Millionen Jahrestonnen CO_2.

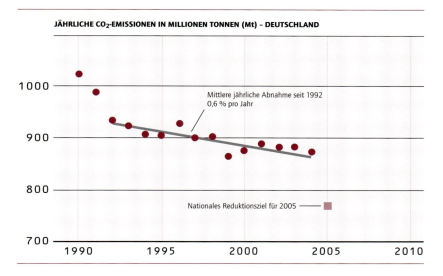

Abbildung. 1: Das 25 %-Ziel für 2005, verglichen mit der Realität, sowie Beschreibung der Emissionsminderung von 1992 bis 2004 durch eine gleichmäßige Abnahme um 0,6 % pro Jahr.

Es sind seitens des Staates außerordentliche Angebote gemacht worden, um die Anwendung erneuerbarer Energien in der Bevölkerung voranzubringen, und diese Anreize haben eine breite Wirkung entfaltet. Näheres wird weiter unten zusammengestellt.

Die Statistik der Abb. 1 schließt die wirksam gewordenen erneuerbaren Energien schon mit ein. Beispielsweise hat der Beitrag der erneuerbaren Energien von über 50 TWh zur Stromerzeugung im Jahre 2004 die CO_2-Emissionen im Kraftwerkssektor um den entsprechenden Betrag dadurch vermindert, dass die fossil befeuerten Kraftwerke entsprechend kürzer gelaufen sind. Der so verminderte Betrag ist jeweils in den Messpunkten dargestellt. Ohne erneuerbare Energien wären die CO_2-Emissionen noch größer ausgefallen.

Dass über die letzten 13 Jahre hinweg der deutsche CO_2-Ausstoß nur um 0,6 % jährlich herunterkam, ist deshalb so enttäuschend, weil dieser niedrige Wert das Endergebnis einer hohen Bemühung ist. Man kann weder der Regierung noch der Industrie Untätigkeit bei der Effizienzverbesserung und der Einführung erneuerbarer Energien vorhalten, im Gegenteil. Es ist viel geschehen, aber es muss noch viel mehr geschehen, um der Jahrhundertaufgabe des Klimaschutzes gerecht zu werden. Der Zeitfaktor dabei wurde erheblich unterschätzt.

Setzt man den Trend bis 2020 fort, so ergibt sich eine geschätzte CO_2-Emission von 786 Millionen Tonnen im Jahre 2020 (sogar noch etwas höher als das Nationale Minderungsziel für 2005). Dies wird in Abb. 2 gezeigt.

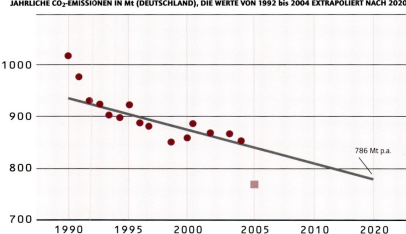

JÄHRLICHE CO_2-EMISSIONEN IN Mt (DEUTSCHLAND), DIE WERTE VON 1992 bis 2004 EXTRAPOLIERT NACH 2020

Abbildung 2: Dieselben Daten wie in Abb. 1. Der Trend von 1992 bis 2004 wurde fortgesetzt bis 2020, um zu einer Abschätzung der jährlichen CO_2-Emissionen nach 15 Jahren zu kommen unter der Voraussetzung, dass der Trend anhält und insbesondere die erneuerbaren Energien in gleicher Intensität weiter ausgebaut werden. Die Extrapolationsgenauigkeit beträgt 30-40 Mt p.a.

Der „Trend" sollte hier nicht mit dem Kennzeichen „business as usual", einem Weiterwursteln ohne besonderen Plan, verwechselt werden. Hier umfasst der Trend die intensiven Bemühungen der letzten 15 Jahre etwa beim Ausbau der Erneuerbaren Energien, aber auch bei der Verbesserung der Effizienz, etwa bei der Wärmesanierung. Nur wenn in den kommenden 15 Jahren z.B. jährlich gleich viel Stromproduktions-Kapazität wie in den vergangenen aufgebaut wird, beschreibt der Trend die zu erwartende Situation korrekt.

Über den Trend hinausgehende Reduktionsmöglichkeiten

Die Studie untersucht dann, welche der geplanten Maßnahmen diesen Trend bis zum Jahr 2020 verändern können. Nach einer Diskussion der Einsparmöglichkeiten beim Verbrauch, die zwar prinzipiell hoch sind, aber keine über den bisherigen Trend hinausgehenden Einsparungen erwarten lassen, werden die acht wichtigsten Verfahren zur Bereitstellung von Endenergie betrachtet: Fossile Kraftwerke hoher Effizienz, die erneuerbaren Energien Photovoltaik, Windkraft, Biomasse, ferner alternative Treibstoffe, Kernenergie, fossile Kraftwerke mit CO_2-Sequestrierung und solarthermische Kraftwerke im Süden. Von diesen lassen die beiden letzteren bis 2020 keine Veränderung des Trends erwarten, da sie bis dahin keine genügend großen Strommengen produzieren können. Bei den übrigen Verfahren kann man folgende über den Trend hinausgehenden Veränderungen abschätzen (in Mio. Tonnen CO_2 pro Jahr): (a) Strom aus erneuerbaren Energien (hauptsächlich Windenergie): Verminderung um 8 bis 15, (b) Modernisierung der fossilen Kraftwerke und Verdoppelung des Gasanteils auf 32 %: Verminderung um 23, (c) Einführung alternativer Treibstoffe im Verkehr: Verminderung um 20, (d) Abschalten der Kernkraftwerke und Ersatz durch modernste fossile Kraftwerke mit Gasanteil 40 %: Erhöhung um 112.

Der Gesamteffekt dieser Maßnahmen führt im Jahr 2020 bei Abschalten der Kernenergie zu einer über den Trend hinausgehenden Erhöhung der Emission um 54 bis 61 Mio t CO_2 pro Jahr, bei Weiterlaufen der Kernkraft zu einer Reduzierung um 51 bis 58 Mio t CO_2. Um diese Werte erhöht bzw. verringert sich also der Wert von 786 Mio t CO_2 pro Jahr, den man erhält, wenn man die tatsächlichen CO_2-Emissionen der letzten 13 Jahre einfach direkt bis 2020 extrapoliert.

Tab. 1: Geschätzte deutsche CO₂-Emissionen im Jahr 2020 (Mt p.a.)	
1. Trend allein, ohne Veränderung der Verbrauchsgewohnheiten bei gleichbleibenden jährlichen Zuwächsen der Erneuerbaren Energien und Weiterlaufen der Kernkraft	786
2. Wie (1), jedoch weiterer Ausbau der E.E. auf 20 % der Stromerzeugung, beste zu erwartende Erneuerung des Kraftwerksparks mit Verdoppelung des Gasanteils auf 32 %, Einführung alternativer Kraftstoffe im Verkehr	728-735
3. Wie (1), jedoch Kernkraft abgeschaltet und durch moderne fossil befeuerte Kraftwerke ersetzt (Gasanteil 40 %)	898
4. Wie (2), jedoch Kernkraft abgeschaltet und durch moderne fossil befeuerte Kraftwerke ersetzt (Gasanteil 40 %)	840-847

Tabelle 1: Geschätzte deutsche CO2-Emissionen im Jahr 2020 (Mt p.a.)

Diese Zahlen beruhen auf detaillierten Untersuchungen, die in der Studie näher beschrieben und begründet werden, dennoch sind sie mit verhältnismäßig einfachen Mitteln gewonnen worden. Die Voraussage der Zukunft ist in jedem Fall schwierig. Es kommt darauf an, die angenommenen Umstände für die Schätzung genau zu bezeichnen. Hier wurde davon ausgegangen, dass sich auch in den kommenden 15 Jahren die Verbrauchsgewohnheiten so weiterentwickeln wie in den vergangenen. Es wäre ja denkbar, dass die zum wiederholten Mal gestiegenen Preise für Energie das Publikum jetzt bald zu merklichen Minderungen des Verbrauchs und den entsprechenden Investitionen bewegen würden; ebenso ist aber auch denkbar, dass die steigenden deutschen Strompreise zu einer relevanten Veränderung des Außenhandelssaldos auf dem Strommarkt führen. Ferner wurde die Auswirkung einer gesetzlichen Beschränkung der CO_2-Emissionsrechte nicht in Rechnung gestellt. Diese Effekte könnten zu einer Verminderung der deutschen CO_2-Emissionen beitragen. Auf der anderen Seite könnten die Emissionen aber auch größer ausfallen als die in der Tabelle 1 aufgeführten Werte, denn der angenommene forcierte Ausbau der Erneuerbaren Energien, ebenso wie der angenommene Ersatz des halben Kraftwerksparks in den nächsten 15 Jahren müssen nicht notwendigerweise gelingen. Die Details werden in der Studie näher ausgeführt.

Wie groß auch immer im Jahre 2020 die Treffgenauigkeit der Schätzungen in der Tabelle 1 gewesen sein wird, eines steht heute schon fest: Die Emissionsreduktionen brauchen etwa die doppelte Zeit, ehe sie das für 2005 vorgehabte Niveau erreichen. Im besten Fall (Ziffer 2 der Tabelle) werden im Jahr 2020 ca. 71% des Wertes von 1990 erreicht. Wenn aber die Kernkraft bis dahin abgeschaltet wird (Ziffern 3 und 4 der Tabelle), werden die Emissionswerte um 112 Mt p.a. höher liegen und damit mindestens 82% des Wertes von 1990 betragen.

Die übrigen Treibhausgase und die Kyoto-Verpflichtung

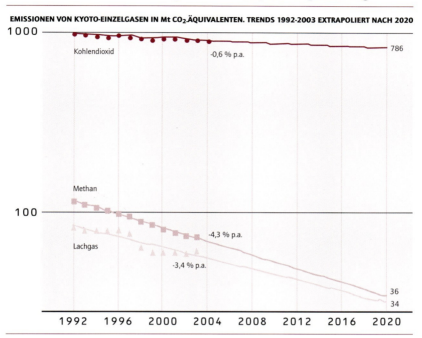

Abbildung 3: Entwicklung der Emissionen der drei wichtigsten Treibhausgase seit dem Ende der unmittelbaren vereinigungsbedingten Sondereinflüsse, 1992, sowie Extrapolation des Trends der letzten 12 bzw. 13 Jahre auf das Jahr 2020; im Jahre 2020 wird eine Gesamtemission von 786+36+34+15 = 871 Mt CO_2-Äqu. erwartet.

Nimmt man Methan ($CH4$) und Lachgas ($N2O$), die nächstwichtigen Treibhausgase, hinzu, so verbessert sich das Bild etwas. Die Reduktion ihrer jährlichen Emissionen ist viel besser gelungen als die des Kohlendioxids (CO_2), vgl. Abb. 3. Der Anteil der CO_2-Emissionen an der Erwärmung der Atmosphäre wird in der Zeit zwischen 1990 und 2020 in Deutschland von 82 % auf ca. 90 % anwachsen. Unter Berücksichtigung der übrigen Treibhausgase gewinnt man die Abschätzungen der Tabelle 2:

Tab. 2: Geschätzte deutsche Treibhausgas-Emissionen im Jahr 2020 (Mt CO$_2$-Äqu. p.a.)	
1. Trend allein, ohne Veränderung der Verbrauchsgewohnheiten bei gleichbleibenden jährlichen Zuwächsen der Erneuerbaren Energien und Weiterlaufen der Kernkraft	871
2. Wie (1), jedoch weiterer Ausbau der E.E. auf 20% der Stromerzeugung, beste zu erwartende Erneuerung des Kraftwerksparks mit Verdopplung des Gasanteils auf 32%, Einführung alternativer Kraftstoffe im Verkehr	813-820
3. Wie (1), jedoch Kernkraft abgeschaltet und durch moderne fossil befeuerte Kraftwerke ersetzt (Gasanteil 40%)	983
4. Wie (2), jedoch Kernkraft abgeschaltet und durch moderne fossil befeuerte Kraftwerke ersetzt (Gasanteil 40%)	925-932

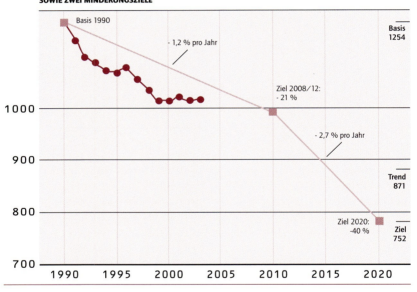

Abbildung 4: Vorschlag der Bundesregierung für eine Verpflichtung im Rahmen der EU, verglichen mit den tatsächlichen Emissionen bis 2003 und der gegenwärtig wirkenden Verpflichtung. Die Ausgangsbasis, der Extrapolationswert, sowie das Ziel für 2020 wurden an der rechten Skala markiert

Der zeitliche Verlauf der deutschen Treibhausgas-Emissionen wurde in Abb. 4 aufgezeichnet. Die Darstellung erstreckt sich über den ganzen 30-jährigen Zeitraum und enthält zwei Zielmarkierungen, einmal die Kyoto-Verpflichtung für 2008/12 (minus 21%, bezogen auf 1990) und zum anderen das von der Bundesrepublik für 2020 angestrebte Ziel (minus 40%, bezogen auf 1990), was zur Voraussetzung haben soll, dass sich die EU als ganzes auf „minus 30%" festlegt. Während es so aussieht, als ob Deutschland das erste Kyoto-Ziel nicht zu verfehlen braucht, ist es in der Abbildung offensichtlich, dass das ins Auge gefasste Ziel für 2020 vollständig unrealistisch ist. Die von 1990 bis 2010 geplante jährliche Abnahme der Treibhausgas-Emissionen (1,2 % p.a.) müsste ja für den Zeitraum von 2010 bis 2020 mehr als doppelt so hoch sein (2,7 % p.a.). Keiner der bekannten Umstände könnte einen Anlass für solche Hoffnungen bieten. Der günstigste Fall der Tabelle 2 ist die Reihe (2): Selbst bei optimal gelungenem Ausbau der Erneuerbaren Energien und weiter laufender Kernkraft, was beim Strom einen Anteil von ca. 50 % CO_2-freier Erzeugung ergibt, liegt man ca. 60 Mio Jahrstonnen oberhalb solcher Zielvorstellung.

Angesichts der offenkundigen großen Verzögerung in allen bisherigen Bemühungen im Klimaschutz, ist der Schluss zu ziehen, dass dieser erheblich gestärkt werden muss.

Stärkung des Klimaschutzes

Im Hinblick auf eine Stärkung des Klimaschutzes sollten die Optionen der deutschen Energiepolitik so breit wie möglich angelegt sein. In einer sich über Jahrzehnte erstreckenden Phase der Umorientierung der Energietechnik hin zu emissionsarmen Verfahren ist die Verfügungsmöglichkeit über verschiedene Optionen wichtig, weil der endgültige wirtschaftlich-technische Erfolg jeder einzelnen Option nicht vorher zu wissen ist und deshalb Alternativen gebraucht werden, die sich im Wettbewerb optimieren lassen.

Zu den Optionen gehört zunächst die CO_2-Sequestrierung an fossil befeuerten Kraftwerken, welche bereits in die deutsche Energiepolitik eingefügt ist, z.B. fördert die Bundesregierung ein entsprechendes Programm Wir möchten hier auf zwei weitere Optionen hinweisen, die noch nicht Teil der deutschen Energiepolitik sind: Verlängerung der Laufzeit der Kernkraft, sowie Errichtung von Solarkraftwerken im Süden.

Plädoyer für das Weiterlaufenlassen der Kernkraft

Es besteht eine prinzipielle Diskrepanz zwischen den Planungen bezüglich der CO_2-Reduktionen, die sich aus heutiger Sicht als zu optimistisch herausstellen, und dem festen Zeitplan der Abschaltung der Kernenergie. Hatte man früher gehofft, genügend Spielraum für eine Kompensation der wegfallenden CO_2-freien Strommengen zu haben, so muss man heute einsehen, dass diese Rechnung nicht aufgeht. Vielmehr ist es geboten, die Abschaltpläne zeitlich so zu strecken, wie es die Realisierungsmöglichkeiten der CO_2-Reduktion erlauben. Den zeitlich bereits fixierten Plan zur Abschaltung bestehen zu lassen, während sich die zeitlichen CO_2-Reduktionsziele nicht einhalten lassen, führt am Klimaschutz vorbei. Die Kernkraft sollte so lange weiterlaufen, bis die CO_2-freie Produktion von 168 TWh/a durch die erneuerbaren Energien (oder ggf. fossile Kraftwerke mit CO_2-Sequestrierung) substituiert werden kann.

In der Studie wird keine Stellung für oder gegen die Kernenergie bezogen. Unabhängig davon, ob zu einer späteren Zeit die Kernkraft eine Renaissance erleben sollte oder ob sie endgültig verschwindet, soll hier auf den engen Zusammenhang hingewiesen werden, der vernünftigerweise zwischen der Bemühung um CO_2-Reduktion und dem Aufgebenwollen von 168 TWh/a CO_2-freier Stromproduktion gesehen werden muss. Wie die Analyse gezeigt hat, ist die Bemühung um CO_2-Reduktion bei weitem noch nicht so erfolgreich gewesen, wie sie sein müsste, um die Kernkraft bis 2020 abschalten zu können.

Plädoyer für solarthermische Kraftwerke im Sonnengürtel der Erde
Vom physikalischtechnischen Gesichtspunkt aus gibt es kaum Zweifel daran, dass solar-thermische Kraftwerke eine der besten Optionen für die Bereitstellung der benötigten großen Mengen CO_2-freien Stroms darstellen. Die notwendige Erforschung und Entwicklung dieser Technologie ist seit ca. 25 Jahren im Gange und hat schon seit dem Ende des letzten Jahrzehnts ein Stadium erreicht, in dem man ihre Markteinführung hätte in Angriff nehmen sollen. Forschung kann ebenso wie Papierstudien immer weiter fortgeführt werden; der Weg vom Labor und dem Prototyp zur industriellen Fertigung und zur Errichtung kompletter Anlagen hat aber seine eigenen Zeitkonstanten. Will man diese besonders geeignete Technik nicht versäumen, müssen jetzt dringend die notwendigen Schritte getan werden.

Deutschland sollte an der Entwicklung und Markteinführung solarthermischer Kraftwerke aus drei Gründen interessiert sein: (a) Der Import von solarthermisch erzeugtem Strom kann zur Verminderung und letztlich Eliminierung der Abhängigkeit von fossilen Brennstoffen einschließlich Erdgas beitragen. (b) Die Beteiligung deutscher Industrie an der Entwicklung solarthermischer Pilotanlagen wird den beteiligten Firmen einen wichtigen Vorsprung beim mittelfristig bevorstehenden Bau von vielen und großen Anlagen geben. (c) Deutschland kann sich Emissionsrechte sichern bei der Erstellung solarthermischer Anlagen zur Stromversorgung der Länder des Sonnengürtels der Erde im Rahmen der internationalen Kyoto-Mechanismen des „Clean Development".

BIBLIOGRAPHIE
- Klimaschutz und Energieversorgung in Deutschland, Eine Studie der Deutschen Physikalischen Gesellschaft, Bad Honnef Sept. 2005 http://www.dpg-physik.de pdf (3,16 MB)

Innovationen der Energiewirtschaft und Herausforderungen der Zukunft

Andreas Ballhausen

Jahrgang 1969, studierte Maschinenbau an der RWTH Aachen. Seit Februar 1996 ist er bei der EWE Aktiengesellschaft, einem regionalen Energieversorgungsunternehmen in Oldenburg, Niedersachsen, tätig. Zunächst baute er den Dienstleistungsbereich Wärmecontracting mit auf, der heute mit über 6.000 Anlagen eine Leistung von 500 MW bereitstellt. Die Vermarktung von regenerativ erzeugtem Strom durch die EWE NaturWatt hat Andreas Ballhausen als Geschäftsführer weiterentwickelt. Heute ist er verantwortlich für den Vertrieb von Wärmedienstleistungen, sowie dem Aufbau neuer Produkte mit Brennstoffzellen.

Nina Zipplies

Nina Zipplies ist seit 22. März 2004 in der Unternehmenskommunikation der EWE AG tätig. Hier ist sie Ansprechpartnerin für die Presse und betreut die Brennstoffzellen-Aktivitäten des Unternehmens öffentlichkeitswirksam.

Nach dem Studium zur Wirtschafts-Ingenieurin (FH) volontierte sie bei der Oldenburger Nordwest-Zeitung. Als freie Journalistin arbeitete sie u.a. für den International Gas Report und die Financial Times Deutschland.

In ihrer Freizeit ist die 33-Jährige sportlich aktiv, insbesondere als Seglerin. Außerdem zählt die Fotografie zu ihren Steckenpferden. Geboren ist Nina Zipplies am 20.09.1972 in Köln.

Brennstoffzellen: Entschlossenes Handeln notwendig

TECHNOLOGIE BEWEIST POTENZIAL IN PRAXISTESTS – RAHMENBEDINGUNGEN NOCH UNZUREICHEND

EWE mit Hauptsitz in Oldenburg ist eines der größten Energieunternehmen in Deutschland. Das Leistungsspektrum des Konzerns umfasst Strom-, Gas- und Wasserversorgung, Umwelttechnologie, Gastransport und -handel sowie Telekommunikation und Informationstechnologie. Damit bietet EWE klassische und innovative Dienstleistungen aus einer Hand.

Die Netz-Infrastruktur von EWE zeichnet sich aus durch hohe technische Qualität, Versorgungssicherheit und wirtschaftlich effizienten Betrieb. Frühzeitig hat EWE seine Kernkompetenzen zum Betreiben komplexer Netze und sein umfassendes Know-how an Fernwirk- und Regeltechnik zu einem zukunftsorientierten Multi-Service-Angebot ausgebaut.

Über das angestammte Geschäftsgebiet in Norddeutschland hinaus ist EWE auch in den neuen Bundesländern und in Polen erfolgreich. Der EWE Konzern beschäftigt rund 5.300 Mitarbeiter und verzeichnete im Jahr 2004 einen Umsatz von 6,1 Mrd. Euro.

ENERGIEPOLITISCHE RAHMENBEDINGUNGEN IM VERGLEICH

Von Johann Wolfgang von Goethe stammt die Erkenntnis: „Es ist nicht genug zu wissen, man muss es auch anwenden. Es ist nicht genug zu wollen, man muss es auch tun." Dieses Sprichwort verdeutlicht sehr gut, in welchem Stadium sich die Brennstoffzellen-Technologie befindet.

Sicher ist es noch ein weiter Weg, bis sich Brennstoffzellen im Wettbewerb gegen etablierte Heiztechniken behaupten und einen Beitrag zu unserer Strom- und Wärmeversorgung leisten werden. Es ist aber auch richtig, dass es bei allen neuen Technologien seine Zeit gebraucht hat, bis die Idee Wirklichkeit geworden ist und sich in der Praxis bewährt hat. Man denke allein an den Widerstand, der unseren Vorgängern entgegenschlug, als sie die Straßen Oldenburgs mit Stadtgas erleuchten wollten. „Die Straßenbeleuchtung mittels Stadtgas ist ein Eingriff in die Ordnung Gottes", hieß es. Und dass „die Nacht zur Finsternis eingesetzt sei". Hätten sich die Kritiker damals durchgesetzt – was für eine Vorstellung! Die Einführung von Erdgas ist letztendlich der Initiative derjenigen zu verdanken, die den Mut hatten, von der „althergebrachten Ordnung" abzuweichen und etwas Neues zu versuchen.

Auch bei der Brennstoffzellen-Technologie müssen wir jetzt etwas Neues versuchen: Sie steckt im Übergang von der Prototyp- zur Pilotprojektphase. Es gilt jetzt, Geräte, Komponenten und Anlagenperipherie aufeinander abzustimmen und die unvermeidlichen Anwenderprobleme in der Startphase zu beseitigen. In erster Linie geht es darum, die Wirtschaftlichkeit und Leistungsfähigkeit der Brennstoffzellen-Prototypen zu verbessern.

Die Hersteller arbeiten intensiv daran, die Lebensdauer der Kernkomponenten zu erhöhen und gleichzeitig die Kosten zu senken. Die Herausforderung ist es, diese aus heutiger Sicht gegensätzlichen Ziele miteinander zu vereinen.

Es wird wahrscheinlich noch dieses Jahrzehnt dauern, bis die Technologie so zuverlässig und langlebig ist, dass sie am Markt bestehen kann. Dafür müssen nicht nur Hersteller und Entwickler ihren Beitrag leisten; es müssen auch die richtigen politischen Rahmenbedingungen geschaffen werden.

Anderen Ländern scheint dies – zumindest im Bereich der Wasserstoff- und Brennstoffzellen-Technologie – besser zu gelingen als uns. Denn Deutschland droht – trotz seiner technologischen Spitzenposition – im Wettbewerb von den USA und Japan überholt zu werden.

Mit der Energy Bill hat die US-Regierung beste Voraussetzungen für Forschung und Entwicklung sowie für die Markteinführung der Wasserstoff- und Brennstoffzellen-Technologie geschaffen. Für die kommenden fünf Jahre sind ca. 2 Milliarden Dollar für Forschung und Entwicklung sowie mehr als 1,3 Milliarden Dollar für die Markteinführung vorgesehen. Japan steht dem nicht nach. Die Regierung in Tokio investiert allein im Jahr 2005 umgerechnet knapp 270 Millionen Euro in die Brennstoffzellen- und Wasserstoff-Technologie.

Anders sieht die Situation dagegen in Europa und Deutschland aus: Zwar hat die EU-Kommission mit ihrer Wasserstoff- und Brennstoffzellen-Technologie-Plattform, in der die deutsche Industrie die Hauptakteure stellt, eine Markteinführungs- und Forschungsstrategie erarbeitet. Von 2006 bis 2013 werden voraussichtlich hohe dreistellige Millionenbeiträge für Forschungs- und Entwicklungsmaßnahmen und Demonstrationsvorhaben bereitgestellt. Verglichen mit den Investitionen in USA und Japan nehmen sich die Investitionen in Europa jedoch relativ bescheiden aus.

In Deutschland werden die Forschungs- und Demonstrationsprojekte überwiegend aus Mitteln des Zukunftsinvestitionsprogramms finanziert. Hier steht ein Bundesbudget von jährlich etwa 20 Millionen Euro zur Verfügung. Die breitere und schnellere Markteinführung von Brennstoffzellen kommt damit jedoch nicht in Gang – auch nicht mit Hilfe des Technologiebonus von 5,11 Cent/Kilowattstunde (kWh) im Kraft-Wärme-Kopplungs-Gesetz (KWKG) und des Brennstoffzellenbonus von 2 Cent/kWh im Erneuerbare-Energien-Gesetz.

WICHTIGE ERKENNTNISSE AUS VORSERIENTESTS GEWONNEN

Trotz dieser ungünstigen Rahmenbedingungen ist bereits viel erreicht worden. Die EWE AG ist einer der Pioniere auf dem Gebiet der erdgasbetriebenen Brennstoffzelle. Seit 1998 kooperiert das Unternehmen mit der Sulzer Hexis AG. In einem Vorserientest wurden 33 SOFC-Brennstoffzellen des Schweizer Herstellers getestet. Das SOFC-Prinzip steht für Solid Oxide Fuel Cell oder Festoxidbrennstoffzelle. Die Brennstoffzellen-Heizgeräte produzieren sowohl Strom als auch Wärme für die Raumheizung und die Warmwasserbereitung. Somit haben Brennstoffzellen einen hohen energetischen Wirkungsgrad, wodurch der Verbrauch von Primärenergie und der CO_2-Ausstoß sinken.

Grundsätzlich ist festzuhalten, dass eine Brennstoffzelle den Grundlastbedarf an Wärme und Strom liefert. Zusätzlich benötigte Wärmeenergie wird von einem Spitzenkessel geliefert, zusätzlicher elektrischer Strom wird aus dem öffentlichen Netz bezogen. Die getesteten Anlagen, die im Hochtemperaturbereich zwischen 900 und 1.000 Grad Celsius arbeiten, erzeugten 2004 – mit Hilfe eines Zusatzheizgerätes – rund 1.033 Megawattstunden (MWh) Wärme. Ausschlaggebend ist jedoch, dass sie gleichzeitig rund 100.500 kWh Strom produzierten. Bei einem Verbrauch von jährlich 3.000 kWh für einen durchschnittlichen Haushalt haben die Geräte somit den wesentlichen Anteil an der Stromversorgung übernommen.

Lediglich 15.500 kWh Strom wurden in das Netz eingespeist. Umso bedauerlicher ist es da, dass die Förderung durch das KWKG in Höhe von 5,11 Cent/kWh nur diesen geringen Anteil der Stromeinspeisung belohnt. Auf EWE bezogen bedeutet dies: Die Förderung von 33 Brennstoffzellen beträgt gerade einmal 792 Euro jährlich, also im Schnitt 24 Euro je Anlage. Die Kosten für einen Antrag beim Bundesamt für Wirtschaft und Ausfuhrkontrolle, der notwendig ist, um vom Netzbetreiber die KWK-Vergütung zu erhalten, sind allerdings oft höher als die daraus resultierende finanzielle Unterstützung. Es handelt sich hierbei also um ein Förderinstrument, das an der Realität vorbeigeht.

All dies trägt dazu bei, dass diese Technologie nicht in dem Maß voranschreitet, wie es möglich wäre. Und es trägt dazu bei, dass dem ein oder anderen der Atem ausgeht. So hat sich Sulzer im Oktober 2005 aus den Brennstoffzellen-Aktivitäten zurückgezogen. Dies hat zur Verunsicherung innerhalb der Branche geführt. Obwohl derzeit keine technischen „k.o."-Kriterien für Brennstoffzellen zu erkennen sind, war der Sulzer Konzern nicht mehr bereit, das finanzielle Risiko für die weitere Entwicklung zu tragen. Das ist bedauerlich, nicht zuletzt weil EWE dadurch einen wichtigen Kooperationspartner verliert. Die bisher gewonnen Erkenntnisse werden jedoch für weitere Testreihen von Nutzen sein.

EUROPÄISCHES PILOTPROJEKT TESTET EINSATZ VON BRENNSTOFFZELLEN IN MEHRFAMILIENHÄUSERN

Neben der Kooperation mit Sulzer Hexis hat EWE zwischen 2002 und 2005 an einem von der Firma Vaillant initiierten und von der Europäischen Kommission geförderten Projekt teilgenommen. Die 31 Brennstoffzellen-Heizgeräte verfügten über eine elektrische Leistung von jeweils ca.

4,6 Kilowatt (kW). Sie wurden in Mehrfamilienhäusern und kleinen Gewerbebetrieben unter unterschiedlichsten Bedingungen und Anforderungen in Deutschland, den Niederlanden, Spanien und Portugal installiert und miteinander vernetzt.

Ziel des Projektes war es, zu untersuchen, ob die zentral gesteuerten und an das öffentliche Stromnetz angeschlossenen Brennstoffzellen in Zukunft dazu beitragen können, den Betrieb der Stromnetze zu optimieren und ob sie als so genanntes virtuelles Kraftwerk arbeiten können. Hinter dem Gedanken des virtuellen Kraftwerks steht die Idee der dezentralen Energieversorgung. Die Vorteile, wenn Strom und Wärme dort erzeugt werden, wo sie verbraucht werden, liegen auf der Hand: Transportverluste entfallen und die bei der Stromerzeugung entstehende Wärme wird im Haushalt genutzt.

Zudem können viele dezentrale Einheiten auch das Lastmanagement ergänzen. Dazu sind technische Lösungen gefordert: Die dezentralen Anlagen müssen an ein Kommunikations- und Informationssystem angeschlossen werden. Für diese Aufgabe entwickelt EWE derzeit ein Dezentrales Energiemanagement System. Voraussetzung für den Verbund der Kleinanlagen ist ein zuverlässiger Datenaustausch im Netzwerk und mit einer Leitzentrale. Bei einem höheren Strombedarf im Netz kann die Leitstelle die vielen dezentralen Anlagen zu einer höheren Stromproduktion veranlassen. Die dabei anfallende Wärme wird durch das Energie Management System in einen Speicher eingespeist.

In der ersten Phase des Projektes wurden von Dezember 2002 bis Januar 2003 Feldtest-Anlagen der EURO-1-Generation in Deutschland und den Niederlanden installiert. Dabei handelte es sich um PEM-Brennstoffzellen. PEMFC bedeutet Proton Exchange Membrane Fuel Cell, auch Polymerelektrolytbrennstoffzelle genannt. Während die SOFC-Brennstoffzelle über einen Elektrolyten aus Keramik verfügt, dient dazu bei PEMFC-Brennstoffzellen eine Polymermembran. PEMFC-Geräte arbeiten auf dem niedrigen Temperaturniveau von 60 bis 90 Grad Celsius. Der benötigte Wasserstoff wird in einem vorgeschalteten Reformer aus Erdgas gewonnen.

Die Anlagen wurden im Wesentlichen wärmegeführt betrieben, das bedeutet, der Schwerpunkt lag auf der Erzeugung von Heizwärme. Das erste Jahr Betriebsdauer hat zu folgenden Messergebnissen geführt: Bis April 2004 wiesen die sechs Feldtest-Anlagen eine Gesamtlaufzeit von ca. 30.700 Betriebsstunden auf. Sie haben in dieser Zeit ca. 98.000 kWh Strom und ca. 262.000 kWh Wärme produziert. Der erzeugte Strom reicht aus, um etwa 30 Wohneinheiten ein Jahr lang zu versorgen. Er wurde bis zu 90 Prozent vor Ort verbraucht, die restlichen 10 Prozent wurden ins öffentliche Versorgungsnetz eingespeist.

Der Anteil der Wärmeerzeugung durch die Brennstoffzelle am Gesamtbedarf lag je nach Versorgungsobjekt zwischen 15 und 40 Prozent. Der

Anteil des von den Anlagen produzierten Stroms am Bedarf lag zwischen 25 und 70 Prozent. Diese große Bandbreite ergibt sich durch den jeweiligen Strom- und Wärmebedarf in den Objekten und die unterschiedlichen Anlagenlaufzeiten.

So haben Brennstoffzellen in Versorgungsobjekten mit hohen Wärme- und Stromleistungen niedrigere Anteile an der Deckung des Wärme- bzw. Strombedarfs, als zum Beispiel in Mehrfamilienhäusern, wo Kesselgröße und Strombedarf erheblich geringer sind. Auch die Art der Nutzung des Objekts hat Einfluss darauf, welchen Anteil der Versorgung die Brennstoffzellen-Heizgeräte übernehmen. So kann der Warmwasserbedarf in Wohngebäuden im Sommer im Idealfall durch die Brennstoffzelle gedeckt werden. In Büros herrscht dagegen im Winter ein hoher Wärmebedarf, während in den Übergangszeiten und vor allem im Sommer ein Kühlbedarf vorhanden ist. Dies bedeutet, dass die Brennstoffzellen-Heizgeräte im Sommer geringere Laufzeiten und somit eine geringere Stromerzeugung aufweisen, da die Geräte wärmegeführt gefahren werden.

In der zweiten Phase des Tests wurden zwischen November 2003 und April 2004 weitere Anlagen der EURO-2-Gerätegeneration in Deutschland, den Niederlanden, Spanien und Portugal installiert. Dabei zeigte sich in den Labormessungen vor der Feldinstallation, dass die EURO-2-Anlagen bezüglich des elektrischen Wirkungsgrades mit Werten von über 30 Prozent sowie beim Modulationsbereich von 1,5 kW bis 4,6 kW deutlich besser sind als die EURO-1-Anlagen.

Auch im Feld weisen die EURO-2-Anlagen, bedingt durch den niedrigeren Kleinlastpunkt, längere Laufzeiten und dadurch auch eine höhere Stromproduktion auf als die EURO-1-Geräte. So haben die bei EWE installierten EURO-2-Geräte in über 25.000 Betriebsstunden 71.000 kWh Strom produziert. Der Betrieb der Anlagen wurde über das EU-Projekt hinaus bis Ende 2005 verlängert. Inzwischen hat Vaillant in seinen europäischen Feldtests die Marke von 1 Million kWh an erzeugtem Strom überschritten.

Bei der Bewertung der Betriebsergebnisse ist zu berücksichtigen, dass sich die Anlagen in einem frühen Entwicklungsstadium befinden und die folgenden Gerätegenerationen verbesserte Werte liefern werden. Auch das Zusammenwirken der einzelnen Komponenten – Brennstoffzellen-Heizgerät, Vor- und Hauptspeicher und Zusatzheizgerät – wird sukzessive verbessert.

NEUE KOOPERATION MIT AUSTRALISCHEM HERSTELLER

Um Erfahrungen mit einem zusätzlichen Partner zu sammeln, kooperiert EWE seit 2005 mit dem australischen Brennstoffzellen-Hersteller Ceramic Fuel Cells Limited (CFCL). So installiert EWE zu Testzwecken zwei Brennstoffzellen von CFCL in Deutschland. Die erste Anlage ging Ende 2005 in Oldenburg in Betrieb, die zweite wird Anfang 2006 in Brandenburg aufgestellt. CFCL ist einer der führenden Entwickler von erdgasbetriebenen Brennstoffzellen für Einfamilienhäuser und erprobt bereits mehrere Brennstoffzellen-Geräte in Australien und Neuseeland. Die Geräte verfügen über eine elektrische und thermische Leistung von jeweils 1 kW. Von Vorteil ist, dass bei CFCL der gesamte Fertigungsprozess in einer Hand liegt und die Firma Brennstoffzellen zukünftig auch in Europa fertigen wird.

ENTSCHLOSSENES HANDELN GEFORDERT
Wie die geschilderten Projekte zeigen, arbeiten Hersteller, Energieversorger, Forschungseinrichtungen und Verbände bereits eng zusammen, um Brennstoffzellen zur Serienreife zu bringen. Dieses vielfältige Engagement braucht jedoch die Unterstützung der Politik. Es reicht nicht aus, über nachhaltiges energiewirtschaftliches Handeln, die Endlichkeit der Primärenergieträger und die Reduktion der Treibhausgasemissionen zu diskutieren.

Auf EU-Ebene müssen die Investitionen für Entwicklung und Forschung seitens der öffentlichen Hand in Kombination mit privat finanzierten Aktivitäten erheblich verstärkt werden, um mit den USA und Japan mithalten zu können. Die Gründung einer „Joint Technology Initiative" bietet hierbei den notwendigen Rahmen, damit Industrie, Politik und Finanzinvestoren Forschungs- und Entwicklungsprojekte gemeinsam vorantreiben können. Um die Markteinführung zu beschleunigen, bedarf es spezieller Prestigeprojekte, so genannter Leuchtturmprojekte, die sich vor allem auch auf die Einführung von Brennstoffzellen im Transportsektor konzentrieren sollten. Es ist davon auszugehen, dass hier die größten Synergieeffekte zu erzielen sind. Ziel ist es, zukünftige Energietechnologien in groß angelegten Pilotprojekten in wenigen Regionen in Europa zu demonstrieren und auf ihre Alltagstauglichkeit hin zu prüfen. Hiermit soll der Anstoß gegeben werden, der den Industrieunternehmen die anschließende Markteinführung ermöglicht.

Aber auch auf nationaler und regionaler Ebene müssen die Anstrengungen erhöht werden. Die Europäische Union sieht derzeit für Demonstrationsvorhaben und begleitende Forschungs- und Entwicklungs-Aktivitäten für alle Brennstoffzellen-Anwendungen Investitionen von 2,8 Milliarden Euro vor. Die EU wird sich an dem Projektbudget, das für zehn Jahre vorgesehen ist, mit etwa einem Drittel beteiligen. Ein weiterer finanzieller Beitrag zu den Projekten wird von den Mitgliedsstaaten und Bundesländern erwartet. Die weiteren 50 Prozent des Budgets muss die Industrie finanzieren.

Auch wenn Deutschland nicht in den Förderwettbewerb mit Japan oder den USA treten kann, darf es den Anschluss nicht verpassen. Denn Brennstoffzellen werden mittelfristig in Massen auf den Markt kommen. Die Frage ist nur, ob sie in Deutschland oder im Ausland hergestellt und weiterentwickelt werden. Nur wenn Forschung, Entwicklung und Markteinführung von Brennstoffzellen eine Schlüsselrolle in der Umwelt-, Energie-, Technologie- und Wirtschaftspolitik spielen, hat diese Technologie in Deutschland eine wirkliche Chance. Beispielsweise müssen befristete und degressive Instrumente wie z. B. Investitionszuschüsse, Kredite, Steuervorteile oder Einspeisevergütungen eingesetzt werden. Brennstoffzellen-Projekte können auch im Rahmen des Emissionshandels gezielt unterstützt werden. Durch staatliche Garantien könnte der Finanzierung neu gegründeter, technologieorientierter Unternehmen durch Risikokapital verbessert werden.

Diese Unterstützung sollte auch in der Praxis gelten: So könnten Bund, Länder und Kommunen Brennstoffzellen-Produkte einsetzen, die Technologie demonstrieren und die breite Markteinführung damit beschleunigen. Die Anforderungen an die Politik sind ohne Zweifel hoch. Aber wenn diese Anforderungen nicht erfüllt werden, hat dies weit reichende Folgen. Es sollte uns immer bewusst sein, dass wir nicht nur verantwortlich sind für das, was wir tun, sondern auch für das, was wir nicht tun.

Autoren: Andreas Ballhausen, Gruppenleiter Wärmebetrieb und bei EWE zuständig für die Aktivitäten im Bereich Brennstoffzelle

Nina Zipplies, im Bereich Unternehmenskommunikation zuständig für die Brennstoffzellen-Aktivitäten

QUELLENVERZEICHNIS:

Czakainsky, Martin: Zugabe gefordert, IBZ-Nachrichten, November 2005
Koschowitz, Michael: Labor- und Felderfahrungen mit Vaillant Brennstoffzellenheizgeräten (2004) zitiert nach: Ksinsik, Kai: Brennstoffzellen in der häuslichen Energieversorgung, GWF Gas, Erdgas, Nr. 1, 2005

Brennstoffzellen: Entschlossenes Handeln notwendig — KAPITEL 10.1

Wilfried Hube

PERSÖNLICHE DATEN:

Geboren am 08.07.1964
in Itzehoe

BERUFLICHE TÄTIGKEIT:

1986 – 1989	Studium der Versorgungstechnik an der Fachhochschule Münster
1989 – heute	EWE Aktiengesellschaft: Tätigkeiten in den Bereichen Abwasser- und Abfallwirtschaft, Vertrieb, Bau und Betrieb Strom und Gas, Produktmanagement, z.Z. Gruppenleiter Stromproduktion und Leitung des Projekts „Dezentrales Enerigemanagement System".

Energieversorgung der Zukunft braucht intelligente Vernetzung

EWE mit Hauptsitz in Oldenburg ist eines der größten Energieunternehmen in Deutschland. Das Leistungsspektrum des Konzerns umfasst Strom-, Gas- und Wasserversorgung, Umwelttechnologie, Gastransport und -handel sowie Telekommunikation und Informationstechnologie. Damit bietet EWE klassische und innovative Dienstleistungen aus einer Hand.

Die Netz-Infrastruktur von EWE zeichnet sich aus durch hohe technische Qualität, Versorgungssicherheit und wirtschaftlich effizienten Betrieb. Frühzeitig hat EWE seine Kernkompetenzen zum Betreiben komplexer Netze und sein umfassendes Know-how an Fernwirk- und Regeltechnik zu einem zukunftsorientierten Multi-Service-Angebot ausgebaut.

Über das angestammte Geschäftsgebiet in Norddeutschland hinaus ist EWE auch in den neuen Bundesländern und in Polen erfolgreich. Der EWE Konzern beschäftigt rund 5.300 Mitarbeiter und verzeichnete im Jahr 2004 einen Umsatz von 6,1 Mrd. Euro.

DEFINITION: DEZENTRALES ENERGIEMANAGEMENT

Die Energielandschaft im Nordwesten Deutschlands ist seit jeher geprägt durch Dezentralität. Das heißt für EWE als regionalem Energieversorger viel Fläche und weit verstreute Kunden. Dies bringt viele Besonderheiten und Herausforderungen für die Energieversorgung in der Region mit sich, die sich künftig weiter verstärken werden. Dazu zählen der Erhalt und Ausbau der Infrastruktur ebenso wie die Steuerung des Zusammenspiels der vielen verschiedenen Energieerzeugungsanlagen. Doch zuerst sollte die Frage geklärt werden, was überhaupt unter dezentraler Energieversorgung verstanden wird. Eine Frage, auf die es jedoch – um es vorweg zu nehmen – keine eindeutige Antwort gibt.

Es gibt viele Versuche, den Begriff „dezentrale Energieversorgung" zu definieren. Ein Ansatz ist, die Dezentralität über die Größe der Kraftwerke zu definieren, andere nähern sich dem Begriff über die kurze Entfernung zwischen dem Ort der Stromerzeugung und dem Ort des Stromverbrauchs. Andere Branchenexperten wiederum vertreten die Meinung, dass die Kraft-Wärme-Kopplung und die Erzeugung von Strom aus erneuerbaren Energien entscheidende Merkmale der Dezentralität sind.

Bei genauerer Betrachtung kann keiner der obigen Ansätze die schlüssige Definition liefern, im Gegenteil: Es sind Ungereimtheiten festzustellen. So konnte man das Kernkraftwerk Stade sicherlich nicht zur dezentralen Energieerzeugung zählen, obwohl ein großer Chemiebetrieb den erzeugten Strom direkt vor Ort nutzte und somit das Kriterium erfüllt war, dass der Strom direkt am Ort des Verbrauchs produziert wurde. Auch ein Gas- und Dampfkraftwerk, dessen Abwärme für einen industriellen Produktionsprozess genutzt wird – womit das Kriterium der Kraft-Wärme-Kopplung erfüllt ist – kann nicht als Bestandteil der dezentralen Energieversorgung bezeichnet werden. Das gleiche gilt für einen Offshore-Windpark: Hier handelt es sich zwar um erneuerbare Energiequellen, aber gleichzeitig verfügt der Park über eine installierte Leistung von 300 Megawatt (MW) und der dort erzeugte Strom muss über 60 Kilometer lange Trassen bis zur Nordseeküste und dann noch weitere Kilometer bis zu den Verbrauchsschwerpunkten transportiert werden. Es lässt sich also der Rückschluss ziehen, dass die dezentrale Energieversorgung einzelne Merkmale aller dieser theoretischen Definitionsansätze beinhaltet.

ANALYSE DER RAHMENBEDINGUNGEN

Es lässt sich erahnen, dass es für eine Situation, für die es keine eindeutige Definition gibt, nur sehr komplexe technische Lösungen geben kann. Hinzu kommt, dass auch die politischen und umwelttechnischen Rahmenbedingungen höchst komplex sind. Denn wenn wir die weltweite wirtschaftliche Entwicklung sichern und den steigenden Energiebedarf ohne Beeinträchtigung der Lebensqualität künftiger Generationen decken wollen, müssen wir den Weg für einschneidende Veränderungen bereiten. Der Handlungsdruck aus den Folgen der Klimaänderung, dem absehbaren Ende fossiler Energieträger sowie der nach wie vor stark wachsenden weltweiten Energienachfrage nimmt spürbar zu. Dabei können die internationalen Klimaschutzziele, zu denen sich Deutschland mit Unterzeichnung des Kyoto-Protokolls verpflichtet hat, nur erreicht werden, wenn Politik und Wirtschaft das Ziel einer nachhaltigen Energieversorgung verfolgen. Der Begriff „Nachhaltigkeit" umfasst jedoch mehr als nur den Schutz der natürlichen Ressourcen. Viel mehr ist damit eine sichere Energieversorgung zu international wettbewerbsfähigen Preisen gemeint, die zugleich ökologische Aspekte wie den Klima- und Ressourcenschutz berücksichtigt.

Um diese Ziele zu erreichen – die natürlich in einem Spannungsverhältnis stehen – müssen wir uns in Deutschland auch zukünftig auf einen breiten und ausgewogenen Energie- und Risikomix stützen. Der Stromerzeugung aus erneuerbaren und dezentralen Energiequellen wird dabei zukünftig eine immer bedeutendere Rolle zukommen – dies ist politisch gewollt und unter ökologischen Gesichtspunkten notwendig. Das technische Potenzial der erneuerbaren Energien ist erheblich, auch wenn sie bisher nicht wirtschaftlich betrieben werden.

STEIGERUNG DER ENERGIEEFFIZIENZ NOTWENDIG

Neben der Zunahme der dezentralen Einheiten zur Erzeugung erneuerbarer Energien werden weit reichende Maßnahmen zur Verbesserung der Energieeffizienz die Energielandschaft immer stärker beeinflussen. Allein bei der Verarbeitung von Primärenergie in nutzbare Endenergie – zum Beispiel die die Verarbeitung von Rohöl zu Heizöl – gehen zurzeit etwa 23

Prozent durch Umwandlungsprozesse verloren bzw. lagern sich als Niedertemperaturwärme in der Atmosphäre ab. Die hergestellte Endenergie wiederum wird nur zu 46 Prozent in Nutzenergie umgewandelt. Insgesamt wird also weniger als ein Drittel der eingesetzten Primärenergie in Energiedienstleistungen umgesetzt. Zwei Drittel werden nutzlos freigesetzt. Dabei kann die Kraft-Wärme-Kopplung einen entscheidenden Beitrag zu Energieeinsparung leisten – was wiederum zur beschriebenen Verstärkung dezentraler Strukturen führt.

ENTFLECHTUNG TEILT DEN ENERGIEMARKT IN DREI SEGMENTE

Die Anforderungen, die an unsere künftige Energieversorgung gestellt werden, sind bereits vielfältig. Hinzu kommt, dass die Europäische Union das Ziel verfolgt, die Strom- und Gasmärkte kontrolliert und schrittweise zu öffnen, um einen europäischen Energiebinnenmarkt zu schaffen. So tritt der im Jahr 2003 mit der Binnenmarkt-Richtlinie Strom und Gas eingeläutete Paradigmenwechsel in der Energiebranche jetzt in eine neue Phase, die sowohl Risiken als auch Chancen für die Energieunternehmen bietet. In Deutschland erfolgte die Umsetzung mit der Novellierung des Energiewirtschaftsgesetzes (EnWG). Seit dem 13. Juli 2005 ist das neue EnWG in Kraft und setzt die Vorgaben aus den Binnenmarkt-Richtlinien um. Die geforderte Öffnung der Energiemärkte ist in Deutschland de jure schon im April 1998 umgesetzt worden.

Um das Ziel des Energiebinnenmarktes zu erreichen, strebt die EU an, den Wettbewerb und die Transparenz zu erhöhen. Dabei steht an erster Stelle der diskriminierungsfreie Netzzugang für Dritte. Jeder Anbieter soll die Möglichkeit erhalten, Strom und Gas durch „fremde" Netze zu leiten und auf den Märkten anzubieten.

Für EWE und andere Energieunternehmen bringt die Entflechtung, das so genannte Unbundling, entscheidende Veränderungen mit sich. Bau und Betrieb der Versorgungsnetze werden von den vertrieblichen und sonstigen Aktivitäten eines bislang typischen integrierten Versorgungsunternehmens entflochten.

Demzufolge kann heute nicht mehr von einem Energiemarkt, es muss von drei Märkten gesprochen werden: Stromerzeugung, Stromverteilung und Stromhandel. Diese drei Märkte haben keine direkte Kopplung miteinander. Die Kraftwerksbetreiber verkaufen den Strom an die Stromhändler ohne Kenntnis, wohin er fließen wird. Der Stromhändler wiederum kauft den Strom für seine Kunden ein ohne Kenntnis, über welche Netze der Strom transportiert wird.

Für Übertragungsnetzbetreiber und Verteilnetzbetreiber bedeutet dies, dass sie den tatsächlichen physikalischen Lastfluss inklusive aller ungesteuerten fluktuierenden Einspeisungen kontrollieren und das hierfür benötigte Netz vorhalten müssen.

KAPITEL 10.2 | Energieversorgung der Zukunft braucht intelligente Vernetzung

REGIONALE BESONDERHEITEN SIND ZU BERÜCKSICHTIGEN

Früher wurde Strom überwiegend in Kraftwerken produziert, die hauptsächlich auf der 380-, 220- und 110-kV-Ebene in die Stromautobahn einspeisten. Die Verteilung zu den Verbrauchern erfolgte über verschiedene Verteilungsebenen. Entscheidend ist dabei, dass der Strom eine definierte Flussrichtung aufwies. Ausgelöst durch das Energieeinspeisegesetz, das Erneuerbare-Energien-Gesetz (EEG) und das Kraft-Wärme-Kopplungs-Gesetz wuchs die Anzahl von Energieerzeugungsanlagen, die an das 20-kV-Netz oder sogar das 1-kV-Netz angeschlossen werden. Bei einem weiteren Ausbau wird sich die Stromflussrichtung in großen Teilen der Versorgungsnetze umkehren. Dies kann dauerhaft oder temporär nach der jeweiligen momentanen Stromerzeugungs- oder Verbrauchssituation erfolgen.

Für EWE stellen sich bei der Integration der erneuerbaren Energien besonders hohe Anforderungen, die sich aus regionalen Besonderheiten ergeben. So betrug die an das EWE-Netz angeschlossene Windkraft-Leistung im Jahr 2004 bereits 2.250 MW. Das war mehr als die höchste Netzlast von EWE im selben Jahr. Die 3,6 Milliarden Kilowattstunden (kWh), die 2004 von Windenergieanlagen ins EWE-Netz eingespeist wurden, entsprachen allerdings nur einer Vollauslastung von 1.600 Stunden. Zu Spitzenzeiten verdrängt der Windstrom alle anderen Stromarten in den EWE-Netzen. Auf das Jahr bezogen stammen 25 Prozent der gesamten im EWE-Gebiet verteilten Energie von Windkraftanlagen während die durchschnittliche Quote bundesweit bei 3 % liegt. Durch die vor der deutschen Nordseeküste geplanten Offshore-Windparks kommen zusätzlich gewaltige Mengen von Windstrom in die nordwestliche Region.

Aber Norddeutschland ist nicht nur ein geeigneter Standort für Windenergieanlagen, sondern auch für Biomasse und Biogasanlagen. Die Europäische Kommission geht davon aus, dass sich die Biomasse zur wichtigsten erneuerbaren Energiequelle entwickeln wird. Biomasseanlagen lassen sich unabhängig vom Wetter betreiben und sind auch für die Grundlastversorgung geeignet. Durch die Novellierung des EEG wird die Stromerzeugung aus Biomasse seit Mitte 2004 in Deutschland stärker gefördert. Die Region Ems-Weser-Elbe ist geprägt von landwirtschaftlicher Produktion und von der Futtermittel und Lebensmittel verarbeitenden Industrie. Die hier anfallenden Produktionsrückstände liefern kontinuierlich Biomasse, die energetisch genutzt werden kann.

KOMPLEXE TECHNISCHE LÖSUNGEN ERFORDERT

Es gilt also, den Strombezug einer wachsenden Anzahl dezentraler Energieerzeugungsanlagen zu koordinieren und an den Bedarf der Stromkunden anzupassen. Dazu zählen neben Biogas-, Photovoltaik- und Windkraftanlagen auch kleine Blockheizkraftwerke wie die Brennstoffzelle. Ein Beispiel verdeutlicht dies: Wenn zukünftig nur jeder zehnte Haushalt eine

Brennstoffzelle nutzen würde, bedeutete die, dass bereits 100.000 kleine Kraft-Wärme-Kopplungsanlagen im EWE-Netzgebiet installiert würden. Auch die gezielte Beeinflussung des Stromverbrauchs gewinnt an Bedeutung. Ausgelöst durch steigende Energiepreise wird die Optimierung des Strombezugs für Stromverbraucher immer interessanter. Das führt dazu, dass das intelligente Management der Energiesysteme zunehmend gefragt ist, speziell im Gewerbe und Industriebereich.

EWE hat dieses Problem bereits vor langer Zeit erkannt und entwickelt ein Dezentrales Energiemanagement System (DEMS). Dabei beschreibt der Begriff Dezentrales Energiemanagement alle Prozesse, die bei dezentraler Energieerzeugung zukünftig dazu dienen, die Stromnetze sicher zu betreiben und die Kunden effektiv und kostengünstig mit Strom zu versorgen. Hierbei handelt es sich sowohl um Prozesse zur Optimierung der Strombezugskosten, als auch um Prozesse zur Erhaltung der Versorgungssicherheit und -qualität bei gleichzeitiger Optimierung des Energieeinsatzes und des Netzausbaus. Das dezentrale Energiemanagement ist nicht nur eine Software, sondern ein Gesamtkonzept, das die Anforderungen, die an einen Energiedienstleister unter den sich verändernden Rahmenbedingungen der Energiewirtschaft gestellt werden, löst.

DIE EINZELNEN KOMPONENTEN DES DEZENTRALEN ENERGIEMANAGEMENTS

Bei den Erzeugern müssen die reinen Stromerzeugungsanlagen und die Kraft-Wärme-Kopplungsanlagen unterschieden werden, die sich wiederum in die strom- und die wärmegeführten Anlagen unterteilen. Eine besondere Stellung nehmen hierbei die Anlagen ein, die nach dem EEG vergütet werden, da bei Ihnen die Abnahmepreise gesetzlich beregelt sind und der erzeugte Strom immer vorrangig vor allen anderen Anlagen vom Netzbetreiber abgenommen werden muss. Bei den Verbrauchern muss zwischen Verbrauchern mit und ohne Energiemanagement-Systemen unterschieden werden. Entscheidend für die optimale Einbindung dieser Verbraucher ist, dass der Energieversorger direkten Zugriff auf ihr Energiemanagement-System hat. Nur so kann gewährleistet werden, dass die einzelnen Systeme nach den Erfordernissen des Gesamt-Systems geregelt werden. (Abb. 1: Erzeuger und Verbraucher im DEMS).

Bei der Integration der Verbraucher und Erzeuger in eine dezentrale Energieversorgung stellen sich zwei Herausforderungen: Regenerative Energien wie Windkraft oder Solaranlagen haben einen schwankenden Stromoutput – je nach Windstärke, Bewölkung und Tageszeit. Darüber hinaus hängt die Energienachfrage des Verbrauchers von Temperatur, Sonnenstrahlung, vom Wochentag und von der Tageszeit ab. Weiterhin müssen besondere Ereignisse wie Ferientage, Feiertage, Volksfeste und Zeitumstellungen beachtet werden, um nur einige zu nennen.

Dabei stellt sich das Problem, dass für den Großteil der Kunden bisher keine Messdaten über ihr momentanes Verhalten vorliegen. Es ist also notwendig, die Messungen durch möglichst genaue Prognosen zu ersetzen. Diese Aspekte lassen sich z.b. durch statistische Modelle des Verbraucherverhaltens und durch Wetterprognosen in das Energiemanagement integrieren. Zu nennen sind exemplarisch Windleistungsprognosen, wetterabhängige Lastprognosen und Erzeugungsprognosen. Aus diesen Vorhersagen müssen im Anschluss Fahrpläne für den Stromeinkauf, den Stromtransport und den Einsatz von Erzeugungsanlagen erstellt werden. Diese Fahrpläne werden traditionell für das gesamte Gebiet eines Versorgungsunternehmens erstellt.

Sowohl für die Fahrpläne als auch die Einsatzstrategien spielt das Netz für den Stromtransport z. Z. nur eine unwesentliche Rolle, da es so ausgebaut ist, dass keine Engpässe auftreten. Es stellen sich vielmehr die Fragen, ob das Netz optimal ausgelastet ist, neue Kunden ohne Netzausbau angeschlossen werden können, in wie vielen Jahresstunden es evtl. Netzprobleme gibt, wenn ein neuer Kunde oder ein neuer Erzeuger angeschlossen wird und ob sich der Engpass durch das Energiemanagement beseitigen lässt.

Zurzeit lassen sich diese Fragen jedoch nicht beantworten. Das liegt darin begründet, dass derzeit keine Simulation des gesamten Stromnetzes mit allen 20-kV-Leitungen, Schaltern und Transformatoren möglich ist. Auch existiert kaum Messtechnik im Netz, welche die für die Simulationsrechnung notwendigen Daten liefert. Eine so genannte Netzzustandsidentifikation soll diese Lücke über geeignete mathematische Modelle schließen und eine hinreichend genaue Schätzung jedes Kabels des Verteilnetzes ermöglichen. Vorraussetzung für die Simulation einzelner Netzbereiche ist jedoch auch, dass nicht mehr nur Lastprognosen, Erzeugungsprognosen, Windleistungsprognosen und Einsatzfahrpläne für das gesamte Stromverteilungsnetz erstellt werden, sondern jedes 20-kV-Teilnetz separat betrachtet wird.

Zu Erfüllung dieser Anforderungen ist eine leistungsfähige IT-Technologie unverzichtbar. Schließlich gilt es, alle Betriebsmittel- und Vertragsinformationssyteme so miteinander zu koppeln, dass die für die jeweiligen Berechnungen benötigten Daten online zur Verfügung gestellt werden können. EWE plant die Verknüpfung der einzelnen IT-Systeme über eine Integrationsplattform. Als Datenmodell wird hierfür das CIM-Model (Common Information Model) als zukünftiger Standard in der Energiewirtschaft benutzt.

Eine weitere Voraussetzung für den Verbund aller beeinflussbaren Erzeuger und Verbraucher ist ein zuverlässiger Datenaustausch zwischen den Anlagen und dem dezentralen Energiemanagement-System. Zunächst müssen die Erzeugungsanlagen natürlich ihre eigentlichen „Hausaufgaben" erledigen: bei einer Klein-KWK-Anlage z.B. den Strom und Wärmebedarf in ihrem angeschlossenen Haushalt decken. Überschüssiger Strom kann an das Ortsnetz abgegeben werden. Bei einem höheren Strombedarf im Netz kann die Leitstelle die vielen, dezentralen Anlagen zu einer höheren Stromproduktion veranlassen oder aber auch den Stromverbrauch reduzieren. Entscheidend für die Kommunikation und die Beeinflussung von kleinen Einheiten ist, dass es gelingt die Kommunikations- und Anbindungskosten zu minimieren. Hier können zukünftige Techniken wie die IP-Telefonie eine große Rolle spielen.

Die Vision einer dezentralen Energieversorgung ist eine kostengünstige und sichere Versorgung der Verbraucher unter Nutzung der Möglichkeiten der Kraft-Wärme-Kopplung, bestmöglicher Energieeffizienz und die Integration insbesondere der fluktuierenden erneuerbaren Energiequellen in die marktwirtschaftlichen und infrastrukturellen Gegebenheiten der Energiewirtschaft.

FAZIT

Das dezentrale Energiemanagement bietet genau diese Möglichkeiten: Erzeuger, Verbraucher und Netzinformationen werden intelligent vernetzt, die Effizienz der Stromversorgung wird erhöht, fluktuierende erneuerbare Energien werden integriert und Stromtransportverluste minimiert. Erst ein dezentrales Energiemanagementsystem erlaubt die Kalkulation und Beherrschung der intelligenten Geschäftsprozesse auf Basis einer leistungsfähigen IT- und Kommunikationsinfrastruktur.

Die Entwicklung der Stromversorgung hin zu einer dezentralen Energieversorgung entspricht den politischen Zielen der Bundesregierung. Die Forderung nach kostengünstiger Stromversorgung verlangt die Einbeziehung des physikalischen Stromtransports in die Strategien. Es darf hierbei aber nicht der Blick darauf verstellt werden, dass ein lokales Minimum an Stromverbrauch und Emissionsausstoß nicht unbedingt zu einem regionalem Optimum führt. Es kann z.B. sinnvoll sein, regional die Produktion von Wärme aus Kraft-Wärme-Kopplung zu reduzieren und statt dessen nur Wärme in einem Brennwertgerät mit hohem Wirkungsgrad zu erzeugen, damit gleichzeitig 100 % regenerativ erzeugter Strom in das Netz integriert werden kann. Hierfür sind komplexere Modelle und großräumigere Strategien notwendig. Nur ein dezentrales Energiemanagement-System wird zukünftig in der Lage sein, diesen Anforderungen gerecht zu werden.

Die beschriebenen Vorteile und Synergien können jedoch aufgrund gesetzlicher Restriktionen nicht voll ausgenutzt werden. Als Beispiel sei der absolute Vorrang der erneuerbaren Energien genannt, der keine Anreize setzt, den Strom marktgerecht zu produzieren. Dabei sind Anreize zur Strukturierung des Netzausbaus unerlässlich für die Integration. So lange Windanlagenbetreiber ihren Strom jederzeit in die Netze einspeisen können, werden die Netzbetreiber den Netzausbau weiterhin in zu großen Dimensionen betreiben müssen.

Es bleibt festzuhalten, dass es hier wieder einmal eine deutliche Diskrepanz zwischen politischen Anforderungen und der Schaffung der optimalen Rahmenbedingungen gibt. Denn unter der heutigen Gesetzgebung ist es nicht möglich, die dezentrale Energieversorgung in dem geforderten Maße aufzubauen. Damit wird uns auch der Schritt zu einer sicheren, effizienten und umweltschonenden Energieversorgung erschwert.

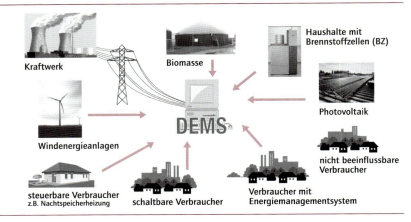

Abbildung 1: Das Dezentrale Energiemanagement vernetzt Erzeuger, verbraucher und Netzinformationen intelligent, erhöht die Effizientz der Stromversorgung, integriert die fluktuierenden erneuerbaren Energien und minimiert Stromtransportverluste. Die Basis einer leistungsfähigen IT- und Kommunikationsstruktur erlaubt, die Kalkulation und Beherrschung intelligenter Geschäftsprozesse.

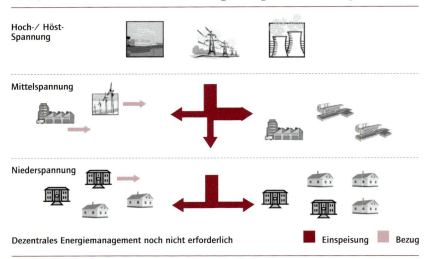

Abbildung 2: Früher wurde Strom überwiegend in Kraftwerken produziert, die hauptsächlich auf der 380-, 220- und 110-kV-Ebene in die Stromautobahn einspeisten. Die Verteilung zu den Verbrauchern erfolgte über verschiedene Verteilungsebenen. Entscheident ist dabei, dass der Strom eine definierte Flussrichtung aufwies.

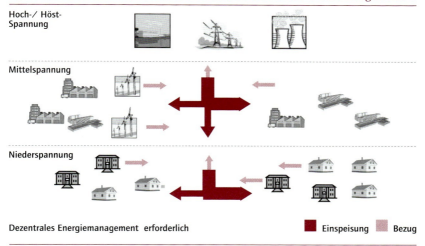

Abbildung 3: Ausgelöst durch das Energieeinspeisegesetz, das Erneuerbare-Energien-Gesetz (EEG) und das Kraft-Wärme-Kopplungs-Gestz wuchs die Anzahl von Energieerzeugungsanlagen, die an das 20-kV-Netz oder sogar das 1-kV-Netz angeschlossen werden. Bei einem weiteren Ausbau wird sich die Stromflussrichtung in großen Teilen der Versorgungsnetze umkehren. Dies kann dauerhaft oder temporär nach der jeweiligen momentanen Stromerzeugungs- oder Verbrauchssituation erfolgen.

KAPITEL 11

Ist Wettbewerb möglich und wie?

KAPITEL 11 | Lebenslauf

M. Kurth

PERSÖNLICHE DATEN:

Geburtsdatum	19. Februar 1952, geb. in Heidelberg

BERUFLICHE TÄTIGKEIT:

1978	Richter am Landgericht Darmstadt
1980 – 1994	Rechtsanwalt in Dreieich, Zulassung am Landgericht Darmstadt
01/1994-04/1995:	Staatssekretär im hessischen Ministerium für Wirtschaft, Verkehr, Technologie und Europaangelegenheiten, Amtschef und ständiger Vertreter des Ministers
04/1995-04/1999:	Staatssekretär im hessischen Ministerium für Wirtschaft, Verkehr und Landesentwicklung, Amtschef und ständiger Vertreter des Ministers
1994-1997:	Vertreter des Landes Hessen im Regulierungsrat für das Post- und Fernmeldewesen, Mitgestaltung des Telekommunikationsgesetzes
1994-1998:	Vertreter des Landes Hessen im Ausschuss der Regionen der Europäischen Union; Schwerpunkte: Transeuropäische Netze, Informations- und Kommunikationstechnologie sowie Luftverkehr
1994-1997:	Mitglied des Verwaltungsrats der Deutschen Ausgleichsbank
1997-1998:	Vorsitzender der Amtschefkonferenz der Wirtschaftsminister von Bund und Ländern
07/1999-02/2000:	Mitglied der Geschäftsleitung COLT Telekom GmbH, Direktor Business Development, Recht und Regulierung
03/2000-02/2001	Vizepräsident der Regulierungsbehörde für Telekommunikation und Post
Seit 02/2001	Präsident der Regulierungsbehörde für Telekommunikation und Post (seit 13.7.2005 Bundesnetzagentur für Elektrizität, Gas, Telekommunikation, Post und Eisenbahnen)

Ist Wettbewerb möglich und wie?

I. EINLEITUNG

In einer Marktwirtschaft kommt funktionierenden Wettbewerbsprozessen eine zentrale Rolle zu. Nur durch sie wird gewährleistet, dass es zu einer optimalen Faktorallokation, zu technischem Fortschritt durch Innovationen, zu einer leistungsgerechten Einkommensverteilung und zur Verhinderung der Ausbeutung durch Marktmacht kommen kann. Grundgedanke des Wettbewerbs ist das Streben von zwei oder mehr Wirtschaftssubjekten oder Gruppen von Wirtschaftssubjekten nach einem Ziel. Dabei bedingt ein höherer Zielerreichungsgrad des einen in der Regel einen niedrigeren Zielerreichungsgrad des anderen. Für das Vorliegen von Wettbewerb auf einem Markt müssen demnach mindestens die folgenden Voraussetzungen erfüllt sein: Es gibt zwei oder mehr Akteure, die nach der Erreichung eines bestimmten Zieles streben. Dabei verhalten sich die Beteiligten nicht kooperativ, sondern antagonistisch, um so ihren eigenen Zielerreichungsgrad zu Lasten der anderen Wirtschaftssubjekte zu verbessern. Insbesondere auf dem Energiesektor ist das Funktionieren des Wettbewerbs von besonderer Bedeutung. Denn die Wettbewerbsfähigkeit Deutschlands hängt ebenso wie Wachstum und Beschäftigung wesentlich von einer preisgünstigen, verbraucherfreundlichen, sicheren und umweltverträglichen Energieversorgung ab.

Vor der Liberalisierung des Strom- und Gasmarktes erfolgte die Versorgung mit Energie durch vertikal integrierte Energieversorgungsunternehmen, die zumindest sowohl die Aufgabe des Vertriebs als auch des Transports von Strom oder Gas übernahmen. Gleichzeitig fand in manchen dieser Unternehmen auch die Stromerzeugung bzw. die Gasförderung oder der Gasimport statt. Durch die Liberalisierung des Strommarktes sollen diese Strukturen aufgebrochen werden, auch anderen als den etablierten vertikal integrierten Energieversorgern soll es möglich sein, Strom bzw. Gas zu vertreiben. Dazu müssen diese „Newcomer" die Möglichkeit haben, die Netze der vertikal integrierten Unternehmen für den Transport der Energie zu nutzen. Bei den Energieversorgungsnetzen handelt es sich um räumlich voneinander abgegrenzte natürliche Monopole. Ein solches natürliches Monopol liegt immer dann vor, wenn ein einzelner Anbieter die Nachfrage auf dem relevanten Markt zu geringeren Kosten bedienen kann als mehrere Anbieter. In diesem Fall ist die Kostenfunktion des betrachteten Anbieters im relevanten Bereich der Nachfrage subadditiv. Der Grund hierfür können steigende Skalenerträge (economies of scale) bei Einproduktunternehmen oder Verbundvorteile (economies of scope) bei Mehrproduktunternehmen sein. Im Fall der Netzwirtschaft führen Bündelungsvorteile dazu, dass ein einzelner Netzbetreiber die Nachfrage nach Strom bzw. Gas günstiger bedienen kann, als es eine Mehrzahl von Netzbetreibern könnte. Hinzu kommt die Tatsache, dass die in den Aufbau der Netzinfrastruktur investierten Kosten als irreversibel einzustufen sind (sunk costs) und dass somit mit den Energieversorgungsnetzen ein mono-polistischer Bottleneck vorliegt. Wettbewerb auf dem Strom- bzw. Gasmarkt kann es nur geben, wenn alle Teilbereiche des Marktes von der Erzeugung von Strom bzw. Import oder Förderung von Gas über den Transport und die Verteilung bis hin zu Großhandel und Vertrieb für Wettbewerber zugänglich sind. Die Bundesnetzagentur und die Landesregulierungsbehörden werden zur Schaffung und Sicherung eines funktionierenden Wettbewerbs durch die Regulierung erheblich beitragen können. Zwar regulieren diese Behörden nicht den gesamten Energiemarkt. Vielmehr setzt die Regulierung nur auf den Ebenen der Wertschöpfungskette an, die nicht im Wettbewerb stehen; die potentiell wettbewerbsfähigen Teilmärkte Beschaffung, Erzeugung, Großhandel und Vertrieb werden daher nicht regulierend überwacht (siehe Abbildung). Regulierungsgegenstand nach dem neuen Energiewirtschaftsgesetz ist vielmehr das Netz, da an dieser Stelle eine gezielte Regulierung notwendig ist, durch die der monopolistische Bottleneck geöffnet wird und durch die somit potentielle Wettbewerber Zugang zu den Strom- und Gasnetzen der bisherigen Gebietsmonopolisten erhalten. Nur so werden die missbräuchliche Ausnutzung der monopolistischen Anbietersituation und die Ausübung von Marktmacht durch die Netzbetreiber verhindert und ein aktiver Wettbewerb ermöglicht. Es ist daher die Aufgabe der Regulierungsbehörden, die Energiemärkte für den Wettbewerb zu öffnen, indem ein diskriminierungsfreier Zugang zu den Netzen gewährleistet wird. Durch diese Netzregulierung sind auch Wettbewerbseffekte auf den dem Netzbereich vor- und nachgelagerten Teilmärkten zu erwarten.

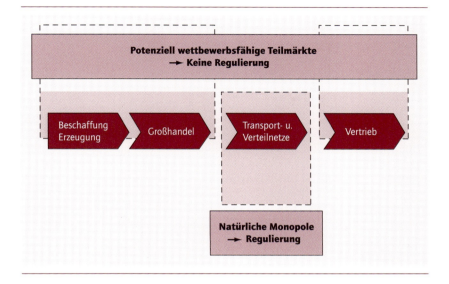

Abbildung: Potentiell wettbewerbsfähige und monopolistische Stufen der Wertschöpfungskette in der Energiebranche

Immanent wichtig und notwendig bleibt die Wettbewerbskontrolle der Kartellbehörden, die expost ansetzt. Der Gesetzgeber des neuen Energiewirtschaftsgesetzes hat die Zuständigkeiten zwischen Bundeskartellamt und Bundesnetzagentur klar aufgeteilt. Die Bundesnetzagentur reguliert den Bereich des natürlichen Monopols Netz, das Bundeskartellamt hingegen untersucht Marktmissbräuche in den vor- und nachgelagerten Wettbewerbsbereichen. Darüber hinaus übt das Bundeskartellamt die Fusionskontrolle aus. Bei diesen Tätigkeiten haben Bundesnetzagentur und Bundeskartellamt ein gemeinsames Ziel, nämlich den Wettbewerb im gesamten Energiemarkt zu fördern. Dieses Ziel kann nur durch das Zusammenwirken beider Behörden erreicht werden. Daher regelt das neue Energiewirtschaftsgesetz zahlreiche Pflichten zur Zusammenarbeit zwischen Bundesnetzagentur und Bundeskartellamt. Gemäß § 58 EnWG wirken die beiden Behörden auf eine einheitliche und den Zusammenhang mit dem Gesetz gegen Wettbewerbsbeschränkungen wahrende Auslegung des Gesetzes hin. Sie können unabhängig von der jeweils gewählten Verfahrensart untereinander Informationen einschließlich personenbezogener Daten und Betriebs- und Geschäftsgeheimnisse austauschen, soweit dies zur Erfüllung ihrer jeweiligen Aufgaben erforderlich ist, sowie diese in ihren Verfahren verwerten. § 58 Abs. 1 Satz 1 EnWG sieht bei verschiedenen Entscheidungen der Bundesnetzagentur ein Einvernehmen des Bundeskartellamtes vor. Bei Entscheidungen der Regulierungsbehörde zur Regulierung des Netzbetriebs (Teil 3 des EnWG) gibt die Bundesnetzagentur dem Bundeskartellamt und der nach Landesrecht zuständige Behörde, in deren Bundesland der Sitz des betroffenen Netzbetreibers gelegen ist, rechtzeitig vor Ablauf des Verfahrens Gelegenheit zur Stellungnahme (§58 Abs.1 Satz 2 EnWG). Die Kartellbehörden geben gemäß § 58 Abs. 2 EnWG der Bundesnetzagentur Gelegenheit zur Stellungnahme.

II. HISTORIE

Durch die Binnenmarktrichtlinien Strom und Gas der europäischen Union wurde in Deutschland Ende der 90er Jahre der Liberalisierungsprozess des Energiesektors in Gang gesetzt. Der seit Mitte der 30er Jahre geltende kartellrechtliche Ausnahmebereich der Branche wurde aufgehoben. Stattdessen wurde in Deutschland zunächst das System des verhandelten Netzzugangs praktiziert, bis die Europäische Union im Jahr 2003 den regulierten Netzzugang verpflichtend für alle Mitgliedsstaaten vorschrieb.

1. Vor der Liberalisierung

Vor der Liberalisierung der leitungsgebundenen Energiewirtschaft waren der Strom- und Gassektor durch eine weitestgehend monopolistische Marktstruktur gekennzeichnet. Gesetzliche Basis hierfür war das Gesetz zur Förderung der Energiewirtschaft von 1935, mit dem das Ziel einer effizienten Energieversorgung für die gesamte Bevölkerung erreicht werden sollte. Konsequenz dieses Vorhabens war die Schaffung eines energiewirtschaftlichen Ordnungsrahmens mit folgenden Kernelementen: Zum einen war es den Energieversorgern erlaubt, ihre Versorgungsgebiete mittels Demarkationsverträgen von den Versorgungsgebieten anderer Unternehmen abzugrenzen. Zum anderen räumten die Kommunen den Energieversorgern mit Konzessionsverträgen das in der Regel ausschließliche Recht ein, die kommunalen Wege gegen Zahlung einer Konzessionsabgabe für die Energieversorgung zu nutzen. In der Folge war jeweils nur ein Gebietsversorger für die gesamte Energieversorgung eines räumlich eingegrenzten Bereichs zuständig und die Verbraucher konnten nicht zwischen verschiedenen Anbietern wählen. Diese staatlich geschützte Monopolsituation führte dazu, dass auf dem Strom- und Gassektor auf die Vorteile einer inneren Koordination durch wettbewerbliche Preismechanismen verzichtet werden musste.

2. Verhandelter Netzzugang

Erst in den letzten Jahren hat sich in der Energiewirtschaft ein grundlegender Wandel vollzogen. Die Binnenmarktrichtlinien Strom (1996) und Gas (1998) der Europäischen Union, die auf einheitliche Wettbewerbsbedingungen in allen Mitgliedsstaaten abzielten, sahen die Liberalisierung des europäischen Strom- und Gasbinnenmarktes vor. Der deutsche Gesetzgeber setzte diese Vorgaben im Gesetz zur Neuregelung des Energiewirtschaftsrechts von 1998 um und hob den kartellrechtlichen Ausnahmebereich der Branche auf. Ab diesem Zeitpunkt war es für die Unternehmen nicht mehr möglich, ihr Versorgungsgebiet per Demarkationsvertrag von dem anderer Netzbetreiber abzugrenzen und monopolistisch zu agieren. Stattdessen mussten sie ihr Netz auch anderen Anbietern für die Durchleitung von Strom und Gas zur Verfügung stellen. Während sich die Marktöffnung in den anderen Mitgliedsstaaten sukzessive vollzog, wurde der Markt in Deutschland in einem Schritt geöffnet und die vor Wettbewerb geschützten Gebietsmonopole wurden ohne Übergangsfrist aufgehoben. Um diese veränderten Marktgegebenheiten zu organisieren, wählte der deutsche Gesetzgeber zunächst das System des verhandelten Netzzugangs. Dagegen entschieden sich alle anderen EU-Mitgliedsstaaten für den regulierten Netzzugang und den Einsatz einer Regulierungsbehörde. Im deutschen System des verhandelten Netzzugangs hatten die Marktakteure der Strom- und Gasbranche die Möglichkeit, die Bedingungen für die Nutzung der Netze durch Dritte in Form von Verbändevereinbarungen selbst auszuhandeln. Allerdings zeigte sich schnell, dass die mehrfach modifizierten Verbändevereinbarungen nicht wie erhofft zu funktionierendem Wettbewerb führten. Zwar brachen die Preise auf dem Strommarkt ein und neue Anbieter traten auf den Markt, jedoch erwiesen sich diese ersten Wettbewerbstendenzen nicht als stabil. Auf dem Gasmarkt lösten die Verbändevereinbarungen so gut wie keine wettbewerblichen Impulse aus.

3. Regulierter Netzzugang

Fünf Jahre nach der Liberalisierung, im Jahr 2003, änderten sich mit den Beschleunigungsrichtlinien Strom und Gas der EU die Bedingungen für das Fortschreiten der Liberalisierung des Energiesektors. Das Wahlrecht, das den Mitgliedsstaaten bislang hinsichtlich der Gestaltung des Netzzugangs eingeräumt worden war, wurde aufgehoben. Stattdessen wurde das System des regulierten Netzzugangs und somit der Einsatz einer Regulierungsbehörde vorgeschrieben. Ziel dieser Änderung war es, die weiterhin existierenden Wettbewerbsmängel in der Energiebranche (beispielsweise in den Bereichen Netzzugang und Tariffierung) zu beseitigen und so zu vollständig liberalisierten Strom- und Gasmärkten in allen Mitgliedsländern zu gelangen.

In Deutschland wurden die Beschleunigungsrichtlinien Strom und Gas durch das Zweite Gesetz zur Neuregelung des Energiewirtschaftsrechts (EnWG) vom 13. Juli 2005 in nationales Recht umgesetzt. Die Regulierungszuständigkeit wird nach dem EnWG zwischen Bund und Ländern aufgeteilt. Auf Seiten des Bundes wird bei der Regulierung des Strom- und Gasmarktes die Bundesnetzagentur, auf Seiten der Länder jeweils die zuständige Landesregulierungsbehörde tätig. Gemäß § 54 EnWG ist die Bundesnetzagentur allgemeine Vollzugsbehörde des Energiewirtschaftsgesetzes. Das bedeutet, dass sie zuständig ist, wenn eine Aufgabe nicht ausdrücklich einer anderen Behörde übertragen wird. Das Gesetz weist den Landesregulierungsbehörden jedoch verschiedene Aufgaben als eigene Angelegenheit zu. Hierzu zählen insbesondere die Entgeltregulierung, die besondere Missbrauchsaufsicht einschließlich der Vorteilsabschöpfung, die Überwachung der Entflechtung sowie die Kontrolle der Vorschriften zum Netzanschluss und die Aufsicht über die Vorschriften zur Systemverantwortung der Verteilnetzbetreiber und der Gasfernleitungsnetzbetreiber. Allerdings sind die Landesregulierungsbehörden nur für die Regulierung solcher Energieversorgungsunternehmen zuständig, deren Elektrizitäts- oder Gasnetz nicht über den räumlichen Bereich eines Bundeslandes hinausreicht und an das weniger als 100.000 Kunden unmittelbar oder mittelbar angeschlossen sind. Des Weiteren übt die Bundesnetzagentur auch solche Kompetenzen aus, deren bundeseinheitliche Wahrnehmung zur Gewährleistung einer effizienten Marktaufsicht von besonderer Bedeutung sind. Hierzu zählen vor allem die Durchführung des Vergleichsverfahrens, das Monitoring zur Herstellung von Markttransparenz, die Zusammenarbeit mit der Europäischen Kommission und den Regulierungsbehörden anderer EU-Mitgliedsstaaten, die Unterrichtung der Öffentlichkeit über den Stand der Liberalisierung auf den Energiemärkten sowie die Entwicklung eines Systems der Anreizregulierung.

III. VORGEHEN DER BUNDESNETZAGENTUR

Entflechtung, effizienzorientierte Kostenkontrolle und klare Regelungen des Netzzugangs sind im ersten Schritt die der Bundesnetzagentur zur Verfügung stehenden Werkzeuge des EnWG, um wirksamen und unverfälschten Wettbewerb bei der Versorgung mit Elektrizität und Gas zu erreichen.

1. Entflechtung

Energieversorgungsunternehmen sind zum großen Teil vertikal integrierte Unternehmen, in denen sich Netzgeschäft und Vertrieb unter einem Dach befinden. Dies birgt die Gefahr von Intransparenz und Quersubventionierung und kann zur Folge haben, dass Schwesterunternehmen gegenüber Dritten bevorzugt werden. Durch eine Vielzahl unterschiedlicher Entflechtungsvorschriften will das EnWG in §§ 6 ff den diskriminierungsfreien Zugang zu den Netzen sicherstellen. Demnach muss der Netzbetreiber rechtlich, operationell, informatorisch und buchhalterisch von Vertrieb und Erzeugung des vertikal integrierten Unternehmens entflochten sein.

2. Effizienzorientierte Kostenkontrolle

Die Regulierung des deutschen Energiemarktes zur Schaffung eines funktionsfähigen Wettbewerbs ist aufgeteilt in zwei Phasen, die zeitlich aufeinander folgen werden. Zur Zeit findet eine kostenorientierte Entgeltregulierung statt, bei der die Netzbetreiber die Entgelte für die Nutzung ihrer Netze durch Dritte von der Bundesnetzagentur genehmigen lassen müssen. An diese erste Phase anschließen wird sich die Anreizregulierung, deren konkrete Ausgestaltung momentan von der Bundesnetzagentur erarbeitet wird. Bevor die Anreizregulierung angewandt werden kann, muss sie von der Bundesregierung unter Zustimmung des Bundesrates in eine Verordnung umgesetzt und verabschiedet werden.

ENTGELTGENEHMIGUNG

Den Netznutzungsentgelten kommt bei der Schaffung von Wettbewerbsbedingungen auf dem Strom- und Gasmarkt eine maßgebliche Bedeutung zu. Nach § 21 Abs. 1 EnWG müssen sie angemessen, diskriminierungsfrei und transparent sein. Darüber hinaus dürfen sie nicht ungünstiger sein, als sie von den Netzbetreibern in vergleichbaren Fällen für Leistungen innerhalb ihres Unternehmens oder gegenüber verbundenen oder assoziierten Unternehmen angewendet werden. Damit die Netzbetreiber keine überhöhten Entgelte für die Nutzung ihrer Netze verlangen und somit einen wirksamen Wettbewerb in der Energiebranche verhindern können, müssen sie diese von der Bundesnetzagentur genehmigen lassen.

Die Vorschriften für die Bildung der Netzentgelte finden sich in der Stromnetzentgeltverordnung und in der Gasnetzentgeltverordnung, die am 29. Juli 2005 in Kraft getreten sind. Spätestens am 31. Oktober 2005, drei Monate nach In-Kraft-Treten der Stromnetzentgeltverordnung, mussten die Betreiber der Elektrizitätsnetze einen Antrag auf Genehmigung ihrer Netzentgelte bei der zuständigen Regulierungsbehörde stellen. Für die Betreiber der Gasnetze gilt hierfür eine Frist von sechs Monaten nach In-Kraft-Treten der Gasnetzentgeltverordnung. Sechs Monate nach Eingang des vollständigen Genehmigungsantrages endet die Frist zur Genehmigung der Netzentgelte. Ist bis zu diesem Zeitpunkt keine Entscheidung von der zuständigen Regulierungsbehörde getroffen worden, so gilt das beantragte Entgelt unter dem Vorbehalt des Widerrufs für einen Zeitraum von einem Jahr als genehmigt. Dies ist nicht der Fall, wenn das antragsstellende Unternehmen einer Verlängerung der Frist zugestimmt hat oder wenn die Regulierungsbehörde aufgrund unrichtiger Angaben oder wegen einer nicht rechtzeitig erteilten Auskunft nicht entscheiden konnte und sie dies dem Antragsteller rechtzeitig mitgeteilt hat.

Bei der Prüfung der Netzentgelte berücksichtigt die zuständige Regulierungsbehörde nur die Kosten und Kostenbestandteile, die sich ihrem Umfang nach auch in einem wettbewerblichen Markt einstellen würden (§ 21 Abs.2 EnWG). Von den Unternehmen zu hoch angesetzte Kosten bzw. Kostenbestandteile dürfen bei der Entgeltbildung nicht berücksichtigt werden. Die von den Regulierungsbehörden genehmigten Netzentgelte sind als Höchstpreise zu verstehen. Abweichungen nach unten dürfen von den Netzbetreibern durchgeführt werden, ohne dass dies einer vorherigen Genehmigung bedarf. Allerdings behält sich die Bundesnetzagentur vor, im Fall von Entgeltsenkungen zu überprüfen, ob diese in ausreichendem Umfang vorgenommen wurden. Die Bundesnetzagentur kann außerdem gemäß § 33 EnWG die Abschöpfung des wirtschaftlichen Vorteils durch überhöhte Netzentgelte bei den Unternehmen anordnen. Bislang ist noch nicht entschieden, wie und in welchem Umfang Einnahmen aus überhöhten Netzentgelten in der Zeit des Genehmigungsverfahrens abzuschöpfen sind.

Parallel zur Kostenprüfung und Genehmigung der Netzentgelte führt die Bundesnetzagentur regelmäßig ein Vergleichsverfahren durch. Dieses soll gewährleisten, dass die Netzentgelte basierend auf den Kosten einer Betriebsführung, die denen eines effizienten und strukturell vergleichbaren Netzbetreibers entsprechen, gebildet werden (§ 21 Abs. 2 EnWG). Der durchgeführte Vergleich wird anhand einer Einteilung der Unternehmen in Strukturklassen vorgenommen. Innerhalb ihrer Klasse werden die Netzentgelte, Erlöse und Kosten der verschiedenen Unternehmen miteinander verglichen. Bei den Netzbetreibern, deren Netzentgelte, Erlöse oder Kosten oberhalb der entsprechenden Durchschnittswerte innerhalb ihrer Strukturklasse liegen, wird eine ineffiziente Betriebsführung vermutet. Sie werden ihre Kosten und damit einhergehend auch ihre Entgelte entsprechend zu senken haben.

Sowohl für das Vergleichsverfahren als auch für die Entgeltgenehmigung benötigt die Bundesnetzagentur eine Vielzahl an Informationen von den Netzbetreibern. Hierbei handelt es sich unter anderem um allgemeine Strukturdaten und netzspezifische Angaben sowie um Daten zur Last- und Absatzstruktur sowie zur Kosten- und Erlössituation. Wegen der Menge der benötigten Informationen ist die kostenorientierte Entgeltregulierung ein sehr aufwendiges Verfahren. Darüber hinaus setzt es für die Unternehmen keine Anreize zu Effizienzsteigerungen. Daher wird auf die Anwendung der Entgeltregulierung in der ersten Regulierungsphase ein vorteilhafteres Anreizregulierungssystem in der anschließenden zweiten Regulierungsphase folgen.

ANREIZREGULIERUNG

Die Bundesnetzagentur hat den Auftrag, ein Konzept für ein Anreizregulierungssystem zu entwickeln, welches auf die spezifischen Anforderungen des deutschen Strom- und Gasmarktes zugeschnitten ist. Gemäß § 112a EnWG muss der Bundesregierung ein Jahr nach In-Kraft-Treten des Gesetzes und somit bis zum 1. Juli 2006 ein Bericht zur Einführung der Anreizregulierung vorgelegt werden. Die konkrete Umsetzung wird daran anschließend über eine Verordnung erfolgen, welche die Bundesregierung mit Zustimmung des Bundesrates erlassen wird.

Wenn dieser Prozess abgeschlossen ist, wird die Anreizregulierung die bis zu diesem Zeitpunkt von der Bundesnetzagentur praktizierte kostenorientierte Entgeltregulierung ablösen. Dieser Wechsel soll vor allem stattfinden, weil die Kostenregulierung keine Anreize zu Effizienzsteigerungen der regulierten Unternehmen beinhaltet und Kostensenkungspotenziale nicht ausgeschöpft werden. Für die Unternehmen ist es nicht sinnvoll, die Herstellungs- bzw. Bereitstellungskosten zu senken, da damit einhergehend auch die genehmigten Erlöse sinken würden und die Kostensenkung somit nicht zu einer Gewinnsteigerung führen würde.

Bei der Anreizregulierung dagegen werden für die Unternehmen Anreize zur Senkung der Kosten und somit zur Steigerung der Effizienz gesetzt. Dies geschieht, indem die Entgelte nicht mehr basierend auf den tatsächlichen Bereitstellungskosten des Netzes genehmigt werden, sondern indem den Unternehmen eine erlaubte Obergrenze für die Preise (Entgelte) bzw. für die Erlöse vorgegeben wird. Hierbei handelt es sich um Price-Caps bzw. Revenue-Caps. Unabhängig davon, ob von der Bundesnetzagentur letztlich eine Preis- oder eine Erlösobergrenze festgesetzt wird, werden bei der Festlegung des Entwicklungspfades, den die Preise bzw. Erlöse über die Regulierungsperiode nehmen dürfen, folgende Parameter berücksichtigt: Zum einen die Entwicklung der Inflation, damit gesichert ist, dass bei einem Anstieg des allgemeinen Preisniveaus auch die Netzentgelte entsprechend steigen können. Zum anderen die allgemeine Produktivitätssteigerung, denn so wird gewährleistet, dass ein einzelnes Unternehmen seine Produktivität steigern muss, wenn dies auch beim Durchschnitt der Unternehmen der Fall ist. Darüber hinaus beinhaltet der Entwicklungspfad als dritten Parameter auch die individuelle Effizienzsteigerung eines Unternehmens im Vergleich zur Branche.

Bei der Implementierung eines Anreizregulierungssystems für den deutschen Strom- und Gasmarkt ist außerdem sicherzustellen, dass der Aspekt der Versorgungssicherheit nicht vernachlässigt wird. Die regulierten Unternehmen könnten versuchen, ihre Gewinne durch eine Verringerung ihrer Produktqualität zu erhöhen. Dies würde sich in Form von sinkenden Investitionen in die Netzinfrastruktur äußern, was eine mangelhafte Netzzuverlässigkeit zur Folge hätte. Um dies zu vermeiden, muss das Anreizregulierungssystem mit dem Ziel hoher Versorgungsqualität kompatibel sein. Die ausländische Erfahrung zeigt, dass darüber hinaus sogar Anreize zum Erhalt der Versorgungsqualität gut in das System selbst integriert werden können.

ABWEICHUNG VON DER KOSTENBASIERTEN ENTGELTERMITTLUNG

Eine Sonderstellung hinsichtlich des Vorliegens eines monopolistischen Bottlenecks könnten die Netzbetreiber auf der überregionalen Gas-Ferntransportebene einnehmen. Denn sofern ein Betreiber eines überregionalen Gasfernleitungsnetzes der Bundesnetzagentur nachweisen kann, dass er in einem wirksamen potentiellen oder bestehenden Leitungswettbewerb steht, darf er seine Entgelte unabhängig von einer Kostenregulierung bilden. Mindestvoraussetzung für die Feststellung von Wettbewerb ist, dass die überwiegende Zahl der Ausspeisepunkte des jeweiligen Netzes in Gebieten liegt oder die überwiegende Menge des transportierten Erdgases in Gebieten ausgespeist wird, die auch über überregionale Gasfernleitungsnetze Dritter erreicht werden oder unter kaufmännisch sinnvollen Bedingungen erreicht werden können. Die Bundesnetzagentur wird über die Mindestvoraussetzungen hinaus weitere Kriterien für die Feststellung von wirksamem bestehenden bzw. potentiellen Wettbewerbs heranziehen.

Netzbetreiber, die diese Regelung für sich in Anspruch nehmen möchten, haben das Vorliegen von Wettbewerb nachzuweisen. Die Bundesnetzagentur überprüft dann anhand der erbrachten Nachweise, ob Leitungswettbewerb im Sinne von Transportalternativen vorliegt. Die Netzbetreiber haben die Erfüllung der Voraussetzungen der Bundesnetzagentur im Abstand von zwei Jahren – erstmals zum 1. Januar 2006 – nachzuweisen. Die Bundesnetzagentur trifft ihre Entscheidung im Einvernehmen mit dem Bundeskartellamt. Kommt sie zu dem Ergebnis, dass kein Leitungswettbewerb vorliegt, wird die kostenbasierte Entgeltermittlung und -überprüfung angeordnet. Stellt sie dagegen Leitungswettbewerb fest, so kann der Netzbetreiber seine Netzentgelte marktbasiert bilden. Sofern dies der Fall ist und einzelne Unternehmen ihre Entgelte marktbasiert bilden können, findet zur Überprüfung dieser Entgelte jährlich ein auf Entgelten oder Erlösen basierendes Vergleichsverfahren statt, für das auch Netzbetreiber aus anderen Ländern der EU herangezogen werden können.

3. Klare Regelungen des Netzzugangs

Diskriminierungsfreier Netzzugang bedeutet neben der preislichen Gleichbehandlung aller Transportkunden auch, dass alle Marktteilnehmer zu möglichst einfachen, gleichen und massengeschäftstauglichen Konditionen die Netze nutzen können. Dieser Aspekt beschäftigt die Bundesnetzagentur derzeit vornehmlich im Gasbereich. Denn das neue EnWG sieht eine grundlegende Erweiterung des Netzzugangsmodells der Netzzugangsverordnung Gas vor. Ziel des § 20 Abs. 1b EnWG ist die Schaffung eines bundesweit einheitlichen netzübergreifenden Marktgebietes. Zur Abwicklung des Zugangs zu den Gasversorgungsnetzen ist ein Vertrag mit dem Netzbetreiber, in dessen Netz eine Einspeisung von Gas erfolgen soll, über Einspeisekapazitäten erforderlich. Zusätzlich muss ein Vertrag mit dem Netzbetreiber, aus dessen Netz die Entnahme erfolgen soll, über Ausspeisekapazitäten abgeschlossen werden. Dieses Vorgehen wird als Entry-Exit-Modell bezeichnet. Alle Netzbetreiber sind verpflichtet, untereinander in dem Ausmaß verbindlich zusammen zu arbeiten, das erforderlich ist, damit der Transportkunde zur Abwicklung eines Transports auch über mehrere, durch Netzkopplungspunkte miteinander verbundene Netze nur einen Einspeise- und einen Ausspeisevertrag abschließen muss, es sei denn, diese Zusammenarbeit ist technisch und wirtschaftlich nicht zumutbar (§ 20 Abs. 1b EnWG).

Am 29. Juli 2005 ist die Netzzugangsverordnung Gas in Kraft getreten. Kern der Verordnung ist ein flexibles Entry-Exit Modell. Betreiber von Gasversorgungsnetzen müssen danach Ein- und Ausspeisekapazitäten anbieten, die unabhängig voneinander nutzbar und handelbar sind, ohne dass sich der Transportkunde auf einen bestimmten, transaktionsabhängigen Transportpfad festlegen muss. Zentrale Fragen der Umsetzung von § 20 Abs. 1b EnWG und der Zugangsverordnung Gas sind bislang nicht abschließend geklärt. Dies betrifft insbesondere die Umsetzung des § 20 Abs. 1b EnWG durch eine Kooperation der Netzbetreiber. Um die endgültige Umsetzung der Vorschriften auf eine möglichst breite Basis zu stellen, findet ein Konsultationsverfahren mit den betroffenen Kreisen unter moderierender Leitung der Bundesnetzagentur statt. Auf diese Weise soll eine einvernehmliche Lösung wesentlicher Fragen zur Vertragsgestaltung und zu den Kooperationsverpflichtungen im Hinblick auf den 1. Februar 2006 gelöst und Umsetzungsschritte bis dahin eingeleitet werden.

IV. FAZIT

Nur ein funktionierender Wettbewerb auf dem Energiemarkt nutzt den Kunden und der Wirtschaft. Hierzu ist, ebenso wie in allen Märkten, eine Anbietervielfalt notwendig, die es dem Kunden ermöglicht zu wählen, von wem er das Produkt Strom bzw. Gas beziehen möchte. Dies wiederum ist nur realisierbar, wenn der Netzbereich reguliert wird, da nur so die natürlichen Monopole aufgebrochen werden und Wettbewerb auf dem Energiemarkt entstehen kann. Die aktuellen Zahlen zu neuen Anbietern auf dem Energiemarkt, der Höhe der Netzentgelte und den Wechselraten von Endkunden zeigen, dass die deutsche Energiewirtschaft erst am Anfang einer Entwicklung hin zu mehr Wettbewerb steht. Grund zu Optimismus besteht dennoch. Denn der Gesetzgeber hat der Bundesnetzagentur und den Landesregulierungsbehörden wirksame und effiziente Möglichkeiten an die Hand gegeben, um für das Entstehen von Wettbewerb zu sorgen. Gleichzeitig bleibt es hierfür unerlässlich, dass die Kartellbehörden weiterhin die wettbewerblichen Teilmärkte und die Fusion von Energieunternehmen überwachen. Letztlich sollte auch auf die Rolle der Energieunternehmen selbst in diesem Prozess hingewiesen werden. Sie haben die gesetzliche Verantwortung, den Wettbewerb durch unternehmerische Maßnahmen zu fördern. Im Hinblick hierauf geht die Bundesnetzagentur davon aus, dass die Unternehmen kooperativ und zielstrebig an der Verwirklichung von Wettbewerb arbeiten werden.

Zusammenfassung und Ausblick

Dipl. Chem. Dr. Beate Kummer

PERSÖNLICHE DATEN:

Name	Dipl. Chem. Dr. Beate Kummer
Beruf	Fachchemikerin für Toxikologie, Chemikerin
Geboren am	17.09.1963
Geburtsort	Nördlingen/Bayern
Familienstand	verheiratet, zwei Kinder

BERUFLICHE TÄTIGKEIT:

seit 11|2005	Selbständig als Unternehmensberaterin, freie Journalistin, Umweltauditorin
06|2002 – 10|2005	Niederlassungsleiterin und Prokuristin der Haase & Naundorf Umweltconsulting GmbH, Bad Honnef
01|2001 – 05|2002	Geschäftsführerin bvse – Bundesverband Sekundärrohstoffe und Entsorgung e.V., Bonn
12|1997 – 12|2000	Stv. Geschäftsführerin bvse e.V., Bonn und
06|1998 – 12|2000	Projektleiterin eines EU-Forschungsvorhabens ADAPT
10|1995 – 12|1997	Referentin Bundesverband Sekundärrohstoffe u. Entsorgung e.V. (bvse)
09|1994 – 09|1995	Freie Mitarbeiterin am Katalyseinstitut in Köln
07|1993 – 02|1994	Forschungsstelle an der Universität von Los Angeles
06|1989 – 06|1993	wiss. Angestellte an der Universität Freiburg

BERUFLICHE NEBENTÄTIGKEITEN:

Gastdozentin an verschiedenen Hochschulen

Ernst Schwanhold

PERSÖNLICHE DATEN:

Leiter des Kompetenzzentrums Umwelt, Sicherheit und Energie der BASF Aktiengesellschaft

Ernst Schwanhold wurde 1948 in Osnabrück geboren. Nach einer Ausbildung als Laborant studierte er in Paderborn Verfahrenstechnik Chemie mit Abschluss Diplomingenieur.

BERUFLICHE STATIONEN:

bis 1990	Prokurist und Betriebsleiter in einer mittelständigen Lackfabrik, Schwerpunkte: Investitionsplanung, Verkauf, Betriebsleitung
1990 – 2000	Mitglied des Bundestages
1992 – 1995	Vorsitzender der Enquete-Kommission „Schutz des Menschen und der Umwelt"
1995 – 2000	wirtschaftpolitischer Sprecher der SPD-Fraktion und Mitglied des Fraktionsvorstandes sowie stellvertretender Vorsitzender der SPD-Fraktion im Bundestag
2000 – 2002	Minister für Wirtschaft und Mittelstand, Energie und Verkehr des Landes Nordrhein-Westfalen
2003	selbstständiger Unternehmensberater unter anderem für die BASF Aktiengesellschaft in energie- und umweltpolitischen Fragen
Januar 2004	Eintritt in die BASF Aktiengesellschaft
März 2004	Leiter des Kompetenzzentrums Umwelt, Sicherheit und Energie

Zusammenfassung und Ausblick

Auf dem Weg hin zu einer nachhaltigen Energiepolitik ist es notwendig, zunächst ein energiepolitisches Gesamtkonzept zu haben. Darin sind Eckpunkte und Ziele festzulegen. Mit unserem Buch haben wir versucht, viele Experten aus den betroffenen Bereichen zu Wort kommen zu lassen und zwar die Wirtschaft, die Politik, die Wissenschaft sowie die Behörden. Wir haben ganz bewusst nicht die Inhalte der Beiträge beeinflusst, sondern wollten jeden Autor seine Sichtweise von einer zukunftsfähigen Energiepolitik darstellen lassen. Ob es uns nun gelingt, gemeinsam mit den beteiligten Autoren und Autorinnen eine Gesamtstrategie für Deutschland zu erarbeiten, ist davon abhängig, inwiefern auch unterschiedliche Sichtweisen innerhalb der Interessengruppen zu einem Konzept zu vereinen sind. Es ist ein anspruchsvolles Ziel, das aber gelingen muss.

Hintergrund unseres „Kompendiums" ist auch die Sorge um unser Weltklima sowie der ständig steigende Energiebedarf. Die weltweit ausgerichtete IEA-Energiestudie* verdeutlicht, dass Öl und Gas bei einem stark steigenden Energiebedarf auch auf absehbare Zeit die entscheidenden Ressourcen bleiben werden. Damit werden diese Faktoren die Versorgungssicherheit und das Energiepreisniveau bestimmen. Dazu kommt die Schwierigkeit, dass die Energielieferungen in zunehmendem Umfang von den Staaten – und damit der vorherrschenden politischen Situation – des Mittleren Ostens, Nordafrika und Russland abhängen werden. Aufgrund der weltweiten wirtschaftlichen Entwicklung wird der Energiebedarf laut IEA-Sudie bis 2030 um etwa 50 % zunehmen! Im Rahmen der Studie wird deshalb ein Bündel von Maßnahmen vorgeschlagen, die zum Abbremsen des rasanten Energiezuwachses führen können. Die Autoren plädieren für effizientere Technologien, Kernenergieeinsatz für die steigenden Strombedarfe und Förderung von Technologien erneuerbarer Energieträger. Diese Technologien sind vorhanden, sollten deshalb gerade von den europäischen Staaten noch stärker in andere Länder exportiert werden.

Derzeit sind die Diskussionen in Deutschland um gemeinsame politische Ziele dominiert von Forderungen nach einer Aussetzung des Beschlusses zum Atomausstieg, von Ängsten wegen möglicherweise fehlender langfristiger Versorgungssicherheit und enormen Auswirkungen auf das Weltklima wegen steigender CO_2-Emisisonen. Dazu kommen massiv ansteigende Energiepreise, die alle gleichermaßen betreffen und zwar die Industrie genauso wie den privaten Verbraucher. Preissteigerungen gibt es beim Öl und Gas, in Deutschland ist auch eine massive Anhebung der Strompreise zu beobachten. Dadurch wird der Ruf immer lauter nach Möglichkeiten zur Energieeinsparung bzw. effizienterer Wirtschaftsweise. Energiepolitik ist damit immer stärker auch Ressourcenpolitik geworden. Ein Bündel von Maßnahmen ist auch im Rahmen dieses Buches vorgeschlagen worden, z.B.:

---

* IEA: World Energy Outlook 2005: Middle East and North Africa Insights, www.iea.org/books.

Zusammenfassung und Ausblick | KAPITEL 12

- stärkerer Ausbau der erneuerbaren Energien,
- Förderung der Energieproduktivität,
- Förderung von Wärmedämmsystemen vor allem im Altbaubereich,
- Unterstützung von biogenen Kraftstoffen,
- Ausbau CO_2-freier Kraftwerkstechnik und Kraftwerke mit höheren Wirkungsgraden.

Dies ist nur eine kleine aber sinnvolle Auswahl von Maßnahmen, die von politischen Instrumenten begleitet werden müssen. Dazu kommen die daneben existierenden Fragen eines schlecht funktionierenden Wettbewerbs und die starke Importabhängigkeit insbesondere bei Öl und Gas. Ob bei den komplexen Fragen einer nachhaltigen Energiepolitik auf ordnungspolitische Maßnahmen, ökonomische Lenkungsinstrumente oder noch ganz andere Möglichkeiten zurückgegriffen werden sollte, ist im Einzelfall zu entscheiden. Zunächst ist eine Strategie notwendig, die die Eckpfeiler definiert, Ziele festlegt und „europäisch" ausgerichtet ist. Bei einem immer globaler werdenden Wirtschaftsgefüge und immer stärkeren Abhängigkeiten von in geographisch eng begrenzten Räumen vorkommenden Ressourcen ist schnelles Handeln notwendig.

In der Koalitionsvereinbarung aus Ende 2005 wurde festgelegt, dass es hinsichtlich eines „energiepolitischen Gesamtkonzeptes" immer darum gehen muss, dass es einen „ausgewogenen Energiemix" gibt. In diesem Zusammenhang werden Aussagen darüber gemacht, welche Energieträger weiter gefördert werden und welche Maßnahmen hierzu notwenig sind. Zur Nutzung der Kernenergie gäbe es laut Aussage des Koalitionsvertrages zwischen den Koalitionsparteien keine einheitliche Auffassung. Einigkeit herrsche lediglich darüber, dass oberste Priorität der sichere Betrieb eines Kernkraftwerkes haben müsse. Für einige Wirtschaftsbeteiligte ist die Kernenergie ein wesentliches Standbein eines ausgewogenen Energiemixes, zum einen für eine ausreichende Versorgungssicherheit und zum anderen zur Erreichung der Kyoto-Ziele. Für die Atomkraftgegner steht im Mittelpunkt, dass bisher weder die Endlagerung des Atommülls gelöst noch der sichere Betrieb eines Atomkraftwerkes gewährleistet ist. Deshalb lässt sich am Beispiel der friedlichen Kernenergienutzung am besten darstellen, warum die Schaffung eines Gesamtkonzeptes, das zukunftsfähig ist und die Nachhaltigkeitsziele verfolgt, so schwierig ist. Für die eine Interessensgruppe steht die Wirtschaftlichkeit im Vordergrund, für die andere die Sicherheit und für andere wiederum der ökologische Nutzen bzw. der umweltgerechte Umgang.

Deshalb wird hier bereits der Zielkonflikt deutlich. Keiner der Interessensgruppen hat bisher eine Analyse aller Energieträger (erneuerbare Energien, Biomasse, Kernkraft, Steinkohle, Braunkohle, Erdgas, Erdöl) mittels Nachhaltigkeitskriterien gefordert und dies für die Anwendungsbereiche Strom-, Wärme- und Kraftstofferzeugung. Erst eine solche Analyse wür-

KAPITEL 12 Zusammenfassung und Ausblick

de Aussagen darüber zulassen, welche der genannten Energieträger hinsichtlich definierter Nachhaltigkeitsgesichtspunkte – Versorgungssicherheit, Wirtschaftlichkeit, Umweltverträglichkeit – tatsächlich mittel- und langfristig zukunftsfähig sind.

In anderen Bereichen wurden solche Analysen bereits zur Erreichung politischer Vorgaben durchgeführt. Um politische Ziele durchzusetzen, wurden in den letzten Jahren beispielsweise in großem Umfang Ökobilanzen erstellt, die dazu führten, dass im Verpackungsbereich beispielsweise Verpackungssysteme gefördert oder vom Markt gedrängt wurden, dass einzelne Verfahren zur Entsorgung von Abfällen unterstützt bzw. benachteiligt wurden. Ökobilanzen standen in diesem Zusammenhang aber in der Kritik der Wirtschaftsbeteiligten, weil lediglich Aussagen zu den Auswirkungen auf den Umweltbereich möglich sind.

Seit einigen Jahren gibt es nun die so genannte Ökoeffizienzanalyse*, die neben den wesentlichen Umweltaspekten auch ökonomische Kriterien einbezieht und damit eine wesentliche Verbesserung für die Aussagefähigkeit darstellt. Politische Erfahrungen zeigen, dass die Akzeptanz solcher Studien wesentlich breiter ist und wesentlich umfangreichere Aussagen zur Zukunftsfähigkeit eines Produktes bzw. eines Verfahrens möglich sind. Vor einiger Zeit wurde nun die SEEbalance-Methode** (Sozio-Ökoeffizienz-Analyse) entwickelt, die neben Aussagen zur Umweltverträglichkeit, Wirtschaftlichkeit auch die Kriterien Sicherheit, Beschäftigungszahlen und anderen gesellschaftliche Aspekte einbezieht.

Auch wenn es derzeit noch keine Erfahrungen gibt, ob sich diese Methode auch auf die einzelnen Energieträger anwenden lässt, so sollte zumindest der Versuch gewagt werden, geeignete Nachhaltigkeitskriterien zur Beurteilung festzulegen und sie danach mittels SEEbalance-Methode an ausgewählten Energieträgern zu testen. Als Konsequenz daraus ließe sich anhand des Drei-Säulen-Modells darstellen, welcher Energieträger am ehesten zukunftsfähig ist (vgl. Modell Abb. 1).

---

* BASF AG, Ludwigshafen, 1996 (Erfahrungen anhand 250 Praxisbeispiele)
** BASF AG, Ludwigshafen, 2005

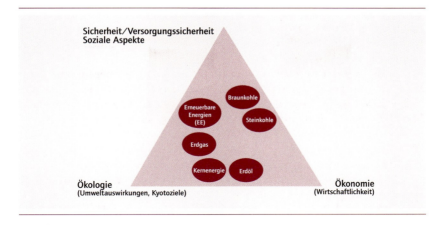

Abbildung 1: Nachhaltigkeitsdreieck als Grundlage eines energiepolitischen Gesamtkonzeptes (am Bsp. Stromerzeugung, rein willkürliche Einstufung der einzelnen Energieträger!!!).

In solch schwierigen Zeiten hilft es wenig, wenn im Vordergrund politischer Diskussionen ein „Kompetenzgerangel" zwischen Umwelt- und Wirtschaftsministerium steht, weil die Zuständigkeiten nicht klar genug geregelt sind. Im Vordergrund sollte vielmehr stehen, die anstehenden Aufgaben gemeinsam und zügig zu lösen. Wenn es auf der interministeriellen Ebene nicht gelingen sollte, sind kompetente Partner aus der Wirtschaft und Wissenschaft hinzu zu ziehen, deren Erfahrungen sicher wertvoll und nützlich sind, die letztendlich auch ein Stück weit dazu beitragen können, dass Ergebnisse politischer Diskussionen und Entscheidungsprozesse insgesamt mehr Akzeptanz erhalten.

Wir sind uns sicher, dass ein großer Teil unserer Autoren, denen hiermit unser ganz herzlicher Dank ausgesprochen wird, für eine Diskussion über „zukunftsfähige Energiepolitik" zur Verfügung stehen werden!

Die Herausgeber

Dr. Beate Kummer   Ernst Schwanhold